# 사례중심의 유아교사론

EARLY CHILDHOOD
TEACHER
EDUCATION

# 사례중심의 유아교사론

신재흡 저

동 문 사

# 머리말

지난 몇 년간 유아교육 및 보육 분야는 매우 급격한 변화를 거듭하였다. 무상교육·보육의 도입, 누리과정 제정과 운영, 유보통합에 대한 다양한 시도 등이 논의되었다. 또한 양질의 교육과 보육서비스에 대한 필요성이 강조되고, 이에 대한 부모의 요구가 높아짐에 따라 정부, 국책연구기관, 유치원과 어린이집 등이 유아들에게 질 높은 서비스를 제공하기 위한 여러 가지 방법을 모색하고 있다. 그 중심에 서 있는 사람이 유아교사라고 볼 수 있다.

결국 유아교사직은 가장 기본이 되는 교육활동에 종사하는 직이다. 특히 영·유아기에 경험하는 다양한 교육활동은 성인이 된 후에도 사회생활에 중요한 영향을 미치는 것으로 밝혀졌기 때문에 영·유아교육의 상대적 중요성이 부각되고 있다. 특히 유아기의 경험은 청소년기 및 성인기의 경험보다 더 중요시된다. 유아기의 인지적 획득은 청소년기까지 지속되며, 청소년을 장기 추적한 연구에 의하면 프로그램의 참여는 고등학교 졸업, 청소년 범죄율의 저하와 밀접한 관계가 있음이 많은 연구에서 나타나고 있다. 즉, 유아교육과 보호는 부모와 초·중등학교 교육과의 동반자적 관계 속에서, 유아가 평생학습을 시작하는 동기와 학습준비를 극대화하는 데에 잠재력을 가지고 있음이 밝혀졌다. 결국 유아교사직은 다른 어떤 직업보다도 중요하고 국가를 지키는 최후의 요새임에 틀림없다.

이 책은 유아교사와 관련된 단편적인 지식을 제시하기보다는 유아교사로서 자신에 대해 깊이 성찰해 볼 수 있는 기회를 제공함으로써 예비유아교사는 물론 현직교사가 좋은 유아교사로 성장하고 발전하는 데 도움을 주는 것에 의미를 두었다. 이 책은 총 3부 12장으로 구성되어 있다.

첫째, 제1부 유아교사로서 교직관 정립하기이다. 제1장 교직과 유아교사의 특성 이해하기(교직의 성격, 유아교사직의 성격), 제2장 유아교사의 교직윤리와 교권(유아교사의 교직윤리 개념, 교직윤리의 중요성, 유아교사의 교직윤리 종류, 유아교사의 교직윤리의 특성, 유치원교사 헌장과 교직윤리규정, 유아교직윤리 확립 방안, 교권), 제3장 유아교사의 역할과 자질 인식하기(유아교사의 역할, 유아교사의 자질, 유아교사의 핵심 역량, 유아교사의 효능감), 제4장 유아교사의 양성 및 자격(유아교사의 양성, 유치원교사의 자격, 유아교사의 임용 조건 및 절차, 신규 임용 준비, 임용 후 보수와 복지, 제5장 유아교사 인성교육(유아교사 인성교육의 필요성 및 중요성, 유아교사 인성의 개념 및 특성, 유아교사의 인성교육 내용 및 목적, 유아교사 인성교육의 원리, 유아교사 인성교육의 방향, 유아교사 인성교육을 위한 8대 인성덕목, 인성의 덕목에 기초한 유아교사의 태도), 제6장 유아교사에게 필요한 지식 알기(유아교사에게 필요한 지식, 반성적 사고와 유아교사의 교육, 실천적 지식) 등이 있다.

둘째, 제2부 유아교사로서 성장하기이다. 제7장 유아교사의 발달(유아교사의 교직발달, 유아교사의 관심사발달, 교사발달 및 관심사 이론이 유아교사교육에 주는 시사점), 제8장 유아교사의 현직교육(현직교육의 필요성, 현직교육의 개념 및 유형, 현직교육의 제도와 법적 근거, 외국의 유치원교사 현직교육, 현직교육의 방향), 제9장 유아교육기관의 근무환경(유아교육기관의 조직풍토의 특성, 유아교육기관의 근무환경, 유아교육기관에서의 의사소통, 유아교사의 직무 만족과 직무 스트레스), 제10장 유아교사를 위한 장학(장학의 개념 · 특성 · 기능, 장학을 위한 준비, 장학의 영역 · 형태, 유치원의 장학 활성화 방안), 제11장 바람직한 조직문화를 위한 인간관계(인간관계의 개념 및 구조, 인간관계의 중요성 및 인간관계 맺기의 기본 요소, 바람직한 인간관계, 유아교사의 인간관계, 갈등관리) 등이 있다.

셋째, 제3부 21세기의 바람직한 유아교사상이다. 제12장 21세기 유아교사의 모습(21세기 교육의 흐름, 21세기 유아교육의 방향, 21세기 미래사회에 요구되는 바람직한 교사상) 등이 있다.

따라서 이 책에서는 유아교육에 대한 다양한 내용들을 전달하기 위하여 쉽게 풀어 쓰면서 <학습목표>, <생각해 봅시다>, <참고자료>, <사례: 현장 활용자료> 등을 포함시킴으로써 교육현장의 활용도를 높이고자 하였다. 아울러 이 책은 유치원교사, 보육교사, 미래에 유아교육에 관심을 가지고 있는 학생들에게 필요한 지식과 정보를 제공하고자 한다. 그리고 이 책을 통해 유아교육에 대한 올바른 태도를 형성하는데 작은 밑거름이 되기를 희망해 본다.

마지막으로 출간을 맡아주신 동문사 유재영 상무님과 좋은 책을 만들려고 애써주신 편집부 여러분들에게 깊은 감사를 드린다. 그리고 이 책의 내용 측면에서 꼼꼼하게 교정을 도맡아 준 큰 딸 신샛별에게도 고마움을 전한다. 지금까지 학문적 탐구 여행을 할 수 있도록 곁에서 묵묵히 참아 준 내자 김화영(金花榮)에게 항상 감사한 마음을 전한다.

2019년 2월
한성대 연구관에서
저자 신재흡 識

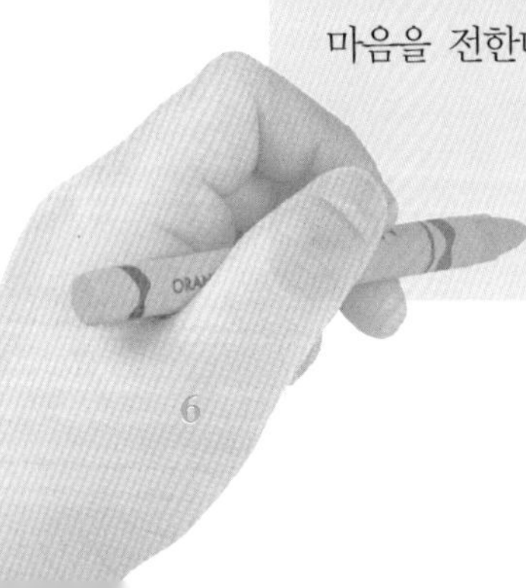

# 차례

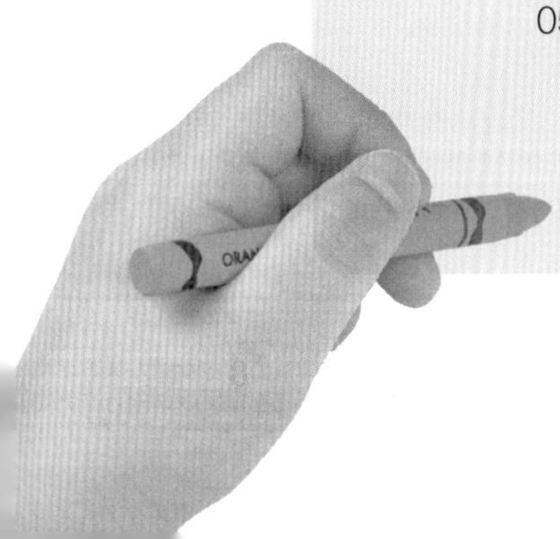

차례

# 제1부
# 유아교사로서 교직관 정립하기

CHAPTER 1

# 교직과 유아교사의 특성 이해하기

## 학습목표

1. 교직의 중요성과 특성을 설명할 수 있다.
2. 교직관의 다양한 관점을 제시할 수 있다.
3. 유아교사의 전문성을 제고하기 위한 기본적인 방향을 제시할 수 있다.
4. 전문직으로서 유아교사직의 특성을 이해한다.

**Keyword**

• 교직 • 교직관 • 유아교사의 전문성 • 유아교사직의 특성 • 유아교사직의 선택 동기

교직은 미성숙자를 대상으로 교육을 실시함으로써 국가와 민족의 번영에 이바지하는 직업으로 볼 수 있다. 교사는 교육을 담당하는 전문인을 의미한다. 교사가 자신의 업무를 성공적으로 수행하기 위해서는 교직의 특성에 대해 제대로 파악해야 한다. 그 이유는 교직이란 정신적 노동으로서 고도의 창의력과 고등정신 기능을 요구하는 직업에 해당되며, 어느 직업보다도 장기간의 준비기간을 필요로 하기 때문이다. 특히 유아교사는 어떤 직업보다도 중요하고 가장 기본적인 교육활동에 종사하는 직업이다.

따라서 1장에서는 교직의 성격, 유아교사직의 성격에 대해 고찰하기로 한다.

## 01 교직의 성격

교직이란 학생을 가르치는 직업이나 직무를 의미한다. 하지만 교직은 일정기간 동안 교원양성교육과정을 거쳐 교원 자격증을 취득한 자로 국한할 수 있다. 여기에서는 교직의 중요성과 특성, 교직관, 유아교사의 교식관, 유아교사의 전문성 등에 대해서 고찰하기로 한다.

## 1. 교직의 중요성과 특성

교육의 의미는 다양하게 정의될 수 있으나 인간의 형성에 작용하는 일임에는 틀림이 없다. 다시 말해 미성숙한 세대를 바람직한 인간으로 형성하려는 사회적인 노력이 바로 교육인 것이다. 그리고 이러한 노력을 전문적으로 수행하는 사람이 교사이다. 즉, 교사는 교육을 담당하는 전문인으로서 인간의 성장과 발전 또는 개인의 자아실현을 돕고, 바람직한 사회 구성원으로 적응할 수 있는 인간의 형성을 돕기 위해, 실제로 학생들을 가르치는 교육활동에 직접 참여하여 고귀한 임무를 수행하는 사람들이다. 이러한 교사들이 몸담아 일하는 직종이 바로 교직이다.

그리고 교직이 다른 일반직에 비하여 다른 성격을 제시하면 다음과 같다(박은혜, 2016; 염지숙 외, 2016; 신재흡, 2016; 강기수 · 김희규, 2015; 한국교원단체총연합회, 2005; 김봉수, 1990).

첫째, 교직은 인간의 전인적인 측면을 대상으로 하는 직업이다. 인간을 대상으로 하는 직업이 교직만이라고 할 수는 없다. 법률가나 의사 등도 인간을 대상으로 하는 직업이지만 법률가는 인간 그 자체를 대상으로 하기보다는 법률을 그리고 의사는 치료라는 명목으로 인체의 어느 일부분만을 다룬다. 이에 비하여 교육에서는 전인으로서의 한 인간을 대상으로 다룬다. 이와 같이 인간을 전인적인 측면에서 육성 및 조장하는 직업은 교직만이 갖는 특수성이다. 따라서 교직은 지식이나 기술만을 전수하는 직업이 아니라 전인으로서의 조화로운 인간을 육성하는 직업이다.

둘째, 교직은 주로 미성숙자를 대상으로 하는 직업이다. 교직은 미성숙자를 대상으로 지적 · 신체적 · 정의적 성숙을 위해 계획된 교육 내용을 지도하여 적응력을 양성할 뿐만 아니라 미래지향적인 창의성을 발휘하도록 지도하여 미래사회의 유능한 인간을 육성하고자 한다. 이와 같이 교직은 미성숙한 피교육자로 하여금 바람직하고, 이상적인 인간으로 성장 및 발달하도록 교육하는 것이 주 업무로서, 결국 미성숙자를 대상으로 하여 이상적인 인간이 되도록 육성하는 특수한 직업이라 할 수 있다.

셋째, 교직은 봉사직이다. 교사는 전문직이기 때문에 물질적 보수에 목적이 있는 것이 아니고 사회봉사의 정신을 갖고 일하는 직업이다. 교사는 다른 사람을 위해 봉사하는 경험이 필요하다. 교직이 봉사직이기 때문에 다른 사람을 배려하는 마음을 길러야 한다.

넷째, 교직은 전문성을 지니고 있다. 교직은 고도의 정신노동과 창의력을 필요로 하며, 교직수행을 위해 계속적으로 연구해야 하는 직업이다. 무엇보다도 교사가 되기 위해서는 장기간의 준비교육이 필요하며, 교사가 된 후에도 각종 연수 등에 참여하여 자기계발과 자아 성장을 위하여 노력해야 한다.

다섯째, 교직은 사람의 정신생활을 상대로 하는 직업이다. 정신세계는 눈에 보이지 않지만 가지고 있는 잠재력은 엄청나다. 우리가 아이들을 가르칠 때 어떻게 아이들이 받아들이는지, 아이의 머릿속에서 무슨 일이 일어나는지, 어떤 변화가 있는지를 다 알 수는 없다. 하지만 최선을 다해서 그 가능성을 이해하고 정신세계에 자양분을 줄 수 있는 좋은 경험을 하도록 도와주어야 한다.

여섯째, 교직은 국가와 민족에 지대한 영향을 주는 공적 사업이다. 교육은 흔히 국가의 백년대계라고 한다. 이것은 교육이 한 국가나 민족의 미래를 위한 발전에 기본이 된다는 중요성을 나타낸 말이다. 따라서 교직은 국가와 민족의 운명과 밀접한 관계를 가지는 전문직이라는 것이다. 물론 어떤 직업이든지 직·간접적으로 국가나 민족의 운명과 관계를 갖는 것이라고 할 수 있으나, 교직만큼 국가나 민족의 정신적 교화의 측면에서 국가·민족의 현재 및 미래에 요청되는 문제들의 해결을 위한 원동력이 되는 직업은 없다. 이와 같이 교육은 공공적 사업이며, 국가·민족의 흥망성쇠와 깊은 관계가 있기 때문에 국가는 방대한 교육투자를 통해서 의무교육의 확대·강화는 물론 교육발전을 위해 국력을 쏟고 있다.

일곱째, 교직은 인류공영에 기여하는 직업이다. 교육의 중요한 기능은 인류가 쌓아온 문화유산을 보존·계승하여 새로운 문화를 창출하는 것이라고 할 수 있다. 즉, 교육을 담당하는 교사는 인류가 축적해 온 문화유산을 다음 세대에 전달하는 동시에 현재를 출발점으로 하여 보다 나은 문화를 창조하고 희망찬 미래를 건설하는 주역인 것이다.

여덟째, 교직은 사회발전을 위해 중대한 역할을 담당해야 할 직업이다. 교직은 문화유산을 유지 및 존속하는 현실 유지에 머무는 보수적 성격이나 소극적인 것이 아니라, 문화유산을 보다 바람직하게 개선 및 창조하는 진취적이며, 적극적인 자세를 갖추어서 더욱 행복한 미래사회의 건설을 위한 선도적 역할을 해야 한다.

아홉째, 교직은 끊임없이 자기 갱신을 통해 자기 향상을 도모하는 데 유리한 직업이다. 이는 직업이나 최고의 경지에 이르면 자기의 능력을 발휘하고 사회의 발전에 기여하며, 스스로 보람을 느끼게 되지만, 특히 교직에 적성이 맞다면, 교사는 자기 향상으로 직결될 수 있는 여건이 충분히 갖추어진 직업이라 할 수 있다. 즉, 학생을 지도하는 과정은 교사 자신의 창의와 노력을 필요로 하며, 동시에 자기 수양과 자기 발전의 계기가 된다.

열째, 교직은 장기적인 사업이다. 교육활동은 장기적인 안목에서 교육을 계획하고 실천해야 한다는 의미이다. 따라서 교사들은 근시안적이고 단기적인 관점보다는 장기적이고 종합적인 관점을 갖고 가르치는 일을 수행해야만 한다.

상기의 논의를 정리하면 교직이란 미성숙자를 대상으로 하여 피교육자로 하여금 이상적인 바람직한 인간으로 성장 및 발달할 수 있도록 조장하고 국가나 민족의 발전은 물론이며, 더 나아가 인류사회의 발전을 위해 전문적이고 헌신적으로 봉사하여야 하며, 자기 갱신을 도모하는 윤리성이 요구되는 공공적인 직업으로 볼 수 있다(신재흡, 2016). 이러한 맥락에서 교사는 앞으로의 무한한 가능성을 가진 한 어린이가 자신의 잠재력을 충분히 발휘하고 성숙한 인격을 가진 이상적인 인간으로 성장·발달할 수 있도록 도와주는 역할을 하는 사람을 의미한다(박은혜, 2016).

## 2. 교직관

모든 사람은 삶의 일정 부분이나 사물을 대할 때 특정한 관점을 가지고 본다. 인생의 본질이나 성격을 특정한 관점을 가지고 볼 때 인생관이 되고, 교육의 본질이나 성격을 특정한 관점을 가지고 보면 교육관이 된다. 교직관은 교직의 본질과 성격을 이해하는 관점이 된다. 이러한 관점은 실제 그 일과 관련된 사람들이 상호작용할 때 기본 태도나 신념을 결정하기 때문에 매우 중요하다(박은혜, 2016). 교직관에 따라서 교육에 대한 철학과 교육의 목표, 추구하는 교사상, 교사의 행동양식 및 교수기술 등에 대한 관점이 달라질 수 있으며, 교직관은 교사는 물론 교육의 대상자인 학습자에게까지 영향을 미친다(임종철, 1999).

이러한 교직관 형성에 영향을 미치는 요인으로는 ① 그 시대의 사조와 교육정책이 있다. 시대사조나 국가의 정치, 경제, 사회적 상황에 따라 교육정책이 달라지고, 이에 따라 교육에서 강조되는 것이 교직관 형성에 주요 영향요인이 될 수 있다. ② 교육과정에 대한 지식과 교수 이론 등 학문적 발전이 교직관 형성에 영향을 미칠 수 있다. ③ 개인의 교직에 대한 지각과 기대 등의 요인이 영향을 미칠 수 있다(손향숙, 2003).

따라서 교직에 대한 관점을 다양하게 논의할 수 있지만, 일반적으로 성직관, 노동직관, 전문직관으로 분류하기도 하며, 이외에도 공직관, 장인, 예술인 관점(임승렬, 2001), 전문봉사직관(김운종, 2009), 생명인관(김은주·권미량, 2008) 등으로 제시하기도 한다(우영효, 2017; 박은혜, 2016; 조부경 외, 2016; 최애경 외, 2016; 염지숙 외, 2016; 신재흡 외, 2016).

**첫째, 성직관이다.** 성직으로서의 교직은 세속적인 직업과는 달리 신부, 목사,

승려와 같은 성직으로서 정신적 봉사활동을 강조하는 직업관이다. 따라서 교직은 주로 인간의 인격 형성을 돕는 일이며, 단순한 지식과 기술의 전수보다는 참다운 사람을 만들어야 한다는 생각이 예로부터 전래된 전통이었다. 이러한 까닭에 교직은 세속적인 다른 직업과 구분되어 목사나 승려와 같이 성스러운 직업으로 인식되어 왔다.

현대사회와 같이 물질만능주의 사조 속에서도 비교적 물질적 세계보다는 정신적 세계에 보다 많은 관심을 집중시켜야 한다는 것이 교직자에 대한 일반적 인식의 기초가 되어 왔다.

이것은 교직이 고도의 정신적 봉사활동으로서 세속적인 가치인 돈, 명예, 권력 따위와는 거리가 먼 직업이라는 인식을 나타내는 것이라고 할 수 있다. 그리고 교직자는 미래지향적인 활동을 하기 때문에 현실사회보다는 다가오는 이상사회를 위하여 그리고 그 실현을 위하여 학생들의 마음을 감화시켜야 한다는 것이 성직관인 것이다. 그것은 교육의 본질이 인간의 영혼과 정신을 다루며, 정신적 자세로써 교직에 종사한 사람이 많이 있었기 때문에 그와 같은 교직관이 형성되어 왔다고 할 수 있다.

성직관을 신봉하는 교직자는 물질, 명예, 권력, 승진보다는 오히려 한없는 사랑과 헌신, 희생과 봉사, 정신적 활동이 근간을 이루는 것을 바람직한 교사의 상으로 보고 성직 시하는 경향이 짙다. 하나의 사도로서 본받을 만한 진정한 교사는 교육애와 교육적 사랑을 가지고 참다운 인간교육을 하겠다는 커다란 목표를 향하여 자신의 내면을 닦으며, 이러한 교육적 정열을 몸소 실천하는 사람이다. 따라서 성직관은 교사가 옛날과 같이 외곬 사범형으로 되돌아가는 것이 바람직한 일이요, 교사상으로서 성직자다운 자세를 요구하고 있어 정신 지향성과 이상 지향성이 당연하게 강조되는 것이다.

전통적으로 우리나라는 광복 이전에 그리고 서양에서는 근대사회 이전에 사회의 질서와 체계를 유지하는 윤리적 가치관과 세계관을 학생들에게 주도적으로 전달할 수 있었다는 의미에서 교사는 군사부일체(君師父一體)라고 하는 성직과 같은 높은 지위에 두었다. 후기 산업사회의 도래와 더불어 생활양식의 다양화, 직업의 전문화 경향, 사회의 민주화 추세에 따른 인간의 자유와 평등에 대한 의식의 저변 확대가 이루어지고 있는 시점에서 성직으로서의 교직의 의미가 약화되고 있다. 단지 이것은 교육적인 관계의 측면에서 교육의 기초가 되는 학습자에 대한 교사의 열정이나, 추상적인 의미로서 교사의 윤리적 측면으로만 중요시되고 있다.

**둘째, 노동직관이다.** 교직에 대한 견해 가운데 성직관과는 대조적인 입장을 취하는 것으로서, 교직도 하나의 노동직이며 본질적으로 다른 직업과 차이가 없다는 것이다. 따라서 노동의 대가로서 보수를 받고 보수와 근무조건의 개선을 위하여 노동조합을 결성한다거나 단체행동으로 권익을 쟁취하자는 것이다. 즉, 노동의 대가로서 보수를 받고 그들의 권익을 위하여 노동 3권(단체결성권, 단체교섭권, 단체행동권)을 갖춘 노동조합을 결성하여, 조합을 통한 집단적 행동으로 정부나 경영자에 맞서 투쟁해야 한다고 주장한다. 오늘날 미국의 교원조합(AFT)이나 일본의 교원노동조합이 존재하듯이 이러한 교직관을 가지고 있는 교직자도 상당수 있다는 것을 인정하지 않을 수 없다. 즉, 교직은 교사의 상대적인 가치 추구의 대상으로서 보편적인 노동행위와 다를 바가 없다. 교사의 교육적 행위는 결국 교육적 노동이며, 교육행위의 주체인 교사는 노동의 대가로 임금을 받고 그에게 수임된 일을 지속적으로 행하는 노동자임에 분명하다는 것이다.

현실적으로 교사는 피고용자이며, 교육 자체가 국가 임무의 일부이기 때문에 교사의 교육노동이 고용자인 국가나 사학재단의 의사와 결정에 종속될 수밖에 없다. 근본적으로 교사의 교육노동은 전문직으로서 자율노동의 문제와 피고용자로서의 종속노동이라는 이율배반적인 모순을 내포하고 있음을 알 수 있다.

**셋째, 전문직관이다.** 교직의 본질을 단순하게 성직이나 노동직으로 보려는 견해를 초월하여 하나의 전문직으로 인식하려는 견해는 오늘날 광범위하게 받아들여지고 있는 추세이다. 그것은 앞에서 설명한 양자의 변증법적 통합이자, 그 장점을 살리려는 관점이고 입장이다. 교직을 단순한 노동직이 아니고 지성적·정신적 활동으로 보고 이기적인 활동이 아닌 애타적인 동기에서 출발한 봉사활동으로 규정짓는 점과 고도의 자율성과 윤리성의 강조 등에 있어서는 성직관에 접근한다. 그러나 전문직관에 있어서는 교원의 자질 향상과 교권 확립이 강조되고 있지만, 사회적·경제적 지위 향상을 위하여 교직단체를 구성하고, 보다 적극적이고 진취적인 교원의 지위 향상을 쟁취해야 한다고 주장하는 점에 있어서는 일부 노동직관과 상통한다. 전문직관에서 본 교사상을 살펴보면 다음과 같다. ① 교원은 전문성을 확보하기 위하여 장기간에 걸친 교육과 훈련을 받아야 할 뿐만 아니라, 쉬지 않고 계속 연구해야 한다. ② 교원에게는 엄격한 자격 기준이 적용되어야 하며, 부적격자는 도태되어야 한다. ③ 교원은 고도의 자율성과 사회적 책임성을 가져야 한다. ④ 교원은 전문직 단체를 통하여 자질의 향상, 지위의 향상 및 교육정책에의 참여를 보장받아야 한다.

**넷째, 공직관이다.** 이는 교직을 사적인 활동으로 보지 않고 공적인 활동으로 보는 관점이다. 그리고 학교교육의 목적과 내용, 방법들이 공공성에 의거하고 있다는 것이다. 교사는 공직자의 신분을 가지며 학교는 공공의 이익과 사회발전에 기여하는 기관임을 의미한다. 교직이 공직이라 하는 법적 근거는 교사의 주된 신분이 공무원이며, 교육활동 측면에서 국가가 주관하는 공적인 임무로 규정하는 데 있다고 볼 수 있다. 즉, 교사의 지위는 헌법체제하에 있는 공직자의 위치에 있다는 것이다.

**다섯째, 장인 관점이다.** 가르치는 일을 기술로 보고 사람을 장인으로 보는 관점이다. 이 관점에 따르면 가르치는 일은 교사 개인의 믿음이나 신념 혹은 지식의 정도에 따라 달라질 수 있으며, 가르치는 일을 배우는 것도 형식적인 과정이 아닌 관찰 등을 통한 도제제도로 가능하다고 본다. 이 관점에 의하면 교사들의 능력은 얼마나 능숙하게 학급을 운영하며, 학습자가 학습에 참여하도록 하는가에 달려 있다.

**여섯째, 예술인 관점이다.** 가르치는 일을 예술로 보는 일이다. 이 관점에 따르면 가르치는 일은 개인화되어 있어 창의성이나 교사의 직관 등을 필요로 한다. 교사는 오케스트라의 지휘자로서 전체 학급의 학생들의 개성을 잘 살려 좋은 음악을 만들어 내는 지휘자에 비교된다.

**일곱째, 전문봉사직관이다**(김운종, 2009). 봉사성을 교원 각자가 교육활동과 관련된 모든 영역의 전문성을 최대한 갖추어 자신의 상품성을 높이고, 고객인 학생과 학부모가 교사를 선택하게 하여 그들에게 최상의 상품과 서비스를 제공하며, 일정 기간의 교육활동 결과는 학생의 만족도를 통하여 평가한 후 교사에게 피드백하게 하는 지속적인 순환구조를 의미한다. 전문직이 가지는 일반적인 속성은 고객에 대한 봉사의 결과로 얻어지는 경제적인 보상에서 만족감을 느끼는 것이라면, 전문봉사직에서는 고객에 대한 기술적 전문성을 충족시킴으로써 얻어지는 내적 만족감을 중시한다. 따라서 교사는 학생에 대한 전문적 봉사를 통해 얻는 내재적 만족감을 중시하고, 교육활동을 일방적으로 제공하기보다는 학생의 선호를 통해 재선택을 이끌어 내는 상호작용적 활동을 추구한다.

**여덟째, 생명인관이다**(김은주 · 권미량, 2008). 생명인으로서의 교직관은 교사를 자연인으로서 영유아와 더불어 삶을 나누는 생명인으로 보는 관점이다. 이러한 생명인으로서의 교사는 단지 영유아의 인지적 능력뿐만 아니라 몸, 마음, 영혼을 돌보고, 나아가 함께 살아가는 교육공동체의 일원으로 본다. 따라서 교사는 자연, 영유아, 사회적 환경과의 관계 속에서 생명인으로서의 자기관리 및 관계 맺기를 해나가게 된다. 이러한 생명인으로서의 교직관은 어머니나 농부의 마음으로 생명을 섬기고, 관계를 돌보며, 삶을 보듬는 과정을 내포한 교사상을 지니게 된다.

앞에서 교직을 바라보는 다양한 관점을 고찰하였다. 교직이란 외부 사람들의 구분이 중요한 것이 아니라, 가르치는 일을 교사 자신이 어떻게 대하는가에 따라 그 의미가 달라질 수 있다. 가르치는 과업에 소명을 가지고 헌신한다면 그 교사는 성직관에 해당되고, 단지 일정한 보수를 받은 만큼 가르친다고 하면 그 교사는 교직이란 노동직에 해당될 것이다.

## 참고자료

### 나는 어떤 유형의 교사인가?

**❶ 교사라는 존재를 강조하는 형**

가르치는 것은 마치 옷을 입는 것과 같은 것으로 일단 이 옷을 입으면 그것을 떠나기가 쉽지 않다. 이 옷은 가르칠 때뿐만 아니라 외부의 일상생활에도 영향을 미치며, 언제나 함께 한다. 가르치지 않을 때도 가르치는 것을 항상 생각한다.

**❷ 창조적 노력형**

가르치는 것은 교사가 학습자의 학습과 경험을 계속적으로 형상화하거나, 재형상화하는 창조적인 노력이라고 본다. 가르치는 행위에 대한 창조적인 노력은 오랫동안 교직에 몸담고 있는 사람들의 생활 근원이 된다.

**❸ 활기찬 직무 수행형**

가르치는 것을 매일 학급에서 자신이 맡은 직무를 수행하는 것으로 본다. 교사들은 자신이 가르치는 학생들과 활기찬 대화를 한다. 그래서 가르치는 경험은 강렬하고, 순간순간 도전을 제공하며 상호작용하는 것이다.

**❹ 권한 남용형**

가르치는 일은 최소한의 존경을 받는다. 왜냐하면 학습자의 생활에 영향을 미치는 권한이 있기 때문이다. 특히 유아기의 어린이들은 그 어느 시기보다도 성인의 영향을 많이 받기 때문에 무심코 던진 교사의 말 한 마디, 행동 하나가 상처를 줄 수도 있고, 지속적으로 이루어지는 교사의 부적절한 행동은 심각한 후유증을 남길 수 있다. 교사가 휘두르는 권한의 성격은 잠재적이기 때문에 자신의 권한을 남용하지 않도록 주의해야 한다.

**❺ 봉사의 기회라고 생각하는 형**

가르치는 것을 학습자, 학교, 지역사회 나아가 전 국가에 봉사하는 것으로 본다. 교직에서 애타적인 보람이 어떻게 나타나든, 그것은 교사의 직업을 더욱 고귀하게 그리고 인간적 중요성을 깨닫게 한다. 애타주의 자체가 가르치는 것을 의미하지는 않지만, 타인에게 봉사할 기회는 교직을 더욱 고귀하게 하고 인간의 중요성을 깨닫게 한다.

박은혜(2016). 유아교사론. 서울: 창지사, p. 21 인용함.

이에 비해 고전(1997)은 교직의 전문성, 근로성, 공공성에 인격성을 추가하여 교직의 특성을 표 1-1과 같이 제시하였다.

표 1-1 교직의 특성

| 교직관 | 교사의 지위 유형 | 교직의 본질 | 교사의 지위 명칭 | 교사의 지위 기능 |
|---|---|---|---|---|
| 성직 | 인격자 | 인격성(윤리성) | 스승(선생) | 본질적 지위 |
| 전문직 | 전문가 | 전문성(자율성) | 교육자(교사) | |
| 공직 | 공직자 | 공공성 | 교원(교육공무원) | 수단적 지위 |
| 노동직 | 근로자 | 근로성 | 교육근로자(교육노동자) | |

출처: 고전(1997). 교사의 법적 지위에 관한 연구. 연세대학교 대학원 박사학위논문.

## 3. 유아교사의 교직관

유아교사의 교직관을 파악하기 위해서는 ① 교직관의 유형으로 본 영유아교사의 교직관(김선희, 2013)과 ② 교직 전반에 관한 인식, 교사의 개인적·전문적 자질과 사회경제적 지위에 대한 인식, 유아교육문제에 대한 인식의 측면으로 조사한 검사지(이연주, 2003)가 필요하다. 유아교사의 교직관에 대한 검사도구를 활용하여 교사 자신의 교직관에 대하여 점검해 볼 수 있을 것이다(조부경 외, 2016: 18-23).

첫째, 교직관의 유형으로 본 유아교사의 교직관이다. 유아교사의 교직관 검사도구는 성직관, 노동직관, 전문직관의 세 가지 유형에 대한 내용만을 포함하고 있다.

표 1-2 성직관

| 번호 | 내용 | 전혀 그렇지 않다 | 그렇지 않다 | 그렇다 | 매우 그렇다 |
|---|---|---|---|---|---|
| 1 | '옛날의 스승상'이 이상적 교사상이다. | ① | ② | ③ | ④ |
| 2 | 교사는 사랑의 실천자이다. | ① | ② | ③ | ④ |
| 3 | 교사는 유아뿐만 아니라 모든 사람으로부터 존경받는 존재가 되어야 한다. | ① | ② | ③ | ④ |
| 4 | 교직의 임무와 역할은 신성시되어야 한다. | ① | ② | ③ | ④ |
| 5 | 교사는 정신적으로 존경받는 존재이므로 자랑스러운 직종이다. | ① | ② | ③ | ④ |
| 6 | 교사가 높은 인격과 학문적 지식을 갖추게 되면 그것은 저절로 유아에게 전수된다. | ① | ② | ③ | ④ |
| 7 | 교직을 선택한 이유는 사회적으로 존경받기 때문이다. | ① | ② | ③ | ④ |
| | 합계(평균) | | | | |

표 1-3 노동직관

| 번호 | 내용 | 전혀 그렇지 않다 | 그렇지 않다 | 그렇다 | 매우 그렇다 |
|---|---|---|---|---|---|
| 1 | 교직은 다른 직업과 특별히 다를 바 없으며 생활 수단의 한 방법이다. | ① | ② | ③ | ④ |
| 2 | 교사로서 보수를 받는 것은 당연하고 떳떳한 것이므로 보수가 적으면 그만큼만 가르치게 된다. | ① | ② | ③ | ④ |
| 3 | 은행원이 노동자라면 교사도 그와 같은 노동자이다. | ① | ② | ③ | ④ |
| 4 | '학생을 사랑하라', '교육애를 발휘하라'고 하는 것은 교육학자들이 교사를 인간 이상으로 본 데서 비롯된 오류이다. | ① | ② | ③ | ④ |
| 5 | 교사가 아는 지식으로 수업시간에 열심히 가르쳤다면 교사의 사명은 다한 것이다. | ① | ② | ③ | ④ |
| 6 | 가정방문 또는 기타 생활지도를 했으면 당연히 시간 외 수당 등 특별수당을 받아야 한다. | ① | ② | ③ | ④ |
| 7 | 교직을 선택한 동기는 생계유지를 위한 직업이기 때문이다. | ① | ② | ③ | ④ |
| | 합계(평균) | | | | |

표 1-4 전문직관

| 번호 | 내용 | 전혀 그렇지 않다 | 그렇지 않다 | 그렇다 | 매우 그렇다 |
|---|---|---|---|---|---|
| 1 | 교사도 의사, 변호사와 같은 대열에 들어가는 전문직이다. | ① | ② | ③ | ④ |
| 2 | 교사는 지식보다는 가르치는 기술이 더 중요하다. | ① | ② | ③ | ④ |
| 3 | 교사는 유아들에게 어떻게 가르치는 것이 가장 효율적인지를 항상 연구해야 한다. | ① | ② | ③ | ④ |
| 4 | 교사는 승진이나 전직보다 자신의 지도력으로 유아들이 날로 새로워지는 모습을 보는 것이 가장 보람된다. | ① | ② | ③ | ④ |
| 5 | 교사는 인간 사회를 발전시키는 데 주요한 공헌을 하는 사람이다. | ① | ② | ③ | ④ |
| 6 | 교사는 전공분야의 지식뿐만 아니라 가르치는 기술 면에서 높은 수준에 도달해야 한다. | ① | ② | ③ | ④ |
| 7 | 교직을 선택한 동기는 개성에 맞고 전문직이며 창의적인 활동을 할 수 있기 때문이다. | ① | ② | ③ | ④ |
| 합계(평균) | | | | | |

앞에서 제시된 세 가지 유형의 교직관에 대한 각각의 합계 또는 평균을 구하고, 높은 점수를 나타내는 순서로 자신이 지닌 교직관 유형이 무엇인지 점검해 볼 수 있다.

둘째, 교직 전반에 대한 인식과 교사 자질로서 본 유아교사의 교직관이다. 여기에는 교직 전반에 관한 인식, 개인적 자질, 전문적 자질, 사회경제적 지위 인식, 유아교육문제에 관한 인식 등으로 이루어져 있다.

표 1-5 교직 전반에 관한 인식

| 번호 | 내용 | 전혀 그렇지 않다 | 그렇지 않다 | 그렇다 | 매우 그렇다 |
|---|---|---|---|---|---|
| 1 | 유아교사는 미성숙자를 대상으로 하므로 유아를 성숙한 전인으로 기른다는 자부심과 보람을 가져야 한다. | ① | ② | ③ | ④ |
| 2 | 유아교사는 봉사를 위한 직업으로 소명의식을 가져야 한다. | ① | ② | ③ | ④ |

| | | | | | |
|---|---|---|---|---|---|
| 3 | 유아교사는 아동을 사랑하고 존중해야 한다. | ① | ② | ③ | ④ |
| 4 | 유아교사는 교직에 대한 책임과 사명을 다해야 한다. | ① | ② | ③ | ④ |
| 5 | 유아교사는 변화하는 사회에서 아동의 성장에 매우 중요한 존재이다. | ① | ② | ③ | ④ |
| 6 | 유아교사의 역할은 사회 국가 발전에 지대한 영향을 준다. | ① | ② | ③ | ④ |
| 합계(평균) | | ① | ② | ③ | ④ |

**표 1-6** 개인적 자질

| 번호 | 내용 | 전혀 그렇지 않다 | 그렇지 않다 | 그렇다 | 매우 그렇다 |
|---|---|---|---|---|---|
| 1 | 유아교사는 유아를 사랑으로 대하고 그들의 인격을 존중해야 한다. | ① | ② | ③ | ④ |
| 2 | 유아교사는 신체적 · 정신적으로 건강하고 안정되어 있어야 한다. | ① | ② | ③ | ④ |
| 3 | 유아교사는 프로그램의 선택과 개발에 풍부한 지식과 능력을 지니고 있으며 창의적이어야 한다. | ① | ② | ③ | ④ |
| 4 | 유아교사는 유머 감각이 있어야 하며 유아의 흥미와 선호에 맞게 지도해야 한다. | ① | ② | ③ | ④ |
| 5 | 유아교사는 교직윤리를 지키고 유아교사로서 교양을 갖추어야 한다. | ① | ② | ③ | ④ |
| 6 | 유아교사는 자기 발전을 위해 부단히 노력해야 한다. | ① | ② | ③ | ④ |
| 합계(평균) | | ① | ② | ③ | ④ |

**표 1-7** 전문적 자질

| 번호 | 내용 | 전혀 그렇지 않다 | 그렇지 않다 | 그렇다 | 매우 그렇다 |
|---|---|---|---|---|---|
| 1 | 유아교사는 유아교육 전반에 관한 고도의 지식을 갖추고 있어야 한다. | ① | ② | ③ | ④ |
| 2 | 유아교사는 유아의 상황에 맞게 응용하여 지도할 수 있는 능력을 지니고 있어야 한다. | ① | ② | ③ | ④ |
| 3 | 유아교사는 장기간의 준비교육을 받은 후에도 자기 개발을 | ① | ② | ③ | ④ |

| | 위한 연수에 참여해야 한다. | | | | |
|---|---|---|---|---|---|
| 4 | 유아교사는 유아의 사회에 봉사하는 자세로서 교원으로서의 윤리강령을 준수해야 한다. | ① | ② | ③ | ④ |
| 5 | 유아교사는 부모와 지역사회 인사들을 교육의 자원으로 끌어들일 수 있어야 한다. | ① | ② | ③ | ④ |
| 6 | 유아교사는 단체교섭활동에 참여하기 위하여 자치단체에도 가입해야 한다. | ① | ② | ③ | ④ |
| 합계(평균) | | ① | ② | ③ | ④ |

**표 1-8** 사회경제적 지위 인식

| 번호 | 내용 | 전혀 그렇지 않다 | 그렇지 않다 | 그렇다 | 매우 그렇다 |
|---|---|---|---|---|---|
| 1 | 유아교사의 사회적 지위가 다른 직업에 비해 높다고 본다. | ① | ② | ③ | ④ |
| 2 | 유아교사의 교권이 확립되었다고 본다. | ① | ② | ③ | ④ |
| 3 | 유아교사에 대한 경제적 대우가 좋다고 본다. | ① | ② | ③ | ④ |
| 4 | 유아교사직이 다른 직업에 비해 안정된 직업이라고 생각한다. | ① | ② | ③ | ④ |
| 5 | 유아교사직은 개성을 살리고 능력을 발휘할 수 있는 직업이라고 생각한다. | ① | ② | ③ | ④ |
| 합계(평균) | | ① | ② | ③ | ④ |

**표 1-9** 유아교육 문제에 관한 인식

| 번호 | 내용 | 전혀 그렇지 않다 | 그렇지 않다 | 그렇다 | 매우 그렇다 |
|---|---|---|---|---|---|
| 1 | 현재의 유아교육풍토가 비정상적이라고 본다. | ① | ② | ③ | ④ |
| 2 | 유아교육 문제가 교사들의 자질과 능력에 있다고 본다. | ① | ② | ③ | ④ |
| 3 | 유아교육 문제가 교육행정의 모순에 있다고 본다. | ① | ② | ③ | ④ |
| 4 | 유아교육 문제가 사회풍토의 모순에 있다고 본다. | ① | ② | ③ | ④ |
| 5 | 유아교육 문제가 학부모의 비교육적 의식에 있다고 본다. | ① | ② | ③ | ④ |
| 합계(평균) | | ① | ② | ③ | ④ |

앞에서 제시된 교직 전반에 대한 인식과 자질로 본 유아교사의 교직관에 대한 자신이 지닌 교직 전반 대한 인식을 점검해보기 바란다.

## 4. 유아교사의 전문성

교직의 특성은 교사들로 하여금 전문적 지식과 기술체계를 더욱 발전시키는 것인데, 이것을 적극적으로 받아들이는 데 장애가 될 수 있다. 그럼에도 불구하고 교원들은 자신들의 전문성 개발을 위해 끊임없이 노력하지 않으면 안 될 상황에 처해 있다. 그 이유는 다음과 같다(한국교원총연합회, 2000). ① 노력하지 않으면 안 될 상황에 처해 있다. 국가 간의 관계는 물론 한 국가 내의 제 조직 간의 관계도 변하고 있고, 심지어는 가족 간의 관계와 개인적인 인간관계도 변하고 있다. 이러한 사회 전반의 상황은 인간의 가치관, 태도 그리고 지식 등에 있어 변화를 요구한다. 지식 및 정보기반사회 등으로 표현되는 사회에 적응하고, 나아가 사회의 변화를 주도할 수 있는 인간 양성을 직접 책임지고 있는 집단이 바로 교원들이다. ② 변화하는 시대를 살아가는 학부모와 학생집단의 교육에 대한 욕구의 기대 역시 더욱 다양화·복잡해지고 있다. 폐쇄적이고 정체되어 있는 사회에서는 학부모와 학생들의 교육에 대한 욕구와 기대를 파악하는 것도 비교적 용이하고, 그러한 욕구와 기대에 부응하는 교육 프로그램을 만들어 제공하는 것 역시 쉬운 일이었을 것이다. 그러나 현대와 같이 다원화 및 다양화되어 있는 사회구성원들의 교육적 필요를 이해하고, 이것을 충족시키는 일은 결코 단순하지 않다. 과거에 교사들이 사용하던 지식과 기술 그리고 기능에만 의존해서는 교사들에게 기대되는 역할을 제대로 수행하기가 어려운 것이다. ③ 교직은 기존의 전통적인 전문직 및 새로 생겨나는 여러 직업들과 사회·경제적 지위를 높이기 위한 경쟁을 하고 있다. 사회가 급격하게 그리고 대폭적으로 변화함에 따라 수많은 직업이 새로 생겨나고 있다. 교직의 위상은 이런 직업들과 경쟁 속에서 결정된다. 교원의 사회적·경제적 지위를 보호받고 더욱 높이기 위해서는 다른 직업들이 넘볼 수 없는 독특한 서비스, 체계화된 지식과 기술을 사용하여 효과적으로 제공할 수 있어야 한다. 이렇게 가르치는 것에 대한 지식과 기술 체계의 확립과 발전에 심혈을 기울이는 것은 자신들의 신분과 이익을 보장하기 위해서 필요한 일이다.

따라서 유아교사의 전문성 제고 방안에 대해서 교원 양성교육의 강화, 현직 프로그램의 강화, 교원의 자주적인 자기 성장 노력과 지원, 교직윤리 의식의 강화, 교원의 자율성 보장, 교육 여건 및 후생, 복지제도의 개선, 교원의 사회·경제적 지위 향상, 유아교사의 전문성 향상 방향 등을 중심으로 유아교사의 전문성을 제고하기 위한 기본적인 방향을 제시하고자 한다(안창선·남경현·이욱범, 2004).

**첫째, 교원 양성교육의 강화이다.** 교직의 전문성을 제고하기 위하여 가장 우선적으로 해결되어야 할 과제는 교원 양성교육의 강화이다. 교원 양성교육의 목적은 단순히 부족한 교원을 충원하기 위한 기관이 아니라 고도의 지식과 이론 그리고 실제적인 기술을 구비한 교육전문가를 양성하는 것이다. 따라서 교원 양성기관에서는 예비교사들이 보다 높은 전문성을 확보할 수 있도록 교육과정을 비롯한 제반 교육 프로그램을 개선해야 할 필요가 있다. 이를 위해 다음과 같은 사항에 유의해야 한다. ① 교원이 전문직으로서의 교직을 올바르게 수행하기 위해서는 가장 먼저 전공교과에 관련된 지식에 정통하도록 지도해야 한다. ② 전문가로서의 교사는 담당교과에 관련된 지식뿐만 아니라 제반 교육학적 지식과 이론에 정통하고, 철학이나 심리학과 같이 그 기초를 이루는 학문에 대해서도 높은 수준의 지식과 이론체계를 구비하도록 지도해야 한다. ③ 과학의 발달로 새롭게 개발된 교수-학습 매체 및 공학적인 측면을 충분히 활용할 수 있는 능력을 길러 주어야 한다. ④ 교사로서의 높은 인격과 도덕적 규범을 갖추도록 하기 위해 과학적인 인성교육 프로그램을 개발 및 적용해야 한다. ⑤ 실제적인 교수 기술 및 학생지도 기법, 상담 기술

등을 구비하도록 지도해야 한다.

**둘째, 현직 프로그램의 다양화이다.** 현직 프로그램의 다양화를 위한 세부적인 방안을 제시하면 다음과 같다. ① 현직교사들의 연수 프로그램이 직전교육과 밀접하게 연결될 수 있도록 재구성해야 한다. ② 직전교육이 주로 기초적인 지식과 이론에 중점을 둔다면 현직교육은 그 이론과 실제를 구체적으로 관련시킬 수 있도록 계획되고 추진되어야 한다. ③ 현재 형식적으로 이루어지고 있는 제반 연수 프로그램을 그 결과가 구체적으로 드러날 수 있을 만큼 보다 내실화할 필요가 있다. ④ 현직교육은 보다 다양한 방법으로 실시할 필요가 있다. 예를 들어, 현재와 같이 방학을 이용하여 비교적 장시간에 걸쳐 실시하는 연구 프로그램도 중요하지만, 제반 학술발표회나 세미나 혹은 심포지엄 등에 적극적으로 참여할 수 있도록 권장하고, 나아가 이를 제도화하는 방법도 긍정적으로 검토해 볼 필요가 있다. ⑤ 외부의 연수에만 의존하지 말고 학교 내에서도 가능한 다양한 방법을 강구해야 한다. 예를 들어, 연구수업의 적극적인 활용이나 도서관의 확충을 통한 충분한 자료와 정보의 제공 등이 있다.

**셋째, 교원의 자주적 자기 성장 노력과 지원이다.** 교원들 스스로 자기 성장을 위하여 주체적인 노력을 경주해야 하며, 제도적 · 행정적으로 이를 적극적으로 지원할 필요가 있다. 이를 위하여 ① 교사들은 각종 연수, 학술발표회, 세미나, 심포지엄 등에 적극적으로 참여하며, ② 대학원에 진학하여 새로운 이론과 지식을 연구하며, ③ 교육 일반 또는 전공 영역에 대한 전문서적을 탐독해야 한다. 그리고 교사들이 이러한 활동에 용이하게 참여할 수 있도록 하기 위하여 원장 및 원감 등 교육 행정가들의 적극적인 권장과 격려가 있어야 한다. ④ 근무시간 및 수업시간의 조정이 필요하다. ⑤ 대학원에 진학할 경우 휴직, 학비 보조 등과 같은 제도적 지원이 이루어지면 교사들의 자발적인 노력이 더욱 고무될 수 있을 것이다.

**넷째, 교직윤리의식의 강화이다.** 교직윤리에 대한 의식이 강화되어야 할 필요가 있다. 이미 언급했듯이 아무리 전문적인 지식과 이론을 갖추고 있으며 아무리 우수한 기법을 소유하고 있다고 하더라도 윤리성을 갖추지 못한 교사는 훌륭한 교사라고 볼 수 없다. 따라서 교직윤리의식의 강화는 아무리 강조해도 지나치지 않다. 하지만 윤리규범은 추상적인 성격이 강하기 때문에 일상생활에서 구체적으로 의식하기란 어려운 일이다. 이를 위하여 ① 교사 자신의 노력이 우선적으로 요구되며, ② 직전교육 및 현직교육에서 교사의 윤리성을 지속적으로 강조해야 할 필요가 있고, ③ 여러 교직단체에서 교사들의 윤리의식 제고방안을 구체적으로 마련하여 계속적인 계도활동을 실시해야 할 것이다.

**다섯째, 교원의 자율성 보장이다.** 교원의 자율성을 보장하기 위해서 교사는 그 전문성을 충분히 발휘해야 한다. 이를 위해서 ① 학문의 자유, ② 교재의 선정과 개선, 교과서의 선택, 교육방법의 적용, ③ 새로운 교육과정 및 영·유아 프로그램 자료 개발에의 참여, ④ 학부모의 부당한 간섭으로부터의 보호, ⑤ 학부모의 불평에 대해 교사가 정당하게 변호할 기회의 부여 및 진행과정의 공개, ⑥ 원아의 상해로 발생하는 손해배상청구로부터 교원의 보호 등과 같은 방안이 마련되어야 한다.

**여섯째, 교육여건 및 교원의 후생 및 복지제도 개선이다.** 제반 교육여건 및 후생·복지제도를 개선해야 한다. 여기에서는 ① 교수-학습 조건을 개선하고 정비해야 한다. 이를 위하여 학급 규모를 감축하고 교원 배치 기준에 의해 교원 정원을 확보하여 수업 부담을 낮추어야 한다. ② 사무 및 기타 직무 또는 잡무 부담을 경감하거나 근절시켜야 한다. 이를 위해 사무식원을 증원함과 아울러 교무 업무의 보조기능을 강화하며, 각종 일지 및 장부를 통·폐합하고, 공문서를 대폭 간소화하는 등의 조치가 요구된다. 그리고 ③ 합리적인 연금제도, 자녀 학비 및 장학금의 충분한 지급, 장기저리의 주택자금 제공 등 각종 후생 및 복지제도를 개선하는 것도 결과적으로 교직의 전문성을 제고하는 데 크게 기여할 것이다.

**일곱째, 교원의 사회적·경제적 지위 향상이다.** 교육이 국가·사회의 유지와 발전을 위해 매우 중요한 일이므로, 이에 종사하는 교원들의 사회·경제적 지위를 현재보다 훨씬 향상시켜야 할 필요가 있다. 예를 들어, 촌지와 같은 불미스러운 일이 종종 발생하는 것도 한편에서는 교원의 윤리의식이 부족한 점에 그 원인이 있기도 하겠지만, 교원의 경제적 생활조건이 그만큼 열악하기 때문이기도 하다. 일반 기업체 사원 및 다른 연구전문직, 법관 등과 비교할 때 교원의 봉급 수준이 현저하게 낮을 뿐 아니라 봉급 인상률은 물가 인상에 따른 생계비를 보존하지 못하고 있으며, 도시 근로자의 연평균 소득 및 지출 증가율보다도 낮은 것이 현실이다. 이와 더불어 교원의 사회적 지위 역시 그 중요성과 직무의 난이도에 비해 현저하게 낮은 것이 사실이다. 이러한 현실은 결국 교원의 사기를 저하시켜 결과적으로 교직의 전문성 제고에 큰 장애요인으로 작용하고 있다. 따라서 교원의 사회·경제적 지위의 향상은 교직 전문성의 제고에 필수적인 요건인 것이다.

**여덟째, 유아교사의 전문성 향상이다.** 유아교사의 전문성 향상을 이루기 위해서는 먼저 양성교육이 잘 이루어져야 하며, 이들의 계속적인 발전을 위하여 적절한 현직교육이 수반되어야 하는 것이 매우 중요하다. ① 유아교육의 본질에 대한 인식을 확고히 하기 위하여 유아교육 관계자(대학 교수, 연구자, 행정가, 교사)들이 더욱 노력을 기울여야 할 것이다. 유아교육에 대한 단편적인 지식과 근시안적 효과로서 평가하는 풍토를 바꾸어 나가야 한다. 유아를 위한 모든 공공기관은 유아의 교육과 복지에 공헌할 수 있어야 하며, 이에 따른 교수방법 및 활용과 자료 개발은 전문 인력에 의해 유아의 발달적 적합성에 비추어 검증되고 평가되어야 할 것이다. ② 전문 인력의 확보를 위해 직전교육과 현직교육의 재평가가 있어야 할 것이다. 교사교육과정에 관한 문제를 분석하고 교육과정의 적절성 검토와 교육실습의 효과 등을 검증하는 각종 연구가 있어야 하며, 교육 현장과 행정체제는 우수교사, 질 높은 교사 양성을 위한 적극적이고 개방적인 운영이 있어야 한다. 교육 현장의 도움 없이는 교사의 자질을 향상시켜 전문성을 고취시키는 과정을 기대하기 어려운 실정이다. 유아교사 양성제도가 검토되어 직전교육의 기간이 연장된다고 해도, 인턴 과정을 거쳐서 의사를 탄생시키듯이 유아교육의 현장 또한 현장 경험을 연속적으로 할 수 있는 계획을 수립하여 인력이 자연스럽게 교체되고 수급되면서 전문성을 키워 나갈 수 있어야 한다. ③ 유아교사의 지적 능력 향상을 위한 노력이 있어야 할 것이다. 유아교사에게 기대하는 역할이 지엽적 기능에 의존한다면 결국 기능공이 될 수밖에 없기 때문에, 유아교사는 의사결정자, 교육과정의 계획자, 학습의 관리자, 교수방법의 연구자, 아동평가자, 성인교육자, 어린이 문제의 대변자로서 가정, 학교, 지역사회의 관계를 폭넓게 통찰하고, 사고할 수 있는 능력자로 인식하고, 자기 평가에 노력을 기울이면서 능력 향상에 노력해야 할 것이다. ④ 현직교육의 평가와 새로운 계획이 수립되어야 할 것이다. 너무나 많은 자생적 임의단체에서 전문교사를 대상으로 하는 현직교육은 지양되어야 한다. 현직교육과정이 공식적으로 인정받을 수 있는 기준이 수립되어야 하고, 이같은 과정의 결과는 교사의 지위 향상에 도움을 주는 평가기준으로 흡수되어야 할 것이다. 이는 정부 주도의 현직교육뿐만 아니라 교직단체에 대해서도 지금까지의 업적과 인적 구성을 평가하여 그 한계를 규정해야 할 것이며, 교사교육을 하고 있는 대학을 중심으로 현직교육이 이루어지는 것도 바람직할 것이라고 본다. ⑤ 유아교육의 사회·경제적 지위 향상을 위해 함께 노력해야 할 것이다. 현행법의 제한이 무엇인지, 제도적 모순이 무엇인지, 일반적 인식의 편견은 무엇이며, 언제까지나 유아교사는 여성들만의 것으로, 모성적 역할만을 해야 하는가, 정당한 경제적 지위를 찾는 노력은 비윤리적인가 등의 문제에 의식을 갖고 바른 해답을 함께 찾아야 할 것이다. ⑥ 유아교육의 사회적 기여도를 입증하는 연구 활동이 활발해야 할 것이다. 대학의 교사교육자 및 아동연구가를 중심으로 유아교육의 결과가 구체적으로 개인의 성장에 있어서, 집단에 있어서 어떤 변화를 초래하고 부모와 가정에 미친 영향 그리고 일반이 갖게 된 교육관의 변화 등을 찾아보는 장기적 연구 또는 임상적 연구가 뒤따라야 할 것이다. 즉, 유아교육과 초등학교의 연계적 효과에 대한 것과 이를 추적하는 연구 등은 유아교육의 사회적 기여도를 높여 주는 노력이 될 것이다. 사회에 공약하는 유아교육의 윤리강령이 교육자 스스로에 의해 제정되기를 바라며, 다른 전문직이 자신의 입장을 공약으로 공헌하듯 유아교육자들도 유아를 위해 최선의 공약으로 이 사회에 이바지할 것을 다짐함으로써 자율성을 발휘하는 전문직으로 인정받을 수 있을 것이다.

앞에서 유아교사의 전문성을 제고하기 위한 방안으로 교원양성교육의 강화, 현직 프로그램의 다양화, 교원의 자주적 자기 성장 노력과 지원, 교직윤리의식의 강화, 교원의 자율성 보장, 교육여건 및 교원의 후생·복지제도 개선, 교원의 사회 및 경제적 지위 향상, 유아교사의 전문성 향상 등을 중심으로 유아교사의 전문성을 제고하기 위한 기본적인 방향을 제시하고 있다. 또한 유아교사직이 좀 더 전문성을 갖도록 근무환경이나 여건이 개선되어야 하는 것은 당연하다. 우선 유아교사 양성대학에서는 적절한 교육내용의 선정과 조직, 교수-학습방법의 개발, 체계적인 교육실습을 통한 이론과 실제의 연계, 인성교육 등으로 능력과 자질을 갖춘 전문가로서의 유아교사를 길러 내기 위해 노력해야 한다. 그리고 유아교사는 다양한 연수에 참여하는 것과 각 유아교육기관 내에서 교사 스스로 전문성 제고를 위해 노력할 때 교사의 전문성이 점차적으로 향상될 것이다(문혁준 외, 2016).

# 02 유아교사직의 성격

여기에서는 유아교사의 개념과 중요성, 유아교사직의 선택 동기, 유아교사직의 특성과 현실적 문제 등에 대해서 기술하고자 한다.

## 1. 유아교사의 개념과 중요성

유아교사는 유아를 대상으로 가르치는 자로서 소정의 양성과정을 이수하고 자격을 취득한 자라고 할 수 있다. 우리나라의 유아교육은 이원화되어 있어서 보건복지부에서 자격증을 발급하는 보육교사와 교육부에서 자격증을 발급하는 유치원교사로 분류되어 있다. 여기에서 유아교사의 의미는 출생부터 취학 전 아동을 대상으로 하여 보호와 교육의 역할을 담당하고 있는 자로서, 어린이집의 보육교사와 유치원교사를 통칭하는 개념이다. 유아교사는 유아들이 알고 있는 친숙한 생활 속에서 유아의 흥미와 관심을 발견해 미지의 세계로 안내하는 역할을 해야 한다. 이러한 과정에서 교사는 유아에게 영향을 줄 뿐만 아니라 유아로부터 영향을 받는 상호적인 존재이다. 따라서 교사는 유아들의 수준과 요구에 맞추어 적응해 가며 교사로서 성장한다(문혁준 외, 2016).

유아교사는 성장·발달하는 존재이다. 최근 교사 교육자들은 교사에게 발달적 관점을 적용해야 한다는 주장을 펴고 있다. 대학을 졸업하고 교사로 입문한 신규교사는 경력을 더해 갈수록 아동관과 교육관이 변화하고 성장하게 된다. 따라서 이상적이고 훌륭한 교사라는 용어보다는 계속적으로 성장하고 발전하는 개인으로서의 교사에 초점을 맞추고 교사양성과정에 관심을 기울여야 한다(염지숙 외, 2016). 또한 교사는 교육적 가치관과 철학을 가진 존재이다. 교사는 교실상황에서 하루에도 수많은 의사결정을 무엇이 유아들에게 올바른 선택이며, 교육적인 행동인가에 대해 고민을 하며 융통성 있게 학급을 이끌어 나간다. 따라서 유아교사는 자신이 갖고 있는 철학과 가치관을 확립하는 것 못지않게 자신에 대한 반성과 함께 계속적으로 다양한 측면에서 고려하는 존재여야 한다(문혁준 외, 2016).

한편 교직은 가치 있고 중요한 일을 하면서도 그에 상응하는 대우를 받지 못하고 있는지도 모른다. 하지만 우리가 생각을 어떻게 하느냐에 따라서는 '보람'을 찾을 수 있는 직업이라고 본다. 유대인들은 국가는 멸망해도 교육은 계속되어야 한다는 믿음을 갖고 민족 대대로 노력한 결과, 2000년 동안 전 세계에서 갖은 고난과 학대를 받으면서 떠돌아 다니다가도 다시 모여 이스라엘이라는 나라를 세웠다. 이것이 바로 교육의 힘에서 나온 것이다. 우리나라가 일제의 식민지, 6.25 전쟁의 잿더미로부터 이만큼 일어설 수 있었던 것도 바로 교육의 힘이라고 평가하고 있다. 우리의 선배 교사들이 어려운 역경 속에서도 희생적으로 가르쳤고, 국민들도 교육에 열을 올렸고, 학생들도 이에 잘 따라 주었기 때문이다. 그동안 교육받은 인구가 많이 있었기 때문에 이 정도의 국가 수준으로 올려놓을 수 있었던 것이다. 하지만 이렇게 해서 올려 놓은 경제성장과 국가발전을 교육에 재투자하지 않고는 한 단계 더 높은 수준으로 끌어올리기 어렵다. 교사를 대우해 주지 않고는 국가의 장래는 보장하기가 어렵다.

평생학습국가 측면에서 볼 때 유아교사직은 가장 기본이 되는 교육활동에 종사하는 직이다. 특히 영유아기에 경험하는 다양한 교육활동은 성인이 된 후에도 사회생활에 중요한 영향을 미치는 것으로 밝혀졌기 때문에 영유아교육의 상대적 중요성이 부각되고 있다. 그리고 특히 유아기의 경험은 청소년기 및 성인기의 경험보다 더 중요시된다. 유아기의 인지적 획득은 청소년기까지 지속되며, 청소년을 장기 추적한 연구에 의하면 프로그램의 참여는 고등학교 졸업, 청소년 범죄율의 저하와 밀접한 관계가 있음이 많은 연구에서 나타나고 있다. 즉, 유아교육과 보호는 부모와 초·중등 학교교육과의 동반자 관계 속에서, 유아가 평생학습을 시작하는 동기와 학습 준비를 극대화하는 데 잠재력을 가지고 있음이 밝혀졌다. 따라서 유아교사직은 어떤 직업보다도 중요하고 국가를 지키는 최후의 보루임에 틀림없다(신재흡, 2016).

## 2. 유아교사직의 선택 동기

유아교사직의 선택 동기에 대해 여러 학자들이 의견을 제시하고 있다. 조경자 · 이현숙(2005)은 유아교육으로 전공을 결정하는 데 가장 중요한 동기로 작용한 것은 어린이가 좋아서가 56.2%를 차지했고, 직업의 안정성(13.7%), 가르치는 일이 좋아서(13.3%) 순으로 나타났다. 고동섭(2001)은 유아교사직을 선택한 이유에 대해서 "유아교육 혹은 유아교육 관련 학과에 지원하는 학생들은 물론 수능 성적에 맞추기는 하지만, 근본적으로 아이들을 좋아하고 가르치는 일이 적성에 맞을 것"이라고 생각했기 때문에 지원하는 것이다. 원동숙(1995)은 보육교사 지망생들의 교직관에 대한 조사연구에서 보육교사의 지원 동기 우선순위를 ① 자율의 폭이 크고 창의적이라는 점이 중요한 매력이다. 다른 사람의 간섭이나 통제를 받는 일이 적고 독립적으로 일을 한다. ② 다른 직업에 비해 비교적 신분이 잘 보장되어 있고 경제적으로 안정되어 있다. ③ 적성이 맞아서, ④ 여성에게 맞아서, ⑤ 보수가 괜찮아서, ⑥ 사회적 인식이 괜찮다고 생각하기 때문에, ⑦ 근무 여건 때문에, ⑧ 부모나 이웃의 권유 등의 순으로 제시했다. 특히 '보람있는 직업이어서'라고 답한 경우가 가장 많아 보육교사직에 대한 직업으로서의 가치에 대한 인식을 가장 높게 제시했다. 염지숙 외(2016)는 직업으로서 교직의 매력을 다음과 같이 제시하고 있다. ① 자율의 폭이 크고 창의적이라는 점이 중요한 매력이다. 다른 사람의 간섭이나 통제를 받는 일이 적고 독립적으로 일을 한다. ② 다른 직업에 비해 비교적 신분이 잘 보장되어 있고 경제적으로 안정되어 있다. ③ 다른 직종에 비해 비교적 여가가 많고 이를 이용한 생활을 즐길 수 있다. ④ 남을 위한 봉사활동이라는 점이 매력적이다. ⑤ 사회적 공헌이 분명하고 그 정도가 높다는 점이 큰 매력이다. ⑥ 계속적인 자기 갱신을 통하여 고도의 자아실현을 도모하기에 적절하다. 박은혜(2016)는 유아교사직 선택의 동기로 ① 어린 시절의 꿈, ② 유아들이 좋아서, ③ 타인에 대한 봉사 등을 제시했다. 또한 유아교사직 선택에 영향을 주는 요인으로는 ① 부모나 의미 있는 타인의 영향, ② 어린 시절의 경험, ③ 교사가 되기 이전에 비공식적으로 유아들을 가르치면서 긍정적인 경험을 해 본 학생들은 비교적 쉽게 교사가 되려는 동기를 가진다. 또한 한국교원단체총연합회(2005)는 유아교사직을 선택하는 이유를 ① 교직은 자율적이고 창의적이다. ② 교직은 다른 직업에 비해 신분이 보장되어 있고 경제적으로 안정되어 있다. ③ 교직은 다른 직종에 비해 여가가 많고 이를 이용한 생활을 즐길 수 있다. ④ 교직은 남을 위해 봉사활동의 성격이 강하여 애타적 동기에서 자기를 희생한다. ⑤ 교직은 사회적 공헌이 분명하고 그 정도가 높다.

앞에서 언급한 조경자 · 이현숙(2005), 고동섭(2001), 원동숙(1995), 염지숙 외(2016), 박은혜(2016), 한국교원단체총연합회(2005) 등의 견해를 종합 정리하면, 유아교사직을 선택하게 된 동기는 ① 유아들이 좋아서, ② 다른 직업에 비해 비교적 신분이 잘 보장되어 있고 경제적으로 안정되어 있는 점, ③ 가르치는 일이 좋아서, ④ 타인에 대한 봉사, ⑤ 자율의 폭이 크고 창의적이라는 점, ⑥ 사회적 공헌이 분명하고 그 정도가 높다는 점, ⑦ 부모나 타인의 영향 등으로 볼 수 있다.

## 참고자료

### 가르치는 일의 허상 12가지

① 좋은 선생님이 되기 위한 첫째 필수단계는 교실을 잘 통제하는 것이다.
② 교사들은 교육대학에서 가르치는 법을 배운다.
③ 좋은 선생님은 재미있다.
④ 좋은 선생님은 교육내용에 대해 다 안다.
⑤ 좋은 선생님은 주어진 교육과정에서 시작해 그걸 강화하는 좋은 방법을 찾는다.
⑥ 좋은 선생님은 좋은 연기자다.
⑦ 좋은 선생님은 모든 학생을 똑같이 대한다.
⑧ 오늘날 학생들은 예전 아이들과 다르다.
⑨ 좋은 교육은 학생들의 시험 성적으로 측정할 수 있다.
⑩ 좋은 선생님은 교실에서 일어나는 일을 다 안다.
⑪ 모든 아이들은 평균 이상이다.
⑫ 오늘날 아이들은 이전 어느 때보다 형편없다.

저자가 강조하는 것은 이 12가지 환상은 모두가 틀렸다는 것이다. 예를 들어, 교사는 학교에서 가르치는 법을 다 배우는 것도 아니고, 재미있는 선생님이 좋은 선생님도 아니며, 교사의 자질을 발휘할 수 있는 이상적인 아이가 있는 것은 더욱 아니라는 것이다.

### 좋은 선생님이 되는 교사의 비결 6가지

① 항상 따뜻한 수업 분위기가 되도록 한다.
② 다양하고 재미있는 학습 프로그램을 만든다.
③ 최선을 다해 가르친다.
④ 학생 스스로 공부하도록 한다.
⑤ 특별활동 시간은 세상에서 가장 행복한 시간으로 꾸민다.
⑥ 꼴찌에게도 선생님의 사랑을 보여 준다.

• 자료: Ayers, W.(2012). 가르친다는 것은. 홍한별 역, 서울: 양철북.

## 3. 유아교사직의 특성과 현실적 문제

유아교사는 출생부터 취학 전 유아를 대상으로 유아교육기관에서 유아의 성장과 발달을 위하여, 그들을 체계적이며 전문적으로 보호하고 교육하는 사람을 가리킨다. 유아교사직의 특징과 유아교사들의 현실적 문제에 대해 고찰하고자 한다.

유아교사직의 특성에 대한 다양한 학자들의 견해를 소개하면 다음과 같다.

첫째, 박은혜(2016)는 유아교사직의 특성으로 ① 유아교사직은 어린 연령의 유아들을 대상으로 하는 직업이다. ② 유아교사직은 유아들의 전인발달을 도와주는 직업이다. ③ 유아교사직은 가르치는 일과 돌보는 일을 조화롭게 유지해야 하는 직업이다. ④ 유아교사직은 전문직이라고 설명하였다.

둘째, Katz 및 Goffin(1990)은 유아교사의 특성을 다음과 같이 제시했다. ① 유아교사는 유아의 다양한 정서적, 사회적, 신체적, 인지적 요구와 발달과업을 충족시켜야 하기 때문에 유아교사가 수행해야 할 역할은 광범위하고 역할 경계선이 명확하지 않다. ② 유아교육기관은 교육의 목적, 목표 등이 다른 다양한 유아교육 프로그램을 실시하고 있기 때문에, 교사의 임무와 교육이념도 실시하는 프로그램에 따라 달라진다. ③ 학습자가 어릴수록 신체적, 정서적, 사회적으로 교사에 대한 의존도가 높기 때문에 유아기는 대인적 관계와 물리적 환경에 잠재되어 있을 위험에 취약하다. 그러므로 유아들에게 전인적 경험을 제공할 수 있는 환경을 조성하고, 보호할 수 있는 자질을 갖춘 교사를 필요로 한다. ④ 유아는 생애 처음으로 공적 집단의 일원이 되어 단체생활에 적응해 나가야 하므로, 유아교사는 유아들이 분리불안을 극복하는 것을 도와주고 유아교육기관 생활의 일상적인 일과에 적응하는 것을 도와주어, 가정에서 유아교육기관으로의 전환을 용이하게 한다. ⑤ 유아교사는 유아의 발달 상태나 유치원에서의 생활 등에 대해 부모와 정서적 관계를 맺으며, 지속적인 교류를 유지해 나가야 한다. ⑥ 유아교사는 사회적, 교육적으로 높은 도덕성을 요구받으므로 내면화된 윤리강령을 준수하고자 노력해야 한다. ⑦ 유아교육과정의 실행은 통합성에 근간을 두고 있으므로 유아의 발달과 흥미를 고려한 일과 운영을 계획하고 운영해야 한다.

셋째, 염지숙 외(2016)는 유아교사가 구비해야 할 직업적 특성으로 ① 유아교직은 사랑에서 시작되어야 하는 직업이다. ② 유아교직은 가르치는 일과 돌보는 일 사이의 조화를 유지해야 하는 직업이다. ③ 유아교직은 눈에 보이지 않는 측면의 상호작용에 민감해야 하는 직업이다. 한편 유아교육 현장은 복잡하고 해결하기 어려운 상황들로 가득 차 있으며, 유아교사들은 불확실성의 세계에서 자신의 교육방법을 선택하고 만들어 가기 위해 많은 어려움을 느낄 수밖에 없다(문혁준 외, 2016).

앞에서 언급한 박은혜(2016), Katz 및 Goffin(1990), 염지숙 외(2016) 등의 견해를 종합 정리하면 다음과 같다. ① 유아교사는 유아들의 전인발달을 도와주는 직업이다. ② 유아교사는 가르치는 일과 돌보는 일을 조화롭게 유지해야 하는 직업이다. ③ 유아교사는 전문직이다. ④ 유아교사는 유아의 다양한 정서적, 사회적, 신체적, 인지적 요구와 발달과업을 충족시켜야 하기 때문에, 유아교사가 수행해야 할 역할은 광범위하고 역할 경계선이 명확하지 않다. ⑤ 유아교사는 유아들이 분리불안을 극복하는 것을 도와주고 유아교육기관 생활의 일상적인 일과에 적응하는 것을 도와주어, 가정에서 유아교육기관으로의 전환을 용이하게 한다. ⑥ 유아교사는 가르치는 일과 돌보는 일 사이의 조화를 유지해야 한다.

유아교사직의 특성 가운데 하나는 수업의 자율성이라고 할 수 있다. 이러한 측면에서 교직의 매력을 충분히 가지고 있음을 알 수 있다. 하지만 공립유치원에 종사하는 교사를 제외하고는 신분 보장이나 경제적 안정 등의 요소가 매력으로 작용하기가 어렵다. 유아교육은 아직도 공교육 체제에 포함되지 않아 70% 이상의 교사들이 사립유치원에 재직하고 있으며, 90% 이상의 교사가 민간어린이집 혹은 가정보육시설에 재직하고 있다. 이처럼 유아교육은 사립의 의존도가 지나치게 높기 때문에 일반적으로 학자들이 매력으로 제시하는 자율권, 신분 및 경제적 안정, 방학 등의 요소가 초·중등학교에 비하여 장점으로 적용되기가 어려운 실정이다(송준석 외, 2016). 또한 유아교사들의 어려움을 유아를 가르치는 일과 관련된 어려움, 개인적 갈등이나 대인관계를 통해서 나타나는 어려움, 타의에 의해 규정지어진 사항들이나 외부 환경에 의한 어려움이 있을 수 있다(김경미 외, 2004).

### 〈사례: 현장 활용자료〉 유아교사의 이미지

#### 내가 생각하는 유아교사의 이미지

❶ 아래의 문장을 완성해 보자. 첫째 문장에서 자신이 생각하는 직업이나 사물, 상황 등 그 어떤 것도 넣을 수 있다.

❷ 다음에는 자신이 생각하는 가장 이상적인 유치원교사를 그려보자.

1 유치원교사는 (                    )과 같다.
그 이유는 (                    )과이다.

2 이상적인 교사

• 자료: 박은혜(2016). 유아교사론. 서울: 창지사. p. 28.

## 생각해 봅시다

**1.** 유아교사로서 자신의 교직관은 성직, 전문직, 공직, 노동직 가운데 어디에 속하는지 생각해 봅시다.

**2.** 나는 왜 유아교사가 되고자 하는지 생각해 봅시다.

**3.** 개인적 자질과 전문적 자질로써 기대되는 유아교사상에 대한 나의 준비 상태 점검 결과에 대해 생각해 봅시다.

**4.** '죽은 시인의 사회'를 보고 진정한 교사란 어떤 사람인지 생각해 봅시다.

**5.** 미래사회에서 교직이 차지하는 위치에 대해서 생각해 봅시다.

**6.** 전문직으로서 유아교직이 나아가야 할 방향에 대해서 생각해 봅시다.

CHAPTER 2

# 유아교사의 교직윤리와 교권

## 학습목표

1. 교직윤리의 중요성을 설명할 수 있다.
2. 유아교사에게 필요한 윤리강령을 이해한다.
3. 유아교사의 교직윤리 종류 및 특성을 설명할 수 있다.
4. 유아교직윤리 확립 방안을 이해할 수 있다.
5. 유아교사의 적극적 권리와 소극적 권리를 설명할 수 있다.

**Keyword**

• 윤리 • 도덕 • 교직윤리 • 사도강령 • 윤리강령 • NAEYC

유아교사는 교사가 구비해야 할 자질과 전문성과 함께 올바른 철학에 바탕을 둔 윤리적 책임과 사명이 있다. 그 이유는 유아교사의 역할과 임무가 매우 중요하기 때문이다. 유아교사는 무한한 성장 가능성을 안고 있는 유아를 보살피고, 안내하여 개개인의 소질과 능력을 길러 주며, 희망과 욕구를 충족시키고, 가정, 사회, 국가, 세계가 요구하는 바람직한 인간상을 길러내는 중대한 사명과 책임을 실천하는 사람으로, 세상의 미래와 운명을 좌우하는 일을 한다고 할 수 있다(권영례 외, 2011).

한편 교직윤리와 함께 교사는 잘 가르치기 위한 교사의 권위나 권리에 대한 교권을 갖고 있다. 교권은 외부의 부당한 지배나 간섭 없이 자유롭게 교육을 행할 수 있는 권리로 수업권, 교육과정 결정권, 교육방법, 학생지도 방법 선택권 등이 있다. 교직윤리와 교권의 범위는 교원의 모든 행위와 밀접한 관련을 갖고 있다. 교사에 대한 윤리는 어떤 행동의 한 부분을 지원하는 것이 아니라 교사의 교육적 실천 행위 전 영역에서 요구된다. 심지어 학습자들을 가르치고 돌보는 장소가 아닌 곳에서도 교사의 윤리적 행동이 요구되는 것이다(염지숙 외, 2016).

이 장에서는 유아교사의 교직윤리 개념, 교직윤리의 중요성, 유아교사의 교직윤리 종류, 유아교사의 교직윤리의 특성, 유치원교사 헌장과 교직윤리규정, 유아교직윤리 확립 방안, 교권 등에 대해 고찰하고자 한다(문혁준 외, 2016; 염지숙 외, 2016; 조부경 외, 2016; 송준석 외, 2016; 최애경 외, 2016; 김규수 외, 2016; 권영례 외, 2011; 신재흡 외, 2006; 강기수 외, 2015; 우영효, 2017; 신재흡, 2016).

## 01 유아교사의 교직윤리 개념

인간이 사회생활 속에서 지켜야 하는 규범을 윤리라고 한다면 교직윤리라 함은 교사가 교직생활에서 지켜야 하는 실천적 규범이라고 할 수 있다. 윤리는 강제력을 수반하는 법률과 달리 인간의 자율적 판단에 근거하며, 사람들의 양심이나 사회의 습관을 기본으로 하여 사회적 규범에 합치되는 것이다. 교직윤리는 교사들이 교직을 수행하면서 스스로 실천하기를 기대하는 규범을 의미하는 것이다(박은혜, 2005). 이러한 맥락에서 유아교사의 교직윤리는 교사의 역할을 수행할 때 기대되는 행동규범으로서, 스스로 실천하기를 기대하는 규범을 의미한다.

교직윤리의 특성은 다음과 같다. ① 비공식적 실천규범이다. 윤리는 공식적이 아니며 외적 통제체제가 아닌 내적 및 자율적 통제체제인 것이다. ② 교직윤리는 교원의 모든 행위와 관련되어 있다. 즉, 교직윤리는 교육내용과 교육의 목적, 교수과정, 유아 및 학부모와의 관계 등 교사가 하는 모든 행위와 관련된다. ③ 교직윤리는 교육의 질을 좌우한다. 교사의 교직윤리가 결여되면 우수한 인재의 양성, 풍부한 자질과 윤리적 능력을 가진 국민을 육성할 수 없다(권영례 외, 2011: 324~325 재인용).

따라서 교직은 다른 어떤 직종보다도 높은 도덕관과 표준적 윤리관을 소유하고 있어야 한다. 인간 형성이라는 교직의 직무는 정형화되어 있는 것이 아니고 다양하며, 자유재량의 폭이 매우 넓다. 그러므로 교사의 내적, 심리적, 잠재적 동기와 자발적, 능동적 규율이 중요하다. 인간의 도덕적 품성의 형성은 내적 동기와 자발적 의지에 의해 더 크게 영향을 받기 때문이다. 따라서 교육은 교사의 법규 준수 그 자체보다도 교사 행동에 대한 윤리성이 더욱 중요시되는 것이다(이종재 외, 2005).

## 02 교직윤리의 중요성

교직에 종사하는 사람은 다른 어떤 직업보다도 높은 윤리와 도덕적 규범을 지키고 실천해야 한다. 교직은 전문직으로서 개인의 일생에 막대한 영향을 미치며, 국가 및 사회의 미래에 막중한 영향을 주는 것은 물론 시민의 도덕적 성품과 자질 형성에 가장 중대한 역할을 한다. 또한 교육의 성과를 위해서는 교권이 확립되어야 하며, 교권 확립을 위해서는 교직윤리가 확립되어야 한다(권영례 외, 2011).

유아교사는 유아와 그 가족, 동료, 지역사회에 대해 윤리적 책임(ethical resopnsibilities)이 있으므로 전문가 윤리(professional ethics)가 필요하다. 윤리적 책임은 하거나 하지 말아야 할 행동들이고, 전문가 윤리는 전문직업의 도덕적 약속들이다. 유아교사는 가르치는 일을 하는 전문인으로서, 전문적 능력을 유지·발전시키기 위해 자발적 연구와 노력을 해야 하는 윤리적 책임이 있다. 또한 유아교육 직무 수행은 유아에 대한 애정과 인내, 돌봄과 개별적 배려가 없이는 불가능하므로 유아교사는 유아에 대해 적절한 돌봄의 태도와 윤리를 갖추고 있어야 한다. 돌봄과 배려의 태도는 유아뿐만 아니라 그 가족들에게도 해당되는 것이다. 유아교사는 어떤 경우에도 절대로 유아에게

해를 끼쳐서는 안 되며, 유아에게 최선인 선택을 해야 할 책임이 있다. 또한 가족과 유아에 대한 정보를 공유하고, 유아에 대한 가족의 결정을 존중하고, 가족 특유의 문화를 수용하여야 할 책임이 있다. 동료에 대해서는 동료의 능력을 인정하고 문제점을 지적할 때는 존중을 담아 신중히 할 책임도 있다. 유아교사의 다양한 대상에 대한 책임들을 명시한 윤리강령이 필요하다(이순형 외, 2013).

유아교사에게 교직윤리가 필요한 이유는 다음과 같다(권영례 외, 2011).

첫째, 적절한 의사결정을 내리기 위해 필요하다. 교직을 수행하는 과정에서 같은 비중의 가치가 서로 충돌하여 의사결정을 내리기 어려운 상태인 딜레마에 직면했을 때 윤리강령은 적절한 의사결정을 내릴 수 있는 기준이 된다(박은혜, 2010).

둘째, 유아교사의 힘과 지위에 따른 영향력을 올바르게 행사하기 위해 필요하다. 교사들이 유아의 인격을 존중하고 권리를 보장하는 것은 소홀히 하더라도 유아들은 자신을 방어할 수 있는 능력이 아직 부족하다. 그리고 부모는 성인이며 유아를 맡긴 의뢰인이기 때문에 교사에게 요구할 수 있으나, 유아의 요구와 충돌할 수도 있다. 교사의 윤리강령은 교사가 유아의 권리를 보장하고 인격을 존중하는 방향으로 올바르게 자신의 지위를 활용할 수 있도록 하는 지침이 된다.

셋째, 다양한 유아와 학부모의 요구를 조화롭게 수용하기 위해서이다. 유아마다 처한 상황이 다르고 학부모의 요구와 기관의 교육철학이 상이할 수도 있다. 교사의 윤리강령은 다양한 요구를 조화롭게 수용할 수 있는 기준이 된다.

넷째, 누리과정은 다른 각급 학교의 교육과정과는 달리 유아의 경험과 과정을 중요시한다. 이러한 교육과정 운영의 자율성은 때로는 흥미진진함을 불러 일으키지만, 유아교사가 끊임없이 의사결정을 해야 한다는 의미가 된다. 즉, 유아교사는 다른 학교급 교사들보다도 교사 개인의 가치에 따라 교육과정의 내용과 방법을 정할 가능성이 높아진다. 윤리강령은 불확실성이 높은 상황에서 철학적 기초를 제공하여 교사의 판단에 일관성 있는 기준을 제시하는 역할을 한다(박은혜, 2016).

다섯째, 적절한 교사의 역할 범위를 설정하기 위해 필요하다. 최근 유아보육과 교육시설을 이용하는 유아의 연령이 낮아지고 아이들이 기관에서 생활하는 시간이 길어지고 있다. 교사는 유아들을 먹이고 입히고 씻기고 기본생활습관을 길러 주는 등 역할이 늘어나게 되는데, 이러한 상황에서 교사가 실제 수행하는 역할과 기대되는 역할이 다른 경우 교사가 상황에 맞는 교사의 역할을 수행하기 위해 교사의 윤리강령은 적절한 기준이 된다.

## 03 유아교사의 교직윤리 종류

교직윤리의 유형으로는 교사 자신에 관한 윤리, 학습자와의 윤리, 학부모 및 사회와의 윤리, 교직원 상호 간의 윤리 등으로 구분할 수 있다.

**첫째, 교사 자신에 관한 윤리이다**(고재천 외, 2011). ① 확고한 가치관과 투철한 국가관 그리고 그에 바탕을 둔 건전한 교육관이 확립되어야 한다. 교사는 교육에 대한 확고한 철학과 사명감을 가지고 교육에 임할 때만이 그가 대상으로 하는 학생을 사랑하고 그들을 위하여 헌신할 수 있다. ② 전문가로서의 직무를 원만하게 수행하기 위해서는 항상 노력하고 연구하는 자세를 견지해야 한다. 교사는 가르치는 교과목에 대한 전문 지식은 물론 교육과정, 교육방법, 수업매체, 교육평가 등에 관한 심오하고 해박한 지식을 소유해야 한다. 더욱이 교사가 가르치는 학생들과 연령차나 세대 차이를 극복하고 공감하기 위해서는 그들을 이해하기 위한 지속적인 노력이 필요하다. ③ 원만한 인격과 도덕적 특성을 함양하고 건전한 사생활을 영위해 나가야 한다. 교사는 원만한 인격의 소유자여야 하며, 도덕적인 인간의 표준이 되어야 한다. 그리고 가정생활이 모범적이고 가족관계가 원만해야 하며, 차원 높은 교양과 건전한 취미생활을 통하여 기품 있는 생활태도를 유지해 나가도록 노력해야 한다. ④ 심신의 건강을 유지하기 위한 노력이 필요하다. 교사가 정신적·신체적으로 건강하지 못하면 교직의 직무를 감당해 나가기 어려울 뿐만 아니라 의욕적으로 교육활동을 전개해 나갈 수 없다. ⑤ 교사에게 강한 내적 확신과 이 확신에 기반을 둔 인내심이 요구된다(오인탁 외, 1984). 교사의 인내심이란 학생들의 미숙함이나 잘못을 사랑과 이해에 기초하여 침착하게 참아내는 태도로 볼 수 있다.

**둘째, 교사와 학습자와의 윤리이다**(우영효, 2017). ① 교사는 학생들에게 솔선수범해야 한다. 교사는 항상 신중하고 조심성 있고 사려 깊은 행동을 통하여 학습자에게 모범의 대상이 되어야 한다. ② 학생의 인격과 개성 및 개인차를 존중해야 한다. 교사는 학습자의 인격과 개성을 존중하고 끝까지 그러한 가능성을 포기하지 않으면서 적절히 지도할 수 있는 방안을 적극적으로 모색해 나가야 한다. ③ 교사는 학습자와의 관계에서 공평해야 한다. 교사도 인간이기 때문에 인간적으로 좋고 싫음의 감정을 가질 수 있다. 교사는 교육자적 양심으로 편애에 빠져들지 않도록 주의해야 한다. ④ 교사는 교직 수행의 과정에서 알게 된 학생의 불리한 비밀을 공개해서는 안 된다.

**셋째, 학부모 및 사회와의 윤리이다**(우영효, 2017). 교사는 학부모를 교육의 동반자로 존중하고 그들과 함께 학생들의 지적 능력 향상은 물론 도덕성 함양에 노력해야 한다. 그리고 교사는 지역사회와의 관계에서도 다양한 영역에서 협력하고 봉사하는 삶의 자세가 필요한 것이다. ① 학부모와의 관계에 관한 윤리이다. ㉠ 교사는 학부모를 교육의 동반자로 인식할 필요가 있다. 원활한 교육활동을 위해서 교사는 학부모와의 만남의 기회를 최대한 활용할 필요가 있다. ㉡ 교사는 학부모의 의견을 경청하고 존중해야 한다. 교사와 학부모 간의 대화가 상호 간에 만족을 주기 위해서는 서로 간에 배려하고 만남 자체를 소중히 여기는 태도가 필요하다. ㉢ 교사는 학부모가 부담 없이 학교를 방문하고 자유롭게 대화할 수 있는 분위기를 조성해야 한다. 학부모는 교사와의 관계에서 자기 자녀만 생각하는 이기주의에 사로잡혀 부정적인 관계가 형성되지 않도록 경계해야 한다. ② 사회와의 관계에 관한 윤리이다. 학교는 지역사회의 영향을 받지 않을 수 없다. 교사는 지역사회가 어떠한 특성을 가진 사회인지를 잘 파악하여 지역사회에 어울리는 행동을 해야 한다. 또한 교사에게는 지역사회의 주요 관심사에 대한 이해와 관심이 필요하다. 지역사회 주민들은 교사에게 이에 대한 해결책을 구하거나 자문하는 경우도 많다. 교사는 지역사회의 발전에 이바지하기를 기대하는 주민들의 요구에 부응할 필요가 있으며, 동시에 지역사회의 현안 문제에 대하여 조언하거나 계몽하는 역할도 수행해 나가야 한다.

**넷째, 교직원 상호 간의 윤리이다**(우영효, 2017). 동료교사들이 좋아하는 교사상은 다음과 같다. ① 지적으로 똑똑한 사람보다 마음이 따뜻한 교사, ② 동료교사의 실수와 허물을 덮어주고 이해해 주는 교사, ③ 민주적인 의사결정을 존중하고 수용하는 교사, ④ 선배교사에게 예의를 갖추고 후배교사를 사랑하는 교사, ⑤ 화목하고 행복한 교직문화를 만드는 교사이다.

## 04 유아교사의 교직윤리의 특성

교직은 일반직업과 구분되는 교직만의 몇 가지 특성을 지니고 있다(김기태 외, 2003).

첫째, 교직은 인간을 대상으로 한다. 교직은 인간과 관련된 어느 한 부분만을 대상으로 하는 것이 아니라 지적, 정서적, 사회적, 신체적으로 인간의 모든 측면을 대상으로 하는 것이다. 따라서 유아교사는 영유아기에 있는 원아들에게 가장 중요한 인성, 예절, 기초 생활지도 등 인생의 초창기 교육활동에 지대한 영향력을 미칠 수 있는 역할을 수행하고 있다.

둘째, 교직은 주로 인간의 정신생활을 대상으로 하는 직업이다. 물론 정신과 의사도 인간의 정신을 다루지만, 그것은 병적 증상에만 한정된 정신을 다룬다. 하지만 유아교사는 유아기의 원아들에게 신체적 건강과 발달 그리고 정신적 과정과 정신적 생활면을 중시한다.

셋째, 교직은 미성숙자를 대상으로 한다. 교사는 사회생활에 아직 익숙하지 못한 미성숙자를 대상으로 사회의 문화유산, 가치관, 생활양식들을 계획적 · 조직적으로 가르쳐서 이상적인 인간으로서 성장 · 발달할 수 있도록 하며, 더 나아가 미래에 대한 지향성을 가지도록 지도해 준다.

넷째, 교직은 여러 직업 중에서도 봉사적 사명을 더욱 필요로 하는 직업이다. 그러나 교직은 보수가 궁극적인 목적이 아니라 교직을 천직으로 여기는 소명 의식과 인류사회에 봉사하는 정신으로 임하는 직업이라 할 수 있다.

다섯째, 교직은 국가와 민족에 영향을 주는 공공적 사업이다. 교직은 다른 직업과는 달리 정신적인 힘을 기르는 직업으로 국가가 당면한 여러 문제의 요청을 가장 효과적으로 해결할 수 있는 원동력을 가지고 있다.

여섯째, 교직은 사회를 진보시키는 중대한 공헌을 하고 있다. 교사는 인류가 이룩해 놓은 문화유산을 다음 세대에 전달해야 할 임무를 지니고 있으며, 더 나아가 보다 나은 미래사회를 위해 사회 개척과 문화를 창조하는 주역으로서의 역할도 담당하고 있다.

## 05 유치원교사 헌장과 교직윤리규정

여기에서는 유치원교사 헌장과 교직윤리, 미국의 NAEYC의 교직윤리에 대해서 살펴보고자 한다.

### 1. 유치원교사 헌장

모든 교원을 위한 '사도헌장 및 사도강령'이 제정되었다는 것은 교육계 누구나 알고 있지만, 유치원교사 헌장은 2010년 12월 유아교육 관련단체와 전문가 모임에서 지속적인 연구와 관심을 모아 공포하였다. 다음은 유치원교사 헌장의 전문이다.

**유치원교사 헌장**

유아교육은 유아의 삶에 초석이 되며 우리 사회와 국가의 미래를 결정한다. 우리는 국민의 생애 초기 교육을 책임지며, 사회로부터 존중받는 교사로서 자신을 연마하고 소명의식을 가지고 유아교육자로서 가야 할 길을 밝힌다.

1. 우리는 유아를 사랑하고 개성을 존중하며 전인발달을 지원하고 평화로운 교실 문화를 조성한다.
2. 우리는 미래지향적이며 질 높은 교육을 계획하고 실천하며 교육자로서의 책임을 다한다.
3. 우리는 가정에 대한 이해와 연대를 강화하여 교육복지 사회구축에 공헌한다.
4. 우리는 사회의 변화와 요구에 적극 부응하여 유아교육의 혁신과 발전을 위해 노력한다.
5. 우리는 교육자로서의 품위를 유지하고 부단한 자기 개발을 통해 유아교육 전문가로서의 위상을 갖춘다.

## 2. 유치원교사의 교직윤리

유치원교사의 교직윤리는 제1장 유치원교사와 유아, 제2장 유치원교사와 가정, 제3장 유치원교사와 사회, 제4장 유치원교사의 책무로 구성되어 있다.

### 유치원교사의 교직윤리

**제1장 유치원교사와 유아**

- 핵심개념: 사랑, 평등, 개성존중, 전인교육, 안전과 보호

1. 우리는 유아를 사랑하며 유아의 인격을 존중한다.
2. 우리는 유아의 개인적 · 가정적 배경에 관계없이 모든 유아를 평등하게 대한다.
3. 우리는 유아의 개성을 존중하며 개인의 흥미와 잠재력에 적합한 교육을 제공한다.
4. 우리는 유아의 전인발달을 지원하는 교육과 환경을 제공한다.
5. 우리는 유아의 안녕을 위협하는 가정적 · 사회문화적 · 경제적 상황을 적극적으로 파악하고 유아를 보호하기 위해 노력한다.

**제2장 유치원교사와 가정**

- 핵심개념: 가족에 대한 이해, 권리보호, 협력, 지원

1. 우리는 유아를 교육하고 지원하기 위해 가정과 연계하고 협력관계를 구축한다.
2. 우리는 교육적 목적으로 수집한 가족정보에 대해 기밀을 유지하고 가족의 사생활을 보장한다.
3. 우리는 유치원에서 일어난 안전사고나 위험 상황에 대해 가족에게 충분히 설명한다.
4. 우리는 가족에게 유치원을 개방하며 필요한 정보를 제공한다.
5. 우리는 유치원 운영에 관련된 중요한 의사결정과정에 부모를 참여시킨다.
6. 우리는 가족에게 필요한 지역사회 자원에 대한 정보를 구축하고, 이를 가족에게 적극 제공한다.

**제3장 유치원교사와 사회**

- 핵심개념: 사회에 대한 이해, 교원의 지위 향상, 유아교육 위상 강화, 교직문화, 지역사회와의 협력

1. 우리는 사회의 흐름을 파악하고 이를 교육에 반영하고자 노력한다.
2. 우리는 유아에 관련된 법률과 정책을 이해하고, 이를 개선하기 위한 활동에 적극 참여한다.
3. 우리는 교직관련 단체와 전문가 협회를 통해 교권확립을 위한 활동에 참여한다.
4. 우리는 유치원교육을 사회에 널리 알려 유아교육의 위상을 높인다.
5. 우리는 교직원 간의 상호존중과 협력을 통해 건전한 교직문화를 형성한다.
6. 우리는 유치원과 연계하여 지역사회의 생활과 문화 향상에 기여한다.

제4장 유치원교사의 책무

- 핵심개념: 직업의식과 긍지, 인성(열정, 개방성, 창의성, 자율성), 교사로서의 품위, 연구와 자기계발

1. 우리는 교육전문가로서의 직업의식을 갖는다.
2. 우리는 건전한 국가관과 확고한 교육관을 가지고 교직에 종사한다.
3. 우리는 유아에게 최적의 교육을 제공하기 위해 열과 성을 다한다.
4. 우리는 건전한 언행과 생활태도로 유아에게 모범이 되도록 한다.
5. 우리는 열린 사고와 개방적 태도를 가지고 전문성 향상에 매진한다.
6. 우리는 다양한 분야의 전문가와 교류하고 새로운 지식과 정책을 비판적으로 수용한다.

## 3. NAEYC의 교직윤리

NAEYC에서 공포한 교직윤리는 1989년 채택되었다. 내용에는 서문(preamble), 핵심가치(core values), 개념적 체계(conceptual framework), 선서문(statement of commitment) 등이 있다.

## 유아교사를 위한 NAEYC

### 핵심가치(core values)

- 유아기를 독특하고 가치 있는 인생주기의 한 단계로 이해한다.
- 유아에 관한 우리의 직무는 유아발달에 관한 지식에 근거한다.
- 유아와 가정 간의 밀접한 유대관계를 이해하고 지원한다.
- 가정, 문화, 지식기반사회의 맥락 속에서만이 유아들을 가장 잘 이해할 수 있고 원할 수 있다는 사실을 인식한다.
- 각 개인의 유아, 가족구성원, 동료의 존엄성, 가치, 개성을 존중한다.
- 유아들과 성인들이 신뢰, 존경, 긍정적인 인식 등을 기초로 한 관계 속에서 그들의 모든 잠재력을 발휘하도록 도와준다.

### 선서문(statement of commitment)

유아들을 담당하는 개인으로서 나는 NAEYC의 윤리강령에 반영되어 있는 대로 유아들의 교육에 대한 가치를 향상시키는 데 전념하겠다. 내 능력을 최대한 발휘해서 나는

- 유아들에 관한 프로그램이 유아발달과 유아교육의 최선의 이론에 기초하도록 한다.
- 유아들을 양육하는 가정의 임무를 존중하고 지원한다.
- 유아들을 교육하는 동료들을 존중하고 그들이 NAEYC의 윤리강령을 준수할 수 있도록 지원한다.
- 지역사회와 공동체 내에서 유아가 정교사의 대변자로서 역할을 다한다.
- 직업적 행동의 높은 기준을 유지한다.
- 개인의 가치, 의견, 편견이 전문적 판단에 얼마나 영향을 미칠 수 있는지 인식한다.
- 새로운 사상에 개방적인 자세를 취하고 다른 사람들의 주장으로부터 배울 것은 기꺼이 배운다.
- 전문가로서 끊임없이 배우고 성장하며 기여한다.
- NAEYC의 윤리강령의 이상들과 원칙들을 존중한다.

### 제1장 유아들에 대한 윤리적 책임

유아기는 인생 주기에서 독특하고 중요한 하나의 단계이다. 우리의 중대한 책임은 유아들에게 안전하고 건전하고 반응적인 환경을 제공하는 것이다.

첫째, 유아들의 발달을 지원하고,
둘째, 개인 간의 차이를 존중하며,
셋째, 협동적으로 생활하고 일하는 방법을 배울 수 있도록 도와주고,
넷째, 건강, 자기인식, 능력, 자기 존중감, 쾌활성을 증진시켜 주는 데 전념한다.

### 제2장 가정에 대한 윤리적 책임

가정은 유아들의 발달에 있어서 커다란 의미를 지닌다. 가정이라는 용어는 부모뿐만 아니라 유아에 관하여 책임을 담당하는 모든 사람들을 포함하는 개념이다. 가정과 유아들을 담당하는 전문가들은 유아의 복지에 관하여 공통적인 이해관계를 가지고 있기 때문에 우리는 가정과 기관이 유아의 발달을 강화하는 방향으로 서로 협조해야 할 책임이 있음을 인정해야 한다.

### 제3장 동료에 대한 윤리적 책임

유아교육기관이라는 직무환경에서 인간의 존엄성은 존중되고 직업에 관한 만족도는 향상되어야 하며, 긍정적인 관계가 형성되어야 한다. 우리는 핵심가치에 근거해 볼 때, 이 활동영역에서의 우리의 중요한 책임은 생산적인 직무 수행을 지원하고 직업적 요구사항들을 충족시킬 수 있는 환경과 관계를 형성하고 유지하는 것이다.

### 제4장 지역사회와 공동체에 대한 윤리적 책임

유아교육은 가정과 유아 복지를 담당하는 기타 기관들로 구성된 지역사회 내에서 운영된다. 따라서 우리의 책임은 지역사회의 요구 조건을 만족시키는 프로그램을 계획하고 유아에 대한 책임을 나누는 기관 및 전문가들과 협력하며, 현재 실시되고 있지는 않지만 필요한 프로그램을 개발하는 것이다. 유아의 발달에 관한 전문화된 지식이 있으므로 우리는 어떠한 경우든지 유아들을 위한 대변인으로서의 역할을 수행할 의무를 받아들여야 한다.

### 〈사례: 현장 활용자료〉 교직윤리

**교사의 사례를 읽고 나라면 어떻게 할지에 대해 토론해 봅시다.**

나는 올해 처음으로 만 3세반을 맡게 된 경력 4년차 교사이다. 3세는 5세와 발달 차이가 크고 더구나 아직 학년 초이기 때문에 나는 최대한 개별 유아를 이해하고 존중하려고 노력하고 있다. 그러나 학급에 보조교사가 있는 것도 아니어서 사실 쉽지 않다. 특히 20명 중 2명이 유난히 집단에 어울리지 못하고 나와의 상호작용만을 원해서 어려움이 많다. 내가 계속 있어주지 않으면 현범이는 금방 옆 친구를 때리고, 샛별이는 위축되어 활동에 참여하지 않는다. 내가 같이 있으면서 이끌어 주면 조금씩 나아지는 모습을 보이기 때문에 나는 자꾸 이 두 명의 유아하고만 시간을 보내게 된다. 두 유아 모두 내가 개별적으로 상호작용하면서 충분히 시간을 주고 기다려 준다면 좋아질 것이 확실하다. 그러나 이 두 명 때문에 다른 유아들이 방치되고 있다는 생각이 들 때가 종종 있다. 교사로서 다른 유아들이 좀 신경 쓰이기는 했지만, 적응에 어려움을 겪는 유아와 처음에 많은 시간을 보내야 나중에 전체에게도 좋다고 생각하며 최선을 다하고 있었다. 그러나 드디어 어제 학부모로부터 항의를 받았다. 한 학부모가 '선생님은 샛별이만을 너무 챙겨주는 것 같다. 우리 아이는 선생님 관심을 받지 못한다. 또 친구를 때리기도 하는 현범이의 행동을 선생님은 너무 봐주기만 한다'고 불만을 토로했다. 나는 3세반이기 때문에 개인차가 커서 이를 최대한 인정하며 최선을 다하고 있었는데, 어떻게 해야 할지 당황스럽다. 교사로서 내가 나의 역할과 책무를 제대로 하고 있지 못한 건 아닌지 되돌아보게 된다.

1. 교사가 겪고 있는 윤리적 딜레마는 어떠한 유형에 해당되는가?
2. 우리나라 '유치원교사 헌장 · NAEYC'에 기초하여 분석해 봅시다.

• 자료: 조부경 외(2016). 영유아교사론. 경기: 양서원, p. 31.

## 06 유아교직윤리 확립 방안

교사의 윤리는 교육의 질을 결정하는 데 있어 매우 중요한 역할을 한다. 교사윤리는 교직을 수행하는데 있어 교사 개인에게는 인간적인 완성과 조직 생활에서의 조화로움과 직업인으로서의 책무 등 어느 하나 중요하지 아니한 것이 없기 때문이다. 교사 개개인이 갖추어야 할 윤리의식은 개인의 노력과 자질도 중요한 요인이지만 제도적인 측면도 필요하다. 따라서 윤리적 문제는 개인적 측면, 사회적 측면, 제도적 및 정책적 측면에서 어떤 문제가 있는지 살펴보아야 할 것이다(신재흡, 2016: 재인용).

첫째, 교직의 도덕성 교육 프로그램 개발 및 운영이다. 교사로서의 건전한 인격 및 교직관을 함양하기 위한 사도교육에 관련된 프로그램 그리고 교사의 책무성을 제고할 수 있는 직전 및 현직연수와 프로그램이 절실히 요구된다. 교직에서는 교사 자신이나 유아교사와 유아, 교사와 교사, 교사와 원장, 교사와 학부모나 지역사회 간에 인간적 접촉에서 부딪칠 또는 부딪치고 있는 고민이나 딜레마 등 윤리의식 '모의상황' 대처 프로그램을 적용하는 것이다. 특히 교사양성교육에서는 학점으로 부과하여 시행하고, 현직연수에서도 한 과정으로 반영하면 큰 성과를 기대할 수 있을 것으로 본다. 이를 위해 교육부, 광역 및 기초자치단체, 시·도교육청, 교원양성기관 및 현직연수기관에서의 적극적인 관심과 행·재정적 지원이 강화되어야 한다.

둘째, 유아교사 및 학부모 간의 권리·의무·책임 등에 관한 명확한 한계 규정이다. 학부모의 유아교육에 대한 관심은 유아교육을 위한 밑거름이 될 수 있으나 개인의 목적 달성만을 위한 이기주의에 빠지면 공적인 유아교육과 교권을 침해하게 된다. 따라서 학부모는 유아교육에 대한 전문가로서 교사를 존중해 주고, 교사는 학부모의 협조 없이는 바람직한 유아교육이 어렵다는 사실을 인식하고 학부모의 교권침해 사례에 대해서도 대화를 통해 슬기롭게 해결하는 지혜를 발휘하여 교직사회를 성숙하게 해야 한다. 이를 위해서는 무엇보다도 교사와 학부모의 협의회가 활성화되도록 해야 한다. 또한 광역 및 지역자치단체, 광역교육청, 교원단체, 육아정책연구소를 비롯한 교육연구기관 등에서 교사와 학부모 간에 나타나고 있고, 나타날 수 있는 교직윤리 의식에 있어서의 갈등 해소를 위한 구체적인 규정집을 만들 필요가 있다. 이는 결국 학부모의 유아교육기관 간섭에 대한 교사의 불평, 안전사고 책임

한계 등 구체적인 사고에 대처하는 효율적인 방안이 될 것이다.

셋째, 자율적인 교직윤리 풍토 조성이다. 교사의 권리는 교사의 교육적 행위가 갖는 높은 전문성과 자율성을 최대한 존중하여 올바른 교육이 될 수 있도록 보장하는 권리이다. 교사의 권리가 갖는 내재적 한계와 관련하여 '교육의 인간화', '교육의 민주화'가 강조되는 시대에서 가장 값지고 아무리 강조되어도 지나침이 없는 것은 교사가 지켜야 할 기본 윤리와 책무에 대한 새로운 반성과 지각이라 할 수 있다. 교사는 가르치는 유아나 유아의 학습을 맡긴 학부모 그리고 유아교육의 의무 실현을 위해 유치원을 설립하고, 교사를 임용한 국가에 대하여 지켜야 할 기분적인 교직윤리를 가지고 있다. 교직의 자율성이란 방임을 뜻하는 것이 아니고 엄격한 책임을 수반한다는 보편적 진리가 미국과 같은 선진국의 유치원 복무규정에서 잘 나타나고 있다. 이를 위해 광역 및 기초 자치단체는 자율규제를 위한 교직윤리위원회를 설치하여 운영하는 것이 필요하다.

넷째, 새로운 유치원 중심 경영체제 구축이다. 교사의 전문성을 확보하기 위해서는 집권주의, 법정주의, 관료주의로부터 과감히 탈피하여 유치원 중심 경영으로의 전환이 이루어져야 한다. 유치원 중심 경영의 핵심적 개념은 한 기관으로서의 단위 유치원이 교육활동에서 자율성을 확대함으로써 개성 있는 유치원 경영을 추구하여 새로운 조직 문화를 창조하는 데 있다. 또한 유아교사들의 의사결정과정에서의 참여가 확대되고, 원장과 유아교사들의 관계도 관료적 수직관계에서 전문적인 수평관계를 재설정되어야 한다. 이는 교육활동에서 유아교사들의 의견과 아이디어를 폭넓게 받아들여 교육의 실제에 직접 반영할 수 있도록 하기 위한 것이다.

다섯째, 교사양성 및 현직연수의 효율화이다. 교사의 전문적 위상과 권위를 확고하게 보장하기 위해서는 무엇보다도 교사들의 능력과 자질을 향상시키는 것이 가장 필수적인 조건이 된다. 모든 교육현장에서의 진부한 교육방법은 전인적 기회의 원리를 바탕으로 쇄신되어야 한다. 이를 위해서는 교사

양성기관 교육이 개혁되어야 한다. 따라서 체험으로 배우게 하는 교사가 되기 위해서는 그 스스로가 주어진 문제를 실험, 관찰, 조사 등을 통해 해결해 보는 경험을 갖도록 한다. 이를 위해서는 교사양성기관에 대한 투자와 양성기관의 굳은 의지 없이는 실효를 거두기 어렵다. 또한 신임교사 오리엔테이션의 중요성을 감안할 때 교육기간, 프로그램의 개선 등이 필요하며, 교육현장의 제반 문제가 교육현장에 있는 교사들에 의해서 직접 제기되고 해결되도록 해야 한다. 현직연수의 주체는 유치원이 되어야 하며, 수혜자 역시 현장 유아교사이다. 따라서 현직연수 프로그램은 교사들의 요구에 기초해서 구성되며 운영되어야 한다. 이를 위해 '주어지는 연수'에서 벗어나 '스스로 하는 연수'로 전환되어야 한다.

여섯째, 전문적 공동체로서의 교직분위기 확충이다. 전문적 공동체로서의 교직 분위기를 확충해 나가기 위해서는 교사들에게 지적 환경을 제공하고, 교사들이 평생학습자가 되도록 해야 한다. 여러 형태의 수시로 주어지는 연수를 이수하는 것도 필요하지만, 유치원 자체가 하나의 연수 공간이 될 수 있는 연구 환경을 마련해 주는 일이 시급하다. 유치원은 교사들이 무엇을 어떻게 가르칠 것인가에 대해 자유롭게 연구하고 토론하는 연구의 장이 되어야 하고 또 이것이 가능하도록 제반 물리적 여건의 구비와 그들의 창의적 재능은 북돋아주는 지적 풍토가 조성되도록 해야 한다.

일곱째, 유치원과 가정 간의 연계강화이다. 유아교사가 유아의 교과지도를 위해서는 그의 타고난 능력과 선수학습 정도, 성취동기, 유아가 처한 사정 등을 이해하지 않으면 안 되며, 생활지도를 위해서는 그의 성품, 가정, 교우관계 등 제반 생활조건을 이해하지 않으면 안 된다. 이러한 이유 때문에 가정과 유치원은 늘 교육적 책임을 공유하게 된다. 유아교사는 유아가 처한 제반 조건을 이해하기 위해 많은 노력을 기울여 정보를 수집하며, 가정의 학부모들은 유아교사의 교육을 돕기 위해 제반 정보를 제공하게 된다. 이러한 유아에 대한 정보의 제공과 취득은 주로 유치원과 가정의 연계를 통해 이루어진다. 학부모의 유치원 방문이나 담임교사의 가정방문이 이러한 노력의 전형적인 예이다. 또한 교사와 학부모 간의 의사소통의 원활화를 위해 수업 등을 개방하여 교사와 학부모 간의 공개적인 면담 기회를 확보해야 할 것이다.

여덟째, 유아교사에 대한 사회적 예우이다. 교사에 대한 긍정적 측면에서 사회적 예우를 위해서는 교육부, 광역 및 지역자치단체, 각 교육청, 교원단체 등에서 우수사례를 적극적으로 발굴하여 홍보하여야 한다. 또한 언론은 교사 관계 기사를 긍정적 차원에서 정화하도록 범사회적 운동을 전개하여야 하며, 교사존중 풍토 조성으로 확산되도록 해야 한다.

아홉째, 유치원교사 처우 및 복지 향상이다. 각국에서는 교직 유인체제 강화가 무엇보다도 교사의 처우 및 복지 향상에 있다는 점에 유념하여 다양한 대책을 강구하고 있다. 우리도 교사가 긍지와 사명감을 가지고 교직에 전념토록, 처우를 획기적으로 개선하도록 교직의 우대정신을 구현하기 위한 입법조치를 조속히 강구하여야 한다. 법적 장치는 그 실천의지와 노력이 중요한 것이다. 이는 교육부만의 노력으로는 한계가 있을 수밖에 없기 때문에 범정부적으로 추진하되 일시적으로 다루기보다는 단계적, 지속적으로 일관성 있게 접근해야 한다. 유아교사의 근무환경 개선, 교원복지 시설 및 설비 확충 등에도 역점을 두어야 할 것이다. 특히 유아교사들의 수업 효율화를 위한 여건 강화, 잡무 감축이 조속히 추진되어야 한다.

## 07 교권

교원권리는 "자율권과 생활보장권, 근로권" 등의 적극적 권리와 "신분보장권, 쟁송제기권, 불체포특권, 교원단체활동권" 등의 소극적 권리로 대변된다(권영례 외, 2011).

첫째, 적극적 권리이다. ① 자율권이다. 유아교사가 가지는 자율성의 보장에는 '교육과정 결정과 편성권', '교재의 선택 결정권', '교육내용과 방법 결정권', '교육평가권' 등이 있다. 교사의 자율성 보장은 유아교사의 전문성 실현을 위한 가장 기본적이고 본질적인 권리라고 할 수 있다. 유아교육과정은 교육내용과 교육방법, 교재와 교과서가 고정되어 있지 않기 때문에 교사의 전문가적 판단에 따라 교육방법과 교육내용, 교재의 선택이 이루어져 어느 정도 교사의 자율성이 보장되어 있다. 따라서 유아교사가 전문성을 실현하는 방향으로 자율성이 실천되려면 유아교사가 교사로서의 전문성을 발휘할 수 있는 능력을 갖추기 위한 개인적인 노력이 요구되며, 이와 함께 유아교육과 교육기관에서의 자율성 보장 노력이 이루어져야 한다. ② 생활보장권(경제적 지위 보장권)은 안정된 생활 기반 위에서 가르치는 일에 전념할 수 있도록 여건을 마련해 주어야 함을 말한다. 교원지위향상을 위한 특별법 제3조(교원 보수의 우대)에서는 "사립학교법 제2조의 규정에 의한 학교법인 및 사립학교 경영자는 그가 설치 및 경영하는 학교 교원의 보수를 공무원인 교원의 보수 수준으로 유지하여야 한다"고 규정되어 있다. 따라서 공립유치원교사들은 공무원 보수규정과 수당규정에 따라 사립유치원교사들도 이에 준해서 월급을 받도록 되어 있다. 교원의 생활보장은 일차적으로 보수 및 기타 물질적 급부가 일정 수준 이상을 갖추어야 함을 의미한다. 이러한 교원보수 수준은 정부의 지불 능력, 타 직종과의 균형, 생계비 등의 안정성 보장, 전문성, 승진 기회 등의 교직의 특수성, 국제 비교, 학력 및 경력과 자격, 승급기간 등 교직 내의 격차 등의 요인에 의해 결정된다(한국교원단체총연합회, 2000). ③ 근로권이다. 근로권에는 근무조건의 개선, 복지후생제도의 확충 등을 통해 유아교사가 교육활동에 전념할 수 있도록 하는 권리를 보장하는 내용이 포함된다. ㉠ 근무조건 개선이다. 유아교사들이 그들 본연의 임무인 유아교육활동에 전념할 수 있도록 보장받아야 할 권리 중 하나이다. 어느 직종에 있어서나 일의 성취와 능률의 극대화를 기하고 해당 직종에 만족스럽게 봉사할 수 있도록 하기 위해 무엇보다도 근무조건의 정비를 필수조건으로 한다. 유아교사가 전문직으로 교육의 효과와 능률을 높이기 위해 정량의 근무부담이 주어져야 하는데, 실제로 본연의 임무인 교육활동 외에 각종 부가적인 업무 부담이 커서 교육활동에 집중하는 것을 어렵게 하는 경우가 있다. 또한 적정 인원보다 많은 수의 유아를 돌보아야 할 경우 안전사고에 대한 위험과 교사의 소신에 직접적인 영향을 미친다. 평균 9시간 이상을 상회하는 근무시간과 점심시간, 휴식시간의 미확보 등도 개선되어야 할 유아교사의 근무조건 중 하나이다. 그 밖에도 연가와 월차 휴가 등의 휴가 사용의 보장도 필요하다. ㉡ 복지후생제도의 확충이다. 이는 유아교사가 생활안정과 더불어 가족에 대한 부양책임을 덜어줌으로써 교사가 유아교육활동에 전념할 수 있도록 하는 데 있다. 연금, 퇴직금, 산업재해보험, 고용보험, 안전공제 등이 해당된다. 교사가 업무수행 중 질병 또는 부상을 입는 경우에 이를 보상해 줄 수 있는 제도나 유치원에서 발생하는 안전사고에 대비하는 안전공제 등은 유아교사가 교육활동에 전념할 수 있도록 도와주는 복지후생제도라 할 수 있다.

둘째, 소극적 권리이다. ① 사회적 신분보장권이다. 교원은 안정된 직무 수행을 위해서 부당한 해고로부터 보호되어야 하고, 교원의 권리가 존중되어야 한다. 사회적 지위란 교직이라는 신분이 보장되어 교사가 해임이나 불이익을 당하지 않는다는 것을 의미한다. 유치원은 초·중등교육법 제2조에 규정된 '학교'로, 유치원교사는 원아를 교육하는 의무를 가지며 교원으로서 신분이 보장되어야 한다. 즉, 유치원은 학교이며, 유치원교사도 초·중등교사와 같은 신분을 보장받아야 한다. 초등학교 병설 유치원은 공립학교, 사립유치원은 사립학교에 해당된다. 유아교사는 유아교육법에 의거하여 신분이 보장되고 있다. ② 교권침해방지권에는 징계처분에 불복하여 쟁송할 수 있는 쟁송제기권과 불체포특권이 포함된다. ㉠ 쟁송제기권은 교원이 징계처분에 대하여 불복이 있을 때 교원지위향상을 위한 특별법 제7조에 의거 교육부에 설치된 교원징계재심위원회에 재심을 청구할 수 있다. 교육공무원법에서는 징계의 결을 요구할 수 있는 경우를 '국가공무원법 · 지방공무원법의 징계사유에 해당한다고 인정하는 때'로 정하고 있다. ㉡ 불체포특권이다. 교원은 현행범인 경우를 제외하고는 소속 학교장의 동의 없이 학원 안에서 체포되지 아니한다는 규정에 근거해서 국 · 공립과 사립유치원교사에게 불체포특권을 부여하고 있다(교육공무원법 제148조 및 사립학교법 제60조). 이러한 교원의 불체포특권은 국회의원과 선거관리위원회 위원 외의 다른 공무원에게는 인정되지 않는 권리이다. 교원에게 이 권리를 인정하는 것은 학원의 자유를 보장하고, 교원으로 하여금 교육과 연구활동을 수행함에 있어 권력기관의 부당한 압력을 받지 않도록 하려는 데 그 목적이 있다. ③ 교원단체활동권이다. 교원들은 단체조직과 운영을 통해 교원들의 상호 협동하고, 교육의 진흥과 문화의 창건에 진력하여 경제적 및 사회적 지위를 향상시키기 위하여 각 지방자치단체와 중앙에 교원단체를 조직할 수 있도록 규정하고 있다(교육기본법 제15조). 교사들의 신분과 권한의 보장 및 확대 측면에서 1990년대 말에 이루어진 획기적인 변화의 하나는 교원들의 노동조합이 인정되었다는 것이다. 교원노동조합이 설립됨으로써 기존의 교원단체인 한국교원단체총연합회와 공존하게 되었다.

### 참고자료 법률적 근거에 의한 교사의 권리와 의무

| 법의 종류 | 법 조항의 내용 |
|---|---|
| 헌법 | **[제31조 제6항] 교원지위의 법률주의**<br>학교교육 및 평생교육을 포함한 교육제도와 그 운영, 교육재정 및 교원의 지위에 관한 기본적인 사항은 법률로 정한다. |
| 교육기본법 | **[제14조] 교원**<br>① 학교교육에서 교원의 전문성은 존중되며, 교원의 경제적 · 사회적 지위는 |

| | |
|---|---|
| | 우대되고 그 신분은 보장된다.<br>② 교원은 교육자로서 갖추어야 할 품성과 자질을 향상시키기 위하여 노력하여야 한다.<br>③ 교원은 교육자로서 윤리의식을 확립하고, 이를 바탕으로 학생에게 학습윤리를 지도하고 지식을 습득하게 하며, 학생 개개인의 적성을 계발할 수 있도록 노력하여야 한다.<br>④ 교원은 특정한 정당이나 정파를 지지하거나 반대하기 위하여 학생을 지도하거나 선동하여서는 아니 된다.<br>⑤ 교원은 법률로 정하는 바에 따라 다른 공직에 취임할 수 있다.<br>⑥ 교원의 임용 · 복무 · 보수 및 연금 등에 관하여 필요한 사항은 따로 법률로 정한다. |
| 유아교육법 | **[제21조] 교직원의 임무** |
| 교원 지위 향상을 위한 특별법 | **[제2조] 교원에 대한 예우**<br>**[제3조 제2항] 교원 보수의 우대**<br>사립학교법 제2조에 따른 학교법인과 사립학교 경영자는 그가 설치 · 경영하는 학교교원의 보수를 국 · 공립학교 교원의 보수 수준으로 유지하여야 한다.<br>**[제7조] 교원소청심사위원회의 설치**<br>**[제11조] 교원의 지위 향상을 위한 교섭 · 협의**<br>**[제12조] 교섭 · 협의 사항**<br>교원의 처우 개선, 근무조건 및 복지후생과 전문성 신장에 관한 사항을 교섭 · 협의 |
| 교육공무원법 | **[제10조 제2항] 임용의 원칙**<br>교육공무원의 임용은 교원으로서의 자격을 갖추고 임용을 원하는 모든 사람에게 능력에 따른 균등한 임용의 기회가 보장되어야 한다.<br>**[제34조] 보수 결정의 원칙**<br>교육공무원은 보수는 우대되어야 한다.<br>**[제37조] 연수의 기회 균등**<br>교육공무원에게는 연수기관에서 재교육을 받거나 연수할 기회가 균등하게 주어져야 한다.<br>**[제38조] 연수와 교재비**<br>① 교육공무원은 그 직책을 수행하기 위하여 끊임없이 연구와 수양에 힘써야 한다.<br>**[제43조] 교권의 존중과 신분 보장**<br>① 교권은 존중되어야 하며, 교원은 그 전문적 지위나 신분에 영향을 미치는 부당한 간섭을 받지 아니한다.<br>② 교육공무원은 형의 선고나 징계처분 또는 이 법에서 정하는 사유에 의하지 아니하고는 본인의 의사에 반하여 강임, 휴직 또는 면직을 당하지 아니한다.<br>③ 교육공무원은 권고에 의해 사직을 당하지 아니한다. |

| | |
|---|---|
| | **[제44조] 휴직**<br>교육공무원이 다음 각 호의 어느 하나에 해당하는 사유로 휴직을 원하면 임용권자는 휴직을 명할 수 있다(신체상·정신상의 장애, 병역, 천재지변 또는 전시·사변으로 인한 소재불명, 법률에 따른 의무수행을 위한 직무이탈, 해외유학, 외국의 임시고용, 자녀양육, 연수, 임신·출산, 병간호 등)<br>**[제49조] 고충처리**<br>① 교육공무원은 누구나 인사, 조직, 처우 등 각종 직무조건과 그 밖의 신상문제에 대하여 인사상담이나 고충의 심사를 청구할 수 있으며, 이를 이유로 불이익한 처분이나 대우를 받지 아니한다. |
| 사립학교법 | **[제52조] 자격**<br>사립학교의 교원의 자격에 관하여는 국·공립학교의 교원의 자격에 관한 규정에 의한다.<br>**[제55조] 복무**<br>사립학교의 교원의 복무에 관하여는 국·공립학교의 교원에 관한 규정을 준용한다.<br>**[제56조] 의사에 반한 휴직·면직 등의 금지**<br>① 형의 선고·징계처분 또는 이 법에 정하는 사유에 의하지 아니하고는 본인의 의사에 반하여 휴직 또는 면직 등 불리한 처분을 받지 아니한다.<br>② 사립학교 교원은 권고에 의하여 사직을 당하지 아니한다.<br>**[제60조] 교원의 불체포 특권**<br>사립학교의 교원은 현행범인의 경우를 제외하고는 소속 학교장의 동의 없이 학원 안에서 체포되지 아니한다. |

• 자료: 박은혜(2016). 유아교사론. 서울: 창지사, 332~333.

## 생각해 봅시다

1. 윤리강령은 현장에서 교사들이 경험하고 있는 딜레마 상황에서 가장 적절한 의사결정을 도와주기 위한 목적을 가지고 있습니다. 따라서 윤리강령은 교사가 가르치는 사회 문화적 맥락에 의존하게 됩니다. 우리나라 유아교사를 위한 윤리강령에 반드시 포함되어야 하는 내용에는 어떤 것이 있을지 생각해 봅시다.

2. 유아교사의 교직윤리는 교직 전체의 윤리강령 제정뿐만 아니라 유아교사 개인이 갖추어야 하는 인성과 가치관에 관한 문제이기도 합니다. 예비유아교사들이 바람직한 교직윤리를 갖추도록 돕는 방안에는 어떤 것이 있을지 생각해 봅시다.

3. 유아교사에게 윤리가 왜 필요한지 생각해 봅시다.

4. 교사의 교권은 어디로부터 나오고 교권의 정당성을 어떻게 표현할 수 있는지 생각해 봅시다.

5. '윤리'라는 말을 들었을 때 가장 먼저 떠오르는 단어와 그 이유에 대해 생각해 봅시다.

CHAPTER 3

# 유아교사의 역할과 자질 인식하기

## 학습목표

1. 유아교사직 선택에 필요한 자질을 이해한다.
2. 유아교사의 역할을 이해한다.
3. 유아교사의 역할 갈등을 설명할 수 있다.
4. 유아교사의 핵심 역량을 이해할 수 있다.
5. 유아교사의 효능감을 설명할 수 있다.

**Keyword**

• 유아교사의 역할 • 유아교사의 자질 • 유아교사의 직무 • 유아교사의 핵심 역량
• 유아교사의 역할 갈등 • 자아 효능감 • 교수 효능감 • 교사 효능감

교사의 자질에 대한 논의는 시대나 교육적 관점에 따라 차이가 있지만, 유아교육의 질을 결정하는 요인 가운데 교사의 자질을 향상시키는 일이 매우 중요하다. 즉, 유아기가 인간발달에서 결정적이며 중요한 시기라는 사실을 고려해 본다면, 유아교사의 역할은 그 어느 시기의 교사 역할보다도 중요하다. 교사의 자질에 대한 정의는 교사의 역할을 어떻게 규정하느냐에 따라 다를 것이다. 교사의 역할이란 사회적으로 교사들이 수행해야 한다고 인정함과 동시에 교사들 스스로가 의식적으로 수행하는 포괄적인 행동양식을 의미한다(권영례, 2011). 이러한 행동양식은 교사 자신이 구비할 수 있는 자질을 토대로 교육적 상황에서 수행된다. 이와 같이 교사의 자질과 역할은 교육의 핵심 요소로 볼 수 있다. 아울러 교사는 자질을 구비하고 역할을 수행함으로써 교사 각자가 느끼는 효능감에 많은 영향력을 미친다.

이 장에서는 유아교사의 역할, 자질, 유아교사의 핵심 역량, 효능감에 대해서 고찰하기로 한다.

# 01 유아교사의 역할

여기에서는 교사의 역할, 유아교사의 역할 및 역할수행, 유아교사의 직무, 유아교사의 역할 갈등에 대해 살펴보고자 한다.

## 1. 교사의 역할

역할이란 주어진 사회적 지위나 위치에 따라 개인에게 기대되는 행동을 의미한다. 이는 어떤 특정 지위나 직책에 대해 개인적·사회적·문화적으로 요구되는 소임 또는 구실을 의미한다. 예를 들면, 교사는 교사로서 기대되는 역할이 있고, 학생은 학생으로서 기대되는 역할이 있는 것이다. 즉, 교사의 역할은 교육현장에서 교사의 지위를 내포하는 용어로서, 교사가 담당해야 할 역할 행동, 교사들에게 거는 기대 등을 의미한다. 교사의 역할도 시대, 사회, 문화가 지니는 교육관, 인간관, 사회관에 따라 다양하게 규정되어 왔다.

교사의 역할에 대한 선행연구자들의 견해를 제시하면 다음과 같다.

첫째, 정혜영(2004)은 은유적 표현을 통해 살펴본 교사의 역할로 ① 예술가로서의 교사(teacher as artist), ② 연구자로서의 교사(teacher as research), ③ 임상의학자로서의 교사(teacher as clinician), ④ 전문가로서의 교사(teacher as profesional), ⑤ 설득자로서의 교사(teacher as persuader), ⑥ 대화자로서의 교사(teacher as dialogist), ⑦ 도덕적 귀감으로서의 교사(teacher as role model)이며, 여기에는 정원사, 안내사, 벽놀을 쌓는 자, 창조자 등이 포함된다.

둘째, Reedle과 Wattenberg의 교사의 심리적 역할로 ① 사회 대표자로서의 역할, ② 판단자로서의 역할, ③ 지식자원으로서의 역할, ④ 학습 조력자로서의 역할, ⑤ 훈육자로서의 역할, ⑥ 판단자로서의 역할, ⑦ 동일시 대상으로서의 역할, ⑧ 불안 제거자로서의 역할, ⑨ 자아 옹호자로서의 역할, ⑩

집단지도자로서의 역할, ⑪ 부모대리자로서의 역할, ⑫ 친구로서의 역할, ⑬ 적대감정 표적으로서의 역할, ⑭ 애정대상자로서의 역할 등이다(유영효, 2017 재인용).

셋째, 강기수 · 김희규(2015)는 교사의 역할을 다음과 같이 제시하고 있다. ① 학급담임교사로서의 역할 ㉠ 교과학습지도자로서의 역할, ㉡ 생활지도자로서의 역할, ㉢ 학급경영자로서의 역할, ② 학교구성원로서의 역할, ㉠ 학교경영 참여자로서의 역할, ㉡ 교육과정의 계획과 운영자로서의 역할, ㉢ 행사준비 및 주도자로서의 역할, ③ 사회지도자로서의 역할 등으로 제시했다.

## 2. 유아교사의 역할 및 역할수행

유아교사의 역할에 관한 관점은 시대에 따라 조금씩 변화해 왔다. 초기의 학자들은 유아교사의 역할이 어머니의 역할과 크게 다르지 않다고 보았기 때문에, 유아들의 건강과 안전을 돌보아 주는 역할이 유아교사의 주된 역할인 것으로 생각하였다. 시간이 지나면서 가르치는 교사로서의 역할을 강조하기 시작하여 교육과정을 계획하고 실행하며 평가하는 자로서의 역할이 추가되었다. 1980년대 이후에는 교직 전문성의 조건 가운데 하나인 자율성이 강조되면서 의사결정자로서의 교사 역할이 강조되기 시작하였다. 2000년 이후 요구되는 유아교사의 모습은 적극적으로 학습과정에 참여하여 스스로 지식을 구성해 가는 능동적인 학습자의 모습이다. 능동적인 교사란 능동적으로 지식을 구성하고 교실이라는 공간에서 자신만의 독특한 문화를 형성하는 주체가 되며, 다양한 시각과 열린 자세를 가진 공동 학습자를 의미한다(오문자, 2001). 하지만 최근에는 일하는 여성들의 증가로 유치원 종일반이나 어린이집에서 지내는 유아들이 늘어남에 따라 보호의 역할이 다시 강조되는 것을 볼 수 있다(박은혜, 2016).

유아교사의 역할에 대하여 다양한 학자들의 견해를 소개하고자 한다.

첫째, 박은혜(2016)는 유아교사의 역할을 직무로 보는 교사의 역할(유아교사 및 영아교사의 역할)과 이미지로 보는 교사의 역할로 구분하여 제시하고 있다.

둘째, 최애경 외(2016)는 일반적인 영유아교사의 역할(보호 및 양육자, 교수자, 상호작용자, 동일시 대상, 교류자, 연구자)과 연령에 따른 영유아교사의 역할(영아반, 유아반)로 제시했다

셋째, 권영례 외(2011)는 발달 이론에 다른 교사의 역할(행동주의-문화훈련 유형, 성숙주의자, 상호작용주의자)과 학습상황에서의 교사의 역할(상호작용자, 양육자, 스트레스 관리, 촉진자, 환경관리자, 활동제공자, 문제해결자, 지지자)로 제시했다.

넷째, 조부경 외(2016)는 유아교사의 역할로 일반적인 역할(교육 및 보육과정 설계자, 일과 계획 및 운영자, 상담자 및 조언자, 연구자, 행정업무 및 관리자, 의사결정자)과 하루 일과를 통해 본 영유아교사의 역할(등원 시, 실내활동 또는 자유선택활동 시, 정리정돈 및 전이활동 시, 대·소집단활동 시, 간식 및 식사 시, 휴식 및 낮잠 시, 영아의 기저귀 갈기 및 배변 훈련 시, 평가 및 귀가 시)로 구분하고 있다.

다섯째, 이순형 외(2016)는 교사의 전반적 역할(대리 양육자, 교수자, 본보기)과 연령에 따른 교사의 역할(영아담당, 유아담당)로 제시했다.

여섯째, 김규수 외(2016)는 영유아교사의 역할로 관찰자, 환경제공자, 학습계획자, 중재자, 상담자, 평가자 등으로 제시했다.

일곱째, 박선아 외(2016)는 양육자로서의 역할(건강관리자, 영양관리자, 안전관리자, 위생관리자, 기본생활습관 지도자), 교수자로서의 역할(계획자, 운영자, 관찰자, 평가자, 강화자), 교류자로서의 역할(지역사회와의 연계자, 부모와의 협력자, 부모의 제공자, 관리기관과의 협력자)로 제시했다.

앞에서 언급한 학자들의 견해를 종합하면, 유아교사의 역할은 시대마다 조금씩 달라져 왔다는 것을 알 수 있다. 유아교사가 하는 역할은 초기에 보호

의 역할에서 가르치는 역할로 그리고 일방적으로 전달하는 역할이 아니라 유아와 함께 학습하는 역할로 변화해 가는 것을 볼 수 있다. 특히 유아와 함께 학습하는 공동학습자의 역할은 유아들에게 평생학습자로 배우는 자세를 알려 줄 수 있다는 점에서 의의가 있다(박은혜, 2016).

**참고자료 유아교사의 역할**

| 학자 | 역할 |
|---|---|
| Katz(1970) | • 모친모형<br>• 치료모형<br>• 교수모형 |
| Elis & Others(1982) | • 계획자<br>• 학습 조력자 및 감독자<br>• 안내자 및 상담자<br>• 문화의 설명자 및 중재자<br>• 지역사회 연결자<br>• 교직의 일원으로서의 역할 수행자<br>• 학교사회 일원으로서의 역할 수행자 |
| Saracho(1984) | • 진단자<br>• 교육과정 설계자<br>• 교수조직자<br>• 학습지도자<br>• 상담자 및 조언자<br>• 의사결정자 |
| Spodek(1985) | • 양육 역할<br>• 교수 역할(교육과정 설계자, 진단자, 교수조직자)<br>• 관련적 역할(유아 상담자 및 조언자)<br>※ 각각의 역할에 의사결정 요소와 행동 요소를 포함하여 제시함 |
| Schickedanz et al.(1990) | • 지식 전달자<br>• 계획자 · 조직자 · 평가자<br>• 훈육자<br>• 의사결정자 |
| Cho & Saracho(1997) | • 교육과정 설계자<br>• 일과 계획 및 수행자<br>• 상담자 및 조언자 |

| | |
|---|---|
| | • 연구자<br>• 행정업무 및 관리자 |
| Jalongo & Isenbenz(2000) | • 반성적 실천가<br>• 영유아의 권리옹호자<br>• 영유발달 전문가<br>• 학습의 촉진자<br>• 학습 환경의 구성자<br>• 교육과정개발자<br>• 교육활동 계획자<br>• 평가자<br>• 역할모델<br>• 부모교육자<br>• 성장하는 전문가<br>• 정보 관리자 |
| 이은화(1985) | • 환경 제공자<br>• 관찰자<br>• 프로그램 계획자<br>• 부모교육 담당자<br>• 연구자<br>• 평가자 |
| 오문자(2001) | • 능동적 지식 구성자<br>• 문화 형성의 주체<br>• 유능한 의사결정자<br>• 연구자<br>• 공동 학습자 |

• 자료: 조부경 외(2016). 영유아교사론. 경기: 양서원, pp. 63~64 인용해서 편집함.

한편 현장에서 유아교사의 역할 수행은 먼저 유아교육기관 구성원으로서의 역할을 확립해야 할 것이다(문혁준, 2010). ① 유아교육기관의 업무 규칙이나 기관 자체의 교직원 평가기준에 대해서 숙지해야 한다. 업무규칙이나 교직원 평가기준을 토대로 교사는 기관에서 제시하는 아동관리, 학부모와의 관계, 조직 내의 관계, 분장된 업무를 효율적으로 처리하기 위한 구체적인 계획을 수립할 수 있기 때문이다. ② 초기에는 조심스럽고 신중하게 동료들을 통해 원장과 주임교사의 장점과 업무수행 시 유의해야 할 사항을 파악하도록 한다. ③ 많은 수의 유아와 교직원이 함께 생활하는 특성 상 자신이 담당할 업무를 소홀히 하게 되면 다른 동료에게 피해를 주거나 유아들의 교육활동이 원활하게 이루어지지 못하는 경우가 많으므로 각별히 유의해야 한다. ④ 원장이나 주임교사와 정기적인 면담시간을 갖는 것이 교사 자신을 위해 효과적이다. 개별적인 면담시간을 통해 교사 자신의 가치관 및 개인적인 상황에 대한 정보를 공유할 수 있고, 문제 상황으로 전개되지 않았지만 위험의 소지가 있는 문제나 업무상의 어려움 등에 대해 의견을 나누고 도움을 받아 업무의 효율성을 높일 수 있다. 이때 원장이나 주임교사의 도움을 받았다면 감사한 마음을 전하는 것도 필요하다.

### 〈사례: 현장 활용자료〉 교사의 역할

1 교사의 전통적인 역할에 이름 붙이기

교사가 실외놀이에서 가장 일반적으로 하는 것은 놀이 감독자의 역할이다. 그러나 실외놀이에서 교사의 역할은 순찰병, 심판원 그리고 보결 선수 등으로도 묘사될 수 있다. 이 밖에 교사의 역할에 적합한 다른 단어나 직업을 찾아보자.

2 교사의 새로운 역할 창조하기

- 놀이터에서 교사의 역할을 창조하기 위하여 탐정, 환경주의자, 건축가, 일기 예보자, 외계인, 정원사, 발명가, 기술자, 파일럿 등과 같은 단어들을 만들어 낼 수 있다.
- 차트 위에 세 개의 칸을 만든 뒤 새로운 역할을 왼쪽 칸에 쓰고 옆의 두 칸에 이 새로운 역할에 맞는 행동과 준비물을 써 넣어 보자.

| 교사 역할 | 교사 행동 | 준비물 |
|---|---|---|
| 탐정 | 쐐기벌레가 온 곳을 조사하기 위해 유아들을 데리고 가기 | 확대경, 벌레 잡는 방충망 |
| 소방관 | | |
| 건축가 | | |

| 운전사 | | |
|---|---|---|
| 공무원 | | |
| 경찰관 | | |
| | | |

• 자료: 박은혜(2016). 유아교사론. 서울: 창지사, p. 229 인용 및 수정함.

표 3-1은 교사 자신이 역할수행 능력을 진단할 수 있는 도구이다.

**표 3-1** 내가 가진 역할수행 능력

각 문항에 해당하는 역할수행 능력을 어느 정도 가지고 있는지 평가해보자. 점수가 높을수록 역할수행 능력이 높은 것으로 평가할 수 있다.

| 구분 | 문항 | 1 | 2 | 3 | 4 |
|---|---|---|---|---|---|
| 1 | 유아에게 관심과 애정을 표현한다. | | | | |
| 2 | 유아의 정서 상태를 파악한다. | | | | |
| 3 | 유아 스스로 의사결정을 하도록 도와준다. | | | | |
| 4 | 유아의 창의적인 성장을 도모한다. | | | | |
| 5 | 특별한 요구를 지닌 유아를 지원해 준다. | | | | |
| 6 | 문제해결을 위해 조언하며 중재한다. | | | | |
| 7 | 유아의 자아실현을 도모한다. | | | | |
| 8 | 부모협의회를 운영한다. | | | | |
| 9 | 유아의 개별성을 인정한다. | | | | |
| 10 | 다양한 수업방법을 도모한다. | | | | |
| 11 | 유아의 요구에 적합한 활동실 배치를 고려한다. | | | | |
| 12 | 유아의 발달에 맞는 하습내용을 선정하고 조직한다. | | | | |
| 13 | 교육활동 선정 시 초등학교와의 연계를 고려한다. | | | | |
| 14 | 유아의 흥미에 기초한 경험을 선정하고 조직한다. | | | | |
| 15 | 여러 가지 교육내용을 통합적으로 선정한다. | | | | |
| 16 | 무엇인가에 나는 아름다움을 발견한다. | | | | |

| | | | | | |
|---|---|---|---|---|---|
| 17 | 지역사회의 특성을 고려한다. | | | | |
| 18 | 실내환경 구성을 계획한다. | | | | |
| 19 | 실외환경 구성을 계획한다. | | | | |
| 20 | 필요한 교재/교구를 활용한다. | | | | |
| 21 | 하루일과 계획을 체계적으로 세운다. | | | | |
| 22 | 개인차와 흥미에 따라 활동을 전개한다. | | | | |
| 23 | 상황에 따라 활동을 전개한다. | | | | |
| 24 | 하루 일과 계획 시 융통성과 다양성을 고려한다. | | | | |
| 25 | 효과적인 교수방법을 통하여 유아의 학습을 촉진시킨다. | | | | |
| 26 | 강습회나 세미나에 자발적으로 참여한다. | | | | |
| 27 | 균형 잡힌 하루 일과를 계획한다. | | | | |
| 28 | 교재 및 교구를 정리정돈한다. | | | | |
| 29 | 하루일과를 평가한다. | | | | |
| 30 | 수업기술을 향상시키기 위하여 노력한다. | | | | |
| 31 | 유아의 성장과 발달에 대한 이해를 증진시킨다. | | | | |
| 32 | 문제행동의 원인을 분석한다. | | | | |
| 33 | 유아들의 학습 정도를 파악한다. | | | | |
| 34 | 다양한 평가기술을 습득한다. | | | | |
| 35 | 유아에 대한 평가를 교육과정에 반영한다. | | | | |
| 36 | 유아의 영양 및 건강에 대한 교육을 실시한다. | | | | |
| 37 | 유아에 대한 각종 기록을 보관한다. | | | | |
| 38 | 교육적인 행사를 준비하고 계획한다. | | | | |
| 39 | 필요시 활용할 수 있도록 부모와의 긴밀한 연락체계를 수립한다. | | | | |
| 40 | 유아의 건강상태를 점검한다. | | | | |
| 41 | 실내시설, 설비의 안전에 대한 점검을 실시한다. | | | | |
| 42 | 실외시설, 설비의 안전에 대한 점검을 실시한다. | | | | |
| 43 | 학부모와 상호 협조하고 유대관계를 맺는다. | | | | |
| 44 | 개별 유아의 체질이나 영양상태에 대한 정보를 수집한다. | | | | |
| 45 | 간식이나 점심을 계획할 때 균형과 다양성을 고려한다. | | | | |

• 자료: 고문영(2000). 유아교사의 역할수행에 대한 교사와 학부모의 인식조사. 이화여자대학교 교육대학원 석사학위논문.

### 참고자료 생태유아교사의 역할 및 태도

생태유아교육은 무엇을 해야 하며, 생태유아교사는 어떤 역할을 감당해야 하는가? 농부이자 아이의 젖과 밥을 먹이는 어머니이자 생명인으로서 교사의 역할을 몇 가지 측면에서 살펴보면 다음과 같다.

첫째, 돌봄의 삶을 사는 교사이다. 우리 전통사회에서 아이들의 삶은 마을 공동체를 중심으로 이루어졌다. 마을은 생산 공동체이자 놀이공동체였고, 신앙공동체이자 교육공동체였다. 마을은 자연친화적이고, 생태적이며, 인간과 자연이 함께 살아가는 공생의 문화가 바탕에 깔려 있는 생태교육공동체의 장이였다(편해문, 2003). 이러한 장으로서의 돌봄과 섬김의 교육이 이루어져야 한다.

생태유아교사는 일반교사의 역할보다 어머니의 역할에 더 가깝다. 생태유아교사는 아이들을 가르치는 교사가 아니라 아이들을 돌보는 어머니의 역할이다. 아이들의 교육보다는 아이들과의 생활에 집중한다. 생태유아교사는 수업하는 사람이라기보다 아이를 돌보는 사람이다. 즉, 생태유아교사는 '아이들이 스스로 잘 자라고 더불어 잘 자라도록 돌보는 사람'이라고 할 수 있다(박지인, 2005).

이러한 돌봄은 사람에게 가장 필요한 음식, 옷, 집이라는 터를 통해 이루어 나간다. 아이들에게 어떻게 식물을 키우는지, 음식을 어떻게 요리하는지, 어떻게 살아가는지를 알게 하는 과정이 이러한 돌봄이다. 교사는 아이들에게 작은 집의 어머니여야 한다. 그래서 옷을 짓고, 밥을 짓고, 터를 만드는 과정을 함께하는 자이어야 한다. 그것이 아이를 자연과 더불어 살아갈 수 있도록 돌보는 길이 된다.

둘째, 땀을 흘리는 교사이어야 한다. 땀의 의미를 체득하는 경험이 중요하다. 땀은 그 속에 삶이 있고, 자연의 원리가 숨어 있다. 노동은 지금까지 역사를 만들고 문화를 이끌어온 원동력이다. 흙의 가치를 아는 자, 생명의 가치를 아는 자는 땀의 가치를 아는 자이다. 그래서 교육은 생각하면서 움직이고, 움직이면서 느끼는 교육이어야 한다(송순재, 2002). 이런 교육을 하기 위해서 교사가 움직여야 한다. 교사가 먼저 체득하고 땀을 흘릴 줄 알아야 움직임이 있는 살아있는 교육을 열어갈 수 있다.

셋째, 섬김을 실천하는 교사이어야 한다. 생태유아교사는 구체적인 교육방법보다는 아이라는 생명에 대한 섬김, 즉 사랑의 근본이다. 사랑의 묘약이 자연의 방법이며 태아를 잉태한 어머니의 방법이다. 이러한 섬김을 실천하는 것이 교사에게는 중요한 역할이다(김지하, 2004). 이러한 섬김과 사랑의 실천이 생태유아교사의 역할이다. 사랑과 섬김 속에서 아이는 자연과 우주 질서를 존중하는 아이로 자랄 수 있다고 보는 것이다.

넷째, 생명의 결대로 키우는 교사이어야 한다. 아이는 생명의 씨앗으로서 그 씨앗 속에는 자연 속에서 때가 되면 뿌리를 내리고, 줄기와 잎이 나고, 꽃이 피고, 열매를 맺을 수 있는 생명을 가지고 있다. 아이들은 태어나면서부터 그런 생명의 본성을 지니고 있으므로 부모나 유아교사는 아이들이 본래부터 지니고 있는 그 생명이 스스로 자라도록 돌보는 일을 하면 된다(김정환, 1995).

이러한 원리에서 보면 생태유아교사는 교수방법에 있어서 그릇된 논리에 근거한 교과과목에 얽매이지 않고, 자연의 방법으로 아이와 함께 하게 된다. 이러한 방법은 전체가 하나로 조화되는 것이며, 사계절을 느끼고 삶의 흐름에 따라 생명력을 회복하는 방법이다. 자연의 흐름에 따르는 방법으로 아이와 함께 하는 교사가 생태유아교사라는 것이다.

다섯째, 지금을 준비하는 교사로서의 역할을 해야 한다. 이순자(2003)는 공립유치원 교사들이 교육과정을 운영하는 데 있어서 교사의 역할에 중압감을 느낀다는 교사가 응답한 전체의 82%였고, 교육과정을 운영할 때 가장 힘들고 어려운 점이 교수-학습 자료를 때에 맞추어 확보하고 준비하는 것이라는 응답이 51.8%였다. 그리고 바람직한 교사의 역할 및 교수방법이 힘들다는 응답이 25.1%였다는 연구 결과를 제시한 바 있다. 즉, 유아교사들이 교사역할에 대한 혼란을 겪고, 일과운영에 있어서 학습자료를 만들고 수업을 해야 하는 중압감을 느끼고 있다는 것이다. 과연 이것이 바른 유아교사로서의 역할이고 아이들이 소망하는 교사의 모습인지에 대한 반성적 성찰이 필요하다.

생태유아교사는 매월 교육계획, 매일 수업활동계획을 문서로 만들어 비치하고 학부모들에게 보내주지 않는다. 생태유아교사는 아이들과의 수업이나 계획된 교육활동을 위해 별도로 교재 및 교구를 만들지 않는다. 수업용 교재 및 교구나 수업자료를 준비하기 위해 저녁 늦게까지 원에 남아서 일하는 경우는 거의 없다(하정연, 2004). 왜냐하면 생태유아교사는 내일을 준비하는 교사가 아니라, 지금을 펼치는 교사이기 때문이다. 내일에 필요한 아이를 만드는 것이 아니라, 오늘 지금 행복한 아이를 위해 삶을 함께 나누는 교사이다. 따라서 교사가 먼저 지치고 힘들어한다면, 아이들은 결코 행복할 수 없다. 아이는 계획되는 것이 아니고 자유로워야 한다. 아이들 각자가 스스로 계획하고 펼치는 삶을 살도록 도와주는 것이 교사의 역할인 것이다.

여섯째, 감성을 열어 미적 체험을 하는 교사이어야 한다. 생태유아교사는 아이들과 함께 놀아야 하고, 아이들이 느끼는 기쁨을 함께 공감할 수 있어야 한다. 발도로프 교사들은 살아있는 교육을 하기 위해 교사가 먼저 '영혼의 예술가'로서 자각이 필요하다고 본다. 그래서 교육을 예술로서 바라보고 나아가는 열정이 필요하다고 하였다(정윤경, 2000). 예술의 최고 목표는 인간의 마음 가장 깊은 곳을 감동시켜서 그의 행동이라든가

인생을 변화시키는 데 있다. 진짜 예술의 대가들은 사물까지 감동시키는 것이 예술의 최고 목표라 말해 왔다(김지하, 2002). 교사는 아이와 함께 심미적 감수성을 일깨우며 사람과 사물을 감동시키는 미적 체험을 해 나가야 한다.

이상에서 살펴본 생태유아교사의 역할을 수행하기 위해 스스로 삶과 앎의 태도가 바뀌어 나가야 한다. 태도의 사전적 의미는 몸의 모양이나 맵시, 어떤 상황이나 사물에 대한 마음가짐을 포함하는 의미이다. 그리고 어떤 사물에 대한 감정이나 생각 따위가 나타나는 모습이다(이희승, 1992). 생태유아교사는 바른 마음을 가슴에 품고, 몸으로써 본(本)을 보여야 하는 존재이므로 자신의 태도를 돌보아야 한다.

우선 생태유아교사는 입고, 신고, 다니고, 말하는 몸가짐의 본이어야 한다. 교사의 옷차림, 화장, 신발, 머리모양 등은 아이들과 생활동반자로서 놀고 생활하는 데 불편이 없어야 한다(권미량, 2004). 교사는 아이들과 생활할 때는 아이들의 어머니이고, 친구이고, 농부이며, 생활인의 모습이어야 한다.

생태유아교사는 아이들과 산책을 갈 때에는 등산복 차림이고, 텃밭 가꾸기를 할 때는 농부 아가씨 차림이며, 세시풍속 프로그램으로 단오행사를 할 때는 한복 아줌마 모습이 된다(박지인, 2005). 즉, 생태유아교사는 '일옷'을 입어야 한다. 아이들과 함께 뒹굴고 놀 수 있는 옷이 필요하다. 이렇듯 교사는 의식주 삶의 본보기가 되어야 하는 것이다. 그러므로 교사 스스로 바른 먹을거리를 먹고, 건강한 옷을 입고, 건강한 삶을 엮어가려는 태도를 가지는 것이 본을 보이는 삶이 된다.

그리고 교사가 먼저 자연과 인간과 우주 만물과의 관계의 본이 되어야 한다. 삶의 본보기로서 자연, 아이, 부모, 동료, 이웃과 원만한 관계를 이루어 나가야 한다. 몸가짐 뿐 아니라 마음가짐을 다스리며, 따뜻하게 남을 배려할 줄 아는 태도는 더불어 살아가는 삶의 태도이다. 함석헌(1985)은 교육에 있어서 교사와 아동은 동반자적 관계이며, 마음과 혼이 통하는 관계이어야 함을 강조한다. 이러한 측면에서 관계의 심층에는 마음과 영혼의 태도가 있어야 한다.

• 출처: 권미량(2005). 생태유아교사교육 프로그램 모형 개발연구. 부산대학교 대학원 박사학위논문, pp. 63~67.

## 3. 유아교사의 직무

유치원교사에 관하여 유아교육법 제21조 제3항에 '교사는 법령이 정하는 바에 따라 해당 유치원의 유아를 교육한다'라고 명시되어 있으며, 보육교사에 관하여는 영유아보육법 제18조 제2항에 '보육교사는 영유아를 보육하고 어린이집의 원장이 불가피한 사유로 직무를 수행할 수 없을 때에는 그 직무를 대행한다'로 규정되어 있다. 유치원교사의 주요 직무는 교육이며, 보육교사의 주요 직무는 보육으로 규정하고 있다. 하지만 우리나라는 2012년 만 5세 누리과정에 이어 현재 3~5세 대상으로 누리과정을 운영하고 있어 유치원교사와 보육교사의 직무는 교육과 보육으로 구별되기보다 교육과 보육을 모두 강조하면서 다양한 직무를 수행하고 있다(문혁준 외, 2016).

첫째, 유치원교사의 직무영역 및 직무내용을 표 3-2와 같이 제시하고 있다.

**표 3-2** 유치원교사의 직무영역 및 직무내용

| 영역 | 직무구분 | 직무내용 |
|---|---|---|
| 교수-학습 준비 | 교육계획 | 연간 · 월간 · 주간교육 계획하기, 일일교육활동 계획하기, 현장학습 계획하기 |
| | 교재교구 준비 | 교재교구 제작하기, 교재교구 보수하기, 교재교구 정리하기 |
| | 환경구성 | 실내 흥미영역 배치, 교재교구 보수하기, 교재교구 정리하기 |
| | 수업준비 | 수업준비를 위한 정보검색하기, 교수자료에 대한 정보 얻기, 교수자료 준비 및 점검하기, 개별 수준에 따른 수업정보 수정하기 |
| | 수업협의 | 다른 교사와 수업에 관해 협의하기, 학급 내 교사 간 역할 분담하기, 공동시설 사용 협의하기 |
| 교수-학습 실제 | 등 · 하원지도 | 등원 지도하기, 귀가 지도하기 |
| | 놀이지도 | 실내놀이계획 지도하기, 실내놀이 지도하기, 놀잇감의 안전한 사용 지도, 놀잇감 정리정돈 지도하기, 놀이평가 지도하기, 실외놀이활동 지도하기, 놀이안전 지도하기, 발달과 수준에 따른 개별 지도하기 |
| | 생활지도 | 바르게 인사하기 지도하기, 자기물건 정리 지도하기, 바른 언어사용 지도하기, 차례 지키기 지도하기, 아껴 쓰기 지도하기, 부적응행동 관리하기, 친사회적 행동 격려하기, 교우관계 지도하기, 문제 상황 개입하기, 유아의 독립성 격려하기, 자조기술발달 격려하기, 정서적 안정 돕기, 영양교육하기, 급간식 준비 및 정리 지도하기, 식습관 지도하기, 식사 전후 청결 지도하기, 급간식 도우미 지도하기, 화장실 사용 지도하기 |

| | | |
|---|---|---|
| | 상호작용 | 유아 간 상호작용 격려하기, 개별 유아와 긍정적 상호작용하기, 유아의 요구에 반응해 주기 |
| | 활동운영 | 대집단활동 운영하기, 소집단활동 운영하기, 전이활동하기, 특별실활동 지도하기, 특기교육하기, 학기 초 유아 오리엔테이션 진행하기 |
| | 현장 학습지도 | 현장학습 전후활동 지도하기, 현장학습 지도하기 |
| 교수-학습 평가 | 유아평가 | 표준화 검사하기, 놀이관찰 기록하기, 대소집단활동 관찰 기록하기, 흥미영역 평가하기, 유아 포트폴리오 제작 및 분석하기 |
| | 수업(교사) 평가 | 유아들의 하루 일과 회상하기, 수업에 대한 저널 쓰기, 학급경영록 평가란 기록하기, 다른 교사와 교육과정운영 평가하기 |
| | 프로그램 평가 | 평가척도를 이용한 프로그램 평가하기, 프로그램에 대한 부모의견 수렴하기, 평가결과 반영을 위한 계획 세우기 |
| 전문성 신장 | 연수 참여 | 원내 연수 참여하기, 자격연수 참여하기, 직무연수 참여하기, 기타 외부연수 참여하기 |
| | 참관 | 외부수업 참관하기, 외부시설 참관하기, 유아교육 박람회 참관하기 |
| | 연구 관련 활동 | 학술대회 참여하기, 연구회 활동하기, 연구 참여하기 |
| | 장학 | 전공과 관련된 상위학교 진학하기, 신입교사 오리엔테이션 진행하기, 교생 지도하기, 교육청 장학지도 받기, 동료장학 실시 및 받기, 자기장학하기 |
| | 전문가로서 활동 | 교사로서의 윤리의식 실천하기, 교사의 법적 권리와 의무 이행하기, 소속기관의 팀 구성원으로 협동하기, 다른 전문가와 네트워크 만들기 |
| 유아보호 관련 업무 | 건강 | 유아검진하기, 지역의료기관과 협약하기, 유아 건강검진에 대한 계획 세우기, 교사 건강검진 받기, 전염병 질환 예방대책 세우기, 적절한 휴식 취하도록 지도하기, 투약하고 확인 기록하기, 아픈 유아 간호하기, 식단 짜기 |
| | 청결 | 유아 씻기기, 배변 실수 처리하기, 실내온도 · 습도 · 채광 · 조도 조절하기, 유아 개인용품 청결하게 관리하기, 놀잇감 청결 유지하기, 교실 청소하기, 교실 외의 시설 청소하기 |
| | 안전 | 항상 유아 주시하기, 유아 안전에 관한 교육받기, 원내 안정규칙 세우기, 안전과 관련된 법규 따르기, 위험물에 대한 안전 관리하기, 차량 탑승하여 안전 지도하기, 유아 안전 관련 보험 가입하기, 아동학대의 징후가 있는지 살펴보기, 응급상황 시 역할 분담 계획하기, 응급상황 훈련하기, 응급상황에 대비해 부모나 주 양육자 전화번호 관리하기, 응급 시 의료처치에 대한 부모 동의서 받기, 응급처치 물품과 기능 익히기, 응급처치 자격증 따기, 응급처치하기, 사고가 났을 |

| | | |
|---|---|---|
| | | 경우 적법한 절차 따르기 |
| 학부모 관련 업무 | 부모와의 연계 | 학기 초 학부모 오리엔테이션하기, 부모-교사 협의회하기, 학부모와 수시로 정보 교환하기, 학부모에게 안부 전화하기, 학부모 지원 요청하기 |
| | 부모상담 | 개별 상담하기, 집단 상담하기 |
| | 부모교육 | 부모 참여 수업하기, 학부모 워크숍하기, 부모교육하기 |
| | 가족지원 | 부모 간의 교류 제공하기, 지역사회 자원에 대한 정보 제공하기, 다양한 방법으로 가족 지원하기 |
| 행사 관련 업무 | 행사준비 | 행사 계획하기, 행사준비를 위한 정보 수집하기, 행사 역할 분담하기, 행사 관련 유인물 제작 및 발송하기, 행사 관련 물품 준비하기, 행사 관련 프로그램 준비하기, 행사 관련 환경 구성하기 |
| | 행사진행 | 행사 진행하기 |
| | 행사 마무리 | 행사 뒷정리하기, 행사 평가하기 |
| 사무 관련 업무 | 문서작성 | 교육과정 운영과 관련된 문서 작성하기, 원아관리와 관련된 문서 작성하기, 교원관리와 관련된 문서 작성하기, 공문서 관리와 관련된 문서 작성하기, 재무관리와 관련된 문서 작성하기, 교육청 요청자료 작성하기, 각종 보고서 작성하기, 제 증명서 발급하기, 유인물 제작 및 발송하기 |
| | 문서관리 | 각종 문서 관리하기, 회의록 관리하기, 각종 신청서 관리하기, 공문 처리하기 |
| | 사무관리 | 전화 통신하기, 우편물 확인하기, 예금 관련 업무하기, 사진 관련 업무하기, 회계 관련 업무하기, 당직하기 |
| | 물품관리 | 재고 조사하기, 물품 구입계획 수립하기, 물품 구입하기 |
| | 운영관리 | 원아모집 관련 업무하기, 홈페이지 관리하기, 학급편성하기, 버스 노선 짜기 |
| 시설설비 | 안전관리 | 실내외 안전점검 의뢰하기, 수시로 실내외 시설 안전점검하기, 실내 소독계획 및 의뢰하기 |
| | 기자재관리 | 기자재 바른 사용법 익히기, 기자재 점검하기, 기자재 보수하기, 기자재 보수 신청하기 |
| 대안관계 및 사회적인 업무 | 대인관계 | 경조사활동 참여하기, 교사 친목행사 참여하기, 상사업무 보조하기, 손님 및 상사 접대하기, 졸업생 관리하기 |
| | 지역사회와의 관계 | 지역사회 행사 참여하기, 지역사회 인사들과 좋은 관계 맺기, 지역사회를 위해 봉사하기 |

• 자료: 김길숙 · 황현숙 · 길현주(2012). 교직실무 10가지. 서울: 동문사.

둘째, 유아교사의 일과는 하루 일과와 교사의 직무와 하루 일과와 교사의 역할로 구분해서 고찰하기로 한다(박은혜, 2016). ① 하루 일과와 교사의 직무이다. 유아교사의 하루는 출근하여 전날 준비한 수업의 내용과 준비물을 검토하고, 유아를 맞이하기에 적절하게 교실환경을 준비하면서 하루를 시작한다. 유아들이 등원을 하게 되면 일반적으로 실내 자유 선택활동, 정리정돈, 이야기 나누기, 간식 및 점심, 대·소집단활동, 실외 자유 선택활동, 평가 및 귀가 등으로 진행된다. 유아들이 하원을 하면, 유아교사는 수업 시 활용했던 자료 및 교구와 교실을 정리정돈하며 남은 일과를 시작한다. 유아교사의 하루 일과를 직무내용과 함께 살펴보면 실제 유아교사가 어떤 일을 수행하는지 구체적으로 알 수 있다. 유치원교사의 하루 일과의 예를 10개 직무영역과 비교하면 표 3-3과 같다.

**표 3-3** 유치원교사의 하루 일과 및 직무영역

<table>
<tr><th>시간</th><th>활동 내용</th><th>직무 영역</th></tr>
<tr><td>8:00~</td><td>• 유아 맞이 준비</td><td>• 교수 학습 준비<br>• 시설설비 관련 업무<br>• 대인관계 및 사회적인 업무</td></tr>
<tr><td>9:00~</td><td>• 등원 및 놀이(언어, 수학 · 조작, 조형 영역)</td><td rowspan="11">• 교수–학습 실제<br>• 유아보호 관련 업무</td></tr>
<tr><td>9:10~</td><td>• 계획하기</td></tr>
<tr><td>9:20~</td><td>• 실내 자유 선택활동</td></tr>
<tr><td>10:00~</td><td>• 이야기 나누기</td></tr>
<tr><td>10:30~</td><td>• 간식</td></tr>
<tr><td>10:50~</td><td>• 대 · 중 · 소집단활동<br>(동화 · 동극 · 음률 · 게임 · 실험 · 조사 · 요리 등)</td></tr>
<tr><td>11:30~</td><td>• 실외 자유 선택활동</td></tr>
<tr><td>12:10~</td><td>• 점심식사</td></tr>
<tr><td>13:00~</td><td>• 대 · 중 · 소집단활동<br>(동화 · 동극 · 음률 · 게임 · 실험 · 조사 · 요리 등)</td></tr>
<tr><td>13:50~</td><td>• 평가 및 귀가 지도</td></tr>
</table>

| | | |
|---|---|---|
| 14:30~ | • 활동실 및 교재 · 교구 정리 | • 시설설비 관련 업무<br>• 유아보호 관련 업무 |
| 15:00~ | • 휴식 및 교사의 수업 평가/유아관찰 및 평가기록 | • 교수-학습 평가<br>• 대인관계 및 사회적 업무 |
| 16:00~ | • 다음날 일일계획안 작성 및 수업준비 | • 교수-학습 준비 |
| 17:00~ | • 행사 준비 및 기타 사무관리 | • 행사 관련 업무<br>• 사무 관련 업무 |
| 18:00~ | • 정리 및 퇴근 | |

• 자료: 박은혜(2016). 유아교사론. 서울: 창지사, p. 213.

② 하루 일과와 교사의 역할이다. 여기에서는 유아 맞이 준비, 등원하기, 계획하기, 실내 자유 선택활동, 이야기 나누기, 대 · 소집단활동, 실외 자유 선택활동, 간식 및 점심, 평가 및 귀가지도, 활동실 및 교재교구 정리, 휴식 및 평가 시간, 일일계획안 작성 및 수업 준비, 행사 준비 및 기타 사무관리, 정리 및 퇴근 등에 대해서 기술하고자 한다(박은혜, 2016; 최경애 외, 2016).

㉠ 유아 맞이 준비

교사의 하루는 출근하여 기관에 들어서면서부터 시작된다. 교사는 출근하여 하루 일과를 검토한 후, 활동실에 들어가 전날 준비해 둔 수업자료나 교구를 다시 한 번 점검한다. 교사는 등원하는 유아를 맞이하기 전에 창문을 열어 환기를 시키고, 편안한 음악을 틀어놓거나, 조명의 밝기 등을 조절하여 쾌적한 교실 환경을 준비한다. 이때 각 학급의 보조교사나 교육실습생이 있다면 함께 일일계획안을 놓고 유아와 지내는 시간 동안 각각의 역할을 점검해 볼 수 있다.

㉡ 등원하기

유아가 기관에 오면 교사는 실제적으로 교수활동을 시작하며 유아를 교육하고 돌보는 일을 하게 된다. 유아가 등원하면 각 학급의 담임교사는 활동실에서 유아를 맞이한다. 교사는 등원하는 유아의 이름을 불러 주면서 개별적인 관심을 보이며 반갑게 인사를 나눈다. 이때 교사는 각 유아의 건강 및 심리 상태를 점검하고 유아의 상태가 문제가 있을 시에는 이에 적절한 조치를 취하여 유아들이 하루를 즐겁게 시작할 수 있도록 돕는다.

ⓒ 계획하기

계획하기는 하루의 일과가 어떻게 진행되는지 유아와 교사가 함께 검토하는 시간이다. 유아가 등원할 때 개별적으로 소개하기도 하고 대부분의 유아들이 등원했을 때 모여 앉아 집단으로 소개하기도 한다. 집단으로 보여 계획하기를 할 때는 각 반 유아의 출·결석 상황을 함께 알아보며, 결석했던 유아가 있을 때에는 이유를 묻고 함께 반겨 주기도 하고, 새로 시작되는 놀이나 자료, 각 반 친구나 기관의 새소식, 일과 중 결정할 사항 등에 대해 이야기해 볼 수 있다.

ⓓ 실내 자유 선택활동

실내 자유 선택활동은 유아가 개인의 흥미와 관심에 따라 스스로 놀이하고 싶은 영역을 선택하여 놀이를 할 수 있는 시간이다. 실내 자유 선택활동의 시간은 유아들이 선택한 놀이가 원활하게 진행될 수 있도록 교사는 환경이나 자료를 지원하기도 하고, 놀이에 직접 참여하기도 하며, 유아의 놀이를 통해 학습·발달 상황 등을 관찰하고 평가한다.

ⓔ 이야기 나누기

이야기 나누기는 교사와 유아가 함께 모여 유아의 놀이에 대한 평가를 하기도 하고, 현재 각 반에서 진행되고 있는 생활 주제나 프로젝트와 관련하여 계획한 주제로 실시할 수도 있다. 이야기 나누기 시간에는 유아가 조사해 온 것을 발표하기도 하고, 교사가 준비한 자료를 제시하며 유아들과 함께 토의한다. 이야기 나누기는 필요에 따라 선택적으로 계획하고 실행할 수 있다.

ⓗ 대 · 소집단활동

교사는 하루 일과를 진행하면서 약 2회 이상의 대 · 소집단활동을 갖는데, 집단활동 시 집단의 크기, 활동 진행 시간, 활동 횟수 등은 유아의 연령이나 흥미, 집중 정도, 시기 등에 따라 달라진다. 대 · 소집단활동에는 동화, 동극, 음률, 게임, 실험, 조사, 요리 등이 포함된다.

ⓢ 실외 자유 선택활동

실외 자유 선택활동 시간은 유아가 바깥에 나가 넓은 공간에서 마음껏 뛰어놀기도 하고, 동 · 식물을 관찰하며, 여러 가지 놀이기구를 이용해 놀이할 수 있는 시간이다. 교사는 유아들의 놀이를 지원하기도 하지만, 유아가 햇볕에 너무 노출되지 않거나, 해충에 물리지 않고, 다치지 않도록 유아의 안전에 신경을 써야 한다.

ⓞ 간식 및 점심

간식 및 점심시간은 유아가 즐겁게 식사하도록 도우면서 유아에게 필요한 식습관을 지도하는 시간이다. 교사는 유아가 충분한 영양공급을 통해 건강을 유지할 수 있도록 지원해야 한다. 교사는 유아들에게 간식과 점심식사를 제공할 때 다음과 같은 역할을 수행해야 한다(최애경, 2016). ⓐ 간식과 점심식사 전에 손, 책상, 식사 공간 주변 등을 깨끗이 한다. ⓑ 유아의 식사량을 파악하여 배식해 준다. 편식을 하지 않고 골고루 먹도록 지도한다. ⓒ 식사시간 동안 다 먹지 못한 유아는 일단 정리하도록 하고, 오후 간식 양을 늘려주는 것을 고려한다. ⓓ 음식을 다 먹을 때까지 자리에서 뜨지 않도록 지도하고, 친구들과 이야기할 때는 입에 든 음식을 삼킨 후에 조용히 말하도록 지도하는 등 올바른 식사예절에 대해 익히도록 한다. ⓔ 음식을 먹은 뒤 책상 위에 떨어진 음식 부스러기나 남은 반찬, 그릇은 스스로 정리할 수 있도록 지도한다. ⓕ 부모와의 협의를 통해 선호하거나 싫어하는 음식의 종류, 투약 기간 중에 피해야 되는 음식, 알레르기 반응을 일으키는 음식, 특별한 영양적 요구 등에 대한 정보를 알아두고 그에 대한 대처 방안을 강구한다. ⓖ 음식을 먹고 난 후에 유아들이 사용할 양치도구를 준비하고 양치를 지도한다.

㉥ 평가 및 귀가지도

평가 및 귀가지도 시간은 하루 일과를 끝내고 집에 돌아가기 전에 모여 앉아 하루 중 즐거웠던 일이나 속상했던 일을 이야기하며 문제를 나누고 해결하는 경험을 갖는 시간이다. 귀가 시 챙겨야 할 소지품이나 귀가 안전, 다음날 일과 및 전달사항을 안내받기도 한다. 교사는 유아가 차량을 타고 귀가하는 경우, 안전하게 차량까지 인도하고 차량 지도교사에게 정확히 인계하여 유아가 안전하게 귀가할 수 있도록 돕는다.

㉦ 활동실 및 교재교구 정리

교사는 유아들이 귀가하고 나면 활동실의 교구와 교재를 정리한다. 이때 교사는 보충하거나, 보수 및 교체해야 할 것이 없는지 점검한다. 교사는 점검을 통해 보충해야 할 교구나 교재, 보수하거나 바꿔 주어야 할 교구 및 놀잇감 등의 목록을 작성하여 보충한다. 특히 하루 일과 동안 사용했던 수업자료를 온전한 상태로 정리하여, 각 반 자료실이나 원내의 자료실에 보관한다.

㉧ 휴식 및 평가 시간

교사는 활동실이 정리되고 나면 교사실로 돌아와 휴식을 취하며 하루 일과를 돌아보는 시간을 갖는다. 준비했던 수업이 설정한 목표에 맞게 잘 진행되었는지 점검하며, 교사 개인의 자체 수업평가시간을 갖고 평가한 내용을 문서에 기록하여 다음날 수업 준비나 계획에 반영할 수 있도록 한다. 또한 하루 일과 동안 유아의 행동이나 학습·발달 상황에 대해 관찰하고 평가한 것이 있으면 함께 기록해 두기도 한다.

㉨ 일일계획안 작성 및 수업 준비

교사는 주간계획과 하루 일과를 평가한 내용을 토대로 다음날의 일일계획안을 작성한다. 이때 같은 연령별로 협의회를 가질 수 있다. 교사는 계획한 일일계획안에 맞게 필요한 교재와 교구를 준비하되, 자료실에 있던 자료를 활용하기도 하고, 필요한 것은 제작하기도 하여 유아의 흥미와 요구, 발달을 지원할 수 있는 교육내용을 준비하는 시간을 갖는다.

#### ㉫ 행사 준비 및 기타 사무관리

교사는 다음날 수업 준비가 완료되면, 행사를 준비하기도 하고, 기타 사무 업무나 기자재 및 시설 등을 관리하기도 하며, 상황에 따라 부모와 상담을 하기도 한다. 전체 교사가 모여 연간행사 계획에 따라 미리 행사 준비를 위한 협의 시간도 갖고, 행사 전까지 체계적으로 준비하는 시간을 갖기도 한다.

#### ㉭ 정리 및 퇴근

교사는 그날 하루 업무를 마치게 되면 하던 일을 정리하고 퇴근할 준비를 한다. 교사는 자신이 활용하는 책상이나 책꽂이 등을 깔끔하게 정리한 뒤, 퇴근하기 전 활동실을 한 번 돌아보며 문제는 없는지 확인하고 점검한다.

앞에서 유치원교사의 직무영역 및 직무내용, 유아교사의 하루 일과와 직무, 하루 일과와 교사의 역할을 고찰한 바와 같이, 유아교사의 직무범위는 매우 광범위하고 다양하다. 유아교사의 역할이 교사의 업무 및 직무의 형태로 나타나는 점을 알 수 있으며, 교사의 역할과 직무를 구분하기보다는 교사의 역할이 다양한 범주의 직무로 세분화되어 있다는 것을 확인할 수 있다(문혁준 외, 2016).

## 4. 유아교사의 역할 갈등

역할은 그것을 맡은 사람이 스스로 인식하고 있어야 하고, 사회구성원들이 인정해 주어야 한다. 특정한 지위를 가진 사람에게 사회적으로 다른 사람들이 인정하고 기대하는 것을 역할 기대라 하고, 자신이 수행해야 하는 행동양식을 인식하는 것을 역할 지각이라 하고, 실제로 역할을 수행하는 것을 역할 행동이라 한다. 역할 이론에 의하면 역할 기대는 역할 지각에 영향을 미치며 궁극적으로 역할을 수행하는 데 영향을 미친다. 역할 지각과 역할 기대 그리고 역할 행동이 불일치하면 역할 갈등이 발생한다(박은혜, 2016). 즉, 이와 같은 역할에 대한 기대는 이 모든 역할을 수행하기 어려운 상황에 처하게 될 때, 유아교사들로 하여금 역할 갈등을 느끼게 한다. 역할 갈등은 조직의 안정성이나 조화성을 깨뜨리거나 개인의 정서 및 신체에 부정적인 영향을 미칠 수도 있지만, 개인이나 조직의 문제에 관심을 갖게 하여 변화를 조장하거나 창의성, 진취성 등을 향상시키는 등 순기능적 측면 또한 지니고 있다.

따라서 유아교사들이 느끼는 역할 갈등을 이해할 필요가 있다. 역할 갈등을 교사 개인 관련 요인, 유아 관련 요인, 조직구성원 관련 요인, 학부모 관련 요인, 행정 업무 및 업무지원 관련 요인, 장학 관련 요인, 사회적 인식 관련 요인 등으로 구분하여 제시하면 다음과 같다(송연숙 · 류수경, 2009).

**첫째, 교사 개인 관련 요인이다.** 이는 유아교사 자신의 가치관, 신념, 적성, 건강, 개인적 가족관계에서 나타나는 갈등을 의미한다. 교사 개인 관련 역할 갈등을 제시하면 다음과 같다.

① 나는 교육에 대한 소신이 부족하여 갈등을 느낀다.

② 나는 나의 교직관이 뚜렷하지 않아 갈등을 느낀다.

③ 나는 유아들과의 하루 일과에서 보람을 느끼지 못해 갈등을 느낀다.

④ 나는 내가 중요하지 않은 일을 하고 있다는 생각에 갈등을 느낀다.

⑤ 나는 유아교사직이 나의 적성(성격)에 맞지 않아 갈등을 느낀다.

⑥ 나는 다양한 예체능(음악, 미술, 동작)의 재능을 가지지 못한 것에 대해 갈등을 느낀다.

⑦ 나는 건강이 좋지 않아 업무 수행이 힘에 겨워 갈등을 느낀다.

⑧ 나는 유치원에서 부가되는 다양한 역할들을 수행하는 것에 쉽게 피로감을 느껴 역할을 계속해서 수행하는 데 있어 갈등을 느낀다.

**둘째, 유아 관련 요인이다.** 이 요인은 유아교사의 직접적인 교수활동과 유아와의 관계에서 나타나는 갈등을 의미한다. 유아 관련 요인을 제시하면 다음과 같다.

① 나는 유치원에서 실시되는 다양한 프로그램에 대한 정보가 부족하여 갈등을 느낀다.

② 나는 활동을 위한 수업계획안 작성에 있어 어려움을 느껴 갈등을 느낀다.

③ 나는 유치원에서 누리과정 및 기초적인 유아교육 이론 적용에 있어 현장에서 느끼는 괴리감으로 인해 갈등을 느낀다.

④ 나는 내가 계획한 대로 유아들이 수업에 참여해 주지 않아 갈등을 느낀다.

⑤ 나는 활동에서 유아들과의 상호작용기법이 부족한 것 같아 갈등을 느낀다.

⑥ 나는 학급 내에 문제아 및 독특한 특성을 가진 유아들로 인해 수업을 진행하는 데 있어 갈등을 느낀다.

⑦ 나는 유아들의 기초적인 생활지도를 하는 데 있어 갈등을 느낀다.

⑧ 나는 유아들과의 수업을 진행하는 데 있어 만족스럽지 않은 물리적 환경 여건에 의해 갈등을 느낀다.

⑨ 나는 개별 유아에 대한 각 영역별 평가방법에 대한 정보와 관련하여 갈등을 느낀다.

⑩ 나는 개별 유아들의 특성을 파악하고 이해하는 데 있어 방법상의 갈등을 느낀다.

⑪ 나는 유아들의 잘못된 행동에 대해 부정적인 강화를 주는 부분에 대해

갈등을 느낀다.

**셋째, 조직구성원 관련 요인이다.** 이 요인은 유아교육기관 구성원인 동료교사, 원장 및 원감과의 관계에서 나타나는 갈등을 의미한다. 이를 구체적으로 제시하면 다음과 같다.

① 나는 교사회의에 참석하여 동료교사들과 의견을 나누는 과정에서 의견 차이로 인해 갈등을 느낀다.

② 나는 교사회의에서 중요한 상황을 결정하는 데 있어 그 내용을 잘 알지 못하여 갈등을 느낀다.

③ 나는 교사회의의 일방적인 진행 형태로 인해 갈등을 느낀다.

④ 나는 동료교사와 정보교환이나 상담을 하는 데 있어 갈등을 느낀다.

⑤ 나는 동료교사와의 과잉경쟁으로 인해 갈등을 느낀다.

⑥ 나는 교사들 간의 학연, 지연 등의 이유로 파벌이 형성되어 갈등을 느낀다.

⑦ 나는 선배교사의 지시가 많아서 업무가 과중되는 것으로 인해 갈등을 느낀다.

⑧ 나는 교사들 간의 얌체 같은 업무처리에 갈등을 느낀다.

⑨ 나는 동료교사와 일을 분담하는 과정에서 갈등을 느낀다.

⑩ 나는 동료교사와 일의 협조가 잘 되지 않아 갈등을 느낀다.

⑪ 나는 동료교사와 교육철학에 차이가 있어 갈등을 느낀다.

⑫ 나는 동료교사 간 세대 격차로 인한 가치관, 신념, 행동양식 등의 차이로 갈등을 느낀다.

⑬ 나는 업무에 관한 원장의 반응으로 인해 갈등을 느낀다.

⑭ 나는 원장의 나에 대한 표현방식이나 내용으로 인해 갈등을 느낀다.

**넷째, 학부모 관련 요인이다.** 이 요인은 학부모와의 관계에서 교사가 느낄 수 있는 갈등을 의미한다. 이를 구체적으로 제시하면 다음과 같다.

① 나는 학부모가 자신의 아이에 대한 지나친 기대와 요구(교육 및 보호)

로 인해 갈등을 느낀다.

② 나는 학부모가 시간 외 유아를 돌봐달라는 요구로 인해 갈등을 느낀다.

③ 나는 유아의 안전 문제와 관련하여 학부모로부터 질책을 받았을 때 갈등을 느낀다.

④ 나는 누리과정 및 프로그램에 대한 이해 부족으로 항의를 받거나 설명을 요구하는 학부모로 인해 갈등을 느낀다.

⑤ 나는 학부모에게 유아의 활동 결과물을 보고하는 것에 갈등을 느낀다.

⑥ 나는 나의 학급과 관련된 일임에도 불구하고 원장을 통하여 직접 자신의 의견을 전달하는 학부모로 인해 갈등을 느낀다.

⑦ 나는 학부모와의 일대 일 혹은 소그룹 면담 진행에 대한 부담으로 갈등을 느낀다.

⑧ 나는 유아로부터 학부모가 이야기한 비난의 내용을 전해 들었을 때 갈등을 느낀다.

⑨ 나는 학무모의 유치원 행사에 대한 비협조적인 태도로 인해 갈등을 느낀다.

⑩ 나는 교사에 대한 학부모의 무례한 행동에 대해 갈등을 느낀다.

⑪ 나는 원비를 내는 것만으로 자신의 권리만을 찾으려는 부모로 인해 갈등을 느낀다.

⑫ 나는 학무모들 간의 긴밀한 관계로 인해 갈등을 느낀다.

⑬ 나는 유치원교사를 진정한 교육자로 인식하지 않는 학부모들로 인해 갈등을 느낀다.

⑭ 나는 학부모가 자신의 아이만 중요하게 여기고 다른 아이들에 대해서는 그렇지 못한 것에 대해 갈등을 느낀다.

⑮ 나는 나의 교육신념에 도전하는 학부모로 인해 갈등을 느낀다.

**다섯째, 행정 업무 및 업무지원 관련 요인이다.** 이 요인은 교육청과 같은 상급기관에서 요구하는 공문서 처리나 기관의 행정 업무와 관련된 일들에서 겪는 갈등을 의미한다. 이를 구체적으로 제시하면 다음과 같다.

① 나는 나의 업무와 잡무가 과다하여 내가 교사인지 아닌지의 부분에서 갈등을 느낀다.
② 나는 많은 업무로 인해 연수 및 연구 기회가 부족한 것 같아 갈등을 느낀다.
③ 나는 유치원 업무 배정의 부당함에 대해 갈등을 느낀다.
④ 나는 유치원 행정에 교사들의 의견이 잘 반영되지 않아 갈등을 느낀다.
⑤ 나는 생활을 영위해 나가기에 부족한 보수로 인해 갈등을 느낀다.
⑥ 나는 나의 봉급과 수당이 수행하는 일에 비해 적다는 점에 대해 갈등을 느낀다.
⑦ 나는 법으로 정해진 수당 및 월급 산정 기준에 따라 나의 보수를 받지 못하는 것에 대해 갈등을 느낀다.
⑧ 나는 교사들을 위한 복지후생이 부족하여 갈등을 느낀다.
⑨ 나는 퇴근시간이 일정하지 않은 것에 대해 갈등을 느낀다.

**여섯째, 장학 관련 요인이다.** 이 요인은 장학을 교사에게 요구되는 과중한 업무로 인식하는 데서 기인되는 갈등을 의미한다. 장학 관련 역할 갈등을 제시하면 다음과 같다.

① 나는 장학지도에 대한 지나친 부담감으로 인해 갈등을 느낀다.
② 나는 장학요원들이 나의 수업에 대해 평정하는 것에 대한 부담감으로 인해 갈등을 느낀다.
③ 나는 보여주기식 장학의 방법과 전달위주의 장학에 대해 갈등을 느낀다.
④ 나는 국가 혹은 지역교육청 차원에서 이루어지는 현장과 괴리된 정책 결정이나 교육정보 제공으로 인해 갈등을 느낀다.

**일곱째, 사회적 인식 관련 요인이다.** 이 요인은 유아교사에 대한 잘못된 사회적 인식으로 인해 발생하는 갈등을 의미한다. 사회적 인식 관련 역할 갈등을 구체적으로 제시하면 다음과 같다.

① 나는 유아교사직을 전통적으로 여성이 수행해야 하는 일이라고 여기는 사회적 인식에 대해 갈등을 느낀다.
② 나는 유아교사직을 여성성을 드러내는 대표적인 직업으로 인식하는 것에 대해 갈등을 느낀다.
③ 나는 유아교사는 아이들과 함께 놀아주고 돌보아 주는 사람으로만 인식하는 데 대해 갈등을 느낀다.
④ 나는 유아교사직이 사회적으로 높은 가치를 두는 직업이 아니라는 점에서 갈등을 느낀다.
⑤ 나는 유아교사직이 사회적으로 높은 가치를 두는 직업이 아니라는 점에서 갈등을 느낀다.
⑥ 나는 사회적으로 유아교사직이 전문직으로 인정받지 못한다는 생각에서 갈등을 느낀다.

## 02 유아교사의 자질

좋은 교사란 교사에게 요구되는 인간적인 특성과 전문적인 특성, 교사의 자질을 갖춘 교사라고 할 수 있다. 자질을 갖춘 좋은 교사는 자신의 역할과 직무에 대한 만족도가 높으며, 자신의 역량을 발휘하면서 자질의 향상을 가져오도록 노력한다. 또한 교사는 긍정적인 사고를 소유할수록 직무 만족도가 높으며, 교직을 지속적으로 유지할 가능성이 높다(조부경 외, 2016).

여기에서는 교사의 자질, 유아교사의 자질에 대해 고찰하기로 한다.

## 1. 교사의 자질

교사의 자질은 타고난 성품이나 소질에 의해 발휘된다고 볼 수 있으나, 전문적인 교육 역량을 발휘하는 능력은 교육과 훈련의 과정을 통해 향상된다. 아울러 교사의 능력과 자질은 자신의 학문적 지식만으로 향상되는 것이 아니며, 부단한 교육적 노력과 실천에 의해 다양한 역할을 수행하면서 향상된다. 훌륭한 교사나 유능한 교사의 자질이 어떤 것인지 설명하는 것은 매우 복잡하고 어려운 일이지만, 그럼에도 불구하고, 훌륭한 교사의 자질이 무엇인지 밝히려는 연구는 지속되고 있다(문혁준 외, 2016). 결국 교사의 자질이란 비교적 장시간 지속되는 특성으로 교사가 구비해야 할 개인적 특성 및 교사로서의 태도를 의미한다고 볼 수 있다.

교사의 자질에 대한 학자들의 견해는 다양하지만 대체로 개인적 자질과 전문적 자질로 구분하는 실정이다.

① 신극범(1979)은 "교사로서의 역할을 수행하기 위하여 필요한 지식, 기술, 성품 및 태도 등을 의미한다"고 했다. ② 김종서(1993)는 "교사가 갖추어야 할 비교적 영속성 있는 개인적 특성 및 교직에 대한 태도를 뜻한다"고 하였다. ③ 황정규(1995)는 "교사의 자질에 가치관과 태도, 인성 및 품성, 교과지식 및 기술, 일반적 능력, 신체적인 면을 포함시키고 있다. ④ 김회용(2007)은 교사의 자질이란 '무엇'이라고 정확하고 만족스럽게 정의할 수 없으며, 어떤 자질이 필요하다고 표준화하는 것도 어렵다. 교사에게 요구되는 공통적이고, 이상적인 자질을 명료하게 제시하는 일은 쉽지 않다는 것이다. 더욱이 사회의 변화에 따라 교사에게 새롭게 요구되는 품성과 자질이 추가될 수도 있다"고 했다. ⑤ 우영효(2017)는 "교사의 자질을 전공 영역의 수월성, 교수방법에 대한 지식의 획득, 소명의식, 학생에 대한 사랑과 봉사정신, 실천하는 교사" 등으로 제시했다.

이처럼 교사에게는 많은 자질이 요구되지만, 모든 교사가 이러한 자질을 구비하기란 현실적으로 쉽지 않다. 앞의 내용을 종합하면 교사의 자질이란 학습자 교육을 위해 교사에게 기대되는 교사의 개인적 자질과 전문직으로서의 역량에 관한 특성의 총체를 의미한다(정우현, 1994).

## 2. 유아교사의 자질

유아교사의 자질은 유아교사 역할을 잘 수행하기 위해 갖추어야 할 개인적 특성, 교직에 대한 태도 등을 말한다. 유아교사의 자질에 대한 관점은 사회적, 문화적, 시대에 따라 변화되어 왔다. 교사의 자질을 논할 때 전통적으로 교사가 지닌 인성적 특성을 강조했으나, 최근에는 인성은 물론 전문적 자질을 중요하게 인식하게 되었다(염지숙 외, 2016).

유아교사의 자질에 대한 논의는 다양하게 나타나고 있다.

① Almy(1975)는 "유아교사의 자질을 사랑과 온정, 인내심, 활동력, 열린 마음, 포용력, 인간관계에 대한 관심, 융통성, 유머 감각 등"으로 제시했다. ② Seefeldt(1993)는 유아를 근본적으로 좋아하고, 유아에 대한 감정이입과 현재 수준을 수용할 수 있는 능력을 갖추어야 하며, 융통성 있고, 선입견을 갖지 않아야 하는 것을 유아교사의 자질로 제시하고 있다. ③ 배소연(1993)은 유아교사의 자질을 개인적 자질과 전문적 자질로 구분하여 제시했다. 개인적 자질(건강, 안정된 정서, 유아에 대한 사랑과 존중, 융통성과 유머 감각, 창의성), 전문적 자질(교육활동의 계획과 수행 능력, 교육환경 구성 능력, 부모들에게 필요한 정보를 제공하고 도움을 줄 수 있는 능력, 유아들의 건강과 영향을 보살필 수 있는 능력)로 제시했다. ④ 나정 · 장명림(1995)은 유아교사의 일반적 자질로 교육과정 계획 및 실천 능력, 유아의 성장발달 촉진 능력, 유아 및 유아교육에 대한 전문적인 지식, 지속적인 자기 발전 추구, 교직에 대한 태도 및 직업윤리 의식, 원만한 품성과 인성을 포함시켰다.

**참고자료** 유아교사의 자질

| 개인적 자질 | | 전문적 자질 | | |
|---|---|---|---|---|
| 인성 | 건강 | 지식 | 교수기술 | 교육관 |
| ① 유아에 대한 사랑<br>② 인간에 대한 사랑<br>③ 성실성<br>④ 봉사성<br>⑤ 사려성<br>⑥ 자발성<br>⑦ 도덕성<br>⑧ 원만한 인간관계 | ① 신체적 건강<br>② 정신적 건강<br>• 긍정적 자아관<br>• 타인에 대한 긍정적 사고<br>• 건전한 인생관<br>• 정서적 안정 | ① 일반교양 지식<br>② 유치원 교육과정에 대한 지식<br>③ 교수방법 및 평가에 대한 지식<br>④ 유아에 대한 지식 | ① 교육과정 구성 기술<br>② 프로그램 실천 및 평가 기술<br>③ 의사소통 기술<br>④ 부모 및 전문가 참여 기술<br>⑤ 창의성<br>⑥ 융통성<br>⑦ 교재, 교구의 제작 및 활용 기술 | ① 교육에 대한 소명감<br>② 직업윤리<br>③ 전문성 함양의 노력 |

• 자료: 염지숙 외(2016). 유아교사론. 경기: 정민사, p. 91.

⑤ 이은화 외(2003)는 개인적 자질에는 인성(유아에 대한 사랑과 존중, 따뜻한 성품, 열정적인 태도, 원만한 대인관계), 건강(신체적 및 정신적 건강)이 있고, 전문적 자질에는 유아교육에 대한 전문적 지식, 영유아 프로그램을 운영하는 능력, 올바른 교육관 등이 있다. ⑥ Day(2004)는 개인적 자질 중에서 열정있는 교사는 헌신적인, 사랑을 추구하는, 가치를 추구하는, 관계 지향적인, 호기심을 갖는 교사라고 거듭 강조하면서 열정의 조절이 중요하다고 했다. ⑦ 박은혜(2016)는 "좋은 유아교사가 되기 위해서는 전문적인 자질과 함께 개인적인 자질을 갖추어야 하며, 유아교사라 해서 가르치는 교수 능력이나 교과와 관련된 지식이 중요하지 않은 것은 아니나, 유아들의 연령 특성상, 특히 영아를 담당하는 경우에는 더욱 교사 개인이 가지고 있는 기질이나 특성이 중요하다고 했고, 전문적인 자질 가운데 가르치는 일과 관련된 많은 지

식들은 대학의 수업 시간에 전적으로 길러 주기도 어렵다고 하면서, 유아교사의 개인적 자질을 열정, 지구력, 위험을 기꺼이 감수하고자 하는 모험심, 실용성, 인내심, 융통성, 유아와 그 가족에 대한 존중, 창의성, 진정성, 배움에 대한 사랑, 에너지, 유머 감각 등"으로 제시했다.

앞에서 언급한 유아교사의 자질에 대한 선행연구자들의 견해를 종합하면 유아교사에게는 자질과 전문적 자질이 모두 필요함을 알 수 있다. 유아교사의 자질은 일차적으로 직전교육을 통해서 형성되지만, 그것으로 완성되었다고 볼 수 없다. 현직에서의 경험과 그 경험에 대한 자기 성찰을 통하여 계속적으로 변화되고 발전해 가는 것이다. 따라서 유아교사로서의 자질을 갖추고 향상시키기 위해 예비교사나 현직교사는 긍정적인 인성을 스스로 형성해 나가도록 노력해야 할 것이며, 양성과정과 현직교육을 통해 유아교사에게 필요한 기초 지식과 전문적 지식을 습득하고 발전시켜 나가는 데도 노력을 기울여야 할 것이다(염지숙, 2016).

### 참고자료 생태유아교사의 자질

아이, 사회 및 자연과의 관계에서 아이살림·생명살림의 생태유아교육 접근을 위해서는 무엇보다도 교사라는 생명을 모시고 돌보고 살려야 한다. 진정한 스승상을 찾아주고, 교육현장의 문제를 제대로 파악하여 이를 치유하는 삶과 운동을 함께 할 교사가 무엇보다도 필요하다.

생태유아교사의 자질을 논의하려면, 어린아이를 잘 가르친다는 것이 무엇이며, 이런 일을 하는 사람의 참모습이 무엇인가에 대한 논의가 있어야 한다. 전통적으로 우리나라에서 아이는 자연이었다. 아이는 자연이 보내주고 자연이 키워주는 자연의 생명이었다. 이러한 아이를 돌보는 일은 전통사회에서는 공동체가 함께 하였다. 어머니의 젖가슴에서 거친 들의 나무에 이르기까지 자연의 순환 속에 몸과 마음의 터를 잡았고, 섬김의 과정 속에 영혼이 싹을 틔우는 과정이었다(편해문, 2003).

아이의 본래 생명과 자연의 터전을 열어주고자 하는 것이 생태유아교육이고, 생태유아교육을 열어가는 사람이 생태유아교사이므로 아이의 본성에 대한 본질적 이해에서 출발해야 한다. 아이는 현대사회의 존속에 필요한 인재로서 인식되어서는 안 된다. 교사는 아이의 생명을 가장 잘 이해하는 사람이다. 생태유아교사는 생명의 원리·본질·특성

등을 있는 그대로 이해하고 받아들이며, 그 원리에 따라 아이들을 잘 섬기는 사람이어야 한다. 아이는 자연의 생명체이고 생명의 본성에 따라 어른들을 잘 섬기는 사람이어야 한다. 아이는 자연의 생명체이고 생명의 본성에 따라 살아가는 존재이다. 생명의 본성은 자연의 순리에 따르며, 몸과 마음과 영혼이 일체삼용(一體三用)으로 이루어져 있다. 이러한 생명의 관계와 통합성을 이해하는 자가 아이를 돌보는 자이어야 한다(김지하, 2003). 김은주(2003)는 기존의 교사역할이 '아동발달 전문가'라면 생태유아교육의 교사역할은 '삶의 동반자'로 규정하였다. 생태유아교육에서의 교사는 단지 아동을 바르게 교육시키기 위한 모델로서의 교사가 아니라, 우주의 질서 및 생명의 질서에 따라 생명가치를 실천해 가는 사람으로서 무엇보다도 교사의 인격수양이 선행되어야 한다고 제시하였다. 생태유아교육에서 보는 교사는 교사이기 전에 세상을 보는 바른 눈을 가진 바른 인격체여야 하며, 자연을 가장 좋은 교과서라고 믿고 아이들에게 자연과의 접촉을 많이 배려하며, 생명존중을 몸으로 실천하는 생태적 소양인이어야 한다는 것이다.

생태유아교육에서 지향하는 교사는 생명, 관계, 삶을 강조한다. 생명의 가치를 존중하고 관계의 그물망 속에 유아와 교사의 수평적 관계를 존중한다. 그리고 '삶의 동반자'로서, 영적이고 심적 교류를 이룰 수 있어야 한다는 것이다. 생태유아교사의 개념은 생명을 돌보는 근원에서 찾아야 한다. 생태유아교사의 개념은 다음의 교사의 참모습에서 그 모태를 찾을 수 있다(김은주, 2003).

첫째, 최고의 생태유아교사는 자연(自然)이다. 스승이란 마음의 교감자요, 인격적 교류의 대상이며 감화로 삶에 영향을 주는 대상이다. 이러한 아이의 스승은 아이의 마음과 몸과 영혼의 근원인 자연이어야 한다. 코메니우스(J. A. Comenius, 1910)는 인간이 자연의 지도하에 모든 것에 대한 지식을 통달할 수 있다고 하였다. 즉, 자연은 '최초의 원형의 상태'를 품은 것으로서 그 섭리가 교육이어야 한다는 것이다. 자연은 아이에게 영혼의 소리이며 삶의 결이다. 자연은 아이들에게 큰 머리가 되어 우주적 순리와 흐름을 열어주는 스승이다.

그러나 인간은 일상사의 작은 생각들을 도와주는 작은 선생일 뿐이다. 따라서 아이는 자연에게 배우고 자연이 돌본다. 작은 선생인 인간은 그 자연의 힘에 순응하고 자연을 닮아가야 한다는 것이다. 이 세상에서 획일적이지 않은 가장 훌륭한 교과서도 자연뿐이고, 아이들에게 삶에 필요한 구체적인 교육을 할 수 있는 유일한 교사도 자연 밖에 없다.

둘째, 생태유아교사는 어머니이다. 생태유아교사는 태중에 아이를 품은 어미의 마음이어야 하며, 젖을 물리며 아이를 돌보는 어미의 가슴이어야 한다는 것이다. 프레이리(P. Freire, 1998)는 교사가 가져야 할 중요한 자질로 '사랑'이 있어야 한다고 한다. 사랑이 없다면 교사들의 활동은 의미를 잃게 된다. 이러한 사랑의 근원에는 어머니의 상이 존재한다. 김정환(1995)은 소망하는 스승상으로 '꿈과 사랑을 심어 주는 교사'를 제안한다. 이러한 교사는 아기를 잉태한 젊은 엄마가 뱃속에서 꿈틀거리는 아이와 대화를 나누면서 아름다움을 꿈꾸며, 그 아이를 위해 옷을 짓는 모습이라고 표현한다. 이 어머니는 영혼과 물질의 제공자이다. 가슴과 영혼으로 아이의 영혼을 보듬고, 젖과 밥으로 아이의 몸을 돌보며, 눈물과 기도로 아이의 마음을 품는다. 때로는 힘들고 지친 마음의 치유자가 되기도 하고, 때로는 배고픔을 달래주며, 영혼의 지표이기도 하다.

생태유아교사는 아이에게 이런 어머니가 되어야 한다. 어머니의 마음을 품고, 아이를 이해하고 보듬을 수 있어야 한다. 어머니는 아이에게 아무 것이나 먹이지 않는다. 전통사회에서 우리의 어머니는 아이의 몸에 깃들 실오라기 하나라도 정성으로 지어 입혔다. 몸과 마음이 건강하게 자라기를 기도하는 마음으로 하루하루 조심하며 삶을 꾸려 나갔다. 너무나도 귀한 자식이지만, 너무 귀히 여기지 않는 태도로 겸손을 지녔다.

태아를 품은 어머니는 열 달을 먹는 것, 자는 것, 입는 것을 조심하며 태교를 한다. 부정한 자리에 앉지 아니하고, 부정한 음식은 먹지 않고, 아이를 위해 옷을 가려 입는다. 정한 생각과 몸으로 아이와 함께 하는 어머니는 그 영혼을 다하여 아이를 위해 기도하는 삶을 엮어간다. 그러한 몸과 마음과 영혼이 깃든 어머니와 같이 아이와 함께 하는 것이 생태유아교사이다.

셋째, 생태유아교사는 농부이다. 농부는 땅을 받들고 생명체를 섬긴다. 생명체들이 저마다 자기에게 알맞은 터를 찾아 둥지를 틀고 뿌리를 내리도록 돌보는 농부의 땀이 교사의 자리이다. 농부는 씨를 뿌리고 결실을 맺기까지 그 어느 때도 교만하지 않는다. 자연이 내려주는 뜻에 거역하지 않으며, 기도하며 섬기는 마음으로 씨를 뿌리고 땀을 흘린다. 진짜 농군은 생명 하나에 정성을 쏟고 생명의 모습 그대로를 아끼고 섬긴다. 생태유아교사는 진정한 최고의 농부의 상으로 나아가야 한다. 땅을 사모하고 그 속의 생명체를 섬기는 농부이어야 한다. 땀을 흘리고 대자연을 경외하며 그 속에서 진정한 선과 신앙심을 기르는 자이다(홍순명, 2002). 이러한 농부가 진정한 생태유아교사이다.

넷째, 생태유아교사는 몸과 마음과 영혼을 치유하는 최고의 의사이다. 니일(A. S. Neil, 1939)은 교사를 영혼의 의사라고 했다. 이러한 의사는 약의(藥醫)와 식의(食醫)와 심의(心醫)를 두루 갖춘 '대장금[1]'과 같은 최고의 인술을 갖춘 의사를 말한다. 이러한 '대장금식'의 인술을 갖춘 사람이 바로 생태유아교사의 참모습이다. 의사에도 단계 내지 수준이 있다. 초보단계의 의사는 약의(藥醫)인데, 약이나 수술로 병을 치료하는 의사이다. 다음 단계의 의사는 식의(食醫)인데, 음식으로 병을 치유하는 의사를 뜻한다. 그리고 높은 단계의 의사는 심의(心醫)로서 마음을 다스려 병을 치유하는 의사이다. 생태유아교사의 참모습은 약과 음식과 마음으로 아이의 몸·마음·영혼을 돌보는 최고의 의사이어야 한다.

다섯째, 생태유아교사는 아이를 섬기는 사람이다. 즉, 생태유아교사는 아이라는 생명을 섬기고, 돌보고, 살리는 사람이다. 즉, 생태유아교사는 아이라는 생명을 섬기고, 돌보고, 살리는 사람이다. 성경에서는 "누구든지 내 이름으로 이런 어린아이 하나를 영접하면 곧 나를 영접함이니(마 18: 5)"라고 하였다. 즉, 아이를 섬기고 돌봄을 하나님을 섬기듯 하라는 것이다. 동학의 수운 최제우에 의해 천명된 '시천주(侍天主)'는 "자기 안에 한울님을 모시고 있다"는 뜻으로 모든 사람은 안에 한울님이 살아 계신다고 하였다(박맹수, 2003). 따라서 생태유아교사는 아이를 섬기고 돌보는 정성을 담은 사람이어야 한다.

여섯째, 생태유아교사는 생명인이다. 교육자는 생명인이 되어야 한다는 것이다. 고제순(2004)은 생명살림을 위한 교육에 있어서 '생명의 교육(education of the life)', '생명에 의한 교육(education by the life)', '생명을 위한 교육(education for the life)'이라 지칭한다. 여기서 교육자의 자기교육은 '생명에 의한 교육(education by the life)'이라 지칭한다. 교육자는 생명인이 되어야 한다는 말이다. 생명교육자는 끊임없는 자기성찰, 자기반성, 자기점검의 공부를 통해 생명의 본질에 따라 사는 사람이며, '사랑'으로 사는 사람이라는 것이다. 교사는 그 삶 자체에서 생명의 메시지가 되어야 한다. 일상적 삶 자체가 생명으로서의 본질을 드러내고, 참된 생명성을 풀어내는 자이어야 한다. 생명의 조화와 질서에 따라 살아가는 생명인이 진정한 생태유아교사의 참모습이다.

생태유아교육에서의 교사는 자연과 함께 하는 농부이자, 마음을 돌보고 먹을 양식을 주는 어머니이다. 생태유아교육은 아이의 몸·마음·영혼에서 맑은 향기가 넘쳐날 수 있어야 하는 것이다. 때로는 밥을 주고 때로는 마음을 돌보는 영적 치유자이기도 하며, 아이와 함께 더불어 살아가는 동반자로서의 자질을 갖추어야 한다.

• 출처: 권미량(2005). 생태유아교사교육 프로그램 모형 개발연구. 부산대학교 대학원 박사학위논문, pp. 59~63.

## 03 유아교사의 핵심 역량

앞에서 설명한 유아교사의 역할 및 자질과 유사한 개념으로, 최근 선진국에서 빠르게 변화하는 미래사회에 대비한 교육의 방향을 설정하기 위한 기초 작업으로, 미래 인재로서 개인적 삶의 질을 보장하고 사회에 공헌할 수 있는 사람으로서의 능력을 핵심 역량이라는 개념으로 규정하려는 노력이 활발히 이루어지고 있다. OECD(2002)는 개인적 행복과 사회발전을 위해 요구

1) 조선조 중종(1506-1544) 때 남존여비의 봉건적 체제 하에서 집념과 의지로 궁중 최고의 요리사가 되고 조선 최고 의녀가 되어 조선조 유일하게 여성으로서 임금의 주치의가 되었던 실존인물이다. http://www.imbc.com/broad/tv/drama/daejanggum

되는 행동특성을 핵심 역량으로 정의하고, DeSeCo 프로젝트를 통해 세 가지로 개인의 핵심 역량을 규정하였다. ① '이질적인 집단에서 상호작용하는 능력'으로 다문화사회, 개인간 개성이 뚜렷해지는 사회에서 주변 사람들과 조화를 이루며 소통할 수 있는 능력을 제시했다. ② '자율적으로 행동하는 능력'으로 가치관의 변화가 빠른 다원화사회에서 개인 스스로 주도적이고 독립적으로 자신의 의사를 결정하고, 가치를 판단하여 행동하는 능력이 중요하다고 보았다. ③ '여러 도구를 상호작용적으로 활용하는 능력'으로 자신의 아이디어나 감성을 문자, 그림 등의 도구와 급속도로 발달하는 IT기기, 그 외 창의적인 도구의 활용을 통해 함양되는 것이므로 교육계에서는 이러한 인재를 양성하기 위해 교사가 가져야 할 교사의 핵심 역량 개념을 도입하였다. 이러한 정의와 필요에 근거하여 2010년 당시 교육과학기술부(현 교육부)는 육아정책연구소에 위탁하여 '유치원교원 양성 및 임용체제 개선방안'을 마련하는 과정에서 개발되었다. 유치원교원 핵심 역량은 세계적인 추세에 맞추어 유치원교원에게 요구된 소양을 중심으로 구축한 것인데, 그 내용은 표 3-4와 같다.

**표 3-4** 유치원교사의 핵심 역량

| 핵심 역량 | 요소 | 내용 |
|---|---|---|
| 교직인성 및 전문성 개발 | 교직에 대한 열정 | • 좋은 교육을 위한 헌신<br>• 교육개선을 위한 지속적 탐구 |
| | 창의성 | • 다양한 상황과 조건 수용<br>• 새로운 가치와 아이디어 창출 |
| | 반성적 자기계발 | • 반성적 사고 계발<br>• 전문적 발달을 위한 노력 |
| | 교직윤리 | • 유치원교사 윤리강령 실천<br>• 유치원교사로서 바른 근무자세 유지 |

| | | |
|---|---|---|
| 학습자에 대한 이해 | 유아의 보편적 발달 이해 | • 유아발달의 개념 및 발달 이론 이해<br>• 유아의 신체, 언어, 인지, 사회, 정서 영역의 발달특성 이해 |
| | 유아의 개인적, 사회문화적 발달 특성 | • 유아의 발달에 관련된 개인적, 사회문화적 요인 이해<br>• 유아의 개별적 발달특성 이해 |
| 교육과정 운영 | 유아교육과정에 대한 이해 및 실행 | • 유아교육과정에 대한 이론 이해<br>• 유아핵심역량에 대한 이해<br>• 국가수준 유치원교육과정에 대한 이해 |
| | 교과내용 지식 이해 | • 언어, 수학, 과학, 사회, 예술, 체육, 교과내용 지식 이해<br>• 건강 및 안전 교과 내용 지식 이해<br>• 놀이 교과 지식 이해 |
| | 다학문적 지식 이해 | • 인문학, 과학기술, 사회학, 예술 등의 폭넓은 교양지식 이해 및 탐구<br>• 다학문 지식의 교육과정 적용 |
| | 교수-학습과정에 대한 이해 및 실행 | • 유아 교수-학습방법에 대한 지식<br>• 개별화 교수-학습방법의 적용<br>• 효율적 교수-학습을 위한 환경구성<br>• 적합한 교수자료의 발굴, 개발 및 활용 |
| | 평가의 이해 및 실행 | • 유아의 개인적 특성에 대한 평가방법 이해 및 실행<br>• 교육과정 평가 이해 및 실행<br>• 평가 결과의 화용 |
| 대인관계 및 의사소통 | 공동체 의식 및 태도 형성 | • 교육 공동체 필요성 이해<br>• 교육 공동체 존중 |
| | 공동체 형성 및 지원 | • 부모와의 협력<br>• 동료교사와의 협력<br>• 지역사회와의 협력<br>• 유아와 가족의 교육복지 지원을 위한 정책 이해 및 전달 |
| | 의사소통 기술 형성 | • 대상에 따른 의사소통 기술에 대한 관심<br>• 언어적/비언어적 의사소통 기술 형성 |
| 정보화 소양 | 정보화 기술 이해 | • 새로운 정보화 기술에 대한 관심<br>• 교육, 행정, 재정 업무 처리를 위한 정보화 기술 이해 |
| | 정보화 기술 활용 | • 폭넓은 정보 교류<br>• 유용한 정보의 조직 및 활용<br>• 교수매체로서 정보화 기술의 비판적 활용 |
| 학급운영 | 교실문화조성 | • 유아의 긍정적인 관계 형성하기<br>• 교실운영과 관리 |

| | | |
|---|---|---|
| | | • 유아행동지도 |
| | 문서 작성 및 관리 | • 학급 운영 관련 문서 작성 및 관리<br>• 대외 관련 공문서 작성 및 관리 |

• 자료: 교육과학기술부(2010). 유치원 교원 양성 및 임용체제 개선방안. 육아정책연구소.

표 3-4와 같이 유치원교사의 6개 영역의 핵심 역량과 18개의 요소로 이루어져 있다. 즉, 유치원교사의 핵심 역량으로 ① 교직인성 및 전문성 계발, ② 학습자에 대한 이해, ③ 교육과정 운영, ④ 대인관계 및 의사소통, ⑤ 정보화 소양, ⑥ 학급운영으로 구분되며, 각 역량별 요소와 내용은 다음과 같다.

첫째, 유치원교사는 교직에 대한 열정을 가지고 반성적 자기계발과 창의성을 발휘해야 하며, 유치원교사로서 바른 근무 자세를 유지해야 한다. 둘째, 유치원교사는 유아의 보편적 발달 이해와 유아의 개인적·사회문화적 발달 특성을 충분히 이해해야 한다. 셋째, 교육과정 운영 역량은 유아교육과정에 대한 이해 및 실행, 교과내용의 지식 이해, 다학문적 지식 이해, 교수-학습 과정에 대한 이해 및 실행으로 구성되어 있다. 넷째, 유치원교사는 유아를 둘러싼 여러 공동체와 관계를 가지며, 의사소통 기술을 향상시켜야 한다. 다섯째, 유치원교사는 교수매체 제작이나 활용 및 행정 업무에 정보화 기술의 이해와 활용 능력이 요구된다. 여섯째, 유치원교사는 학급에서 유아지도, 물리적 환경, 문서 관리 등에 요구되는 학급운영 능력이 요구된다. 이처럼 유아교사에게 요구되는 핵심 역량은 교육대상이 유아라는 특성으로 인해 초·중등학교 교사들의 역량과는 다소 차이가 있다.

## 04 유아교사의 효능감

여기에서는 유아교사의 효능감을 자아 효능감, 교수 효능감, 교사 효능감으로 구분해서 고찰하기로 한다(신재흡, 2016: 재인용).

### 1. 자아 효능감

교사의 전문성을 판단하는 주요한 척도 중의 하나인 교사 효능감은 자아 효능감의 개념으로부터 출발한다. 자아 효능감(self-efficacy)은 본인의 능력에 대한 믿음으로 인간의 행동과 성취 수준에 영향을 미친다고 한다(Bandura, 2006).

Bandura(1986)는 자아 효능감을 행동결과에 대한 믿음인 결과기대(outcome expectation)와 행동하기 전에 앞으로의 행동이 성공적일 것이라는 믿음인 효능기대(efficacy expectation)로 구분하여 개념화하였다. ① 결과기대는 특정한 상황과 맥락에서 구체적 행동의 어떤 결과들에 대해 내리는 개인의 예상 또는 판단으로, 이는 어떤 행동은 어떤 결과를 이끌어낼 것이라는 개인의 일반적 신념을 말하는 것이다. 이에 반해 ② 효능기대는 주어진 상황과 맥락에서 자신이 특정한 수준의 수행들을 해낼 수 있을 것이라는 스스로의 능력에 대한 개인적인 신념을 말하는 것이다.

Bandura(1986)에 의하면 강한 자아 효능감을 창출해 내는 효과적인 방법은 성공적인 경험이라고 한다. 성공적인 경험은 강한 자아 효능감을 형성하고, 이는 다음번의 성과 달성을 증진시키며, 성공적인 성과는 다시 효능감을 높이는 상호적이며 순환적인 관계에 있다고 한다. 인간의 효능감은 성공 경험 외에도 사회적 모델이 제공하는 대리 경험, 성공하고자 하는 사람들이 지닌 신념을 강화시키는 언어적 설득에 의해서도 강화된다. 교육조직에서 자아 효능감 연구는 학습자 또는 교사의 자아 효능감이 다양한 동기 및 성취 목표에 미치는 효과를 검증하는 것들이다. 자아 효능감은 학업 성취, 학점, 학습자들의 동기, 교사의 혁신 수용, 교사의 학급관리 전략 등과 긍정적인 관계가 있다는 것을 보여주고 있다(Hoy & Miskel, 2003).

## 2. 교수 효능감

Gibson과 Dembo(1984)는 자아 효능감을 교육 상황에서의 교수 효능감(teaching efficacy)으로 연구하기 시작했는데, 이는 교사가 학습자의 수행에 미칠 수 있는 능력을 가졌다고 믿는 정도라고 정의했다. 이들은 교수 효능감을 측정하기 위해 개인적 교수 효능감(personal teaching efficacy)과 일반적 교수 효능감의 두 차원으로 분류했다. ① 개인적 교수 효능감은 자신이 교사로서의 능력에 대한 자신감으로, Bandura(1986)의 효능기대 개념에서 기초했다. 이에 반해 ② 일반적 교수 효능감은 교육으로 인하여 아동들의 행동이 얼마나 변화될 수 있는가에 대한 믿음으로 Bandura(1986)의 결과기대 개념에 기반을 두고 있다. 결과기대란 특정한 행동이 특정한 결과를 초래할 것이란 기대를 뜻하는데, 예컨대 효율적인 교육을 하면 아동의 학업 능력이 향상될 것이라고 기대하는 것을 의미한다. 즉, 유아교사의 전문성 인식은 교수 효능감에 긍정적인 영향을 미친다. 교수 효능감이 높은 교사는 학습에 참여하고 지도하는 일을 의미 있게 여기고, 자신이 학생의 학습에 긍정적인 영향을 줄 수 있다고 믿으며, 이를 위해 자신의 교수행동에 대한 반성적 사고를 하게 된다(Gibson & Dembo, 1984).

## 3. 교사 효능감

교사 효능감이란 학교 현장에서 교사가 기대되는 상황 또는 활동에서 요구되는 행동을 교사 자신이 얼마나 잘 수행할 수 있을지에 대한 판단으로 자아 효능감에서 출발하여 교육현장의 교사에게 적용된 개념으로, 교사가 학습자의 수행에 영향을 끼칠 수 있는 능력을 갖고 있다고 믿고 있는 정도를 의미한다(Ashton, 1984). 또한 자아 효능감은 행동을 유발하고 지속하는 정도에 있어서 개인차를 설명해주는 체계이다. 따라서 자아 효능감은 다양한 분야에 적응되어 왔고, 이를 교육에 적용한 것이 교사 효능감이다. 이와 같은 교육현장에의 교사 효능감을 유아교육현장에서도 유아교사의 직무 향상에 도움이 될 수 있도록 구체적으로 체계화할 필요가 있다(윤은종, 2009).

한편 교사 효능감에 영향을 미치는 요인에 대해서 언급하기로 한다. 각 개인은 각자의 사고, 감정, 행동을 어느 정도 조절하게 하는 자기체제(self system)를 가지고 있다. 이러한 체제는 자체적인 인지 및 정서구조를 가지고 있고, 기호화, 타인으로부터 학습, 대안적 전략계획, 자기행동 조절, 자기반성 등의 능력을 가진다. 그것은 자아세계와 외부환경과의 상호작용에 의한 결과로서의 행동을 수용하고 조절하고 평가하기 위한 일련의 행위이다. 따라서 교사 효능감은 교육활동을 하는 데 있어서 중요한 요인으로 작용한다. 그리고 교사 효능감에 영향을 주는 요인으로 교사의 내외적 요인을 고찰하면 다음과 같다(윤은종, 2009). ① 내적 요인은 교사교육의 정도나 교사로서의 교직 경력, 교사의 개인차, 교사의 직무에 대한 만족 등이 있으며, ② 외적 요인으로는 학교의 조직구조, 동료교사와의 관계, 의사결정 참여 정도, 교사-학부모와의 관계 등을 들 수 있다.

**표 3-5** 교사 효능감이 높은 교사와 낮은 교사의 특징 비교

| 구분 | 교사 효능감이 높은 교사 | 교사 효능감이 낮은 교사 |
|---|---|---|
| 개인적 성취감 | 보육하는 일을 의미 있게 생각하며 자신이 학생의 학습에 긍정적인 영향을 미친다고 생각한다. | 보육하는 일에 좌절을 느끼며 용기를 잃는다. |

| | | |
|---|---|---|
| 아동보육의 성취에 대한 기대 | 아동이 진보하기를 기대하며 아동들은 대부분 그의 기대를 만족시켜 준다고 느낀다. | 실패를 예상하며 운영에 대한 노력을 기울이지 않고 행동도 부정적이다. |
| 보육에 대한 책임감 | 아동의 보육정도는 자신의 책임이라고 생각하며, 아동들이 실패할 때는 보다 도움이 될만한 보육기술을 검토한다. | 내 자신의 책임보다는 아동 환경, 아동 능력, 태도 등에서 그 원인을 찾는다. |
| 목표 획득 전략 | 자신과 아동들에게 알맞은 목표를 수립하고 성취하기 위한 전략을 점검한다. | 구체적인 목표가 부족하고 알맞은 보육전략을 수립하지 않는다. |
| 긍정적인 정서 | 자신과 아동들에 대해 긍정적으로 생각한다. | 아동보육에 실망과 부정적인 감정을 가지고 있다. |
| 민주적인 의사결정 | 보육계획 시 여러 사람을 포함한다. | 의사결정에 자신만이 결정한다. |
| 아동 통제관 | 자신이 아동들의 보육에 대한 영향력을 갖고 있다고 확신한다. | 보육에 무력감을 느낀다. |
| 교사–아동 공통 목표감 | 자신과 이동들의 공통의 목표들을 성취하기 위하여 아동들과 함께 참여한다고 생각한다. | 아동들의 목표와 관심은 자신들과 반대에 있고 서로 개인적인 관계라고 생각한다. |

• 윤은종(2009). 보육학개론. 서울: 동문사, pp. 408-409.

## 생각해 봅시다

1. 유아교사의 역할을 글과 그림으로 나타내보고 왜 그렇게 역할을 표현했는지 생각해 봅시다.

2. 유아교사가 되었을 때 가장 역할 갈등을 느끼게 될 부분은 무엇인지 생각해 봅시다.

3. 유아교사의 일반적인 역할 중에서 자신이 수행하기에 가장 용이하거나 어려운 것에 대해 생각해 봅시다.

4. 유아교사직을 선택한 이유를 생각해 봅시다.

5. 유아교사가 되기 위해 가장 필요한 자질은 무엇인지 생각해 봅시다.

6. 유치원교사의 핵심 역량 가운데 가장 중요하다고 보는 핵심 역량과 그 이유에 대해 생각해 봅시다.

7. 유아교사가 갖추어야 할 개인적 자질은 무엇이며 어떻게 향상시킬 수 있는지 생각해 봅시다.

CHAPTER 4

# 유아교사의 양성 및 자격

## 학습목표

1. 유아교사 양성 교육과정을 이해할 수 있다.
2. 외국의 유아교사 양성 교육과정을 이해할 수 있다.
3. 유아교사 임용의 개념과 절차를 이해한다.
4. 임용을 위한 면접에 필요한 서류의 종류를 제시할 수 있다.
5. 임용 후 보수 및 복지에 대해 설명할 수 있다.

**Keyword**

• 유아교사의 양성 교육과정 • 외국의 유아교사의 양성 교육과정
• 유치원교사 자격기준 • 임용 • 호봉획정 • 보수 • 수당 • 복지

유아교사 양성과정의 궁극적인 목표는 좋은 교사를 양성하는 것이다. 김병찬(2005)은 현대의 이상적인 교사상으로 인간적으로 대우해 주는 선생님, 박식하고 수업을 잘 이끌어주는 선생님, 사랑이 있는 선생님, 철학이나 신념이 있는 선생님, 리더십이 있는 선생님, 정의감 있고 공평한 선생님을 꼽았다.

따라서 4장에서는 이러한 유아교사를 양성하기 위해서 유아교사의 양성, 유치원교사의 자격, 유아교사의 임용 조건 및 절차, 신규 임용 준비, 임용 후 보수와 복지 등에 대해서 고찰하기로 한다.

## 01 유아교사의 양성

유아교사가 되기 위해서는 교사를 양성하는 기관에서 일정 기간 동안 교사자격 취득조건을 충족하는 교육을 받아야 한다. 이는 유아교사의 직전교육으로 대단히 중요한 프로세스이다. 여기에서는 유아교사 양성 교육과정, 외국의 유아교사의 양성 교육과정 등에 대해서 기술하고자 한다(김규수 외,

2016; 최애경 외, 2016; 박은혜, 2016; 송준석, 2016; 권영례, 2011).

## 1. 유아교사 양성 교육과정

교육인적자원부(현 교육부)는 2006년 11월 '학교 교육력 제고를 위한 교원 양성체제 개선방안'에서 교사 교육과정의 편성기준을 강화하고 교사 자격 취득 조건을 강화하여 임용체제를 개선하는 등의 방안을 제시하고 있다. 그중에 신규교사의 자질과 능력에 관한 일반 기준은 표 4-1과 같다.

**표 4-1** 신규교사의 자질과 능력에 관한 일반 기준

| 구분 | 기준 | 내용 |
|---|---|---|
| 1 | 교사는 학생과 학생의 학습과 발달을 이해한다. | • 교사는 학생의 선행학습, 학습방식, 학습요구를 이해한다.<br>• 교사는 학생의 인지, 사회성, 정서, 신체발달을 이해한다.<br>• 교사는 학생의 개인적 특성과 가정, 사회, 경제, 문화적 환경을 이해한다. |
| 2 | 교사는 교과에 대한 전문지식을 갖는다. | • 교사는 가르치는 교과의 내용을 깊이 이해한다.<br>• 교사는 교과의 기반이 되는 학문의 핵심 개념, 개념들의 관계, 탐구 방식을 이해한다.<br>• 교사는 교과와 기반 학문의 최신 지식을 지속적으로 탐구한다. |
| 3 | 교사는 교과, 학생, 교육상황에 적절한 교육과정을 개발 · 운영한다. | • 교사는 국가수준의 교육과정을 이해한다.<br>• 교사는 국가 교육과정을 학생과 교육상황에 적합하게 재구성한다.<br>• 교사는 교육과정 자료 연구 및 개발에 노력을 기울인다. |
| 4 | 교사는 수업을 효과적으로 계획하여 운영한다. | • 교사는 교육목표, 교과, 학생에게 적합한 수업을 계획한다.<br>• 교사는 다양한 수업방법, 활동, 자료, 매체를 활용하여 수업을 효과적으로 운영한다.<br>• 교사는 교과에 대한 학생의 학습요구를 진단하고 적절한 지원을 제공한다. |
| 5 | 교사는 학생의 학습을 적극적으로 지원한다. | • 교사는 평가목적과 내용에 적절한 다양한 평가방법을 활용한다.<br>• 교사는 평가결과에 대한 타당성을 분석하고 효과적으로 의사소통한다.<br>• 교사는 평가결과를 학생의 학습지원과 수업개선에 활용한다. |
| 6 | 교사는 학습을 지원하는 환경과 문화를 조성한다. | • 교사는 학생의 자율적 문제해결과 의사결정을 지원한다.<br>• 교사는 민주적으로 학급을 관리하고 운영한다. |

| | | |
|---|---|---|
| | | • 교사는 서로 존중하고 신뢰하는 학교문화를 조성한다. |
| 7 | 교사는 교육 공동체 구성원들과 협력관계를 구축한다. | • 교사는 교육의 사회, 문화, 정치, 경제적 맥락을 이해한다.<br>• 교사는 교육공동체 구성원들과 효과적으로 의사소통한다.<br>• 교사는 교육공동체 구성원들의 참여와 협력을 유도하고 유지한다. |
| 8 | 교사는 전문성 개발을 위해 끊임없이 노력한다. | • 교사는 자신의 교육실천을 연구하고 향상시킨다.<br>• 교사는 교내 · 외 연수 프로그램과 활동에 적극 참여한다.<br>• 교사는 현실에 안주하지 않고 평생 학습하고 노력한다. |

현재 교원자격검정 시행규칙 제12조 관련 발표 3(2012)에 의하면, 자격증을 취득하기 위하여 교과교육 8학점을 포함한 전공 50학점, 교육실습 4학점을 포함한 교직과목 22학점(7과목 이상)을 이수하여야 한다. 무시험 자격 검정을 위한 이수 교과목 규정은 표 4-2와 같다.

**표 4-2** 유치원교사 무시험 자격 검정을 위한 이수 교과목

| 구분 | 2009~2012 학년도 입학생(2010~2013학년도 교직과정이수예정자 선발생) | 2013학년도 이후 입학생 (2014학년도 이후 교직과정이수예정자 선발생) | 교과목 | 비고 |
|---|---|---|---|---|
| 전공과목 | 50학점 이상(전공기초 교과목 제외) | | | 변동 없음 |
| | ① 기본 이수과목(또는 분야) 21학점 (7과목) 이상 포함 | | 유아교육론, 유아교육과정, 영유아발달과 교육, 유아언어교육, 유아사회교육, 유아과학교육, 유아수학교육, 유아미술교육, 유아음악교육, 유아교사론, 유아동작교육, 유아놀이지도, 유아교육기관운영관리, 아동복지, 유아건강, 유아관찰 및 실습, 부모교육 | |
| | ② 교과교육 영역 8학점(3과목) 이상 | | 교과교육론, 교과교재연구 및 지도 | |

| | | | | |
|---|---|---|---|---|
| | 포함 | | 법, 논리 및 논술에 관한 교육, 기타 교과교육 영역 | |
| 교직과목 | 22학점(11과목) 이상 | | | 교직이론 2학점 하향 조정<br>교직소양 2학점 상향 조정("학교폭력의 예방 및 대책" 교과목 추가) |
| | ① 교직이론 14학점 이상 (7과목 이상) | ① 교직이론 12학점 이상 (6과목 이상) | 교육학개론, 교육철학 및 교육사, 교육과정, 교육평가, 교육방법 및 교육공학, 교육심리, 교육사회, 교육행정 및 교육경영, 생활지도 및 상담, 그 밖의 교직이론에 관한 과목 | |
| | ② 교직소양 4학점 이상 | ② 교직소양 6학점 이상 | • 특수교육학개론(2학점 이상)<br>• 교직실무(2학점 이상)<br>• 학교폭력의 예방 및 대책: 학교폭력의 이해, 학교폭력의 예방, 학교폭력의 대처방안 등 학교현장에서 활용 가능한 실제적인 내용을 중심으로 운영 | |
| | ③ 교육실습 4학점 이상 | ③ 교육실습 4학점 이상 | • 학교현장실습(2학점 이상)<br>• 교육봉사활동(2학점 이내 포함 가능) | |
| 성적제한 | 졸업전체 평균성적 75/100점(1.85/4.3점) 이상 | 전공과목 평균 75/100(1.85/4.3)점 교직과목 평균 80/100(2.35/4.3) | | |
| 교직적성인성검사 | 적격판정 1회 이상(2013년 2월 졸업자 제외)<br>• 2008년 이전 입학생도 2013년 3월 현재 재학 중인 학생은 모두 적격판정 1회 이상을 취득하여야 함 | 적격 판정 2회 이상 | | 기준 신설 및 기존 재학생 적용<br>• 교직과정, 편입학, 재입학, 전과의 경우 선발과정에서 교직인적성검사를 실시할 경우 1회 실시한 것으로 인정 가능 (신입학의 경우는 제외) |

• 자료: 교육과학기술부(2012). 교원자격검정 실무편람,「교원자격 관련 법령개정 사항 안내」(교과부 교원정책과-14128호(2012. 11.22)공문),「교원자격검정 관련 법령개정에 따른 추가 안내」(교과부 교원정책과-14684호(2012. 12.3)공문)를 근거로 재구성함.

예비 유아교사 양성과정에서 가르치는 지식을 대학의 교육과정을 중심으로 고찰하면 교양영역, 교직영역, 전공영역으로 구분된다(박은혜, 2016: 112-124; 송준석, 2016: 103-105; 최애경 외, 2016: 47-52; 권영례, 2011: 174-185).

### 1) 교양영역

우리나라 대학 교육과정에 일반 교양 과목이 포함된 것은 해방 이후 미군정 하에서이다. 법제적, 정치적, 중앙집권적 대학 통제 정책에 따라 달라진 대학의 교육과정은 교양 과목의 학점 비율을 30%로 정해 놓은 1950년 이래 현재에 이르기까지 비교적 일관되게 지켜 오다가 국책 과목이 폐지된 이후 학교별로 다양하게 운영하고 있다. 각 대학에서 운영하고 있는 교양 과목의 종류는 대학에 따라 조금씩 차이가 있으나 필수로 이수하여야 하는 교양필수와 자유로이 선택할 수 있는 교양선택으로 구분될 수 있다(박은혜, 2016).

유아교사가 가진 인격, 가치관, 태도 등 그 자체가 유아들의 조화로운 인격체 형성에 영향을 미치고, 교양영역의 지식과 경험이 교직의 실천적 지식 함양에 바탕이 되므로 예비유아교사는 교양 과목을 통해 인문사회, 과학기술, 예술 등의 다양한 분야에 대한 교양지식을 기르는 데 힘써야 할 것이다(최애경 외, 2016).

특히 유아교사는 유아들에게 일상생활 속에서 다양한 지식과 경험을 전달하는 역할을 하기 때문에 교양 과목을 통해 여러 분야에 대해 정확하고 해박한 지식을 갖는다는 것은 매우 중요한 것이다. 예비교사들이 교양과정을 이수함으로써 획득하는 능력을 제시하면 다음과 같다(Quisenberry & Patridge, 1993; 이은화 외, 1995).

① 책, 신문, 잡지 등 다양한 출판물을 읽고, 분석하고, 종합하며, 평가할 수 있는 능력, ② 여러 계층의 사람들과 의사소통을 할 수 있는 능력, ③ 자신의 경험이나 새롭게 배운 정보에 대하여 반성적인 사고를 할 수 있는 능력, ④ 문학작품을 이해하고 감상할 수 있는 능력, ⑤ 건강의 중요성을 인식

하고 건강한 생활을 영위할 수 있는 능력, ⑥ 수학적 기술을 바르게 사용하고 논리 수학적으로 사고할 수 있는 능력, ⑦ 생물, 물리, 지구과학을 바르게 이해하는 능력, ⑧ 인간생활에 영향을 미치는 사회 및 정치적 힘을 바르게 파악하고 이해하는 능력, ⑨ 세계 여러 나라의 다양한 문화와 독특한 풍습을 이해하고 존중하는 능력, ⑩ 다양한 장르의 예술작품을 이해하고 감상할 수 있는 능력, ⑪ 첨단 기술이나 도구, 매체 등을 이해하고 바르게 사용할 수 있는 능력, ⑫ 국가 발전을 주도할 지성인으로서의 자질과 능력, ⑬ 유아교사는 유아들에게 생활환경 속에서 다양한 지식과 경험을 직간접적으로 소개하는 역할을 하므로, 교양 과목을 통해 여러 분야에 대해 정확하고 해박한 지식을 소유할 능력, ⑭ 교양 과목을 이수함으로써 유아교사가 가지고 있어야 할 기술이나 태도 등을 형성하는 데 필요한 기초 능력을 구비하기 등이다.

### 2) 교직영역

교직영역은 교육현장에 대한 이론적인 이해와 교사로서 갖추어야 할 실무 능력을 배양하기 위한 것이다(임부연 외, 2014). 예비교사로 하여금 교직에 관한 이론 및 실제적 지식과 경험을 바탕으로 교육 전반에 대한 올바른 교육관과 가치관을 정립하고, 지속적으로 탐구하여 직무 수행에 필요한 능력을 향상시켜 준다. 이러한 목적으로 교육부에서는 유치원교사(2급) 시험 무시험 자격검증을 위한 교직과목과 학점의 세부기준을 제시하고 있다(표 4-2 참조).

### 3) 전공영역

전공영역은 유아교육 전문인으로서의 역할을 수행하기 위해 예비유아교사들이 전공에 대한 철학에서부터 교과교육, 실천적 지식에 이르기까지 다양한 지식을 구성할 수 있는 과목들로 구성된다. 전공과목은 각 학문의 영역에 관한 교과내용과 이를 학습자의 특성에 맞게 교육할 수 있는 방법을 배우는 교과교육이 있다. 유아교사는 유아들에게 의미 있는 교육활동을 실행하고, 유아의 지식 확장과 개념발달을 지원하기 위해 전공영역에 대한 지식을 익히는 것이 필요하다. 전공영역은 유아발달과 학습에 관한 영역, 유아교육과정 운영 및 교수-학습과정에 관한 영역, 유아교육의 역사, 철학 및 사회 기초에 관한 영역, 유아교사의 전문성과 관련된 영역 등으로 구분해서 고찰하기로 한다(박은혜, 2016; 최애경 외, 2016; 문혁준 외, 2016).

첫째, 유아발달과 학습에 관한 영역이다. 유아교사 양성과정에서 발달에 관한 내용이 포함되어야 하는 이유는 ① 다양한 연령의 유아발달을 이해할 수 있다. ② 발달은 제 원인에 의해 다양한 양상으로, 개인차를 가지고 일어날 수 있음을 이해해야 한다. ③ 발달 과정의 변화를 이해해야 한다. ④ 발달에 영향을 끼치는 환경의 영향을 이해해야 한다. ⑤ 발달의 여러 측면들이 서로 상호작용하며 발달한다는 사실을 이해해야 한다. 따라서 피터스와 클린징(Peters & Klinzing, 1990)은 교사양성 교육과정에 인간의 성장 및 발달을 다루고 있는 과목, 각 발달시기별 유아의 특성을 구체적으로 다루는 과목, 발달적으로 지체를 가진 유아에 대한 과목이 포함되어야 하며, 각 과목은 강의와 현장을 연계하여 실제 사례를 많이 접하고 경험할 수 있도록 구성하여야 한다고 주장하였다. 영유아의 발달 및 학습에 관한 지식을 습득할 수 있는 유아발달에 관한 교과목은 대부분의 대학에서 필수적으로 개설되어 있다.

둘째, 유아교육과정 운영 및 교수-학습과정에 관한 영역이다. 유아교사들은 유아교육과정의 운영, 유아를 위한 각 교과영역의 지도와 같은 과목들을 통하여 유아들을 위한 교육활동을 계획하고 효과적인 지도방법을 선택하는 데 필요한 지식과 기술 및 태도를 학습하게 된다. 유능한 교사에 관한 연구들은 대학에서 학습한 내용을 유아교육 현장에서 적용하여 사용할 수 있는 실천적 지식의 형성이 중요하다는 것을 강조하고 있다. 따라서 이 영역의 과목들은 유아교사로서의 역할을 수행하는 데 필요한 기본 이론과 원리를 토대로 현장에서 필요로 하는 실천적 지식을 형성해 낼 수 있는 능력을 길러주는 방향으로 운영될 필요가 있다. 유아교육은 정규 학교체제 안에 포함되지 않고 유아들의 특성상 결과보다는 과정을 중요시 한다. 아울러 유아들의 발달에 비추어볼 때 교과의 내용이 특별히 강조되지도 않는다. 이러한 유아교육의 특징으로 인하여 교사교육에서도 교과내용 그 자체보다는 이를 어떻게 가르칠 것인가의 문제를 더 강조하는 경향이 있다. 과목마다 일부 차이가 있지만 유아들을 가르치는 데 있어서 가장 기본적인 교수 원리는 유사하다. 전공을 배우는 학생들의 입장에서는 교과교육 과목의 내용 범위가 모호하거나 충분히 다루어지지 않는 반면, 그 방법적인 측면에서는 지나치게 중복되는 경향이 있다. 거의 모든 대학에서 유아교육과정의 기본적인 이론을 다루는 '유아교육과정'과 교수-학습의 핵심이 되는 '놀이 이론'을 개설하고 있으며, 언어, 문학, 수학, 사회, 과학, 음악, 미술 등의 교과에 관련되는 과목은 대학의 특성에 따라 독립된 과목으로 운영되거나 수·과학, 음율, 언어와 문학 등과 같이 두 과목씩 통합하여 개설되기도 한다.

셋째, 유아교육의 역사, 철학 및 사회 기초에 관한 영역이다. 유아의 학습과 발달은 자신이 속한 사회 및 문화적 맥락과 밀접한 관계가 있다는 최근 사회구성주의 이론에 비추어 볼 때 유아교사들의 교육과 사회현상에 대한 이해는 강조되어야 한다. 교사양성 교육과정은 사회, 국가 및 세계의 변화에 유기적으로 대처해 나가야 하기 때문에 교사들은 현재의 사회적 현상이 나타나게 된 역사적 배경을 검토할 뿐만 아니라 현재 혹은 가까운 미래에 발생할 다양한 사회적인 변화를 읽을 수 있는 능력도 필요하다. 일반적으로 이러한 지식은 '유아교육개론'이나 '유아교육사상' 등에서 다루어질 수 있는데, '유아교육개론'은 모든 대학에서 개설하고 있으며 많은 경우에 필수로 지정하기도 하는 등 그 중요성을 인정하고 있다. 반면 '유아교육사상'은 일부 대학에서만 개설되고 있다. 아주 드물게 '유아교육사회학'이나 '아동교육과 문화', '유아교육의 역사와 미래' 같은 과목이 개설되기도 하지만 교사나 교사, 교육자 모두 교육의 현상 및 역사·철학을 교과에 포함시키는 것에 대해서는 소극적이다(배소연, 2002).

넷째, 유아교사의 전문성과 관련된 영역이다. 유아교사가 되기 위해서는

'유아교사로서의 사명감 및 전문성에 대한 이해'가 필요하다. 유아교사로서의 전문성은 전문성 자체를 이해하는 것과 교사 자신이나 유아, 교육과정을 평가할 수 있는 능력 그리고 다양한 집단과 의사소통할 수 있는 능력 등을 포함한다. 유아교사로서의 전문성에 대한 이해는 대개 '유아교사론'에서 많이 다루고 있고, 평가나 연구관련 능력은 '유아평가', '유아연구방법' 등의 과목에서 다루지만 실제로 개설되는 빈도는 그리 높지 않다. 유아교사의 의사소통은 유아, 부모, 동료교사와의 관계에서 매우 핵심적인 능력임에도 불구하고 독립적으로 이를 다루는 과목은 아직 없다. 다만 유아와의 의사소통 기술은 '유아생활지도'에서, 부모와의 의사소통은 '부모교육'에서 그리고 동료와의 의사소통은 '유아교사론'에서 부분적으로 다루고 있다. 동료 및 상급자와의 관계는 기관의 풍토, 교사의 직무 만족도 및 이직률에 많은 영향을 미친다. 아울러 신규교사의 경우 기관에의 적응을 위하여 사회적인 지지체계가 필요하다. 이 체계를 형성 및 유지하기 위해서는 인간관계의 기술 및 의사소통 기술이 주요 요인이라 볼 때 직전교육에서 이를 교육과정의 내용에 반영하는 것이 필요하다고 본다.

## 2. 외국의 영유아교사의 양성 교육과정

외국에서도 영유아교사에 대한 자격이 점차 강화되고 있는 추세이다. OECD를 비롯한 선진국에서는 유치원교사의 교육연한을 평균 3.5년 이상으로 규정하고 있으며, 국공립유치원교사의 경우 4년 학사학위 소지자로 규정하고 있다(김영옥 외, 2013). 최근 국제표준분류(ISCED: International Standard Classification of Education)에서 제시하고 있는 교육단계 중 유아교사의 학력을 5단계 수준에서 요구하고 있으며, 교직을 이수한 교사로 규정되어 있다(박은혜 · 신은수, 2012). 세계 여러 나라의 유아교육기관 유형별 교사 학력 수준을 제시하면 표 4-3과 같다.

**표 4-3** 세계 여러 나라의 유아교육기관 유형별 교사 학력 수준

| ISCED 단계 | 보육시설 | 유아학교 |
|---|---|---|
| ISCED 3단계 | 네덜란드, 노르웨이, 뉴질랜드, 독일, 벨기에(프랑스령), 벨기에(플레미쉬령), 스웨덴, 슬로바키아공화국, 슬로베니아, 체코, 폴란드, 핀란드, 한국, 헝가리(총 14개국) | 슬로바키아공화국, 오스트리아, 체코(총 3개국) |
| ISCED 4단계 | | 독일(총 1개국) |
| ISCED 5단계 | 스페인, 영국(스코틀랜드), 이스라엘, 이탈리아, 일본(총 5개국) | 뉴질랜드, 멕시코, 미국, 아일랜드, 이스라엘, 일본, 한국, 호주(총 8개국) |
| ISCED 6단계 | 프랑스(총 1개국) | 네덜란드, 노르웨이, 룩셈부르크, 벨기에(프랑스령), 벨기에(플레미쉬령), 스웨덴, 스페인, 슬로베니아, 에스토니아, 영국(스코틀랜드), 이탈리아, 터키, 폴란드, 핀란드, 헝가리(총 15개국) |
| ISCED 7단계 | | 포르투칼, 프랑스(총 2개국) |

• 자료: 신은수 · 박은혜(2012). 2100 국제표준교육분류(ISCED)에 의한 유아교육단계의 교원제도 분석, p. 72.

그동안 우리나라도 유치원교사와 보육교사의 질 제고를 위해 노력해 왔다. 교육부는 유아교육 선진화 추진계획과 유아교육발전 5개년 계획에서 유치원교사 양성과정의 교육연한을 4년 학사학위로 제시하였으며, 보건복지부 또한 2014년부터 보다 강화된 보육교사 영성교육과정을 적용하고자 하였다. 이러한 정책적 실행이 유아교사의 질적 수준을 향상시키는 데 기여할 것으로 보인다. 외국의 유아교사 양성과정을 제시하면 표 4-4와 같다.

**표 4-4** 외국의 유아교사 양성과정

| 국가 | 주 교직원 유형 | 양성과정 | 대상연령 | 주 근무지 | 현직교육 |
|---|---|---|---|---|---|
| 호주 | 교사 | 3 · 4년제 대학 | 0~6 | 유아학교, 유치원 | 교사-연중 |
| | 보육교사 | 2 · 3년제 대학 | 0~5 | 종일제보육시설 | 보육-일부 서비스에 제한됨 |
| 캐나다 | 교사 | 4년제 대학 | 0~5/ | 유치원, | 유치원교사들 |

| | | | 5~10 | 유아학교/초등학교 | 에게 제공됨 |
|---|---|---|---|---|---|
| | 영유아교육자 | 2년제 대학 유아교육전공 혹은 유아교육 관련 1년 과정 | 0~12 | 보육시설, 탁아소, 유아학교 | |
| 프랑스 | 유아교사 | 4년제 대학+2년 교사양성기관 | 2~6 | 유아학교 | |
| | 보육전문가 | 보육전문가 양성학교 3년 과정이나 간호사/사회복지사 자격+보육전문가 양성학교 1년 과정 | 0~6 | 영유아 보육시설 | |
| | 영유아 보육사 | 2년 교육과정 (전문양성학교)+15개월 실습 | 0~6 | 영유아 보육시설 | |
| 독일 | 유치원교사 | 입학 전 1년 사전실습+3년 교육과정 (2년 전문교육+1년 현장실습) | 3~6 | 유치원, Hort | |
| | 보육교사 | 2년제 중등학교 (직업전문학교)+1년 수련과정 | 0~6 | Krippe (영아보육시설), Hort, 유치원 | |
| 스웨덴 | 유아학교 교사, 여가학교 교사 및 초등학교 교사 | 3, 5년간 대학교육, 전문교육 | 1~7 | 유아학교, 개방형 유아학교, 취학전 학급 및 초등학교 다학제팀 | |
| | 보조인력 | 2년제 중등직업학교 | | | |
| 영국 | 자격교사–유사한 자격을 가진 보육교사 포함 | 4년제 대학 | 3~11 | 3~5세 아동을 위한 유아학급과 초등예비학교 | 교사들에 대한 정기교육 |
| | 보조교사 | 3수준(직업훈련과정에 해당) | 0~5 | 아동보육시설, 유아학급, 초등예비학급 | 정기교육이 제한적임 |
| 미국 | 공립학교교사 | 4년제 대학 | 4~8 | 공립학교 | 대부분의 주가 연간 일정 시간의 교육을 요구함 |
| | 헤드스타트교사 | 2013년까지 모든 헤드스타트 교사는 2년제 대학 (이 중 50% 이상은 4년제 대학) | 0~5 | 헤드스타트 | |
| | 보육인력 | 각 주마다 다름 대학/훈련기관에서 과목이수 | 0~5 | 보육시설 | |

| 일본 | 유치원교사 | 대학 | 3~5 | 유치원 | |
|---|---|---|---|---|---|
| | 보육사 | 대학, 단기대학, 전수학교 등에서 보육사 양성과정 | 0~5 | 보육소 | |

• 자료: 김은영 · 도남희 · 조은경 · 조혜주(2011). 육아지원서비스 질 제고를 위한 인력 운영 개선 방안. 서울: 육아정책연구소.

외국의 영유아교사 양성 교육과정을 좀 더 구체적으로 미국, 영국, 프랑스, 스웨덴과 핀란드, 일본 등으로 구분하여 기술하고자 한다.

### 1) 미국

미국의 교사 양성기관은 입학 기준, 프로그램, 교사자격 체제, 자격증 유효기관과 갱신 조건 등이 주마다 매우 다르다. 하지만 미국의 영유아교사 양성제도는 세 가지로 구분할 수 있다. 대학의 양성과정, 준학사 학위, 전문단체가 주는 자격증으로 고찰하고자 한다.

첫째, 대학의 양성과정은 4년제뿐만 아니라 5~6년제 양성제도도 있으며, 약 1,400여 개의 교사 양성대학이 있다. 이는 각 주의 교육관련법에 교원의 자격 기준을 정하고, 대학으로 하여금 이 기준에 따라 교사를 양성하도록 하고 있다. 미국의 48개 주에서는 교사양성에 대한 승인제도(approved program route)를 실시하고 있다. 이 제도는 주정부가 제시하는 요건을 충족시킨다고 판단되는 대학의 양성과정을 이수한 자에게 교사자격증을 수여하는 것이다. 각 주마다 자격증은 다르지만, 0~8세까지의 아동을 가르칠 수 있는 교사, 유치원~6학년, 유아원~3학년까지의 아동을 가르칠 수 있는 교사 등 양성기관에 따라 유치원교사의 교육대상에 대한 규정을 달리하고 있다. 교사 양성기관의 프로그램은 보통 4년제 학사학위 프로그램의 이수를 교사자격의 최소한의 조건으로 삼고 있다. 이러한 조건 외에도 주마다 시험과 학점, 교육 경험 등을 자격 기준으로 정하는 주도 있다. 유아교사 자격증을 위해 시험을 요구하지 않는 주는 총 8개 주뿐이고, 나머지는 다양한 시험을 요구하고 있는데, 읽기시험을 요구하는 곳은 32개 주, 쓰기를 요구하는 주는 31개 주이다(김은영, 1999).

둘째, 준학사 학위이다. 2년제 대학(community college)들이 보조교사나 아동양육 보조 등의 자격을 주는 직업교육으로서의 양성과정을 제공하고 있다. 많은 주들은 교사가 되기 전에 의무적으로 실시해야 하는 훈련과정을 제시하고 있으며, 직업교육 프로그램의 모든 자격증을 위한 직전훈련을 실시하고 있다.

셋째, 전문단체가 주는 자격증이다. 이는 국가수준의 전문단체인 아동발달협회의 국가자격증 프로그램(Child Development Associate National Credentialing Program)을 성공적으로 이수한 사람에게 자격증을 수여하는 것이다. CDA 프로그램은 1971년에 시작하여 기관중심 유아원, 기관중심 영유아 프로그램, 가정탁아, 가정 방문자 프로그램, 이중 언어 프로그램에 종사하는 보육자의 기술을 증진하고 평가하며, 이들을 위한 자격증을 제공하고 있다. 이 프로그램은 유아교육전문가협의회(Council for Early Childhood Professional Recognition)에 의해 운영되고 있다. CDA 자격증을 위한 프로그램 신청은 18세 이상으로 고등학교 졸업장이 있는 사람이어야 한다. 이 자격증을 얻기 위하여 5년 동안 아동과의 경험이 480시간 이상 되어야 하고, 아동보육에 대한 형식적 훈련과 교육을 120시간 받아야 한다. 과정은 현장학습, 교육과정 및 평가로 이루어지며, 이러한 세 가지 단계가 끝나면 지원자가 CDA 프로그램의 모든 측면을 성공적으로 완성했는가의 여부를 결정하기 위하여 유아교육전문가협의회로 결과가 보내진다. 미국에서는 주의 규정에 따라 발급기관에서 자격증을 발급하는데 반해, 임용은 각 주의 교육법에 따라 교사자격증을 소지한 자 중에서 학교별로 채용공고를 내고 각 학교장이 면접을 하여 지역교육위원회의 의견을 들어 임용한다.

미국에는 주 혹은 연방 수준의 종사자 자격 요건에 대해 합의된 체제가 없고, 종사자 인가를 위한 합의된 절차도 없다. 그러나 미국의 보육교사 자격은 일종의 민간자격이다. 보육시설의 형태나 대상이 일정하지 않으며, 주정부에 따라 자격기준이 다르지만 주로 2년제 전문대학 또는 양성과정을 수료하여 자격증을 구비하여야 하며, 주에 따라서는 1년간의 특정 연수 프로그램을 이수한 경우에도 인정해 준다. 보육교사의 자격 기준도 주마다 다른데, 현재 미국의 전체 50개 주 중에서 절반에 해당하는 24개 주만이 보육교사에게 자격증을 요구하고 있다. 보육교사를 위한 교육기간의 연장을 강조하지만 정책 실현을 위한 제도적 장치는 아직 미흡한 편이며, 낮은 사회적 지위와 보수 조건으로 인해 이직률이 높은 편이다.

그리고 미국 메릴랜드 대학(University of Maryland)의 유아교사 양성교육은 사범대학의 인간발달학과(Department of Human Development/Institute for Child Study: EDHD)에서 유아교육을 주전공으로 하여 유아교사 자격증을 취득할 수 있는 과정으로 운영되며(유아교사 자격증 취득은 시험을 통과하여야 함), 부전공으로 인간발달을 이수할 수 있도록 하고 있다. 유아교사 양성교육의 목표는 유아교육에 대한 지식과 기능을 갖춘 반성적 실천가를 양성하는 데 있으며, 양성 교육과정은 이러한 목적과 국가 자격 기준을 토대로 하여 아동발달, 교과내용 강좌, 체계적인 관찰, 질적으로 우수한 기관에서의 실습, 부속 유아교육기관과의 연계 등으로 구성되고, 가정과 지역사회의 중요성을 강조하고 있다.

메릴랜드 대학의 교육과정 편성 현황은 표 4-5와 같다.

표 4-5 메릴랜드 대학의 교육과정 편성 현황

| 1, 2학년 | 3학년 1학기 | 3학년 2학기 | 4학년 1학기 | 4학년 2학기 |
|---|---|---|---|---|
| 과목 | | | | |
| 유아교육개론<br>(유아교육의 기초)<br>(3학점) | 유아기 사회적<br>능력(3학점) | 문화와 지역사회에<br>대한 관점(3학점) | 유아교육과정과<br>통합(3학점) | 읽기평가(3학점) |

| 학습자를 위한 멀티미디어의 활용(3학점) | 언어발달과 읽기 학습(3학점) | 유치원에서의 읽기 1(3학점) | 아동연구(2학점) | |
|---|---|---|---|---|
| 유아문학(3학점) | 인간발달과 학습(3학점) | 유아기 창의적 경험(3학점) | 유아과학교육(과학자로서 유아)(2학점) | |
| 유아교수-학습론(3학점) | 교양(기초)필수(3학점) | 인간발달과 학습(3학점) | 유아수학교육(수학자로서 유아)(3학점) | |
| | | 특수교육개론(3학점) | 유치원에서의 읽기 2(3학점) | |
| | | | 효과적인 학급운영(3학점) | |
| 실습 경험 | | | | |
| 1주일에 1일 부속 유아교육기관 참여 | 영아(infants and toddlers)에 대한 세부적인 관찰 | 유치원과 헤드스타트 프로그램에서 실습: 매주 2일+지속적인 1주일 | 1년간 인턴십 AK-3 기간에서 매주 2일+지속적인 2주간 | 1년간 인턴십 BK-3기관에서 교육실습: 12주간 지속 1회, pre-K에서 4주간 지속 1회 |
| 학점 | | | | |
| 12 | 15 | 15 | 16 | 15 |

• 자료: 김규수 · 임승렬(2016). 교사의 전문성 발달을 위한 영유아교사론. 경기: 공동체. p. 112.

### 2) 영국

전통적으로 영국에서의 교사교육은 각 대학의 특성에 맞게 개별적인 차원에서 이루어져 왔다. 영국에서 유아를 교육하는 교원은 그 제도와 마찬가지로 유아교사와 보육교사가 분리되어 양성된다. 보육시설 종사자들은 훈련이 아주 제한되어 있거나 거의 없으며, 유아교육기관 종사자들에게는 일정한 자격이 요구되기는 하지만 이것도 역시 그 기준이 매우 다양하다. 공립학교에서 3~5세 유아를 담당하는 교사들에게는 정식 자격증이 요구되기도 하지만, 사립 유아원에 종사하는 사람들에게는 자격증을 반드시 요구하는 것은 아니다. 특히 놀이집단 지도자는 200시간의 연수만 받으면 된다.

또한 영국에서 일반적으로 교사가 되는 경로는 ① 교육대학에서 3년 과정을 이수하고 보통교육학사(ordinary bachelor of education)를 취득하거나, 4년을 이수하고 상급교육학사(honours bachelors of education)를 취득하는 것이다. ② 종합대학에서 3년간 다른 학문분야로 학사학위를 취득한 경우에는 종합대학의 교육학부 대학원과정에서 1년간 교직과정을 이수하고 교육대학원 과정수료증(PGCE: post graduate certification education)을 취득하여 교사가 된다. ③ 비정규과정은 우선 4년제 대학을 졸업한 경우에는 시간제로 18개월 동안 학사학위 후 과정에서 교육받을 수 있다. 2년제 대학을 졸업한 경우에는 시간제로 원격교육을 받거나 2년제 전환학위(conversion postgraduate)과정에 등록하여 계속적인 교사교육을 받을 수 있다. 그 밖에 학교중심 양성과정(SCITT: school centered initial teacher training)에서 교육을 받는 방법도 있다. 이상에서 설명한 과정 중 교사를 가장 많이 배출하는 과정은 4년제 학사학위 후 1년 동안 교육을 받는 과정(PGCE)으로 이 과정은 석사학위와는 별도로 교사자격을 위한 특별과정으로 운영된다.

영국의 보육교사 양성과정을 위한 교육은 매우 제한적이다. 대부분의 공립과 민간 보육시설의 보육교사들은 영유아보육위원회(Nursery Nurse Examination Board)에서 주관하는 시험을 거쳐 자격을 갖게 되는데, 이 과정은 2년제로 입학자격에 제한이 없고 16세 이상이면 누구나 지원이 가능하다. 이 과정의 학생들은 병원, 보육시설, 가정보육, 교육기관 그리고 가정 등의 다양한 상황에서 0~8세까지의 영유아를 보육하도록 훈련을 받으며, 총 이수시간의 40%에 해당하는 실습을 하게 된다. 한편 전문학사학위(Bachelor of Tech)과정을 통해서도 보육교사가 양성되는데, 이들은 현장에서의 실습기간은 더 짧지만 학문적으로는 더 높은 수준에 도달되기를 기대한다.

### 3) 프랑스

프랑스의 보육교사는 육아전문가(puéicultrice)와 준육아전문가(auxiliaires de puéicultrice) 그리고 유아교사(éducatrice de jeunes enfants)와 아동정원사(jardinière enfants)가 있다.

첫째, 육아전문가(puéicultrice)는 영아 사망률을 예방하기 위해 건강에 관한 지식을 소유한 자로서 어머니 교육을 담당하는 전문가이다. 1947년도에 생긴 국가공인자격증으로 육아전문가 양성학교(Ecole des puéicultrice)에서 3년을 수학하고 시험에 통과하면 자격이 주어진다. 이미 간호사, 사회복지사 자격증을 취득한 자들은 육아전문가학교 교육기간이 1년으로 단축된다(조성신·황상원, 2004). 육아전문가의 역할은 건강교육을 담당하는 교사로서 다양한 환경 내에서 영유아의 건강을 증진·유지·회복시키는 임무를 맡고 있다. 그래서 보육시설에서 육아전문가는 보육환경, 교육, 학보모와의 관계에 질적으로 영향을 미친다.

둘째, 준육아전문가(auxiliaires de puéicultrice)는 1947년 육아전문가 자격 인정이 시작될 때 생겼으며, 보육시설에서 간호사나 육아전문가가 위임한 모성적 돌보기(soin dematernage)를 주로 담당한다. 이들은 특별한 지식을 반드시 요구하지는 않는다. 1년간의 교육을 마친 후 지역의 도지사가 자격을 인정한다.

셋째, 유아교사(éducatrice de jeunes enfants)는 이전에 아동정원사라 불리었다. 1973년부터 유아교사 자격증이 생겼으며, 이로 인해 아동정원사의 역할이 재정의되었다. 또한 유아교사는 개별화된 교육활동을 조직하여 전개하는 역할을 하며 보통 0세에서 7세까지의 발달을 도와준다. 자격 인정을 받기 위한 교육은 27개월 동안 지속되며, 7개 단위의 교육내용과 9개월의 실습으로 진행된다. 7개 단위는 시간 수로 계산하면 1,200시간이며, 교육학과 인간관계(160시간), 표현교육과 교육기술(160시간), 0~7세의 발달에 대한 지식 및 특별교육(240시간), 사회 및 공동체 생활(160시간), 아동건강 및 안전·보건교육 · 보건사회(160시간), 법 · 경제 · 사회(180시간), 직업문화 · 방법론 및 기술(140시간)이 있다. 유아교사 양성과정에서 교육관련 강의가 가장 많은 시간을 차지하고 있다. 교육사조 중에서 신교육운동의 대표적인 인물인 몬테소리, 프레네, 드크롤리, 발롱 등의 이론을 배우고, 돌토, 위니콧, 베틀하임 등 정신분석학자의 이론도 배운다(Chaplain & Custos, 2001: 44~46). 현장에서는 0~2세 영아를 교육하고 있다.

넷째, 아동정원사(jardinière enfants)는 특수교육과와 같은 사회적 활동의 성격을 갖는 분야에서 활동한다. 아동정원사는 3세에서 6~7세를 보육하고 있다.

프랑스의 영유아교사의 범위는 표 4-6과 같다.

**표 4-6** 프랑스 영유아교사의 범위

| 보육교사 범위 | 육아전문가 | 준육아전문가 | 유아교사 |
|---|---|---|---|
| 자격 요건 | 3년의 육아전문가 학교 졸업 | 1년의 교육과정 이수 및 졸업 | 2년 3개월의 특수전문학교 졸업 |
| 자격 인정 방법 | 간호학, 사회복지사 자격을 갖춘 자는 육아전문가학교에 1년만 다니면 육아전문가로 졸업 | 6개의 과목군과 실습과정을 통과한 후, 지역의 도지사가 자격을 인정함 | 아동정원사는 27개월 동안 7개 단위의 이론과목과 9개월의 실습과정을 이수함 |

• 자료: 권영례 외(2011). 영유아교사론. 경기: 양서원, p. 214.

### 4) 스웨덴과 핀란드

스웨덴의 보육관련 종사자는 아동양호교사, 유아교사, 레크레이션 지도사, 가정 탁아모로 구분된다. ① 아동양호교사는 0~6세 아동을 보육하며, 아동양호교사는 고등학교 간호학 교육과정에 개설된 아동양호나 유아교육과정을 이수하여야 한다. 이 과정은 아동간호 및 아동발달에 대한 기초 지식으로 구성되어 있다. 아동양호 교사자격을 획득한 많은 학생이 계속하여 유아교사나 레크레이션 지도자 교육과정을 밟는다. ② 유아교사나 레크레이션 지도사는 고등학교 졸업 후 대학에서 3년 6개월 간의 교육과정을 이수하여야 한다. 한편 ③ 가정 탁아모는 3세 미만을 보육한다. 약 100시간 정도의 아동 양호에 관한 단기교육과정을 이수하면 자격이 주어진다. 현직 보육교사에 대한 재교육은 지방자치단체의 책임이며, 중앙정부는 상당한 재정을 지원하고 있다. 스웨덴은 보육시설 직원의 98%가 보육·교육과 관련한 교육을 받아 노르딕 국가 중에서 특별훈련을 받은 교사의 비중이 가장 높은 국가이다(백선희·서문희, 2004).

이에 반해 핀란드 역시 보육시설과 유아학교, 초등학교 교사의 역할과 자격에 차이를 두고 있는데, 보육교사의 경우 대학(3.5년) 교육을 요구하고 있으나 유아학교 교사는 유아교육 전공이나 초등교사와 같은 석사학위 자격을 요구하고 있어 유초 연계를 강화하고 있다. 핀란드에서의 보육은 보호와 교육을 모두 포괄하고 있으므로 보육교사의 1/3 이상은 교육학 학사나 사회복지 혹은 교육학 석사학위 이상이어야 한다(한국보육교사교육연합회, 2013: 39-40).

스웨덴과 핀란드의 영유아교사 관리체계는 표 4-7과 같다.

표 4-7 스웨덴, 핀란드의 영유아교사 관리체계

| 국가 | 유형 | 근무장소 | 양성과정 |
|---|---|---|---|
| 스웨덴 | 보육(유아)교사 | 보육시설, 개방형 보육시설, 유아학급, 레저타임 센터 | 대학교육(3.5년) |
| | 보조교사 (아동양호교사) | 보육시설(레저타임 센터 근무 불가) | 고등학교(3년)에서 아동 및 레크리에이션 전공 또는 지자체가 운영하는 성인교육기관(1년) 과정 이수 |
| | 가정 탁아모 | 자신의 집 | 공식교육은 받지 않고 지자체가 운영하는 기관에서 일정 기간 훈련을 받음 |
| | 레크리에이션 교사 | 주로 레저타임 센터, 보육시설 | 대학교육(3.5년) |
| 핀란드 | 보육교사와 원장 | 보육시설 | 학사학위(3년) |
| | 보조교사(간호 | 보육시설과 유아학급 | 보건학교나 직업학교 졸업(3년) |

| | | |
|---|---|---|
| 조무사 또는 보모) | | |
| 가정탁아모 | 대개 보육모의 집 | 고용 전 몇 주 동안 훈련과정 이수<br>2005년부터 직업학위 취득이 권장됨 |
| 유아학교 교사 | 유아학교 | 대학에서 유아학교 교육학 또는 초등학교 교사(석사학위자) |
| 사회교육가 | 보육시설 외 다양한 기관<br>(청소년 및 노인관련) | 기술대학(3년)에서 유아교육 과목 최소 55 학점 이수 |

• 자료: 김익균(2013). 보육교사교육원 발전을 위한 새로운 모델 확립 방안 -유보통합과 보육교사교육원의 발전 방안-. 서울: 한국보육교사교육연합회, p. 40.

### 5) 일본

일본에서는 유치원교사와 보육사를 모두 보육자라 부르고 있다. 동일한 교육기관에서 유치원교사 자격증과 보육사 자격증을 동시에 취득할 수 있도록 체계화되어 있다. 특히 최근에 보육의 수요 증대와 양질의 보육을 요구하는 사회적 수요가 반영되어 보육자 양성시설이 4년제 시설로 전환되고 있는 추세이다. 더구나 국공립 보육사의 신분이 각각 교육공무원, 지방자치단체의 행정직 공무원으로 분류되어 신분 보장의 안정성이 보장된다. 보육사의 양성교육기관을 졸업하거나 상대적으로 낮은 단계의 보육사가 승급하는데 국가시험을 거치도록 체계화되어 있어, 보육의 전문성 확보와 질 관리에 힘쓰고 있음을 알 수 있다(김익균, 2013).

일본의 영유아교사 관리체계는 표 4-8와 같다.

**표 4-8** 일본의 영유아교사 관리체계

| 교사 유형 | 종류 | 양성과정 |
|---|---|---|
| 유치원 교사 | 전수 면허장 | 석사학위를 가진 사람이 교과과목(6학점), 교직과목(35학점), 교과 또는 교직과목(34학점) 이상 취득하였을 경우 수여 |
| | 1종 면허장 | 학사학위를 가진 사람이 교과과목(6학점), 교직과목(35학점), 교과 또는 교직과목(10학점) 이상 취득하였을 경우 수여 |
| | 2종 면허장 | 전문학사(전문대졸)를 가진 사람이 교과과목(4학점), 교직과목(35학점), 교과 |

| | | 또는 교직과목(27학점) 이상 취득하였을 경우 수여 |
|---|---|---|
| 보육사 | 양성학교 졸업 | 고등학교 졸업 후 보육사 양성학교(대학, 전문대학, 전수학교, 양성기관 등)에 입학하여 68학점 이상 취득 |
| | 보육사 시험합격 | • 대학에 2년 이상 재학하면서 62학점 이상 취득 또는 고등학교 졸업 후 아동복지시설에서 2년 이상 근무 또는 5년 이상 아동보호에 종사한 사람이 연1회 실시되는 보육사 시험에 합격하여 취득<br>• 시정촌의 장이 실시하는 연수를 수료한 보육사 또는 그 외 후생노동성령에서 정하는 사람으로서 영유아의 보육을 실시하는 데 적당하다고 시정촌의 장이 인정한 사람 |

• 자료: 김익균(2013). 보육교사교육원 발전을 위한 새로운 모델 확립 방안 -유보통합과 보육교사교육원의 발전 방안-. 서울: 한국보육교사교육연합회, p. 41.

그리고 일본의 동경학예대학은 4년제 종합대학으로 초등교원 양성과정 안에 유아교육을 전공하게 되어 있고, 졸업과 동시에 유치원교사 1종 면허증을 취득하게 된다. 학부 기초과목의 교육실습은 교육에 대한 이론적 및 실천적, 기술적인 학습성과의 적용과 검증을 실시하고, 교육의 심화를 목적으로 하여 교원으로서의 자질을 도야하는 과목으로 구성되어 있다. 실습 전 단계에 교직입문이 있으며, 사전 · 사후지도, 기초실습, 응용실습으로 구성되어 있고, 기초 및 전공과목이 필수 또는 선택으로 운영되고 있다.

동경학예대학 유치원교육과정은 표 4-9와 같다.

**표 4-9** 동경학예대학 유치원교육과정

| 구분 | | 과목 | 학점 | |
|---|---|---|---|---|
| 교양 | 공통 | 종합학예 영역 | 8 | 22 |
| | | 건강 및 스포츠 영역 | 2 | |
| | | 어학 영역(종합건강스포츠 · 어학 영역 중에서 선택) | 6 | |
| | | 정보 영역 | 6 | |
| | 프로젝트 학습 | 기초 | 4 | 8 |
| | | 응용 | 4 | |
| 학부기초 | | 교원의 의식 등 | 2 | 40 |
| | | 교육의 기초 이론 | 6 | |

| | | | |
|---|---|---|---|
| | (장애아의 발달 및 학습과정)<br>교육과정 및 지도법에 관한 과목<br>학생지도 및 교육상담<br>종합연습<br>교육실습 | 2<br>18<br>4<br>2<br>6 | |
| 전공 | 교과 및 교직에 관한 과목<br>전공에 관한 과목<br>졸업연구 | 27<br>20<br>4 | 51 |
| 자유선택 | | 8 | 8 |
| 총계 | | 129 | |

• 자료: 김규수 · 임승렬(2016). 교사의 전문성 발달을 위한 영유아교사론. 경기: 공동체. p. 120.

앞에서 OECD 국가를 중심으로 고찰한 바와 같이, 대부분의 국가에서 영유아 보육교육을 담당하는 영유아교사에 대한 전문성을 강화하는 추세임을 알 수 있다. 그리고 영유아 보육업무를 어느 한 부서에서 담당하든 관계없이 영유아교육만을 강조하는 것은 아니며, 보호와 복지, 가족, 아동 지원의 보다 포괄적 개념을 복합적으로 함축하고 있다. 이와 같은 맥락에서 우리나라의 경우도 영유아보육과 교육을 담당하는 교사 자격기준의 강화는 필요하다고 보인다. 하지만 더욱 시급한 것은 대학의 정규과정을 통해 배출된 교사와 여타의 다양한 자격 취득 경로를 통해 배출된 교사 간의 자격의 구분과 승급의 조건 강화 및 역할의 구분이다. 따라서 정규대학의 교육과정을 통해 배출된 보육교사의 경우 유치원교사와의 동일한 자격으로 인정될 필요가 있을 것이다. 자격체계의 세부화 및 강화과정은 보육의 전문성을 획보하는 데 가장 중요한 작업일 것이다(김익균, 2013; 이미정, 2013).

# 02 유치원교사의 자격

유치원에서 근무하기 위해서는 자격증을 소지하고 있어야 한다. 자격은 일정한 신분이나 지위를 가지거나 일정한 일을 하는 데 필요한 조건이나 능력을 말하며, 자격증은 일정한 자격을 인정하여 주는 증서로 볼 수 있다. 여기에서는 유치원교사의 자격에 대해서 고찰하기로 한다.

## 1. 유치원교사의 자격

유치원에는 원장, 원감, 수석교사 및 교사가 포함된 교원과 촉탁의사, 영양사, 간호사 또는 간호조무사, 행정직원 등의 직원이 포함된 교직원을 둘 수 있다. 유치원은 유아교육법 제20조 제1항에 '유치원에서는 교원으로 원장, 원감, 수석교사 및 교사를 두되 대통령령이 정하는 일정 규모 이하의 유치원에는 원감을 두지 아니한다'(법제처, 2013)고 되어 있다. 유치원 교원은 법적인 자격요건에 따라 원장, 원감, 수석교사, 교사(1, 2급) 및 준교사로 나누어진다. 교육과정 운영상 필요한 경우에 강사, 기간제 교사 또는 명예교사 등을 두어 유아교육을 담당 또는 보조하게 할 수 있다.

표 4-10 유치원교사 자격 기준

| 급별 | 자격기준 |
|---|---|
| 정교사 1급 | 1. 유치원 정교사(2급) 자격증을 가진 자로서 3년 이상의 교육경력을 가지고 소정의 재교육을 받은 자<br>2. 유치원 정교사(2급) 자격증을 가지고 교육대학원 또는 교육부장관이 지정하는 대학원의 교육과에서 유치원교육과정을 전공하여 석사학위를 받은 자로 1년 이상의 교육경력이 있는 자 |
| 정교사 2급 | 1. 대학에 설치하는 유아교육과 졸업자<br>2. 대학(전문대학 및 이와 동등 이상의 각종 학교와 「평생교육법」 제31조 제4항에 따른 전문대학 학력인정 평생교육시설을 포함한다) 졸업자로서 재학 중 소정의 보육과 교직학점을 취득한 자 |

| | |
|---|---|
| | 3. 교육대학원 또는 교육부장관이 지정하는 대학원의 교육과에서 유치원교육과정을 전공하고 석사학위를 받은 자<br>4. 유치원 준교사 자격증을 가진 자로 2년 이상의 교육경력을 가지고 소정의 재교육을 받은 자 |
| 준교사 | 유치원 준교사 자격 검정에 합격한 자 |
| 비고 | 원장 · 원감, 초 · 중등교육법의 규정에 의한 교장 · 교감 · 교육장 · 장학관 · 장학사 · 교육연구관 · 교육연구사의 경력연수는 교육경력연수로 볼 수 있다.<br>이 표 중 전문대학에는 종전의 초급대학 · 전문대학 및 실업고등전문학교를 포함한다. |

• 자료: 교육부(2018). 2018년도 교원자격검정실무편람. 교육부.

유치원 정교사 2급 자격증을 취득할 수 있는 방법은 대학에 설치된 유아교육과 졸업, 대학(전문대학 및 이와 동등 이상의 각종학교 포함) 졸업자로서 재학 중 소정의 교직학점을 취득한 경우, 교육대학원 또는 교육부장관이 지정하는 대학원의 교육과에서 유치원교육과정을 전공하고 석사학위를 받는 경우 그리고 유치원 준교사 자격증 소지자로 2년 이상의 교육경력을 가지고 소정의 재교육을 받는 것이다. 유치원교사 자격증 취득은 무시험검정으로 이루어진다.

2018년도 교원자격검정령에 의하면, 교육부장관은 자격검정에 합격한 자에 대하여 교육부장관령이 정하는 교원자격증(이하 "자격증"이라 한다)을 수여하도록 되어 있으며, 그 합격의 기준은 전공과목 50학점 이상, 교직과목 22학점 이상을 취득하고 졸업평점 환산점수가 100분의 75점 이상인 경우이다.

그리고 유치원원장 및 원감 자격기준은 표 4-11과 같다.

**표 4-11** 유치원원장 및 원감 자격 기준

| 급별 | 자격기준 |
|---|---|
| 원장 | 1. 유치원 원감 자격증을 가지고 3년 이상의 교육경력과 소정의 재교육을 받은 자<br>2. 학식 · 덕망이 높은 자로서 대통령령이 정하는 기준에 해당한다고 교육부장관의 인정을 받은 자 |
| 원감 | 1. 유치원 정교사(1급) 자격증을 가지고 3년 이상의 교육경력과 소정의 재교육을 받은 자<br>2. 유치원 정교사(2급) 자격증을 가지고 6년 이상의 교육경력과 소정의 재교육을 받은 자 |

| 비고 | 1. 원장 · 원감, 초 · 중등교육법의 규정에 의한 교장 · 교감, 교육장 · 장학관 · 장학사 · 교육연구관 · 교육연구사의 경력 연수는 교육경력 연수로 볼 수 있다. |
|---|---|

• 자료: 교육부(2018). 2018년도 교원자격검정실무편람. 교육부.

## 03 유아교사의 임용 조건 및 절차

임용이란 특정 지위에 임명하는 것으로서 신규채용, 승진, 승급, 전직, 전보, 겸임, 파견, 강임, 휴직, 직위해제, 정직, 복직, 해임 및 파면을 말한다(공무원 임용령 제2조 제1항). 일정한 자격 요건을 갖춘 사람 가운데서 기관의 업무 수행에 필요한 인원을 선발하여 일정한 일을 하도록 하는 행위는 모두 임용에 해당한다. 임용에서 가장 핵심적인 사항은 선발과 임명이다. 선발이란 자격을 갖춘 후보자들 가운데 최적임자를 선정하는 것을 말하며, 임명이란 선발된 후보자에게 직위를 보하는 것을 말한다. 여기서는 국 · 공립유치원, 사립유치원, 어린이집으로 구분해서 기술하고자 한다(박은혜, 2016: 182-185; 송준석, 2016: 116-118, 문혁준 외, 2016: 236-239; 최애경 외, 2016: 89-91).

### 1. 국 · 공립유치원

교사의 신규채용을 위한 임용고사를 통하여 시 · 도교육청 단위로 실시한다. 교육감은 다음 학년도 교사수급 계획에 따라 예상되는 모집인원을 정하고, 교사의 입시장소 · 방법 · 과목 · 배점비율 · 응시자격 · 원서제출 절차 · 기타 시험실시에 관하여 필요한 사항을 시험시행 20일 전까지 공공하여야 한다(임용시험 후보자 선정경쟁시험규칙 제9조 제2항), 국 · 공립학교의 신규교원임용을 위해 공개전형을 통하여 이루어지고, 사립학교의 교사는 임용의 권한을 사학의 자율에 맡겨 학교경영자가 임용한다. 국 · 공립유치원교사는 교육공무원의 일종으로 국가 공무원의 특례로서 규정된 '교육공무원법'의 적용을 받는다.

국·공립유치원에는 국가에서 설립하여 교육부에서 직접 지도 및 관장하는 국립유치원과 지방자치단체에서 설립·운영하는 공립유치원이 있다. 공립유치원은 크게 단설유치원과 초등학교 병설유치원으로 나뉘는데, 단설유치원은 초등학교와 독립된 전용건물이 있고, 전임원장과 원감이 배치되는 학급 수 5개 이상의 규모를 구비하고 있다. 이에 반해 병설유치원은 초등학교 건물에 유치원이 병행하여 운영되고 있으며, 초등학교 교장이 유치원 원장을 겸임하고 원감도 초등학교 교감이 겸임하고 있다. 모든 국·공립유치원교사는 교육공무원의 일종으로 「교육공무원법」에 근거하여 임용된다. 국·공립유치원교사 선발은 교육공무원법 제11조에 근거한 공개 전형방법에 의하고, 공개전형의 방법을 규정한 교육공무원임용령 제11조 제1항에 근거한 필기시험, 실기시험 및 면접시험 등의 방법에 의한다. 국·공립유치원교사 임용후보자경쟁시험(임용고사)은 시·도교육청이 주관한다. 모집과 선발과정에 의해 선발된 최종 인원은 근무처에 임명된다. 각급학교 교원의 임명권자가 교원을 임면(각급학교의 장으로서 임기완료로 해임된 경우에는 제외한다)한 때에는 임면한 날로부터 7일 이내에 관할청에 보고하여야 한다.

국·공립유치원교사 임용후보자 경쟁시험(임용고시)은 교육공무원 임용후보자 선정경쟁시험규칙에 의거하여 실시된다. 임용고시에 응시할 수 있는 응시대상자는 유치원 준교사 이상의 자격증 소지자 또는 자격증 취득예정자이다. 임용고시는 1, 2차에 걸친 필기시험과 수업실기시험 및 면접시험으로 구성되어 있다. 1차(교직논술, 교육과정, 한국사), 2차(교직적성 심층면접, 교수-학습 과정안 작성, 수업실연) 시험 점수의 합산으로 최종합격자를 결정하는 데, 1차 시험 합격자에 한해 2차 시험에 응시할 수 있는 자격이 있다. 1차 시험과목 중 한국사 시험은 한국사능력검정시험(국사편찬위원회)으로 대체하고, 인증 등급은 3급 이상이다. 한국사능력검정시험은 1년에 4번 이상 시험을 시행하고 있으므로 임용고시를 보기 전에 미리 따두어야 한다. 시험의 운영과 관리는 각 시·도에서 주관하며 면접과 수업실연 시험 등의 내용과 배점은 각 시·도교육청별로 차이가 있다. 1, 2차 시험 총점에 반영하는 취업지원 대상자 가점 등 가산점 역시 각 시·도교육청별 부여대상 및 배점이 다르다.

임용고사제도의 내용을 정리하면 표 4-12와 같다.

**표 4-12** 임용고사 제도의 내용

| 차수 | 내용 | 배점 | 범위 | 비고 | 시간 |
|---|---|---|---|---|---|
| 1차 시험 | 교직논술 | 20(1문항) | 유치원 교직, 교양 전 영역 | 논술형 (원고지 형태 1,200자 이내) | 60분 |
| | 교육과정 | 80(16문항 내외) | 유치원 교육과정 전 영역 | 기입형, 서술형 | 140분 |
| | 한국사 | 한국사능력검정시험으로 대체 | | | |
| 2차 시험 | 교직적성 심층면접 | 각 시도별 40~50 | 교사로서의 적성, 교직관, 인격 및 소양 | 구술형 | 10분 |
| | 교수-학습 과정안 작성 | 각 시도별 10~20 (1문항) | 교과과정의 일정 단원에 대한 교수-학습 과정안 작성 | 서술형 | 20분 |
| | 수업실연, 반성적 성찰 면접(문답형) | 각 시도별 40~50 (1문항) | 교사로서의 학습지도 능력과 의사소통 능력 | 구술형 | 15분 |

• 자료: 서울특별시교육청(2017). 2017학년도 유·초등학교임용시험 표준공고. 서울특별시교육청 공고 제2016-144호.

## 2. 사립유치원

사립유치원교사의 자격 취득은 국·공립유치원교사와 동일 규정(제52조)의 적용을 받지만, 임면에 있어서는 사립학교법의 적용을 받아, 학교 법인 또는 사립학교 경영자에 의해 임면된다. 교사 임면은 학교법인 및 법인인 사립학교경영자가 설치 및 운영하는 유치원은 당해 유치원장의 제청으로 이사회의 의결을 거쳐야 하고, 사립은 사립학교 경영자가 설치 및 경영하는 유치원은 당해 유치원장의 제청에 의하여 행하여야 한다(사립학교법 제53조의 2 제1항).

각급학교의 교원의 임면권자가 교원을 임면(각급학교의 장으로서 임기만료로 해임된 경우는 제외한다)한 때에는 임면한 날부터 7일 이내에 관할청에 보고하여야 한다(사립학교법 제54조).

### 3. 어린이집

영유아보육법(제19조)에 따르면, 어린이집의 원장은 보건복지부령으로 정하는 바에 따라 보육교직원의 임면에 관한 사항을 특별자치도지사 · 시장 · 군수 · 구청장에게 보고하도록 되어 있다. 특별자치도지사 · 시장 · 군수 · 구청장은 보육교직원의 권익 보장과 근로여건 개선을 위하여 보육교직원의 임면과 경력 등에 관한 사항을 관리하여야 한다.

보육교직원의 채용은 공개경쟁을 원칙으로 한다. 보육교직원 채용 시 임금, 근로시간 및 그 밖의 근로조건을 명시한 근로계약을 체결하되, 이 경우 근로계약과 관련하여 부당한 내용(결혼, 출산, 육아휴직 등으로 인한 퇴직 요구 등)이 포함되어서는 아니 되며, 관할 행정기관은 이를 적극 지도 및 감독하여야 한다.

## 04 신규 임용 준비

유능한 교사를 채용한다는 것은 기관뿐만 아니라 부모와 아동들에게 어떤 의미에서는 중요한 요소이다. 이를 위해서 각종 자료를 통해 교사의 채용에 필요한 정보를 구비할 필요가 있다.

첫째, 서류전형이다. 서류를 통해 지원자의 문제점을 파악할 수 있다. 서류전형 단계에서 지원한 원과 맞지 않으면 탈락될 것이다. 탈락되지 않으면 면접으로 이어지게 된다. 전형 서류는 이력서와 자기소개서를 제출하게 되는데 이력서 작성 시 사진은 정장 옷을 입은 단정한 사진으로 부착한다. 성공적인 임용을 위한 이력서와 자기소개서 내용을 살펴보면 표 4-13, 표 4-14와 같다.

**표 4-13** 이력서의 내용

| 구분 | 내용 |
|---|---|
| 인적사항 | • 주소는 통, 반까지 정확히 기록한다.<br>• 호주와의 관계를 호적 관계란에 작성한다(예: 장녀, 삼녀 등). |
| 학력 및 경력사항 | • 일반적으로 고등학교 때부터 기재한다.<br>• 졸업 날짜는 정확히 기재하도록 한다. |
| 특기사항 | • 국가공인자격증, 면허증 발급 사항을 취득인과 발령 기관명을 포함하여 기록한다.<br>• 유아교육 전공 관련 과정 이수나 자격증도 기재한다.<br>• 학부시절 교내외 행사나 대회 수상 경력을 기재한다.<br>• 면접자 자신을 잘 나타낼 수 있는 과외활동을 기재한다. |
| 마무리 | • 성명란에 이름을 정확히 기재한 후, 도장이나 친필로 정확하게 서명 날인한다.<br>• 이력서, 자기소개서, 졸업증명서, 성적증명서 순으로 정리한 다음, 파일이나 봉투에 넣어 제출한다. |

• 자료: 송준석 외(2016). 예비교사를 위한 영유아교사론. 서울: 신정, p. 122.

**표 4-14** 자기소개서의 내용

| 구분 | 내용 |
|---|---|
| 내용 구성 | • 면접자 이해를 돕기 위해 성장과정이나 지원동기 등을 가록한다.<br>• 어떤 경험을 통해 무엇을 배웠는지, 교사로서의 성장과 발전에 도움이 되었던 점은 무엇인지 구체적으로 기록한다. |
| 표현 방법 | • 간결하고 정확한 문체로 기록한다.<br>• 호칭, 존칭어, 종결형 어미 등을 통일하여 내용 전체를 일관성 있게 표현한다.<br>• 솔직하면서도 발전적인 내용으로 표현한다. |
| 마무리 | • 초고 작성 후 문장이나 문단이 매끄럽게 표현되었는지, 오타는 없는지 검토하여 수정한다.<br>• 글자 모양, 글자 크기, 좌우 여백 등을 보기에 적절하고 정돈된 형태로 편집하여 마무리한다. |

• 자료: 송준석 외(2016). 예비교사를 위한 영유아교사론. 서울: 신정, p. 122.

그리고 포트폴리오 작성 시 유의점으로는 다음과 같다(박은혜, 2016). ① 전공 수업 결과물을 포함하여 구성한다. 여기에는 제작한 교구의 사진이나 자료(그림책, CD 등) 및 보고서를 포함한다. ② 교육실습 결과물을 포함하여 구성한다. 일일 교육계획안의 예, 환경 구성 사진, 제작한 교재 및 교구 사진, 교사 자체평가 자료 등을 포함한다. ③ 이력서, 수상경력, 자격증, 성적증명서 등을 포함한다. ④ 기타 자신을 나타낼 수 있는 자료를 포함한다.

둘째, 면접전형 및 인성검사이다(송준석 외, 2016). 서류가 통과하면 성적에 관계없이 최종 임용에 가장 영향을 미치는 것은 면접이다. 면접을 잘하기 위해서는 준비물이 필요하고, 예절바른 태도가 필요하다. 면접과 인성검사는 함께 진행하기도 하는데 인성검사는 구조적인 양식을 통해서도 할 수 있지만 면접을 통해서도 평가할 수도 있다. 면접을 통해 지원자의 철학, 성격, 적응력, 사회적 관계, 가치관, 교육관 등을 파악할 수 있다. 그리고 면접 시에는 사전에 홈페이지를 통해 해당 기관에 대한 정보를 수집하고 면접 장소에 5~10분 전에 미리 도착하여야 한다. 밝은 표정과 바른 자세로 면접에 임한다. 면접을 시작할 때나 끝난 후에도 예절 바르게 인사를 하고 질문에는 자신이 있고 겸손한 어투로 분명하게 대답한다. 또한 궁금한 점이 있으면 공손한 태도로 질문하되, 연봉이나 직무 조건에 대해서는 소개받는 과정에서 미리 알아보는 것이 좋다.

셋째, 합격통보이다. 합격통보를 받게 되면 감사 인사와 함께 열심히 배우고 일할 것을 말씀드리고 근무 준비를 한다. 근무 준비사항으로는 공무원채용신체검사를 보건소에서 미리 받아 결과서를 준비하여야 하며, 채용에 필요한 구비서류, 즉 기본증명서, 통장사본 등을 미리 준비한다.

**참고자료** 임용 관련 용어

- 신규채용: 행정조직에 결원이 생겼을 때 행정조직 바깥에서 사람을 신규로 선발해 쓰는 것
- 승진: 승진이란 직위의 등급이나 계급이 오르는 것을 의미하며, 승급이란 봉급이나 급료, 자격기준 등이 오르는 것으로 교육공무원의 승진임용은 같은 종류의 직무에 종사하는 바로 아래 직급의 사람 중에서 대통령령으로 정하는 바에 따라 경력평정, 재교육성적, 근무성적, 그 밖에 실제 증명되는 능력에 의하여 이루어지는 것
- 전직: 교육공무원을 같은 직위 및 자격에서 근무기관이나 부서를 달리하여 임용하는 것
- 전보: 교육공무원을 같은 직위 및 자격에서 근무기관이나 부서를 달리하여 임용하는 것
- 강임: 같은 종류의 직무에서 하위 직위에 임용하는 것
- 복직: 휴직, 직위해제 또는 정직 중에 있는 교육공무원을 직위에 복귀시키는 것

• 박은혜(2016). 유아교사론. 서울: 창지사, p. 213.

## 05 임용 후 보수와 복지

임용 후 유치원교사의 보수와 복지에 대하여 기술하고자 한다(박은혜, 2016: 199~208; 송준석, 2016: 125~128).

### 1. 보수

#### 1) 보수의 개념

첫째, 보수는 개인의 정신 및 육체적 노력 또는 봉사에 대한 반대급부로 취득하는 보상으로서 봉급과 기타 각종 수당을 합산한 금액을 의미한다. 둘째, 봉급은 직무의 곤란성 및 책임의 정도와 재직 기간 등에 따라 직종별, 호봉별로 지급되는 기본 급여를 말한다. 셋째, 수당은 직무 여건 및 생활 여건

등에 따라 지급되는 부가 급여를 의미한다. 넷째, 최종 수령액은 국·공립 유치원교사는 호봉에 따른 본봉 액수를 정하는 '공무원 보수 규정'과 각종 수당의 액수를 결정하는 '공무원 수당 규정'에 따라서 보수가 결정되지만 실제 수령액은 교사들이 받아야 하는 보수 내역에서 소득세, 건강보험료, 연금공단에 내는 기여금(공립: 공무원연금, 사립: 국민연금) 등을 공제한 금액이 된다. 사립유치원교사의 보수는 교원 지위 향상을 위한 특별법 제3조에 의거하여 국·공립유치원교사의 보수 수준과 같은 수준으로 유지하여야 한다.

### 2) 호봉

첫째, 호봉이란 보수를 받을 때 기준이 되는 금액을 의미한다. 호봉이 올라가는 것을 승급이라 하며, 승급은 ① 근무한 개월 수가 12개월이 넘어섰을 경우, ② 자격이 변하였을 경우(예: 2급 정교사가 1급 정교사가 되었을 경우), ③ 새로운 경력을 근무경력에 포함시켰을 경우에 올라간다. 호봉 간의 승급에 필요한 기간은 1년으로 하며, 매년 1월 1일, 4월 1일, 7월 1일 그리고 10월 1일자로 정기 승급한다.

둘째, 호봉 확정은 초임교사의 호봉은 다음과 같은 공식에 의하여 산정한다.

호봉 = (학령 1 - 16) + 기산호봉 + 경력

여기서 학령이란 초등학교 1학년부터 시작하여 학교기관에서 교육받은 연수를 의미한다. 따라서 2년제 전문대학 학령은 14년, 3년제 전문대학 학령은 15년, 4년제 대학 학령은 16년이 된다. 한편 기산호봉은 표 4-15와 같다.

**표 4-15** 기산호봉(공무원보수규정 별표 25)

| 자격증 | 기산호봉 | 비고 |
|---|---|---|
| 1급 정교사 | 9 | 원장, 원감, 교육장, 장학관, 교육연구관, 장학사 및 교육연구사에 대하여는 1급 정교사의 호봉을 적용한다. |
| 2급 정교사 | 8 | |
| 준교사 | 5 | |

**표 4-16** 2018년 유치원교사, 보육교사 기본호봉

(월지급액, 단위: 원)

| 호봉 | 유치원교사 | 보육교사 | 호봉 | 유치원교사 | 보육교사 |
|---|---|---|---|---|---|
| 1 | 1,573,100 | 1,702,800 | 16 | 2,503,100 | 2,624,300 |
| 2 | 1,620,700 | 1,735,500 | 17 | 2,598,900 | 2,679,700 |
| 3 | 1,669,100 | 1,771,900 | 18 | 2,699,100 | 2,735,100 |
| 4 | 1,717,200 | 1,809,700 | 19 | 2,798,900 | 2,790,400 |
| 5 | 1,765,800 | 1,865,300 | 20 | 2,898,500 | 2,845,700 |
| 6 | 1,814,300 | 1,993,500 | 21 | 2,998,100 | 2,937,000 |
| 7 | 1,862,100 | 2,077,000 | 22 | 3,108,800 | 2,992,200 |
| 8 | 1,909,900 | 2,114,400 | 23 | 3,218,600 | 3,040,900 |
| 9 | 1,958,400 | 2,171,200 | 24 | 3,328,500 | 3,096,000 |
| 10 | 2,011,300 | 2,232,900 | 25 | 3,438,500 | 3,146,700 |
| 11 | 2,063,300 | 2,313,200 | 26 | 3,548,800 | 3,197,400 |
| 12 | 2,116,400 | 2,381,800 | 27 | 3,663,900 | 3,241,500 |
| 13 | 2,212,800 | 2,441,800 | 28 | 3,778,700 | 3,290,000 |
| 14 | 2,309,600 | 2,495,200 | 29 | 3,898,800 | 3,342,700 |
| 15 | 2,406,300 | 2,548,600 | 30 | 4,019,300 | 3,388,900 |

〈참고사항〉
- 2018년도 기준
- 학력에 따라 호봉의 시작점은 아래와 같다.
  - 6호봉: 2년제 전문대학 유아교육과 졸업
  - 7호봉: 3년제 전문대학 유아교육과 졸업
  - 8호봉: 4년제 대학교 비사범대학 유아교육과 졸업
  - 9호봉: 4년제 대학교 사범대학 유아교육과 졸업

• 자료: 유치원 · 초등학교 · 중학교 · 고등학교 교원 봉급표. 관보 제19177호(2018. 1. 18).

## 2. 복지

복지에는 건강보험, 국민연금, 퇴직금으로 분류해서 기술하고자 한다.

첫째, 건강보험이다. 이는 공무원과 사립학교 교직원의 경우 공무원 및 사립학교 의료보험 관리공단에서 관리하던 의료보험이 2000년 이후 통합되어, 교사는 매월 급여 총액(봉급+상여금)의 1.5%를 국민건강보험공단에 납부함으로써 건강보험 혜택을 받을 수 있다.

둘째, 국민연금은 「국민연금법」과 「근로기준법」에 의거하여 시행되는 것이며, '상시 5명 이상의 근로자를 사용하는 모든 사업 또는 사업장에 적용된다.'(근로기준법 제11조), 국민연금의 연금보험료의 구성 및 납부 의무자를 살펴보면 연금보험료는 급여 총액(기본급 + 상여금)의 9%이며, 그 구성은 기여금(본인 부담) 4.5%, 부담금(사용자 부담) 4.5%이다. '1998년부터는 3%를 퇴직금 준비금에서 연금보험료로 전환하여 납부해야 하고, 국민연금 사업장 가입자는 가입 기간 동안 기여금, 부담금과 함께 매월 국민연금관리공단에 납부해야 한다. 이를 위반하여 퇴직금 전환금을 근로자의 보수에서 원천 공제하는 경우에는 '근로기준법' 제36조의 위반에 따라 3년 이하의 징역 또는 2천만원 이하의 벌금에 처하도록 되어 있다.

셋째, 퇴직금이다. 퇴직적립금은 근로자 퇴직급여보장법 제8조의 규정에 의하여 근로자의 퇴직 시 지급해야 하는 퇴직금을 사전에 적립해 두는 금액을 말한다. 퇴직적립금은 매년 총급여액(기본급+제수당)의 1/2이다. 퇴직금의 지급 대상은 유치원에 1년 이상 근무하고 퇴직하는 자이다. 이 규정에 의하면 사용자는 계속 근로연수 1년에 대하여 30일분 이상의 평균 임금을 퇴직하는 근로자에게 퇴직금으로 지급할 수 있는 제도를 설정하여야 한다. 퇴직금 산정방법은 '퇴직금=(평균 임금×총 근무일수)/365일 - 퇴직전환금 부담액'과 같다.

### 참고자료 근로자 퇴직급여 보장법(법률 제10967호 전면 개정 2011. 7. 25)

제4조(퇴직급여제도의 설정)

① 사용자는 퇴직하는 근로자에게 급여를 지급하기 위하여 퇴직급여제도 중 하나 이상의 제도를 설정하여야 한다. 다만, 계속 근로기간이 1년 미만인 근로자, 4주간을 평균하여 1주간의 소정 근로시간이 15시간 미만인 근로자에 대하여는 그러하지 아니한다.

② 제1항에 따라 퇴직급여제도를 설정하는 경우에 하나의 사업에서 급여 및 부담금 산정방법의 적용 등에 관하여 차등을 두어서는 아니 된다.

제8조(퇴직급여제도의 설정 등)

① 퇴직금제도를 설정하려는 사용자는 계속 근로 기간 1년에 대하여 30일분 이상의 평균 임금을 퇴직금으로 퇴직 근로자에게 지급할 수 있는 제도를 설정하여야 한다.

② 제1항에도 불구하고 사용자는 주택구입 등 대통령령으로 정하는 사유로 근로자가 요구하는 경우에는 근로자가 퇴직하기 전에 해당 근로자의 계속 근로기간에 대한 퇴직금을 미리 정산하여 지급할 수 있다. 이 경우, 미리 정산하여 지급한 후의 퇴직금 산정을 위한 계속 근로기간을 정산시점부터 새로 계산한다.

제9조(퇴직급여의 지급)

사용자는 근로자가 퇴직한 경우에는 그 지급 사유가 발생한 말부터 14일 이내에 퇴직금을 지급하여야 한다. 다만, 특별한 사정이 있는 경우에는 당사자 간의 합의에 따라 지급기일을 연장할 수 있다.

## 생각해 봅시다

**1.** 국·공립유치원교사와 사립유치원교사로 근무하는 것의 장·단점에 대하여 생각해 봅시다.

**2.** 우리나라 유아교사 양성과정과 외국의 유아교사 양성과정의 차이점에 대하여 생각해 봅시다.

**3.** 자신이 원장이라고 가정하고 새로 교사를 채용할 때 가장 비중을 두는 것이 무엇인지 생각해 봅시다.

**4.** 자신이 초임교사가 되었을 때 받게 되는 봉급에 대하여 생각해 봅시다.

CHAPTER 5

# 유아교사 인성교육

## 학습목표

1. 유아교사 인성교육의 필요성을 설명할 수 있다.
2. 유아교사의 인성 개념과 특성을 설명할 수 있다.
3. 인성의 덕목에 기초한 유아교사의 태도를 설명할 수 있다.

**Keyword**

• 인성교육 • 인성교육의 원리 • 인성 덕목 • 유아교사의 태도

최근 영유아교육기관에서 일어나는 교사의 아동학대 및 불미스러운 사건들이 지속적으로 증가하는 추세이다. 아동학대 사례를 보면 신체적 학대와 정서적 학대가 점차적으로 늘어나고 있는 실정이다. 이렇게 영유아교육기관에서 발생하는 다양한 사건들이 지속적으로 보도되면서 사회적 문제로 부상되고 있다. 그 원인으로 유아교사의 자질과 인성문제가 언급되고 있다. 특히 영유아를 돌보며 가르치는 교사들에게는 전문적 자질도 중요하지만, 무엇보다도 윤리적인 인성이 더 강조되며 교사의 자질요소로서 최우선시되고 있다. 결국 교육의 질은 전적으로 교사에게 달려 있다고 해도 과언이 아니다.

따라서 유아교사의 교직에 대한 책무성과 윤리의식을 구비하도록 하는 인성교육이 절대적으로 필요하다. 5장에서는 유아교사 인성교육의 필요성 및 중요성, 유아교사의 인성 개념 및 특성, 유아교사의 인성교육 내용 및 목적, 유아교사 인성교육의 원리, 유아교사 인성교육의 방향, 유아교사 인성교육을 위한 8대 인성덕목, 인성의 덕목에 기초한 유아교사의 태도 등에 대해서 고찰하기로 한다(강유정 외, 2018; 전종희, 2017; 우영효, 2017; 최애경, 2016; 송준석, 2016; 신재흡, 2014).

## 01 유아교사 인성교육의 필요성 및 중요성

최근 매스컴에서 보도되고 있는 영유아교사의 인성문제는 자신의 정서적 문제에서 끝나는 것이 아니라, 영유아의 정서 및 심리발달에 부정적인 영향을 미칠 수 있다. 특히 유아기는 교사의 언어 및 행동을 모델링하는 특성이 강한 시기이다. 유아를 지도하는 교사의 인성은 유아의 인성 형성에 지대한 영향을 미치기 때문에 유아교사의 인성교육은 매우 중요하다고 볼 수 있다.

모든 직업이 나름대로의 특성을 가지고 있지만, 특히 교직은 다른 직업과는 다른 독특한 특성을 가지고 있다. 영유아들을 가르치는 교사들은 초·중등교사들에 비하여 돌봄의 역할이 더 강조되고 있다. 이런 특성으로 인하여 유아교사로서의 자질로 인성에 대한 사회적 요구 수준은 아주 높으며, 교사 양성기관에서의 인성교육 부분도 강조되는 상황이다(최경애 외, 2016). 이에 따라 유치원교사 자격과 관련해서도 교직 인·적성 검사가 실시되고, 교사가 갖추어야 할 자질과 역할 측면에 있어서도 인성은 중요하게 다루어질 수밖에 없다.

Leavitt(1994)은 교사와 영유아 간의 불평등한 힘의 구조가 있고, 영유아는 교사의 권위에 굴복하게 되고 영유아 스스로 자신의 행동을 주도할 수 없다고 설명한다. 이러한 맥락에서 교사들은 영유아들에게 자신의 생각을 자유롭게 표현할 수 있도록 격려하고, 영유아의 의견을 존중해 주고 수용해 주는 열린 마음과 태도를 가져야 할 필요가 있다(Lansdown, 2005). 결국 교사의 인성 특성은 영유아들에게 크나큰 영향을 미칠 수 있는 중요한 변인이 될 수 있다. 불행하게도 영유아교육기관에서 아동학대 사건들이 빈번히 발생함으로써 국민들의 분노를 야기시키고 있다. 이러한 사건으로 인하여 영유아교사들을 위한 인성교육은 중요하고 절실히 필요할 것이다. 교사가 하나의 인격체로 갖추어야 할 인성적 자질과 교사로서 갖추어야 할 전문가적 자질은 예비교사 양성과정을 통해 길러지는데, 교사로 입문하기 이전부터 지속적 · 긍정적인 인성을 내면화하는 과정이 필요하다(박은혜, 2016).

## 02 유아교사 인성의 개념 및 특성

인성이란 사람의 성품을 말하며 일상적으로 많이 사용되지만 시대와 학자에 따라 다양하게 정의되고 있다. 인성(人性)은 성품 · 기질 · 개성 · 인격 등 다양한 말로 일컬어진다. 영어로는 일반적으로 personality 혹은 character이라고 한다. 김영옥(2014)은 인성이란 인간다운 삶을 지향하기 위하여 성취하고 도달해야 할 인간의 자질과 품격으로 정의하였다. 한국교육학회(1998)는 인성이란 사람의 마음의 바탕이 어떠하며, 사람된 모습이 어떠하다는 것을 말하는 개념으로 사람의 마음과 사람됨이라는 두 가지 요소로 구성되어 있다고 했다. 남궁달화(1999)는 인성이란 사람의 성품이며, 성품은 성질과 품격, 성질은 마음의 바탕이고 사람됨의 바탕을 가리키는 말이라고 했다. 결국 인성이란 개인적으로는 스스로에게 관심을 갖고 자기 자신을 존중하며, 사회적으로는 타인의 생각과 감정을 이해 및 존중하고 이웃과 더불어 살아갈 수 있는 성품이며, 개인의 독특성을 바탕으로 길러지는 사람의 사람됨이라고 말할 수 있다.

따라서 인성은 개개인의 특성에 따라서 달라지며 각각의 가정과 사회구성원에 따라 조금씩 다르다고 할 수 있다. 인간의 성격과 행동은 개인적 특성이기도 하지만, 한 개인의 성장적 환경과 그를 둘러싼 사회적 환경에 따라 크게 영향을 받는다고 할 수 있다. 인성교육을 통해서 인간이 지향하고 성취해야 하는 인간다운 면모, 성질, 자질, 성품을 갖추게 할 수 있으며, 이는 지식교육에 대비되는 개념으로 사람다운 사람이 되도록 하는 일종의 가치교육에 중점을 두는 것으로 볼 수 있다(최애경 외, 2016).

유아교사의 인성이란 교육현장에서 유아를 보호하고 교육하는 과정에서 나타나는 유아교사의 개인적 특성, 사회적 특성, 교육적 특성을 포괄하는 성품이라고 할 수 있다. 유아교사의 인성은 교사로서 구비되어야 할 인간적인 성품과 성격이면서, 직무를 수행화면서 경험하는 교직사회의 문화적 테두리 안에서 요구되고 변화될 수 있는 특성이라 할 수 있다(강정원 · 계영애, 2001).

유아교사의 인성 특성에 대하여 제 학자들의 견해는 다음과 같다.

① 이은화(1995)는 "유아교사의 인성 특성을 유아에 대한 사랑, 인간에 대한 사랑, 성실성과 봉사성, 사려성과 원만한 인간관계, 자발성, 도덕성, 신체적 건강, 정서적 안정, 타인에 대한 긍정적 사고, 긍정적 자아관, 건전한 인생관 등"으로 제시했다. ② 이병례 외(2005)는 "유아교사의 인성 특성을 유아에 대한 사랑, 원만한 인간관계, 적극성, 자제력, 융통성, 정직성, 공정성, 성실성, 사려성, 봉사성, 협동심, 신체적 건강, 건전한 자아존중감, 긍정적인 인간관, 정서적 안정 등"으로 제시했다. ③ 강문희(2006)는 "유아교사의 인성 특성을 유아에 대한 사랑, 인간에 대한 사랑, 원만한 인간관계, 사려 깊음, 성실성, 봉사성, 친절, 신뢰, 공정, 융통성, 유머 등"으로 제시했다. ④ 전재선(2011)은 "유아교사의 인성 특성을 안간애(이타심, 용서), 긍정적 자아개념(자기개발, 주도적 자기성취), 사회관계(자기조절, 의사소통, 공감적 이해), 직무수행 능력(성실함, 책무성, 신뢰성), 창의 · 인성(유머, 사회문제 인식, 창의적 성향) 등"으로 제시했다. ⑤ Seefeldt(1980)는 유아교사의 인성 특성을 "영유아를 좋아하고 영유아에 대한 감정이입과 현재 수준을 수용할 수 있는 능력, 융통성 있고 선입견을 갖지 않는 것, 지적 호기심, 영유아와 부모에 대한 이해와 사랑, 교사로서의 자기성장 능력 등"으로 제시했다. ⑥ Almy(1995)는 유아교사의 인성 특성을 "사랑과 온정, 참을성, 활동력 등"으로 제시했다.

앞에서 유아교사의 인성 특성을 종합적으로 정리하면, 진실성, 유아에 대한 사랑과 존중, 공감적 이해, 애정, 개방성, 수용, 융통성 있고 선입견을 갖지 않는 것, 지적 호기심, 교사로서의 자기성장 능력, 성실성과 봉사성, 원만한 인간관계, 도덕성, 타인에 대한 긍정적 사고, 자제력, 융통성, 정직성, 공정성, 사려성, 협동심 등 다양하게 나타나고 있다.

## 03 유아교사의 인성교육 내용 및 목적

인성교육이 인간성을 기르고 인격을 함양하여 사람다운 사람을 키워내는 것이라면 인성교육에 어떤 내용이 함의되어야 하느냐가 매우 중요한 것이다. 다양한 선행연구자들의 견해를 제시하면 다음과 같다.

첫째, Durkheim은 사회가 아무리 변하더라도 언제, 어디서나 그리고 누구에게나 요구되는 인성교육의 내용을 ① 규율정신, ② 사회집단에 대한 애착, ③ 자율성 등 세 가지로 구분했다(우영효, 2017: 14 재인용). 둘째, Rest는 인성교육의 내용으로 ① 상황에 대한 해석, ② 도덕적 사고, ③ 도덕적 결정, ④ 도덕적 행동 등으로 제시했다(남궁달화, 2003). 셋째, Wilson(1970)은 인성교육의 내용으로 ① 다른 사람을 나와 동등하게 생각하기, ② 다른 사람들의 정서감정을 이해하기, ③ 사실적 지식과 사회적 기술을 습득하기, ④ 도덕적 문제를 인식하고 사고하고 행동하기 등으로 제시했다. 넷째, 한국교육학회(2001)는 인성교육을 전인적인 인간교육의 필수적인 과정으로 인식함으로써 인성교육이 다루어야 할 구체적인 내용을 다음과 같이 정리하고 있다. ① 자신의 본성이나 본질에 대한 정확한 탐색과 인식, ② 자기 이해, ③ 자기 수용, ④ 자기 개방, ⑤ 인간관계, ⑥ 도덕성 함양, ⑦ 가치관 확립, ⑧ 사회성 함양 등으로 제시하고 있다. 다섯째, 인성교육진흥법(2015)에서는 인성교육의 내용으로 ① 예(禮), ② 효(孝), ③ 정직(正直), ④ 책임(責任), ⑤ 존중(尊重), ⑥ 배려(配慮), ⑦ 소통(疏通), ⑧ 협동(協同) 등으로 제시했다.

앞에서 제 학자들의 인성교육의 내용에 공통적인 요인으로 인지적, 정의적, 행동적 요소를 모두 포함하고 있다. 따라서 예비 유아교사들에게 다음과 같은 인성교육의 내용이 포함되어야 할 것이다(심성보, 2000). ① 도덕성을 향상시켜 '건전한 가치관'을 형성함으로써 무엇이 옳고 그르며, 무엇이 선하고 악한지 '가치의 세계'를 볼 수 있는 안목을 길러주는 가치교육을 해야 한다. ② 인성교육은 '지행합일'의 교육적 성격을 갖고 있기에 앎의 차원에 머물지 않고, 행위와 일치시키는 내용으로 구성되어야 한다. ③ 인성교육은 '자아의 발견'을 위한 자기이해(취미, 잠재력, 가능성, 장단점을 이해)를 도와주도록 한다. 진정한 열등의식은 자신의 열등함을 깨닫고 그것을 위해 노력하는 것이 중요하다. ④ 인성교육은 '타인에 대한 이해'(타인의 생각, 사고, 습관, 장단점을 이해)를 도와주도록 한다. 진정한 입장에서 이해하는 것이 아니라 타인의 입장에서 보고 이해하는 태도를 갖도록 한다. ⑤ 인성교육은 나를 존재하게 한 '공동체'(가정, 지역, 국가 등)에 대한 책임을 자각하고, 시민적 자각을 하도록 해야 한다. 시민적 자각에는 끈끈한 우정이 있어야 하고, 동료 또는 이웃과의 연대감이 있어야 한다.

한편 인성교육의 목적은 인성교육의 내용들을 학습자들에게 가르치고 내면화시켜서 도덕적으로 실천하면서 살아가는 인간을 만드는 것이라고 할 수 있다. 즉, 인성교육은 이론적으로 알고 있는 것이 아니라 실제 삶 속에서 실천하는 것이 목적이 되어야 한다는 것이다. 한국교육학회(1988)는 인성교육의 목적을 다음과 같이 제시하고 있다. ① 무엇보다도 자기 자신을 바르고 정확하게 이해하도록 하는 일이다. 자기 자신을 올바르게 이헤히는 사람은 가장 합리적으로 현실적인 행동을 선택하고 실행할 수 있기 때문이다. ② 자기 자신을 존중하고 수용하는 일이다. 이는 이기적인 품성과는 전혀 다른 성질의 것이다. 자기 존중이 없으면 자기를 비하하거나 학대하게 되고 반사회적인 행동으로 나타내기도 한다. ③ 자기 자신의 일시적인 감정이나 행동을 통제하고 조절할 수 있는 능력을 함양시키는 일이다. 바람직한 인성의 소유자는 자신의 본능적인 행동이나 감정을 생산적이고 창조적인 방식으로 승화시켜 표현할 줄 안다. ④ 올바른 현실 감각을 길러 주는 일이다. 이상이나 기대를 지나치게 앞세운 나머지 현실을 무시하고 행동하는 것은 타인과의 원만한 인간관계를 방해하나, 자신의 환경을 정확히 이해하는 현실에 기초한 사고는 건전한 인성의 필수적인 요소가 된다. ⑤ 자기 자신뿐만 아니라 타인에 대한 공감적 이해와 존중의 자세를 함양하는 일이다. 공감이란 타인의 감정을 공유하는 것으로 상대방의 입장을 이해하면서도 결코 자신을 잃지 않는 것을 말한다. 또한 인성교육진흥법(2015)은 인성교육의 목적을 대한민국 헌법에 따른 인간으로서의 존엄과 가치를 보장하고 교육기본법에 따른 교육이념을 바탕으로 건전하고 올바른 인성(人性)을 갖춘 국민을 육성하여 국가사회의 발전에 이바지함을 목적으로 한다.

이상에서 인성교육의 목적을 고찰하였다. 인성교육은 인성의 제반 특성을 조화롭게 발달시키며, 사회성, 지도성, 추종성 등을 신장시켜 원활한 인간관계를 가질 수 있게 도와준다. 결국 인성교육은 궁극적으로 자아개념을 통하여 항상 능동적이고 적극적이며 충족하는 자세를 가지게 하면서 욕구 불만의 해소와 좌절에 대한 내성을 배양하여 정신건강의 강화를 돕는 데 목적이 있다(우영효, 2017).

### 〈사례: 현장 활용자료〉 인성교육 활동지

| | |
|---|---|
| 1 | 최근 유치원에서 시행되고 있는 인성교육 프로그램을 조사해 보세요. |
| | |

| | |
|---|---|
| 2 | 최근 초·중·고등학교에서 시행되고 있는 인성교육 프로그램을 조사해 보세요. |
| | |
| 3 | 최근 대학에서 시행되고 있는 인성교육 프로그램을 조사해 보세요. |
| | |

• 자료: 우영효(2017). 유아교사와 인성교육. 경기: 양서원, p. 42.

## 04 유아교사 인성교육의 원리

좋은 인성의 핵심적 요소는 자신의 감정이나 동기 같은 것에 대해 바르고 정확한 이해를 갖는 것이다. 또한 좋은 인성을 지닌 사람은 감정이나 충동에 따라서 행동하기보다는 충동과 본능을 통제하고 조절할 수 있는 능력을 가진다. 따라서 인성교육은 조화롭고 통합된 인성을 형성할 수 있도록 해야 한다(신재흡, 2014).

유아를 위한 인성교육이 긍정적인 결과를 가져오기 위해서는 유아교사의 인성이 매우 중요하며, 유아교사로서 바람직한 태도형성을 위한 교사 인성교육이 반드시 필요할 것이다. 유아교사로서 필요한 인성과 자질은 학습되고 내면화되어야 한다. 인성교육이 바람직하게 이루어지고 효과적인 성과를 거두기 위해서는 다양한 원리에 의해 이루어져야 한다. 김영옥(2014)은 인성교육의 원리를 관계성의 원리, 반복성의 원리, 동시성의 원리, 누적성의 원리, 지속성의 원리, 자율성의 원리, 협동성의 원리, 통합성의 원리 등으로 제시하고 있다. 한편 이혜영(2000)은 자발성의 원리, 인간관계의 원리, 자아성찰의 원리 등으로 분류하고, 인성교육은 인격자를 길러내는 교육이며, 마음으로 하는 공부로 보고 있다.

이상에서 김영옥(2014), 이혜영(2000)의 인성교육의 원리를 종합적으로 정리하면 다음과 같다.

첫째, 관계성의 원리이다. 인성교육은 다른 어떤 교수-학습방법보다도 동료교사들과의 관계 또는 상호작용을 하는 다른 사람들과의 관계 속에서 이루어진다. 따라서 좋은 사람들과의 만남과 훌륭한 자질을 갖춘 사람들과의 상호작용이 중요하다.

둘째, 반복성의 원리이다. 인성교육은 계속 반복하여 이루어져야 한다. 바람직한 행동특성을 학습했다 하더라도 없어져 버리거나 습관화되지 못할 수 있다. 그러므로 유아교사는 반복적인 연습을 통하여 자신의 인성으로 내재화하도록 해야 한다.

셋째, 동시성의 원리이다. 인성교육은 따로 일어나기보다는 동시에 연계되어 이루어진다는 것이다. 예를 들어, 동료교사의 의견을 경청하는 것도 '소통'과 '존중'이 동시에 연관되어 있다.

넷째, 누적성의 원리이다. 인성교육은 일회성이 아니라 쌓아가는 것이다. 반성과 탐구를 통하여 내공을 쌓아가듯이 시간과 노력의 과정을 통하여 다듬어지고 용량이 늘어나며 정교해지는 것이다.

다섯째, 지속성의 원리이다. 인성교육은 일정 기간에만 일어나는 것이 아니라 꾸준한 노력과 실천해 나가도록 돕는 과정이다. 그러므로 유아교사는 다양한 도덕적 딜레마에서 자신의 의견을 표현해 보고 일상생활의 문제를 스스로 해결해 보는 경험이 중요하다.

여섯째, 자발성의 원리이다. 인성교육은 마음속에서 긴장과 갈등을 자신이 스스로 극복하고 해결해야 하는 교육이다. 또한 인성교육은 직접적인 체험을 요구하는 교육이라 할 수 있다.

일곱째, 협동성의 원리이다. 사람은 혼자서 살아갈 수 없는 존재이다. 인성교육 역시 혼자서 습득할 수 있는 지식이 아니므로 동료교사나 다른 성인들과 협력해보는 교류의 경험이 중요하다.

여덟째, 통합성의 원리이다. 유아교육이 본래 통합적인 특징을 가지고 있지만, 그 구심점에는 인성교육이라는 목표가 있어야 함을 의미한다. 인성교육은 어떤 특정한 영역만이 아니라 모든 영역들이 교사가 생활하는 모든 시간과 공간 속에서 통합되어 이루어져야 한다.

아홉째, 자아성찰의 원리이다. 사람은 자신을 솔직하게 비판하고 성찰하게 될 때 비로소 향상된 인격의 차원으로 성장할 수 있다. 따라서 자아성찰을 깊이 있게 할 수 있는 기회를 마련해 주어야 한다.

인성교육은 마음으로 하는 공부이다. 지식은 머리로 하는 공부이고, 기술은 머리와 손으로 하는 공부라고 하면 인성 함양은 마음으로 하는 공부로 볼 수 있다.

## 05 유아교사 인성교육의 방향

인성교육진흥법(법률 제13004호)에서는 인성교육의 방향을 다음과 같이 제시하고 있다.

먼저 인성교육진흥법 제2조(정의)에 "인성교육"이란 자신의 내면을 바르고 건전하게 가꾸고 타인·공동체·자연과 더불어 살아가는 데 필요한 인간다운 성품과 역량을 기르는 것을 목적으로 하는 교육을 말한다. 그리고 제5조(인성교육의 기본방향)에는 ① 인성교육은 가정 및 학교와 사회에서 모두 장려되어야 한다. ② 인성교육은 인간의 전인적 발달을 고려하면서 장기적 차원에서 계획되고 실시되어야 한다. ③ 인성교육은 학교와 가정, 지역사회의 참여와 연대 하에 다양한 사회적 기반을 활용하여 전국적으로 실시되어야 한다.

**참고자료 인성교육진흥법 주요 내용**

| 입법 목적 | 건전하고 올바른 인성을 갖춘 시민 육성 |
|---|---|
| 인성교육의 정의 | 건전하고 올바른 인성을 갖춘 시민 육성 |
| 인성의 핵심 가치 | 내면을 바르고 건전하게 가꾸며 타인, 공동체, 자연과 더불어 사는 데 필요한 인간다운 성품과 역량을 기르는 교육 |
| 인성교육 종합계획 | - 교육부장관, 5년마다 수립<br>- 시·도 교육감, 연도별 시행계획 수립, 시행 |
| 국가인성교육 진흥위(신설) | 교육부, 문화체육관광부, 보건복지부, 여성가족부 차관 및 민간 전문가 등 20명 이내 구성 |
| 유치원·초·중·고 | 학교장은 매년 인성교육과정 편성 및 운영 |
| 가정 | 학부모는 학교 등에 인성교육 건의 가능 |
| 인성교육 인증제 | 학교 밖 인성교육을 위한 프로그램, 교육과정 인증제 실시 |
| 교원 연수 강화 | - 일정 시간 이상 교원들의 인성교육 연수 의무화<br>- 사범대·교대, 예비교사의 인성교육 역량을 위한 과목 신설 |

• 자료: 우영효(2017). 유아교사와 인성교육. 경기: 양서원, p. 34.

이러한 맥락에서 유아교사의 인성교육의 방향에 대해서 기술하면 다음과 같다(유주연·김순환, 2015).

첫째, 유아교사들은 스스로의 인성을 인식하고, 인성의 함양이 행복의 증진과 연결됨을 이해한다. ① 스스로가 어떤 인성을 가지고 있는지 인식한다. ② 개인마다 다른 인성을 가지고 있을 수 있음을 인식한다. ③ 인성이 계발

될 수 있는 것임을 안다. ④ 인성의 함양을 통해 행복해질 수 있는 토대가 마련될 수 있음을 안다. ⑤ 일상의 삶 속에서 인성과 행복에 대해 지속적으로 생각하고 느낀다.

둘째, 유아교사들은 통합적 인성에 대한 이해와 실천적 태도를 형성한다. ① 좋은 인성이 발현되기 위해서는 상황에 대한 판단, 정서, 행동이 모두 영향을 줌을 이해한다. ② 인성과 관련한 상황에 있어서 자신의 판단, 정서, 행동을 들여다보는 기회를 갖는다. ③ 인성이 발현되도록 하는 실천적 태도를 형성한다.

셋째, 유아교사들은 유아교육 현장에서 인성이 긍정적으로 적용될 수 있도록 자기 성찰적 태도를 형성한다. ① 자신들의 인성이 유아교육 현장에서 어떻게 적용되고 있는지를 탐색하는 과정을 경험한다. ② 자신들의 인성이 유아교육 현장에서 긍정적으로 적용될 수 있음을 안다. ③ 인성과 관련한 문제 상황을 해결할 수 있는 다양한 인지, 정서, 행동적 방법이 있음을 안다.

## 06 유아교사 인성교육을 위한 8대 인성덕목

인성교육진흥법 제2조(정의)에서 “핵심 가치 · 덕목”이란 인성교육의 목표가 되는 것으로 예(禮), 효(孝), 정직(正直), 책임(責任), 존중(尊重), 배려(配慮), 소통(疏通), 협동(協同) 등의 마음가짐이나 사람됨과 관련되는 핵심적인 가치 또는 덕목이며, 아울러 “핵심 역량”은 핵심 덕목을 실천하는 데 필요한 지식, 공감, 의사소통 능력, 갈등해결 능력을 통합한 능력으로 정의하고 있다.

인성교육진흥법에서 제시된 8대 인성 덕목에 대한 제 학자들의 이론을 다음과 같이 제시하고 있다(송준석 외, 2016; 이은정, 2016).

첫째, 예(禮)이다. 이는 일정한 문화권에서 오랜 시간동안 하나의 공통된

생활방법이 정립되어 관습적으로 행해지는 생활규범이다. 이러한 예절은 나 아닌 다른 사람에게 마음으로부터 우러나오는 이해와 존중, 사랑과 공경을 바탕으로 행동으로 나타난다. 예(禮)는 단순히 행동이 아니라 상황에 맞게 무엇을 하여야 하는가를 스스로 터득하도록 도와주는 일종의 마음의 형성과 관련된 심신단련 학습과정 및 방법이다. 단순히 특정 행동을 주입하는 것이 아니고 그것을 몸에 익혀서 그 방법으로 어떠한 상황이든지 응대할 수 있도록 체득하는 것을 의미하는 것이다(유권종 외, 2005). 예(禮) 교육의 목적은 인간됨을 만드는 것이라 할 수 있다. 즉, 사람들이 사회적인 생활의 혼란과 질서유지의 필요성에 의해 예(禮)가 도출된다고 하였다.

둘째, 효(孝)이다. 효의 사전적 의미는 '부모를 잘 섬김(善事父母)'이고, '효도(孝道)'의 의미는 '부모를 잘 섬기는 자식의 도리'로 자식으로서 인간된 도리를 충실히 하는 것을 의미한다.

셋째, 정직(正直)이다. 정직의 사전적 의미는 '마음에 거짓이나 꾸밈이 없이 바르고 곧음'(표준국어대사전, 2000) 또는 '타인의 권리에 대해 배려하고 존중할 줄 아는 행동 특성'으로 정의한다(Warren, 1934). 특히 2010년 국제투명성기구에서 발표한 부패인식지수에서 한국은 10점 만점에서 5.4점으로 세계 178개국 중 39위를 차지하였다(한국투명성기구, 2010). 이는 OECD 평균인 6.97점에 크게 못 미칠 뿐 아니라 2009년 같은 조사에서 5.5점으로 평정되었던 것과 비교할 때 하락한 것으로, 우리나라 부정부패에 대한 인식이 개선되지 않은 상태인 것을 확인할 수 있었다. 4차 산업혁명시대에 과학기술이 급속하게 발달하면 할수록 무엇보다도 강조되어야 할 분야가 '정직성'이다.

넷째, 책임(責任)이다. 책임은 각자가 '맡아서 해야 할 임무나 의무 또는 어떤 일에 관련되어 그 결과에 대하여 지는 의무나 부담 또는 그 결과로 받는 제재'를 의미한다(표준국어대사전, 2013). 책임이란 자신이 해야 할 역할 및 의무를 마땅히 행해야 한다는 인식을 일컫는 '역할 책임'과 책임을 다해야 하는 실제 상황에서도 그 책임을 행동으로 옮길 수 있는 '행위 책임'으로 나뉜다(정찬우 외, 2013). 그리고 책임감은 자신을 사랑하는 마음은 물론, 다른 사람을 생각하는 마음에서 비롯된다. 책임감 있는 사람은 스스로에 대해서 자존감을 느끼며 동시에 자기가 타인에게도 가치 있는 인간이라고 느낄 수 있게끔 행동한다. 책임감 있는 사람이 우리를 위해 무엇을 해내겠다고 말한다면 그것은 그가 우리를 위하여 요청된 일을 한다는 뜻도 되지만, 자기 스스로의 자존심을 지키기 위해서도 주어진 일을 훌륭히 수행하려고 노력하겠다는 뜻도 된다(조현춘 · 조현재 공역, 2003).

다섯째, 존중(尊重)이다. 존중의 사전적 의미는 '소중하게 여겨 받듦'으로 정의된다(네이버사전). 또는 존중이란 어떤 전망 속에서 어떤 것(사람)의 가치나 중요성을 인정하는 것이라고 정의할 수 있다. 존중이란 대상에 임의로 가치를 부여하는 것이 아니라 대상이 이미 가진 가치를 인정한다는 것을 의미한다. 존중은 우리 인간의 삶과 밀접한 관련을 맺고 있기 때문에 인간이 스스로를 존중하는 것에서부터 시작해서 모든 사람과 생명체 그리고 사물은 그들만의 가치를 인정하고 소중히 여겨야 한다.

여섯째, 배려(配慮)이다. 이는 '도와주거나 보살펴 주라고 마음을 쓰거나, 관심을 가지고 생각해줌' 등을 의미한다. 배려는 타인이 가지고 있는 성향이나 성격에 대해 민감하게 파악하는 능력, 타인이 처한 어려운 상황을 공감해주는 마음, 타인의 이익을 위해서 자기의 감정을 조절하여 타인이나 사물을 존경하는 마음, 도움이 필요한 상대에게 온정과 나눔을 베풀고 마음을 쓰는 것을 포함하는 것이다(지은림, 2013). 배려는 타인과 맺는 매우 기본적인 관계로서 티인을 보살피고, 관심과 이해를 가짐으로써 이를 바탕으로 타인과의 인간관계를 회복시키며, 더 나아가 자기를 되돌아보고 성장시킬 수 있는 것이라고 할 수 있다(교육부, 2104).

일곱째, 소통(疏通)이다. 소통은 사전적으로 '막히지 않고 서로 통하여 오해가 없다는 것'(표준국어대사전, 2000)을 의미한다. 인간이 환경에 속하는 대상과 느낌을 주고받는 과정으로 정의할 수 있다(Warren, 1934). 서로가 원활한

소통을 하기 위해서는 타인에게 호감을 줄 수 있어야 하며 친밀도를 높일 수 있어야 한다. 새로운 자극이나 변화에 대해서도 개방적인 태도를 가지고 있어야 하며, 자신이 속한 집단의 구성원들 간에 목표, 과정, 결과를 공유하며, 다른 사람의 말이나 행동에 대한 적절한 감사, 격려, 칭찬, 위로의 행동을 취할 수 있어야 한다.

여덟째, 협동(協同)이다. 이는 두 명 이상의 구성원이 공동의 목표를 설정하고, 이를 달성하기 위하여 개인적 책임을 다하고 서로 조언 및 조력을 주고받는 것을 의미한다. Johnson과 Johnson(1994)은 협동이란 공유하는 목표를 달성하기 위하여 함께 활동하는 것으로써 협력하는 과정에서 자신은 물론 타인에게도 이익이 되는 결과를 추구할 수 있다고 하였다. 즉, 협력을 통해 공동과제를 산출하고 이를 달성하기 위하여 집단 구성원이 서로 마음과 힘을 하나로 합하여 서로 도움을 주고받을 수 있음을 의미한다.

## 07 인성의 덕목에 기초한 유아교사의 태도

인성 덕목에 의거한 유아교사의 바람직한 태도에 대하여 전문가로써 책무성 갖추기, 유아교사의 윤리강령을 정립하고 지키기, 평등가치 형성과 편견 극복하기, 바람직한 상호작용 능력 실천하기, 따뜻함을 제공하기, 문제 행동 다루기, 교사의 분노 다스리기 등으로 다음과 같이 제시하고 있다(송준석, 2016: 301~310; 최애경 외, 2016: 155~168; 한국보육진흥원, 2012).

첫째, 전문가로써 책무성 갖추기이다. 유아교사는 업무와 관련하여 교육지식과 경험을 적극적으로 발휘하여 맡은 바 직무를 성공적으로 수행해야 한다. 또한 업무수행 과정에서 적절한 권위와 자율성을 누리면서 동시에 전문가로서의 책임과 윤리의식을 갖추는 것을 의미한다. 이를 좀 더 구체적으로 제시하면, ① 의사결정의 자율성 확보와 전문적 권위에 따른 성취감을 느낄 수 있어야 한다. ② 현장 경험 및 유아교육활동 관리 능력을 필요로 한다. ③ 전문적인 기술과 수행 능력을 필요로 한다. ④ 교육과 훈련체계를 통한 자기 능력 개발을 필요로 한다. ⑤ 이타적인 규범 및 전문적인 가치와 윤리를 준수해야 한다.

둘째, 유아교사의 윤리강령을 정립하고 지키기이다. 윤리나 도덕은 바람직한 사회를 위한 당위적이고 이상적인 내적 및 자율적 통제체제를 지칭하며, 옳고 그른 것에 관한 비공식적 규칙이다. 윤리란 자율적이고 이상적인 통제체제이다. 따라서 유아교육기관은 다수의 유아와 유아교사 그리고 유아의 가족과 지역사회 등 이해가 다른 사람들이 함께 연관되어 있기 때문에 윤리적인 딜레마 상황이 일상적으로 나타나게 된다. 이러한 경우에 유아교사는 윤리강령을 토대로 자신의 직무를 되돌아보고, 전문성과 공공성을 구비하도록 노력하여야 한다.

셋째, 평등가치 형성과 편견 극복하기이다. 원장과 교직원의 역할 윤리에 있어서 평등가치의 형성은 중요하다. 편견은 잘못되고 불완전한 정보에서 나온 일반화에 근거하고 있으며, 적절한 지식이나 이유 없이 어떤 사람이나 집단에 대해 부정적 태도를 갖는 것이다. 교사는 소외되고 무시되기 쉬운 조건을 갖는 빈곤한 가정의 유아, 장애를 가진 유아, 위기가족의 유아 등이 교육기관을 이용하는 동안 불평등을 경험하지 않도록 해야 한다. 결국 유아의 개별적 차이는 존중을 받아야 하며, 교사는 차별하지 않는 말과 행동을 일상에서 실행해야 한다.

넷째, 바람직한 상호작용 능력 실천하기이다. 상호작용은 두 사람이나 그 이상, 사물, 현상이 작용하여 원인도 되고 결과도 되는 일로 상호 교류가 활발히 일어나는 과정이다. 유아의 학습과 발달은 상호작용을 통해 이루어지며, 유아는 물리적·사회적 환경과 능동적으로 상호작용을 해 나감으로써 많은 변화와 성장을 하게 된다. 교사는 유아가 자신의 발달을 주도해 가는 데 매우 유능하며, 능동적인 존재임을 인식하게 하여 유아 스스로 활동을 선택하고, 적극적으로 환경과 상호작용할 수 있도록 배려하는 것이 중요하다. 유아교사와 유아의 긍정적인 상호작용의 사례를 다음과 같이 제시하고자 한다. ① 유아교사는 등·하원 시 유아를 따뜻하게 대한다. ② 유아교사는 유아와 긍정적인 신체적 상호작용을 한다. ③ 유아교사는 유아와 이야기를 나눌 때 유아의 눈높이에 맞게 자세를 낮춘다. ④ 유아교사는 유아와 개별적인 대화를 나눈다. ⑤ 유아교사가 전달하는 말은 유아가 이해할 수 있도록 간결하고 명료하여야 한다. ⑥ 유아교사는 유아를 긍정적인 방법을 사용하여 지도한다. ⑦ 유아교사는 유아 간의 갈등이나 문제해결을 위해 적절히 개입한다. ⑧ 유아교사는 유아와 개별적으로 또는 소집단으로 활동할 때 학급 전체 상황을 수시로 관찰한다. ⑨ 유아교사는 유아와 함께 놀이에 참여하면서 즐긴다. ⑩ 유아교사는 유아의 놀이를 지속시키고 확장시키기 위한 상호작용을 한다.

다섯째, 따뜻함을 제공하기이다. 따뜻함이란 긍정적인 훈육으로 키우기 위한 수단이다. 이때 교사는 정서적인 안정, 무조건적 사랑, 언어적 및 신체적 애정, 아동발달단계 존중, 아동 욕구에 대한 민감성, 유아의 감정에 대한 공감 등을 통해 유아들을 단기적으로 말을 잘 듣도록 하고, 장기적으로는 중요한 가치를 배우도록 지원해야 한다. 유아에게 따뜻함을 줄 수 있는 상호작용은 충동적이거나 일관성이 무시된 것이 아니라, 명확한 한계가 설정된 일관성 있는 교사의 태도이다. 특히 실수에 대해서도 유아를 진정으로 격려하고 다음에는 실수 없이 성공할 수 있도록 대안과 친절한 안내를 해주어야 한다. 아울러 유아교사는 타인과 자신에게 해를 입지 않는 범위 안에서는 유아 스스로 모든 것을 해볼 수 있도록 허용적인 태도를 갖추어야 한다.

여섯째, 문제 행동 다루기이다. 문제 행동이란 유아의 연령에 기초한 규범적 행동의 기준에서 부적절한 행동이나 정상적인 적응을 갖추지 못한 것으로서, 일반 부모나 교사의 일상적인 지도범위를 벗어나 어려움이 야기되는 행동을 의미한다. 유아교육기관에서 유아가 사회 및 정서발달상의 역기능을 드러내는 외현적인 문제 행동으로는 주로 공격성, 과잉행동, 분노, 파괴적 행동 등을 볼 수 있다. 특히 연령에 따라 기본생활습관이 형성되지 않은 유아, 잘 우는 유아, 심하게 떼쓰는 유아, 편식이 심한 유아, 산만한 유아, 공격적인 유아 등의 문제 행동으로 교사들은 교실에서 유아지도에 큰 어려움을 겪는다. 이러한 문제 행동은 유아 자신에게 전인적 발달을 해칠 뿐만 아니라 교사를 힘들게 하고 학급운영의 질에 영향을 준다. 그리고 지속적인 문제 행동에 대한 수정을 시도하여도 효과가 없을 경우 소진되고 무능함을 느끼게 된다. 결국 교사는 유아의 문제 행동을 수정하기 위해서는 연령별 발달특성을 정확하게 이해하고 민감하게 반응하며, 유아의 측정 행동에 대한 이해를 높일 수 있도록 부단히 노력해야 한다.

일곱째, 교사의 분노 다스리기이다. 교사는 다양한 원인과 이유로 생겨나는 자신의 분노를 정확하게 파악하고 분노를 조절하여 자신의 감정이 거칠거나 부정적인 말과 행동이 드러나지 않도록 끊임없는 노력을 해야 한다. 분노 다스리기 방법을 제시하면 다음과 같다(중앙종합육아종합센터, 2015). ① 말이나 행동하기 전에 먼저 열(10)을 세자. 그래도 화가 난다면 상황을 피해서 진정할 수 있는 시간을 갖는다. ② 어깨를 내리고 깊게 심호흡한 후 '침착하자', '진정해'라는 말을 반복한다. ③ 등 뒤에 손을 대고 기다린다. ④ 교실에서 벗어날 수 있다면 산책을 하면서 상황에 대해 생각해 보라. 아이가 왜 그렇게 행동했는지를 생각한다. ⑤ 아이의 입장에서 상황을 본 후 아이를 존중하고 왜 화가 났는지를 설명하는 방식으로 반응을 변경한다. ⑥ 화가 나서 아이에게 말을 심하게 하거나 아이를 때리지 않도록 주의한다(한국보육진흥원, 2012). ⑦ 흐르는 물에 손을 씻고 로션을 바르는 일을 하며 진정한다. ⑧ 신선한 공기를 마실 수 있도록 창문을 열어 환기한다. ⑨ 다른 성인의 감독이 가능하다면 잠시 교실에서 벗어난다.

## 참고자료 유아교사의 인성 진단 척도

| 번호 | 내용 | 전혀 그렇지 않다 | 그렇지 않다 | 그렇다 | 매우 그렇다 |
|---|---|---|---|---|---|
| 1 | 먹기 싫다고 할 때 억지로 먹이거나 강요한다. | ① | ② | ③ | ④ |
| 2 | 같은 실수를 반복하는 유아에게 비난하거나 야단친다. | ① | ② | ③ | ④ |
| 3 | 식사 중에 식탁을 정리하거나 자리를 옮기게 한다. | ① | ② | ③ | ④ |
| 4 | 유아가 교사를 부를 때 대답하지 않고 무시한다. | ① | ② | ③ | ④ |
| 5 | 이름이 아닌 별명이나 '야', '너'라고 지시어로 부른다. | ① | ② | ③ | ④ |
| 6 | 교사의 식사가 끝나지 않았다고 유아들을 기다리게 한다. | ① | ② | ③ | ④ |
| 7 | 예쁜 아이와 예쁘지 않은 아이를 구별한다. | ① | ② | ③ | ④ |
| 8 | 아무 곳에서나 옷을 갈아입힌다. | ① | ② | ③ | ④ |
| 9 | 유아의 특성이나 행동을 비꼬아서 말한다. | ① | ② | ③ | ④ |
| 10 | 유아의 작품을 함부로 다루거나 버린다. | ① | ② | ③ | ④ |
| 11 | 유아의 자리를 바꿀 때 팔이나 어깨를 세게 끌어당긴다. | ① | ② | ③ | ④ |
| 12 | 함께 이동할 때 말하지 않고 끌고 간다. | ① | ② | ③ | ④ |
| 13 | 놀잇감을 발로 밀거나 차서 치운다. | ① | ② | ③ | ④ |
| 14 | 고집부리고 우는 유아를 달래지 않고 방치한다. | ① | ② | ③ | ④ |
| 15 | 유아의 행동을 표현할 때 부정문으로 말한다. | ① | ② | ③ | ④ |
| 16 | 유아의 밥을 먹일 때 한 숟가락으로 여러 유아를 먹인다. | ① | ② | ③ | ④ |
| 17 | 유아의 사진을 교사의 SNS에 올린다. | ① | ② | ③ | ④ |

• 자료: 중앙종합육아종합센터(2015). 보육교직원의 인성함양을 위한 아동학대예방 특별교육.

## 생각해 봅시다

**1.** 유아교사 인성교육의 필요성과 당위성에 대해 생각해 봅시다.

**2.** 유아교사의 인성교육을 위해 교사 양성기관의 노력은 무엇이 있는지에 대해 생각해 봅시다.

**3.** 유아교사의 인성교육을 위해 향후 정책과제에 대하여 생각해 봅시다.

CHAPTER 6

# 유아교사에게 필요한 지식 알기

## 학습목표

1. 반성적 사고의 개념을 이해할 수 있다.
2. 반성적 사고의 수준과 내용을 이해할 수 있다.
3. 유아교사 교육에서 반성적 사고의 필요성을 이해할 수 있다.
4. 반성적 사고의 태도와 과정을 설명할 수 있다.
5. 실천적 지식의 구성요소를 설명할 수 있다.
6. 반성적 사고를 통한 실천적 지식발달 전략을 설명할 수 있다.

Keyword

• 반성적 사고 • 실천행위 • 반성적 저널쓰기 • 교사 이야기 쓰기 • 실행연구
• 포트폴리오

전문가로서의 유아교사가 되기 위해서는 유아교육학적인 지식을 구비해야 될 것이다. 유아교사에게 필요한 지식을 무엇으로 보느냐는 사회와 문화가 변화함에 따라 영향을 받아 왔다. 따라서 이장에서는 먼저 유아교사에게 필요한 지식, 반성적 사고와 유아교사의 교육, 실천적 지식 등에 대해서 고찰하기로 한다(문혁준 외, 2016; 염지숙 외, 2016; 김규수 외, 2016; 조부경 외, 2016; 강유정 외, 2018; 권영례 외, 2011; 박은혜, 2016; 송준석 외, 2016).

## 01 유아교사에게 필요한 지식

교사를 전문가로 간주할 수 있는 다양한 요인 가운데 타 직업과의 차별화된 교사로서의 독특한 지식을 지니고 있다는 것이다. 이러한 맥락에서 교사에게 필요한 지식이 어떤 것인지에 대한 노력을 지속적으로 진행하고 있는 실정이다. 유아교사에게 필요한 지식에 대한 다양한 학자들의 견해를 고찰하기로 한다.

첫째, Shulman(1987)은 교사에게 필수적으로 요구되는 지식의 기초를 다음과 같이 제시하고 있다. ① 교과내용 지식, ② 일반 교육학적 지식(학급관리 및 조직에 대한 지식), ③ 교과 교육학적 지식(교과내용에 대한 전문가적인 이해와 교육학적 이해), ④ 교육과정 지식, ⑤ 교육환경 지식, ⑥ 지역사회의 문화와 특성에 대한 지식, ⑦ 교육목적 지식, ⑧ 학습자와 학습자 특성에 대한 지식, ⑨ 교육의 목적, 가치, 교육의 철학적·역사적 기초 등과 같은 것이다. 이 가운데에서도 교수활동을 위해 특별히 중요한 지식인 교과 교육학적 지식을 교사라는 존재를 특정 학문의 전문가와 구별하도록 해주는 지식으로 언급하였다.

둘째, Carter(1990)는 교사의 지식을 정보처리, 실천적 지식, 교수내용 지식 등 세 가지 측면에서 기술하고 있다. ① 정보처리 측면에서 교사의 지식은 교사가 다양한 사고를 통하여 교실 수업계획을 세우고 스스로 의사결정을 하면서 수업을 한다는 측면과 관련되어 있다. 즉, 교사의 지식이란 숙련가가 갖는 특별한 지식으로 영역 특수적이며 경험을 통한 숙고의 과정을 거쳐 조직된다. ② 실천적 지식으로서 교사의 지식은 교사가 교수활동을 수행하고 계획하는 방법에 활용되는 지식으로, 교사 교실상황과 그들의 환경에서 목적적으로 교수행동을 수행하는 가운데 직면하는 실천의 갈등을 내포한 지식이다. 이러한 측면에서 교시의 지식은 사려 깊은 상호작용적이고 행위 내 사고의 복잡성을 설명할 수 있으며, 교사가 알고 있는 정보나 사실의 개념을 일반화하기보다는 교사가 그들의 지식을 어떻게 구성하고 획득하며 사용하는가가 중요하다. ③ 교수내용으로서의 교사의 지식은 교사가 가르칠 교과내용에 대해 무엇을 어떻게 알고 교육과정상 그 지식을 어떻게 변환하여 적용하는가와 관련된 지식이다(김규수 외, 2016: 재인용).

셋째, Ott, Zeichner 및 Price(1990)는 다양한 연구 결과를 정리하면서 "유아교사가 지녀야 할 전공지식으로 ① 유아교육의 이론적 기초에 대한 지식, ② 유아를 위한 교수-학습에 대한 지식, ③ 유아발달에 대한 지식, ④ 도덕 및 윤리적 지식, ⑤ 문화적 지식, ⑥ 부모교육 및 부모 참여에 대한 지식, ⑦ 유아교육과정에 대한 지식, ⑧ 유아교육과정의 각 교과목 지도에 관계된 이론이나 연구, ⑨ 유아교육에 대한 사회 및 정치적 분석 능력, ⑩ 부모 및 사회와 관계를 맺을 수 있는 능력 등"으로 제시했다.

넷째, Bredekamp(1995)는 "유치원교사가 필수적으로 갖추어야 할 지식은 유아들과 활동을 수행할 수 있는 기술과 지식, 아동관찰 및 평가, 현장실습, 학급 운영에 관한 지식 등이 포함될 것"을 강조했다.

다섯째, Spodek 및 Saracho(1994)는 "유치원교사들이 반드시 알아야 할 지식으로는 기본적인 건강과 안전 관련 지식, 유아들과 활동을 수행할 수 있는 지식, 학급경영 지식, 유아교육과정의 내용에 관한 지식 등"을 들고 있다.

여섯째, 미국유아교육협회 NAEYC(national association for the education of young children, 1984)에서는 유아교사에게 필요한 지식의 기초에 관한 기준을 다섯 가지 영역으로 나누어 제시했는데, 이를 소개하면 다음과 같다. ① 유아의 발달과 학습 지원하기(유아의 특성과 요구에 대해 알고 이해하기, 유아의 발달과 학습에 영향을 미치는 다양한 요인에 대해 알고 이해하기, 유아발달에 관한 지식을 바탕으로 건강하고, 신뢰롭고, 지적이며, 도전적인 환경 제공하기), ② 가족 및 지역사회와 협력관계 구축하기(가족과 지역사회의 특성을 알고 이해하기, 신뢰롭고 상호 협력적인 관계 형성을 통해 가족과 지역사회를 지지하고 힘을 갖출 수 있도록 하기, 가족과 지역사회가 유아의 발달과 학습에 참여할 수 있도록 하기), ③ 유아의 가족을 지원하기 위하여 관찰하고, 기록하고 평가하기(평가의 목표, 가치와 사용방법에 대해 이해하기, 관찰, 기록하기와 다른 적절한 평가도구와 접근방법에 대해 이해하고 사용하기, 책임 있는 평가에 대해 이해하고 실천하기, 가족 및 다른 전문가와의 협력을 통한 평가에 대해 이해하기), ④ 교육과정에 대해 이해하기(유아 및 가족과 관계 맺기, 발달적으로 적합한 교수 실제 사용하기, 유아교육에서 필요한 내용 지식에 대해 이해하기, 적합한 교육과정을 계획하고 실행하기), ⑤

전문성을 갖춘 교사되기(유아교사로서의 정체성 확립하기, 교사로서의 윤리 강령 및 전문 직업인으로서의 규율에 대해 알고 지키기, 교수 실제의 개선을 위해 지속적으로 협력적인 학습과정에 참여하기, 유아교육에 관한 지식과 반성적이며 비판적인 관점을 통합하기, 유아를 위한 사회적 운동과 정책에 참여하기) 등으로 제시했다(김규수 외, 2018: 재인용).

일곱째, 이은화·배소연·조부경(2003)는 "유아교사가 갖추어야 할 전공지식으로 유아교육의 이론적 기초에 대한 이해, 다양한 지식 습득방법, 유아교육 분야의 연구 기초와 결과에 대한 이해, 교육과정 내용 영역에 대한 이론과 실제의 통합, 연구 능력 계발, 부모·행정가·다른 구성원과 협동할 수 있는 것 등"으로 포함시키고 있다.

여덟째, 양옥승·임승렬·박은혜·조부경(1997)은 "유아교사에게 요구되는 지식을 ① 유아에 대한 이해, ② 교육과정에 대한 이해, ③ 교육 및 사회현상에 대한 이해, ④ 유아교육현장에 대한 이해와 적용, ⑤ 유아교사의 전문성에 대한 이해, ⑥ 의사소통 기술, ⑦ 연구 능력 등"으로 제시했다.

아홉째, 김규수·임승렬(2018)은 "유아교사의 지식으로 유아교육에 관한 이론적인 지식과 유아교육 현장에서 역동적으로 발생하는 문제를 실제로 해결할 수 있는 경험적인 지식, 교사가 유아들을 가르치기 위해 필요한 지식, 교사의 전문성 증진과 책무, 유아 및 학부모와의 관계 유지 등과 관련된 지식으로 교육현장에서 교사 역할과 직무를 수행하기 위하여 필요한 지식, 기능, 성향, 태도 등의 총체적인 집합체를 의미한다"고 제시했다.

앞에서 유아교사에게 필요한 지식에 대한 다양한 학자들의 견해를 종합 정리하면, 유아교사에게 요구되는 지식에 공통적으로 함의되어야 할 내용은 다음과 같다.

① 유아교육의 이론적 기초가 포함되어야 하는데, 아동발달, 교육심리학, 교육사철학, 사회학, 행정학, 교육방법 및 공학, 유아교육실무 등의 광범위한 학문적 지식이 포함되어야 할 것이다. ② 유치원교사는 교육과정을 개발함과

더불어 이를 실천하는 역할을 해야 하므로 교육과정 내용 영역에 대한 이론과 실제를 통합시킬 수 있는 지식이 필요하다. ③ 가족 및 지역사회와 협력 관계를 구축하는 지식이다. 가족과 지역사회의 특성을 파악해서 신뢰로운 상호 협력적인 관계 형성을 통해 가족과 지역사회를 지지할 수 있는 능력을 구비하고, 가족과 지역사회가 유아의 발달과 학습에 참여할 수 있도록 해야 할 것이다. ④ 유아교육 분야의 연구에 대한 이해와 스스로 연구하는 능력과 태도를 갖추어서 전문성을 갖춘 교사가 되어야 한다. ⑤ 유아를 위한 교수-학습에 대한 지식, ⑥ 유치원교사는 유아교육과 관련된 모든 사람들과 긍정적인 관계를 형성하는 것이 중요하고, 그에 따라 의사소통 기술을 가지고 있어야 한다.

## 02 반성적 사고와 유아교사의 교육

유아교육 현장에서 매일 일어나는 교수활동은 역동적이며, 불확실하고, 불안정하고, 복잡하여 일일이 해답을 확인할 수도 없을뿐더러 정답이 없는 경우도 있다. 유아교육 현장에서 교사들이 교육을 잘 수행하려면 돌발적인 상황에 직면하여 순발력 있게 대처하고 문제를 슬기롭게 해결할 수 있는 전문적 역량을 구비해야 한다. 즉, 문제해결 능력이 있는 유아교사들이 교실에서 문제 상황이 발생했을 때 자신의 성장 배경, 경험, 교수 실천 등을 통해 얻은 다양한 경험을 바탕으로 문제해결의 방안을 얻어내는 능력을 갖추었음을 의미한다(조부경 외, 2016). 이러한 개인적 능력은 교사의 일생을 통하여 끊임없이 변화하고 발전되는데 그것은 바로 반성적 사고를 통한 실천으로부터 가능한 것이다. 따라서 여기에서는 반성적 사고의 개념과 형태, 유아교사 교육에서 반성적 사고의 필요성, 반성적 사고의 수준 및 내용, 반성적 사고의 태도와 과정 등에 대해서 고찰하기로 한다(박은혜, 2016: 365~382; 김규수 외, 169~175; 송준석 외, 2017: 237~243; 조부경 외, 2016: 135~137; 염지숙 외, 2016: 197~226).

## 1. 반성적 사고의 개념 및 형태

반성적 사고(reflective thinking)에 대한 개념은 1933년 Dewey에 의해 최초로 소개되었으며, 그 이후 여러 학자들에 의해 개념화되고 발전되어 왔다. '반성적 사고'에 대한 여러 학자들의 개념을 소개하면 다음과 같다.

① Dewey(1933)는 "반성적 사고란 어떤 것을 마음속에서 잘 생각해 보고 그것에 대해 진지하게 계속적으로 고려하는 것, 자신의 신념이나 실천행위에 대해 그것이 지지하는 원리와 궁극적인 결과에 대해 적극적이고 지속적으로 주의 깊게 고려하는 것"으로 정의했다. ② Schön(1983)은 반성적 사고의 형태를 개념화하여 행위 중의 반성적 사고(reflection-in-action)와 행위 후의 반성적 사고(reflection-on-action)로 구분하여 제시했다. 그리고 그는 전문적 실천가(professional practioner)의 앎이란 행위 중의 앎(knowing-on-action)이며, 실천적 지식은 행위 중 반성을 통해 형성되고 발전된다고 보았다. 따라서 예비교사들은 반성적 실천가가 되도록 교육받아야 하며, 이를 위하여 교육실습을 활용할 것을 제안하였다. ③ 염지숙 외(2016)는 "반성적 사고는 자신의 행위를 사려 깊고 비판적이며 분석적으로 되돌아보고 평가하여 보다 나은 미래의 행위를 위한 의사결정을 추구하는 자기성찰과 향상의 과정"이라고 제시했다. ④ 김하종(2015)은 "반성적 사고란 교사가 자신의 수업(교수-학습방법)을 비판적으로 분석하고 평가하여 그 결과를 수업개선을 위한 실천에 적극 활용함으로써 궁극적으로 문제를 해결해 나가는 사고과정"이라고 했다. ⑤ 박은혜(2016)는 "반성적 사고란 교육활동에 있어서 교사로 하여금 과거나 현재에 일어나고 있는 실천적 행위에 대한 사고로부터 미래의 행위에 대해

결정짓는 방향"이라고 정의하였다.

앞에서 Dewey(1933), Schön(1983), 김하종(2015), 염지숙 외(2016), 박은혜(2016) 등의 학자에 의해 반성적 사고에 대한 개념 정의를 종합하여 정리하면, 반성적 사고란 교육활동에 있어서 교사로 하여금 과거나 현재에 일어나고 있는 실천적 행위에 대한 사고로부터 교사 자신의 행위를 비판적이며 분석적으로 되돌아보고 평가하여 보다 나은 미래의 행위를 위한 의사결정을 추구하는 자기성찰과 개선의 과정으로 볼 수 있다. 이러한 반성적 사고는 교사가 수행해야 할 전문성을 갖출 수 있도록 도와주기 때문에 유아교육기관 운영의 효율화를 높여 줄 수 있으며, 교사 자신의 행동이나 신념 등에 대해 주의를 기울여 다양하고 합리적으로 분석함으로써 행동의 변화를 초래할 수 있다. 유아교사들은 반성적 사고를 통해 교육현장을 둘러싼 맥락 및 수업을 비판적으로 분석하고 평가해야 하며, 그 결과를 수업개선을 위해 적극적으로 활용해야 한다(송준석 · 송순옥, 2016).

**참고자료** 허준의 반성적 실천이야기

이은성의 소설 동의보감에 등장하는 허준은 조선 선조 때의 사람으로 스승 유의태로부터 의술을 배운다. 그런데 허준은 1년이 채 되지 않아 10년 넘게 의술을 배운 다른 사람을 넘어서고, 심지어 유의태의 아들인 유도지의 의술에 다가서게 된다. 한 스승으로부터 어떻게 허준은 이렇게 훌륭한 의술을 지속적으로 연마해 갈 수 있었을까? 대부분의 제자들은 스승으로부터 배운 지식을 적용하고 그 다음에는 별다른 노력을 않기 때문에 아무런 의술의 진전이 없다.

이에 반해 허준은 만나는 환자의 병을 기록하고 동일한 환자라도 병의 진전 사항을 끊임없이 기록한다. 그리고 자신이 처방한 약이 환자에게 어떠한 영향을 미치는가를 바탕으로 끊임없이 반성하여 새로운 처방을 찾아낸다. 이러한 결과의 집약이 동의보감이라 할 수 있다. 이것으로 미루어보면 한 사람이 훌륭한 의원이 되는 데는 일정한 의술을 이론적으로 전달하는 스승 이외의 개인적 · 반성적 실천가로서의 끊임없는 노력이 오히려 더 근본적인 것임을 알 수 있다.

• 자료: 송준석 외(2016). 예비교사를 위한 영유아교사론. 서울: 신정, p. 246 재인용함.

한편 반성적 사고란 새로운 개념은 아니며 이미 1933년 Dewey에 의해 소개된 이후 1980년대 Schön(1983)에 의해 다시 제기되어 교육학자들로부터 큰 반향을 일으켰다. Killion 및 Todnem(1991)은 이 같은 Schön의 개념을 확장시켜서 다음과 같이 세 가지 형태의 반성적 사고를 제시했다.

첫째, 실천 행위 중의 반성적 사고(reflection-in-practice)는 교사가 가르치는 중에 일어나는 것으로 교사가 수업을 하다가 유아의 반응을 보고 판단하여 교수내용이나 방법을 변경할 때 바로 실천 행위 중의 반성적 사고가 일어났다고 할 수 있다. 둘째, 실천 행위에 대한 반성적 사고(reflection-on-practice)는 이미 일어난 상황에 대하여 나중에 반성적 사고를 하게 되는 경우이다. 셋째, 실천 행위를 위한 반성적 사고(reflection-for-practice)는 실천 행위 중의 반성적 사고와 실천 행위 후의 반성적 사고의 목적이 무엇인지 또는 결과가 무엇인지를 검토하는 좀 더 적극적인 형태이다.

따라서 반성적 사고란 자신의 행위를 사려 깊고 비판적이며 분석적으로 되돌아보고 평가하여 보다 나은 미래를 위한 의사결정을 추구하는 자기성찰과 향상의 과정으로, 실천 행위 중 반성적 사고, 실천 행위 후 반성적 사고, 실천 행위를 위한 반성적 사고를 포함한다. 예비유아교사나 실습교사 또는 현직교사에게 처음 반성적 사고를 할 기회를 제공할 때는 실천 행위 후나 실천 행위를 위한 반성적 사고에서 시작하여 점차 실천 행위 중 반성적 사고를 할 수 있도록 역량을 키워나가는 것이 바람직할 것이다(조부경 외, 2016).

## 2. 유아교사 교육에서 반성적 사고의 필요성

반성적 사고는 불확실한 교수 상황에서 유아교사의 의사결정, 교사의 사고과정, 신념체계, 실천 행위의 관계 재구성, 유아교사의 전문성을 향상시켜 준다. 교사교육에서 반성적 사고의 필요성을 세 가지 측면에서 고찰하기로 한다(김규수 외, 2016; 염지숙 외, 2016; 송준석 외, 2016; 박은혜, 2016).

① 불확실한 교수 상황에서 유아교사의 의사결정이다. 교수활동은 역동적이며, 불확실하고, 불안정하며, 복잡한 현상이다. 유아들의 흥미와 요구, 교사-유아의 상호작용이 중요시되는 유아교육 현장에서는 교사가 미리 계획했던 프로그램이나 활동을 수정하거나 그때그때 상황에 맞도록 새로운 것을 고안해내야 할 것이다. 이러한 현장 상황에서 교사들은 신속하게 의사결정을 내려야 할 것이다. 이러한 의사결정 능력은 반성적 사고를 통해 자신의 교수실천을 주의 깊게 비판적으로 되돌아봄으로써 가능할 것이다. ② 반성적 사고는 교사의 사고과정 및 신념체계와 실천 행위의 관계를 재구성할 수 있도록 도와준다. 교사는 자기 자신, 학습 환경, 학습자의 눈을 통해서 본 교수-학습활동의 본질을 성찰할 수 있는 능력을 구비하도록 하고, 교사 자신의 신념체계를 드러내어 검토하고 분석할 수 있도록 해준다. 즉, 교사는 자신의 교수행위와 관련된 여러 자료들을 수집하여 자신의 신념과 교수 실제를 비교하고 분석하는 과정을 통해 교사가 인식하지 못했던 교사의 경험과 신념을 검토하고 분석할 수 있는 기회를 제공한다. ③ 유아교사의 전문성을 향상이다. 이진향(2002)은 "교사교육에서 일반적으로 교육 이론이나 연구 결과를 교육현장에 그대로 적용하도록 가르치기보다는 교사의 반성적 사고 능력을 발달시킴으로써 교사가 교육현장에서 직면하는 복잡하고 다양한 문제들을 합리적으로 해결할 수 있다"고 했다. 유아교사가 자신의 교수활동에 대하여 지속적인 반성적 평가를 함으로써 자신의 교수 실천 행위가 지닌 의미를 이해하고, 그 의미를 비판하고 재구성하여 더 나은 교수실천을 위해 노력할 때 전문적 성장이 이루어질 것이다.

**참고자료** 반성적 사고 평가 척도

체크리스트를 통해 나는 반성적으로 사고하며 발전하고 있는 교사인가를 점검한다. 각 항목의 해당 칸에 표시한 후 합산하여 자신의 반성적 사고 능력의 수준에 대해 생각해 본다.

| | 문항 | ① | ② | ③ | ④ |
|---|---|---|---|---|---|
| 1 | 나는 예리한 추론과 판단력을 가지고 있다. | | | | |
| 2 | 스스로에게 비판적으로 '왜'를 묻는 것에 익숙하지 않다. | | | | |
| 3 | "내가 어디에 있는 건가?", "내가 하는 것이 무엇인가?"와 같은 비판적 질문을 던져본다. | | | | |
| 4 | 나의 질문에 대한 해답을 찾지 못해도 다시 질문한다. | | | | |
| 5 | 유아교사 윤리와 관련된 딜레마를 가지고 있다. | | | | |
| 6 | 매일 교실에서 무슨 일이 일어나고 있는가에 대해 문제의식이 있다. | | | | |
| 7 | 무엇을 하고 있는지에 대해 깊게 생각할 기회가 있다. | | | | |
| 8 | 지루하고 실패하는 일상이 싫어서 참신한 아이디어로 실험하기도 한다. | | | | |
| 9 | 이해하고 깨닫게 된 것을 실제 수업에 적용하려고 노력한다. | | | | |

• 자료: 송준석 외(2016). 예비교사를 위한 영유아교사론. 서울: 신정, p. 249 인용함.

## 3. 반성적 사고의 수준 및 내용

교사교육에서 반성적 사고의 중요성은 강조되고 있으나, 예비유아교사 및 신규교사의 경우 반성적 사고를 할 시간적 여유와 능력을 구비했는가에 대한 의문을 보이는 학자들도 있다.

Van Manen(1977)은 반성적 사고를 다음과 같이 세 가지 수준으로 제시하고 있는데, 이는 반성적 사고가 예비유아교사 및 신규교사들에게 필요한지에 관해 생각해볼 수 있는 기회를 제공하고 있다.

① 기술적 반성 수준이다. 이는 교사의 주된 관심사는 특정한 교육목표를 얼마나 잘 달성했는가에 있다. 목표 자체나 준거가 적절한가에 대해서는 어

떠한 의문도 없으며, 당연히 달성해야 하는 것으로 생각된다. 단지 이러한 목표를 달성하기 위해 어떠한 방법이 가장 효과적인가에만 관심이 있다. ② 실천적 · 반성적 수준이다. 이 수준에서 교사는 문제 상황이나 의사결정의 순간에 직면했을 때 그러한 상황이 일어난 배경, 문제점 등에 대해 분석하고, 자신의 결정이 어떤 장기적인 교육적 효과를 고려한 후에 행동을 취하게 된다. 이 수준의 반성적 사고를 하는 교사는 자신이 내린 결정이나 취한 행위가 적절한 것인가 그리고 자신의 행위를 이끌어낸 교육목표가 적절한 것인가에 대해서도 반성적 사고를 한다. 즉, 이 수준의 교사는 기술적이고 도구적인 교수활동에서 벗어나 특성을 갖지만, 어떤 결정을 내리거나 행위를 취할 때는 여전히 교육학적 원리에만 초점을 두는 경향이 있다. ③ 비판적 수준이다. 교사들의 주된 관심사는 교육목표, 교육활동, 교육경험들이 도덕적 및 윤리적으로 정의, 평등, 배려, 동정심과 같은 삶의 방식을 지향하는가에 있다. 비판적 수준에서의 반성적 사고는 실천적 수준에서 관심을 가졌던 교사 행위 이면의 가정들과 교사 행위의 교육적 효과뿐만 아니라, 교실에서 일어나는 다양한 상황들을 정치, 경제, 사회적 상황 및 조건들과 연결시켜 생각해 봄으로써, 교육활동과 경험들이 도덕적 및 윤리적 목적 하에 행해지고 있는가에 대해서도 사고를 하게 된다. Tom(1984)은 교사를 도덕적 행위의 실천자가 되어야 한다고 주장하며, 비판적 수준 단계에서 반성적 사고를 할 수 있는 교사를 양성하는 것이 매우 어렵지만, 반드시 이루어야 하는 과제라고 주장했다.

한편 반성적 사고의 내용에 대한 제 학자들의 견해를 기술하면 다음과 같다. ① Roderick(1986)은 유아교육과 학생들(22명)의 저널을 분석한 결과, 반성적 사고의 내용으로 교사로서의 자아, 교사의 역할, 직업인으로서의 유아교사, 교육에 대한 자신의 신념의 재발견 등의 주제에 대하여 사고하고 있음을 밝혀내었다. ② Bolin(1990)은 한 명의 실습생을 두 학기 동안 집중 연구하여 반성적 사고의 내용이 자기 자신, 담임교사, 유아, 학급에서 일어나는 활동,

그리고 유아교육 전반에 걸친 논의점들로 구성되어 있음을 밝히고 있다. ③ Surbeck 및 Han(1993)은 유아교육학과 학생 10여 명의 저널을 분석하여 유아에 대한 이해, 유아교육의 실제에 대한 인식, 유아교육의 전문성에 대한 인식 그리고 자기 평가의 내용이 담겨 있음을 알게 되었다.

앞에서 기술한 반성적 사고의 내용을 정리하면 교사의 역할, 교육활동에 대한 자신의 신념, 유아, 학급에서 일어나는 상황, 유아교육에 대한 전문성, 자기평가 등으로 볼 수 있다.

## 4. 반성적 사고의 태도와 과정

반성적 사고는 교사들이 특정한 상황에 대하여 반응하는 것으로 출발한다. 이러한 반응은 긍정적일 수도 있고, 부정적일 수도 있다. Dewey(1933)는 반성적 사고를 위해서는 스스로의 태도가 중요하다고 했다. 그는 반성적 사고에 임하는 교사의 태도를 열린 마음, 전심전력하는 태도, 지적 책임감 등으로 제시했다.

① 열린 마음이다. 이는 한쪽 편의 의견보다는 여러 방면의 의견을 들으려는 것 그리고 어떤 사실이라도 이를 충분히 고려해서 자신이 갖고 있는 신념의 오류를 발견하려고 하는 것이다. ② 전심전력하는 태도이다. 이러한 태도는 실제적 문제와 도덕적 문제에서 중요하게 생각되며 지성의 발전에도 중요하다. 한 사람이 어떤 문제에 몰두할 때 그 문제는 그 사람을 안내하고, 그러한 과정에서 새로운 문제가 나타나게 되며, 이에 따라 여러 가지 제안이 나타나서 새로운 탐구와 새로운 해석이 계속된다. ③ 지적 책임감이다. 이는 계획된 정신적 과업을 스스로 선택하는 것으로서, 신념에 근거해서 행동한 결과에 대해 책임을 지는 것이다. 책임감은 지나치게 마음이 확대되는 것을 막아 주어 마음을 집중시키고 마음을 통일시킨다. 그리하여 지적 책임감은 지적 성실성을 보증한다.

그렇다면 반성적 사고는 어떤 과정을 거쳐서 이루어지는 것일까? 이것이 바로 반성적 사고의 단계이다. 이에 대한 다양한 이론이 있으나, 여기에서는 Dewey(1933), Hatton 및 Smith(1992), Ross(1989), Knowles 외(1994), Surbeck 외(1991)의 사고과정에 대하여 기술하고자 한다.

첫째, Dewey(1933)는 ① '문제인식'의 과정이다. 이는 성격이 충분히 파악되지 않은 의심스런 상황에 처하여 곤란과 혼란을 느끼는 것을 의미한다. ② '문제 명료화'의 과정은 현재의 문제를 해결하고 명료화하는 데 도움이 되도록 조사 및 정리하는 과정이다. 주어진 문제에 내포된 조건들을 명확히 관찰함으로써 앞서 느낀 혼란의 정서 성향들을 지적으로 판단하는 것이다. ③ '가설을 세우는 단계'의 과정이다. 이는 관찰에 의하여 확인된 문제에 한 해결책이 아이디어로 떠오르는 과정으로서 어떤 조작이 수행된다면 어떤 일이 결과로 주어질 것인가에 대한 예측이 수행되는 과정이다. ④ '가설의 결과 추론'의 과정은 떠오른 아이디어들이 이전의 지식과 경험의 체계 안에서 어떤 의미를 가지는가에 대해 추론하는 과정이다. ⑤ '가설 검증'의 과정은 설정된 가설을 기초로 하여 발간된 결과를 일으키기 위하여 실제로 행동을 함으로써 가설을 검증하는 과정이다.

둘째, Hatton 및 Smith(1992)는 ① '묘사의 단계'는 '내가 무엇을 하고 있는가?', ② '정보의 단계'는 '이것이 무엇을 의미하는가?', ③ '직면의 단계'는 '어떻게 이와 같이 할 수 있는가?', ④ '재구성의 단계'는 '그것을 어떻게 달리 할 수 있는가?' 등이다.

셋째, Ross(1989)는 Dewey(1933)와 Schon(1983)의 연구를 종합하여 반성적 사고의 과정은 ① 교육적 문제나 딜레마를 인지하고, ② 다른 상황의 공통점과 차이점을 인지하는 것으로 문제에 대해 반응하고, ③ 분석된 상황에 비추어 문제를 다시 정의하고, ④ 여러 가지 문제의 해결책을 시도해 보고, ⑤ 나타난 결과를 검토해 보는 것이다.

넷째, Knowles 외(1994)는 반성적 사고란 실천 행위를 검토하고 정련하며 학교나 교실에서 교사의 다양한 역할과 관련된 개인적이고, 교육학적이며, 사회적(정치적, 역사적, 경제적)인 맥락을 주의 깊게 고려하는 계속되는 과정을 의미한다고 정의했다.

다섯째, Surbeck 외(1991)는 10명의 유아교육과 학생들이 쓴 저널을 분석하여 반성적 사고는 ① 상황에 대한 반응(reaction), ② 자신의 반응에 대한 분석 및 정당화(elaboration), ③ 분석된 결과에 따른 의사결정(contem-plation) 등 세 가지 단계를 진행된다고 보고했다. 이 과정을 좀 더 구체적으로 제시하면 표 6-1과 같다.

**표 6-1** 반성적 사고의 과정

| 반성적 사고 과정 | 개념 |
|---|---|
| 1. 반응 | 교실에서 일어나는 모든 상황에 대해 보이는 최초의 반응을 의미한다. |
| • 긍정적 느낌 | 자신이나 다른 사람에 대한 만족이나 기쁨을 표현하는 것이다. |
| • 부정적 느낌 | 자신이나 타인에 대한 불만족이나 불평을 하는 것이다. |
| • 보고서 | 개인적인 관심이나 느낌을 포함하지 않고 사실만 언급하는 것이다. |
| • 개인적 관심 | 자신이 교실에서 벌어진 상황에 대하여 개인적 관심을 표현하는 것이다. |
| • 이슈 | 교육적 이슈, 문제, 지식을 나타내는 것이다. |
| 2. 정당화 | 자신이 보였던 반응을 설명하고 정당화하며 예를 제시함으로써 확장시키는 과정을 말한다. 정당화는 세 가지 유형이 있다. |
| • 구체적 정당화 | 반응을 보였던 그 상황에 초점을 맞추어 확장시키는 것이다. |
| • 비교 정당화 | 반응을 보였던 상황을 과거의 경험이나 다른 학급 혹은 다른 상황과 비교하면서 최초의 반응을 확장시키는 과정을 말한다. |
| • 일반화된 정당화 | 최초의 반응을 일반적 원리, 이론 또는 광범위한 철학적 배경을 이용하여 정당화하는 과정을 말한다. |
| 3. 의사결정 | 첫째 반응을 확장하고 정당화한 것에 기초하여 개인적, 전문적, 사회적, 윤리적 문제에 대한 의사결정을 한다. |
| • 개인적 초점 | 개인적 차원에서 의사결정을 한다. |
| • 전문가적 초점 | 교육적 문제, 이슈, 이론, 교수방법, 미래의 목표, 교사로서의 태도, 아이들의 능력과 특성에 기초하여 의사결정을 한다. |
| • 사회적·윤리적 초점 | 사회적 이슈, 윤리적 문제 또는 도덕적 차원에서 의사를 결정한다. |

• 자료: 박은혜(2016). 유아교사론. 서울: 창지사, pp. 368~369.

결국 반성적 사고란 과거나 현재에 일어나고 있는 실천적 행위에 대한 사려 깊고 분석적인 사고로부터 미래 행위에 대한 방향을 결정하는 자연스러운 과정이다(박은혜, 2016).

## 03 실천적 지식

교사의 지식에 대한 전통적 관점은 교사가 양성과정에서 학습한 지식을 교육현장에서 활용하고 적용하는 것으로 보았다. 하지만 이론과 실제의 분리라는 문제를 야기하게 되면서 실천적 지식(practical knowledge)이라는 교사지식에 대한 새로운 관점이 대두되었다(조부경 외, 2016). 이러한 맥락에서 여기에서는 실천적 지식의 정의, 실천적 지식의 구성요소, 실천적 지식과 반성적 사고, 반성적 사고를 통한 실천적 지식발달 전략 등에 대해서 고찰하기로 한다(김규수 외, 2016: 175~184; 조부경 외, 2016: 132~150).

### 1. 실천적 지식의 정의

실천적 지식은 복합적인 특성으로 인하여 제 학자들에 의해 다양하게 개념 정의를 내리고 있다. ① Elbaz(1983)는 "실천적 지식이란 복합적이고 실제적인 전문적 지식으로서 교사 개개인이 가지고 있는 지식을 실제 상황에 맞도록 자신의 가치관이나 신념을 바탕으로 종합하고 재구성한 지식이며, 무엇을 어떻게 가르쳐야 한다는 교육의 방향과 교수방법을 설정해 주는 지식"이라고 했다. 그리고 Elbaz는 실천적 지식의 내용으로 과목에 대한 지식, 교수방법에 대한 지식, 자아에 대한 지식, 학교환경에 대한 지식으로 구분하고 있다. ② Grimmet와 Mackinnon(1992)은 "장인지식이라는 용어를 사용하여, 교사가 매일 매일의 교실 생활 속에서 자신의 판단과 관점에 근거하여 끌어내어진 지혜들의 총합"이라고 정의했다. 그리고 장인지식은 교수내용 지식(pedagogical content knowledge)과 교수 학습자 지식(pedagogical learner knowledge)으로 구성되며, 판단과 감정이입을 강조하였고, 도덕성과 맥락적인 이해가 중요하다고 하였다. ③ BeiJaard와 Verloop(1996)은 실천적 지식은 학습자의 요구와 흥미의 이해, 발달수준과 학습방식 진단 및 측정, 수업 및 학급운영 기술과 관련된 경험을 포함하며, 교사로서 겪은 경험을 통해 형성되는 것으로 교사가 어떤 행동을 실행할지 안내해 주고 결정하게 도와주는 역할을 한다고 하였다. ④ Clandinin, Connelly 및 Roulet(1998)는 전수되거나 학습된 이론적 지식이 아니라 교사가 학교현장에서 업무를 수행하기 위하여 교사의 가치, 신념 등을 포함시켜 본인이 가지고 있는 지식 이상으로 새롭게 창출한 지식을 개인적 실천 지식(personal practical knowledge)이라 하였다. ⑤ Driel(2000)은 실천적 지식의 특징으로 ㉠ 타인의 직접적인 도움 없이 자기 자신의 경험을 기초로 형성되고 축적되어 다양한 상황에 적절하게 활용할 수 있는 활동-지향적 지식이다. ㉡ 개인의 가치가 반영되어 특별한 상황과 관련된 개인적 및 맥락적 지식으로서, 현장에서 일어나는 교사의 모든 행동과 판단의 근거로 사용된다. ㉢ 자신이 알고 있다는 것을 깨닫지 못하는 암묵적 지식이다. ㉣ 과학적 지식, 일상적 지식, 경험적 지식들이 복합적으로 관여되어 형성된 통합적 지식이다.

앞에서 Elbaz(1983), Grimmet와 Mackinnon(1992), BeiJaard와 Verloop(1996), Clandinin, Connelly 및 Roulet(1998), Clandinin, Connelly 및 Roulet(1998), Driel (2000) 등의 실천적 지식에 대한 견해를 종합적으로 정리하면, 실천적 지식이란 교사 개개인이 가지고 있는 지식을 실제 상황에 맞도록 자신의 가치관이나 신념을 바탕으로 종합하고 재구성한 지식으로 볼 수 있고, 이는 교사가 교육현장에서 업무를 수행하기 위하여 교사의 가치, 신념 등을 포함시켜 본인이 가지고 있는 지식 이상으로 새롭게 창출한 지식을 말한다.

## 2. 실천적 지식의 구성요소

Elbaz(1983)는 실천적 지식을 지식, 정향, 구조 등 세 가지 측면에서 구분하고 있다. ① 지식은 교육과 관련된 내용 지식이고, ② 정향은 선행 지식이 실제 상황에서 인식되는 방식을 의미한다. ③ 구조는 반성적 사고를 지속함으로써 교수수행에 대한 나름의 틀을 만들어 내는 교수수행에 대한 가치관을 형성해 가는 것을 의미한다.

실천적 지식의 구성요소 가운데 정향을 좀 더 구체적으로 제시하면 다음과 같다(이은상 외, 2012).

첫째, 상황적 정향이다. 교실의 특정한 집단의 유아들을 대상으로 가르치는 데서 발생하는 특정한 요구를 말한다. 실천적 지식은 이러한 상황적 특징에 맞게 형성되며, 이러한 상황에서 효과적으로 사용될 수 있다. 이러한 상황적 특성을 바탕으로 교사는 기존의 자신이 가지고 있는 지식을 재구성·재조직하여 사용하게 된다.

둘째, 개인적 정향이다. 이는 교사 자신이 가지고 있는 느낌, 목적의식, 관점 등과 같은 개인적 요소를 말한다. 교사의 권위와 관련한 상황 및 교실에서 일어나는 다양한 상황에 대하여, 개인적으로 의미 있는 방법을 지향하는 데 관여한다.

셋째, 사회적 정향이다. 사회적으로 바람직하다고 인정되는 여러 요인들을 의미한다.

넷째, 경험적 정향이다. 실천적 지식을 형성할 때 영향을 미치는 교사의 경험이다. 교사가 경험의 의미를 새롭게 구조화하고 또 다른 교수 상황에서 적절하게 반응하도록 도와준다.

다섯째, 이론적 정향이다. 이는 교사가 배운 이론이나 지식을 의미한다. 같은 이론이나 지식이라 하더라도 교사가 실제 현장에서 얼마나 어떻게 활용하느냐에 따라 형성되는 실천적 지식의 내용에는 큰 차이가 있을 수 있다.

아울러 교사가 어떤 교사양성 과정을 거쳤느냐에 따라서도 실천적 지식 형성에 영향을 미치는 이론과 지식의 깊이가 좌우될 수 있다.

앞에서 살펴본 바와 같이, 실천적 지식에 영향을 주는 변인들은 매우 다양하며, 각 교사마다 각 요소의 비중이 차이가 날 수 있다. 결국 김규수 외(2016)는 실천적 지식은 교사가 현장에서 내려야 하는 수많은 의사결정의 기초를 제공해 주며, 교사의 경험과 반성을 통해 계속적으로 변화한다. 교원양성과정이나 현직 연수과정에서 교사들이 당면한 문제를 최선의 방향으로 판단하고 결정할 수 있는 능력과 태도를 길러야 될 것이다.

## 3. 실천적 지식과 반성적 사고

영유아교육 현장에서 매일 일어나는 교수활동은 역동적이며, 불확실하고, 불안정하며, 복잡하여 일일이 해답을 확인할 수도 없을뿐더러 해답이 없는 경우도 많다. 이러한 맥락에서 유아교육 현장에서 교사들이 교육을 잘 수행하려면 돌발적인 상황에 직면하여 순발력 있게 대처하고 문제를 지혜롭게 해결할 수 있는 전문 역량을 갖추어야 한다. 결국 개인적·실천적 지식을 소유한 교사들은 교실에서 어떤 문제 상황에 부딪혔을 때 자신의 성장 배경, 경험, 교수 실천 등을 통해 획득한 나름대로의 경험을 바탕으로 문제해결의 방안을 얻어내는 능력을 갖추었음을 의미한다고 한다. 이러한 개인적, 실천적 지식은 교사의 일생을 통하여 끊임없이 변화하고 발전되는데, 그것은 바로 반성적 사고를 통한 실천으로부터 가능한 것이다(김규수 외, 2016).

## 4. 반성적 사고를 통한 실천적 지식발달 전략

반성적 사고를 통한 실천적 지식발달 전략은 반성적 저널쓰기, 교사 이야기 쓰기, 실행연구, 포트폴리오(portfolio) 등 다양한 방법이 활용되고 있다.

#### 1) 반성적 저널쓰기

저널쓰기(Journal writing)란 반성적 사고를 위해 널리 활용되는 방법 중의 하나이다. 반성적 저널쓰기에 대한 제 학자들의 견해는 다음과 같다.

① 박은혜(2016)는 "반성적 저널쓰기란 교사가 자신의 실천 행위에 대해 개인적인 관심을 가지고 기록하는 다양한 형태의 글쓰기로, 자신의 실천 행위를 객관적으로 진단 · 분석하고 미래에 발생할 문제들에 대한 해결책을 고안하며 자신과 대화를 나누는 과정"이라고 했다. ② 송준석 · 송순옥(2016)은 "저널쓰기란 자신의 개인적인 생각을 적는다는 점에서 일기와 비슷하지만, 일기가 개인의 사생활에 대해 기록한 것이라면 저널쓰기는 개인의 차원이 아닌 전문성을 가진 교사로서의 의견을 기록하는 것"으로 보고, "이는 상황이나 사건에 해석을 하는 개인의 관점에서 그것이 유아를 가르치는 전문성과 연결될 때 더 큰 의미가 있다"고 했다.

③ Cooper(1991)는 "저널쓰기란 강도 높은 자기반성의 한 형태"라고 주장하며, "저널쓰기를 통해 우리 자신의 경험을 검토해보고, 새로운 관점을 얻으며 그것에 의해 경험 그 자체를 변화시키기 시작하는 것이 가능하다"고 강조했다. ④ Yinger 및 Clark(1981)은 "저널쓰기가 ㉠ 자신이 무엇을 알고 있는지, ㉡ 자신이 무엇을 느끼는지, ㉢ 자신이 무엇을 하고 있는지, ㉣ 자신이 그것을 왜 하는지 등에 대해 고려하도록 해 주기 때문에 반성적 사고를 기르는데 공헌한다"고 주장했다(박은혜, 1996: 재인용).

앞에서 박은혜(2016), 송준석 · 송순옥(2016), Cooper(1991), Yinger 및 Clark(1981)의 견해를 종합하면, 반성적 저널쓰기란 교사가 자신의 실천 행위에 대해 개인적인 관심을 가지고 기록하는 다양한 형태의 글쓰기를 의미하며, 이는 상황이나 사건에 해석을 하는 개인의 관점에서 그것이 유아를 가르치는 전문성과 연결될 때 더 큰 의미가 있다.

그리고 저널쓰기의 목적은 경험을 기록하고, 학습의 질을 심화시키고, 학습자로 하여금 자신의 학습과정을 이해하도록 돕기 위한 것, 경험으로부터 학습을 촉진시키기 위한 것, 문제해결력을 증진시키기 위한 것, 자신의 교수 실천에 대한 개인적 의미 구성을 탐색하기 위한 것 등을 들고 있다(염지숙 외, 2016).

저널쓰기의 교육적 의의를 고찰하면 다음과 같다(송준석 · 송순옥, 2016).

① 글로 저장된 교사의 생각은 언제든지 다시 꺼내어 분석할 수 있을 뿐만 아니라 생각의 변화과정을 추적할 수 있는 대상이 되며, 이러한 과정에서 반성적 사고가 이루어진다. ② 저널을 쓰면서 이론과 실제를 연결하여 생각해 보는 경험을 한다. ③ 저널쓰기를 통하여 자신이 무엇을 알고 있는지, 자신이 무엇을 느끼는지, 자신이 무엇을 하고 있는지 그리고 왜 하는지 이유를 알 수 있다. ④ 유아교사들이 자신의 교수-학습활동을 분석하고 미래에 발생할 수 있는 문제들에 대한 해결책을 고안하며 교수행위에 대해 자신과 대화를 나누는 수단이 된다.

반성적 저널쓰기 주제는 저널을 기록하는 사람이 원하는 모든 주제를 자유롭게 기술할 수 있고, 특정한 주제를 정해 줄 수도 있다. 개념 수준이 낮은 교사의 경우에는 특정한 주제를 정해 주는 것이 필요하지만, 개념 수준이 높은 교사의 경우에는 일반적인 범위를 정해 준 상태에서 자신이 원하는 특정한 주제에 대하여 기록하도록 하는 것이 효과적이다. 저널의 주제는 교수-학습방법, 학습에 대한 자신의 견해나 신념에 대하여 기록할 수도 있고 유아교육에서 현재 가장 문제가 되는 논쟁점에 대한 주제를 정하여 기록할 수 있다(조부경 · 백은주 · 고영미, 2016).

Surbeck, Han, Moyer(1991)는 반성적 사고의 단계를 기초로 저널을 쓰는 순서를 3단계로 제시했다. ① 반응의 단계이다. 교사가 자신이 문제로 삼은 상황에 대한 기술이나 반응을 기록한다. ② 확장의 단계이다. 반응에 대해 감정 설명하기, 자신의 의견 정당화하기, 예를 제시하기, 유사 상황과 비교하기, 이론적으로 설명하기 등과 같은 과정을 통하여 자신의 반응에 대한 원인을 찾거나 반응을 확대시킨다. ③ 결과에 대한 고려 단계이다. 문제를 제기하고 그 원인을 다양한 각도에서 찾아본 후, 자신이 그 상황에 처하거나 같은 일이 반복된다면 어떠하겠는가를 생각해 본다.

앞에서 고찰한 바와 같이, 교사가 자신의 학습이나 경험에 대한 저널쓰기를 통해 자신의 행위에 대해 객관적으로 진단하고 분석함으로써 미래의 나은 행위를 결정하는 반성적 사고를 하는 데 도움을 받을 수 있다. 아울러 두 사람 이상의 사람이 각자가 기술한 저널에 대해 서로 자신들의 의견, 조언, 충고 등이 포함된 저널로 응답하는 방식의 공유하는 방법도 가능하다. 이때 공유하는 사람으로는 원장 및 원감, 외부전문가 등 그 누구도 될 수 있다. 그리고 경험이 적은 교사와 경험이 많은 교사가 의사소통을 하기 위한 도구로써 저널을 활용할 수 있다.

### 2) 교사 이야기 쓰기

교사 이야기 쓰기는 교사가 소유하고 있는 개인적·실천적 지식의 본질을 이해하고 개념화하기 위해 교사교육 연구에서 연구방법으로서의 의미를 갖고 있지만, 반성적 사고를 기르기 위한 방법으로 활용되고 있다(염지숙 외, 2016). 결국 교사가 되고 교사 역할을 수행하는 데 영향을 미친 개인의 발달과 이전 경험을 기록하는 과정으로 정의할 수 있다.

교사 이야기 쓰기의 목적과 절차는 다음과 같다(조부경 외, 2016: 143~144).

첫째, 교사 이야기 쓰기의 목적은 ① 자신의 실천 행위에 대한 이해 및 탐구에 있다. 교사로서 자기 자신의 정체성을 찾고 정체성이 자신의 일에 어떻게 적용되는지 앎으로써 자신의 실천 행위에 대한 이해 및 탐구를 가능하게 한다. ② 교사발달을 이해하고 돕는 기초자료나 연구자료로 활용함으로써 다른 사람과 대화를 위한 상호작용의 도구로 활용할 수 있다. ③ 교육, 학습, 교사의 역할에 대한 자신의 관점을 기록하고, 이론과 실제를 연계함으로써 교사 개인의 실천적 지식을 형성할 수 있다.

둘째, 교사 이야기 쓰기의 절차는 ① 교사 이야기 쓰기의 주제를 정하는 것이다. 교사로서 지니는 갈등, 수업의 실패나 성공담 같은 실제 상황과 관련된 경험, 교사가 되기 위하여 알아야 할 내용이나 태도와 관련된 경험, 사회에 대해 비판적인 시각으로 바라본 문제점, 교사의 자전적 내용을 바탕으로 한 자아 인식의 과정과 관련된 내용 등을 생각해 볼 수 있다. ② 교사 이야기 쓰기에 전형적인 이야기의 구성요소를 포함한다. 배경, 등장인물, 주제, 전환점, 줄거리를 포함하며, 그 외에도 교수와 학습 그리고 해석에 대한 반성의 부분도 포함하여 기록한다. ③ 개인의 경험을 해석한다. 자신의 교수실천을 자신의 신념과 연결시켜 반성적으로 생각해 보고, 개인적으로 생각하는 가정을 하여, 그것에 영향을 미친 사회적, 역사적, 문화적, 정치적 요인들을 연관지어 해석하는 것을 의미한다. 이를 통해 그들의 삶이 갖는 사회적, 역사적, 문화적, 정치적 맥락과 그 의미를 생각해 봄으로써 유아교육이라는 맥락 안에서 존재하는 개인적인 경험과 그 의미의 중요성을 인식하게 된다.

앞에서 교사 이야기 쓰기의 개념, 목적과 절차에 대해서 살펴본 바와 같이, 유아교사는 유아교육이라는 맥락 안에서 존재하는 개인적인 경험과 그 의미의 중요성을 되찾을 수 있는 기회를 만들 수 있을 것이다.

### 〈사례: 현장 활용자료〉 나의 '교사 이야기 쓰기'

※ 아래의 공란에 유아교사로서 나의 '교사 이야기'를 그래프와 글 또는 그림이나 글로 써보도록 하자.

<그래프 그리기>

<글로 쓰기>

① 어린 시절:

② 초·중학교 시절

③ 고등학교 시절:

④ 대학 시절:

⑤ 교사 시절

⑥ 현재:

• 자료: 조부경 외(2016). 영유아교사론. 경기: 양서원, p. 142.

### 3) 실행연구

실행연구를 현장연구라고도 한다. 교사가 자신의 수업을 향상시키기 위하여 자신이 학습한 것을 사용해 보고, 자신들의 일을 체계적으로 검증해 보기 위해 교실 내에서 실시하는 연구로 정의하고 있다(Langer & Colton, 1994). 즉, 교사가 자신의 교수실천을 개선하기 위해 자신이 가르치는 학교나 학급에서 체계적이고 의도적으로 수행하는 연구이다.

실행연구의 절차(조부경 외 2016)는 ① 연구문제 선정하기: 유아교육기관에서 나타날 수 있는 문제를 연구주제로 선정하는 것이 좋다. ② 참고문헌 분

석하기: 연구수행을 위한 문제와 관련된 서적이나 자료를 모으고, 모은 자료를 읽고 연구에 도움을 주는 내용을 분석하며, 연구문제가 수행 가능한지 혹은 수정해야 하는지를 고찰해야 한다. ③ 연구설계 단계: 연구문제를 실행 가능한 연구 내용과 방법으로 설계하는 것이다. ④ 연구실행 단계: 연구를 진행하기 전에 충분한 검토를 해야 하며, 연구방법에 따라 연구를 진행한다. ⑤ 결과 해석 단계: 연구 진행 과정에서 수집된 자료의 결과를 해석하고, 해석된 자료를 바탕으로 다음 연구 문제를 선정하여 후속연구를 진행하는 것도 가능하다. ⑥ 보고서 작성 및 공유하기: 결과 해석을 토대로 보고서를 작성한 후, 학회나 심사기관 제출, 자체 연수 시 발표 등을 통해 그 결과를 공유한다.

또한 실행연구의 필요성이 요구된다(염지숙 외, 2016). 유아교사에게는 다른 학교급별 교사보다 교육과정의 운영에 더 많은 자율성이 부여된다. 유아교사 자신의 교수실천에 대한 불확실성과 어려움은 항상 되돌아보아야 할 과제이다. 교육과정 운영의 개선을 시도하고자 하는 유아교사들, 자신의 교수실천을 평가해 보고자 하는 유아교사들에게 실행연구는 도움을 줄 수 있으며, 연구 진행과정에서 교사는 반성적 사고를 통해 개인적인 실천적 지식을 검토하고 발전시켜 나갈 수 있다. 즉, 유아교사는 새로운 교수-학습 접근을 시행할 때 자신의 교수실천을 반성하고, 문제점을 찾아내고, 대안적인 방법을 적용하고, 개선을 시도해봄으로써 새로운 교수법을 적용하는 데 자신감을 갖고 그것을 교육현장에 착근할 수 있도록 한다.

### 4) 포트폴리오(Portfolio)

포트폴리오는 미술, 문학, 건축 등에서는 오래 전부터 활용되어 왔지만, 교사교육에 도입된 것은 1980년대에 들어오면서부터였다. Mokhtari 외(1996)에 따르면 교사 포트폴리오란 분명한 목표를 가지고 교사가 능력과 전문성을 신장시키면서 가지게 되는 광범위한 지식, 성향, 기술 등 교사의 능력에 대한 조직적이면서도 자율성을 반영한 기록이다(최일선·조운주, 2007: 재인용). 교사 포트폴리오는 예비교사, 초임교사, 경력교사별로 그 목적, 결과물, 구성 체계가 차이가 날 수 있으나, 이들 모두에게 자신의 학습을 반성해 볼 수 있는 기회와 자신이 교사로서 누구인가를 생각해 볼 수 있는 기회를 제공함으로써 매우 귀중한 개인적 경험이 될 수 있다. 포트폴리오 과정에서 교사는 자신의 교수 실천과 관련된 자료들을 모으고, 분류하고, 그것들에 대해 반성적으로 사고할 기회를 갖게 됨으로써 교사가 된다는 것, 가르친다는 것의 의미를 구축하고 재구축하게 된다는 것이다.

다음은 유아교육과 4학년 학생들에게 포트폴리오를 작성하는 과정에 포함되어야 할 것으로 요구하는 내용들이다(염지숙 외, 2016). ① 자신이 유아교육을 전공하도록 영향을 미친 다양한 요인들(부모, 학창시절 교사, 친구, 종교단체에서의 교사 경험 등), 예비교사로서 첫발을 내딛게 된 계기, ② 예비교사로서의 생애사, ③ 교사 양성과정에서의 경험(기억에 남는 교과목, 학생회 활동, 학과 행사 참여, 학교 밖 활동, 교육실습 등), ④ 자신의 교육철학, 아동관 등, ⑤ 가르친다는 것의 의미, 교사가 된다는 것의 의미를 예술적 표현으로 나타낸 것 등이다. 이 외에도 자신의 개인적이고 전문적인 발달에 영향을 미친, 가장 중요하다고 생각하는 물건들, 교사가 되는 데 영향을 주었던 책에 대한 독서 감상문 등이 포함될 수 있다. 이러한 내용들을 정리하는 데 일정한 순서는 없으며, 자신에게 의미 있는 방식으로 자유롭게 기술하도록 한다.

한편 포트폴리오가 교사발달에 기여하는 좋은 점이 많이 있음에도 불구하고, 우려의 목소리도 있다. 평가의 목적으로 사용될 때 교사의 진실한 내면의 목소리가 반영되기 어려우며, 평가의 기준에 따라 포트폴리오를 작성할 가능성이 많기 때문이다. 또 다른 우려는 포트폴리오를 작성하는 데 많은 시간, 노력, 비용이 든다는 것이다. 포트폴리오가 교육현장에서 활성화되기 위해서는 교사들이 포트폴리오를 수행할 수 있도록 지원체제가 요구된다.

## 생각해 봅시다

1. 반성적 사고를 통한 실천적 지식발달 전략에 대해 생각해 봅시다.

2. 예비유아교사의 입장에서 실행연구를 해 보고 싶은 주제들에 대해 생각해 봅시다.

3. 유아교사로서 자신의 지식을 진단해 본 결과를 동료와 공유하고, 각자가 지닌 강점과 약점에 대해 생각해 봅시다.

4. 반성적 사고를 통한 유아교육을 실천할 수 있는 교사 양성을 위해 대학 및 유아교육 현장에서 교사를 지원하고 안내할 수 있는 부분에는 어떤 것이 있는지 생각해 봅시다.

5. 유아교사의 실천적 지식을 발달시키기 위한 방법에 대해 생각해 봅시다.

6. 반성적 사고를 통한 실천적 지식을 높여가기 위해 유아교사로서 자신이 활용해 본 전략이나 향후 활용해 보고 싶은 전략에 대해 생각해 봅시다.

7. 자신의 반성적 사고의 수준을 평가해 보고 그보다 높은 수준의 사고를 하기 위해 어떤 태도와 노력이 필요한지 생각해 봅시다.

# 제2부 유아교사로서 성장하기

CHAPTER 7

# 유아교사의 발달

### 학습목표

1. 교사발달의 개념과 중요성에 대하여 설명할 수 있다.
2. 교사발달에 영향을 미치는 요인을 이해할 수 있다.
3. 유아교사의 관심사발달의 개념 및 특징을 이해할 수 있다.
4. 교사발달 및 관심사 이론이 유아교사 교육에 주는 시사점을 이해할 수 있다.

Keyword

• 교사발달 • 관심사발달 • 교직입문 • 교직 주기 • 생존기 • 강화기 • 갱신기 • 성숙기

유아기는 가장 활발하고 극적인 변화가 일어나는 인간발달상의 결정적인 시기이다. 이 시기에 제공되는 유아교육은 유아기 이후의 그 어느 교육보다 더 중요하다고 할 수 있다. 이러한 맥락에서 유아교사의 전문적 발달을 촉진하기 위한 정책적 노력이 수반되어야 할 것이다. 그리고 유아교사들이 어떠한 변화 및 발달과정을 거치는지에 대하여 파악하는 것은 유용한 것이다.

따라서 7장에서는 유아교사의 교직발달, 유아교사의 관심사발달, 교사발달 및 관심사 이론이 유아교사 교육에 주는 시사점 등에 대해서 고찰하기로 한다.

## 01 유아교사의 교직발달

유아교사가 교직에 신규교사로 입문하여 정년까지의 과정은 교사마다 다양한 경험, 환경, 개인차, 삶의 경험 등으로 인하여 다양하게 나타날 수 있다. 유아교사가 교직발달에 영향을 미치는 요인과 교직발달 단계에 다른 과업을

인식하는 것은 전문성을 지닌 교사로서의 삶을 준비할 수 있다는 점에서 매우 중요하다고 할 수 있다. 여기에서는 교사발달의 개념과 중요성, 교사발달에 영향을 주는 변인, 교직주기에 따른 발달 단계 등에 대해서 고찰하기로 한다.

## 1. 교사발달의 개념과 중요성

인간이 출생하고, 성장하고, 늙어가는 것처럼 유아교사도 교사로서의 입문 과정을 거쳐 성장하고 발달하고 퇴보하기도 한다. 교사의 발달에 관하여 다양한 학자들의 견해를 제시하고자 한다.

첫째, 이윤식(1999)은 교사발달의 개념은 교사가 교직생활의 전체 기간을 통하여 교직생활과 관련된 제반 영역에서의 가치관, 신념, 태도, 지식, 기능, 행동에 있어 양적·질적인 변화를 의미하는 것으로 볼 수 있다. 이러한 교사발달이라는 개념과 관련하여 보다 구체적으로 다음과 같은 점이 지적될 수 있다. ① 교사발달이 시작되는 시점은 개념적으로 보면 초임교사로서 교직생활을 시작하는 순간부터라고 할 수 있으나, 사실은 넓게 보아 교사 양성교육을 받는 대학생활에서부터라고 할 수 있다. ② 교사에게 있어서 교직생활과 관련된 제반 영역에서의 가치관, 신념, 태도, 지식, 기능, 행동에 있어서 양적·질적인 변화는 반드시 긍정적이고 바람직한 변화만을 의미하는 것이 아니라, 개인적·조직적 환경의 다양한 요인으로 인해 때로는 부정적이고 바람직하지 못한 변화가 될 수 있다고 하겠다. ③ 교직생활과 관련된 제반 영역은 대체로 교과지도, 생활지도, 특별활동지도, 학급경영, 학교경영 참여, 학부모·지역사회 관계, 전문성 개발 등으로 볼 수 있다.

둘째, 신인숙(1991)은 교사 사회화의 의미를 교사가 교직에서 담당하는 역할을 수행하면서 교직문화에 익숙해 가는 과정을 다루는 것이며, 교사발달은 교사가 교직생활 전 기간 동안 교직문화에 익숙해 가면서, 교직에 대한 가치,

태도, 지식, 기술이 변화하고 재형성되어 가는 과정에 초점을 두고 있는 것으로 보기도 한다.

셋째, 이난숙(1992)은 교사발달이란 용어 대신에 교직발달이라는 용어를 사용하였다. 교직발달이란 교직 경험이 쌓여감에 따라 교수-학습과 관련된 지식, 기능 및 태도 등이 변화 및 발달하는 것을 의미하며, 교직에서의 이런 변화 및 발달은 발달과업 이론가들이 주장하는 것처럼 교육에 대한 과업, 관심, 갈등 및 위기 등이 변화하는 것과 동시에 발달 단계 이론가들이 주장하는 교육에 대한 사고의 구조와 경험과정이 변화하는 것을 의미하는 것으로 교사발달 개념과 커다란 차이를 보이지 않고 있다.

넷째, Folden 및 Sharon Feiman(1980)은 교사발달이라는 용어를 크게 세 가지로 구분하면서, ① 교사에 관한 발달 이론을 구성하려는 시도와 관련된 개념이다. 이때는 교직기간 중에 교사들이 어떻게 변화 및 발달하는가라는 문제에 답을 구하게 된다. 흔히 몇 개의 발달 단계를 거쳐 교사가 변화 및 발달한다고 보게 된다. ② 발달심리학 영역에서의 이론들을 사용하여 교사의 발달을 설명하려는 시도이다. 교사발달을 성인발달의 한 형태로 보아 자아(ego), 도덕성(moral), 인지(cognitive)발달 등에 관한 이론에 기초해 교사발달을 설명하려는 것이다. 이때는 '발달 이론 내의 여러 구인(constructs)들이 교사들 간의 개인적 차이를 설명할 수 있는가? 그들은 이들이 교사발달을 촉진할 수 있는 지침을 제공할 수 있는가?'라는 문제에 답을 구하게 된다. ③ 현직교육과 전문적 프로그램의 운영을 통하여 교사의 성장·발달을 촉진하고 지원하려는 의미에서의 개념이다. 이때는 '어떻게 교사의 성장·발달이 지원되고 강화될 것인가?'라는 문제에 초점을 맞추게 된다. 이상을 종합하면 위의 3개의 개념이 혼합적으로 사용된다.

다섯째, Webb(1981)는 다른 신념, 기질, 성격을 가진 신임 교사들이 학교구조, 교수 상황에서 다른 사람과 상호작용하여 성격, 태도, 행동이 변화되는 과정으로 정의하였다.

상기의 연구자들의 교사발달의 개념을 정리하면 다음과 같다.

교사발달의 개념에 대한 여러 연구자들의 정의에서 공통적으로 기술, 지식, 행동, 태도, 가치관, 신념, 자질 및 능력 등이 교사의 교직생활 전 기간 동안 변화 및 발달한다는 점이 지적되고 있음을 파악할 수 있다. 교사 사회화와 교사발달을 구분하여 사용하는 경우도 있는데, 교사 사회화는 교사가 교직의 역할을 수행하면서 교직문화 적응, 교직문화를 내면화 및 익숙해 가는 과정을 다루는 것이며, 교사발달은 교사가 교직 전 기간 동안 교직문화에 익숙해 가면서 교직에 대한 가치, 태도, 지식, 기술이 변화하고 재형성되어 가는 과정에 초점을 두고 있는 것으로 두 용어를 구분하기도 한다. 따라서 교사발달이란 유아교사가 교직생활을 하면서 교직관, 교직에 대한 신념, 가치관, 관심과 같은 영역에서의 태도 및 관점과 교과 지식, 학습지도 및 생활지도, 학급 경영, 업무수행, 교수방법, 수업전략, 교육과정의 구성, 계획, 절차 및 실행 등과 같은 영역에서의 기술, 지식 및 행동 등이 시간적 변화에 따라 교직 전 영역에 걸쳐 성장, 발전, 퇴보하는 현상(신재흡 외, 2006)으로 정의하고자 한다.

한편 Katz(1985)는 교사에 대한 발달적 관점은 교사 자신에게 학습을 강화할 수 있는 여러 방안을 제시해 준다는 데 의미가 있다고 보며, 교사교육에서의 중요성을 제시하였다.

① 발달적 관점을 갖고 교사 자신이 스스로를 발달해 가고 있는 성장의 존재로 인식하는 것이 교사 자신에게 도움이 된다는 것이다. 즉, 발달적 관점은 교사가 발달 단계에 따른 전문적 목표를 설정하는 데 도움이 된다. 이러한 과정에서 교사는 자신이 교직생활을 위한 평생에 걸친 학습자로 인식하게 되어 급진적인 발달보다는 점진적인 발달을 받아들이면서 만족감을 얻게 된다. ② 발달적 관점을 가짐으로써 자기 성장의 가능성을 인식하여 스스로 교사들은 자기 갱신(self-renewal)의 전략을 개발할 수 있다는 것이다. 예를 들면, 전공서적과 교직 관련 도서 읽기, 수업의 질 향상을 위하여 장학적 도

움받기, 동료교사와의 협의 등은 좋은 자기 갱신의 전략이 될 수 있다. ③ 발달적 관점을 취함으로써 동료교사들의 행동을 발달적 관점으로 바라보고, 자신이 오래전에 겪었던 문제로 고민하고 있는 초임 이하 후배교사들을 지지하고 격려하며, 정보를 제공해 주고, 전문적인 성장을 촉진시켜 주고자 하는 동기를 갖게 된다는 것이다.

그리고 교사로서 지속적으로 발달해가기 위해서는 현재 자신이 어떠한지를 정확히 인지하는 것이 필요하다. 유아교사발달의 세 가지 영역으로 진단해 볼 수 있는 발달진단도구를 제시하면 표 7-1과 같다.

**표 7-1** 교사발달진단도구

| 영역 | 하위 요인 | 번호 | 설문 내용 | ① | ② | ③ | ④ | ⑤ |
|---|---|---|---|---|---|---|---|---|
| 지식과 기술 발달 | 물리적 구성 | 1 | 나는 시끄러운 영역과 조용한 영역을 구분하여 배치한다. | | | | | |
| | | 2 | 나는 실내 흥미 영역에 다양한 선택활동 영역을 마련한다. | | | | | |
| | | 3 | 나는 실외 공간을 다양한 활동 영역으로 구성한다. | | | | | |
| | | 4 | 나는 유아가 편안히 쉴 수 있는 안락한 공간을 마련한다. | | | | | |
| | | 5 | 나는 각 흥미 영역에 생활 주제에 적절한 교재 및 교구를 배치한다. | | | | | |
| | | 6 | 나는 교재 및 교구를 수준별로 다양하게 제공한다. | | | | | |
| | | 7 | 나는 안전하고 위생적인 환경을 유지한다. | | | | | |
| | 영유아에 대한 이해 | 8 | 나는 유아의 각 발달 영역에 대하여 이해한다. | | | | | |
| | | 9 | 나는 각 연령별 유아발달에 대하여 이해한다. | | | | | |
| | | 10 | 나는 유아의 흥미와 욕구에 대하여 이해한다. | | | | | |
| | | 11 | 나는 유아들의 개인차를 이해한다. | | | | | |
| | | 12 | 나는 특수아의 발달 특성에 대하여 이해한다. | | | | | |
| | 교사-영유아- | 13 | 나는 허용적 분위기를 조성한다. | | | | | |
| | | 14 | 나는 일상생활 속에서 유아들 간의 의견과 생각을 | | | | | |

| | | | | | | | | |
|---|---|---|---|---|---|---|---|---|
| | 영유아의 상호 작용 | | 교환하도록 장려한다. | | | | | |
| | | 15 | 나는 활동의 계획 및 평가 과정에 유아들을 참여시킨다. | | | | | |
| | | 16 | 나는 유아 스스로 선택한 활동에 참여하여 성취감을 느끼도록 격려한다. | | | | | |
| | | 17 | 나는 유아의 욕구와 질문에 적극적이고 긍정적으로 반응한다. | | | | | |
| | 교육 과정 계획, 실시, 평가 | 18 | 나는 교육목표에 적절한 내용 및 방법을 계획, 실시한다. | | | | | |
| | | 19 | 나는 여러 가지 교육활동을 통합적으로 조직한다. | | | | | |
| | | 20 | 나는 융통성 있게 일과 운영을 한다. | | | | | |
| | | 21 | 나는 개인차 및 흥미에 따라 활동을 전개한다. | | | | | |
| | | 22 | 나는 개인 혹은 소집단 · 대집단의 학습 기회를 제공한다. | | | | | |
| | | 23 | 나는 유아들이 반응하고 활동을 마무리할 적정한 시간을 제공한다. | | | | | |
| | | 24 | 나는 유아들이 효과적으로 활동 전이를 할 수 있도록 유도한다. | | | | | |
| | | 25 | 나는 일과계획을 통해 유아들이 활동과 일과의 순서를 인지하도록 돕는다. | | | | | |
| | | 26 | 나는 동적 활동과 정적 활동의 균형을 유지한다. | | | | | |
| | | 27 | 나는 유아 및 교육과정에 대한 다양한 평가방법을 계획, 실시한다. | | | | | |
| 자기 이해 발달 | 교사로서 자신에 대한 태도 | 28 | 나는 유치원교사가 천직이라고 생각한다. | | | | | |
| | | 29 | 나는 유치원교사가 발전성 있는 직업이라고 생각한다. | | | | | |
| | | 30 | 나는 교사로서 도전적이고 매력적인 일을 하고 있다. | | | | | |
| | | 31 | 나는 교사로서 성취감을 느낀다. | | | | | |
| | 자신감 | 32 | 나는 유아의 질문을 반기고 격려한다. | | | | | |
| | | 33 | 나는 내가 배운 유아교육 관련 지식과 기술을 잘 적용하고 있다. | | | | | |
| | | 34 | 나는 변화에 적극적으로 대처할 수 있다. | | | | | |
| | | 35 | 나는 개인적인 문제에 스스로 대처하고 해결하려고 한다. | | | | | |

| | | | | | | | | |
|---|---|---|---|---|---|---|---|---|
| | 개인적 측면의 자신에 대한 태도 | 36 | 나는 이 세상에 살 만한 가치가 있는 사람이다. | | | | | |
| | | 37 | 나는 새로운 사람들을 만나기를 꺼려하지 않는다. | | | | | |
| | | 38 | 나는 대부분의 사람으로부터 사랑받고 있다. | | | | | |
| | | 39 | 나는 어떤 사람과도 잘 지낸다. | | | | | |
| | | 40 | 나는 다른 사람을 즐겁게 해 준다. | | | | | |
| 생태적 발달 | 동료교사와의 관계 형성 | 41 | 나는 동료교사들과 서로의 관심사에 대해 함께 이야기 나눈다. | | | | | |
| | | 42 | 나는 행정적 업무를 수행함에 있어서 동료교사들과 서로 돕는다. | | | | | |
| | | 43 | 나는 수업에 대하여 동료교사들과 정보를 주고 받는다. | | | | | |
| | | 44 | 나는 유아들에 대하여 동료교사들과 정보를 주고 받는다. | | | | | |
| | | 45 | 나는 동료교사들에게 신뢰감을 느낀다. | | | | | |
| | | 46 | 나는 동료교사들로부터 격려와 지지를 받는다. | | | | | |
| | 부모 및 지역사회와의 관계 형성 | 47 | 나는 부모 및 지역사회 인사와 긍정적이고 우호적인 관계를 형성하고 있다. | | | | | |
| | | 48 | 나는 정기적으로 부모들과 의사소통하고 부모가 유아의 학습과정에 적극적으로 참여할 수 있도록 격려한다. | | | | | |
| | | 49 | 나는 부모들의 경제적 지위, 능력, 가치, 흥미의 다양성과 지역사회의 특성을 이해하고 인정하며 존중한다. | | | | | |
| | | 50 | 나는 부모와 지역사회에 대해 적절한 교육적 지원을 하고 있다. | | | | | |
| | | 51 | 나는 필요시에 활동할 수 있도록 부모와의 긴밀한 연락 체계를 수립한다. | | | | | |
| | 물적 지원 환경 조성 | 52 | 나는 일하는 시간을 융통성 있게 조절할 수 있다. | | | | | |
| | | 53 | 나는 쾌적한 근무환경을 조성할 수 있다. | | | | | |
| | | 54 | 나는 자기 발전을 위한 경비 지원을 유치원에 요구할 수 있다. | | | | | |
| | | 55 | 나는 대외활동 시 필요한 경비를 유치원에 요구할 수 있다. | | | | | |

• 자료: 조부경 외(2016). 영유아교사론. 경기: 양서원, pp. 217~218 인용 및 편집.

## 2. 교사발달에 영향을 주는 변인

교직발달에 대한 초기 연구들은 교사들이 일직선적으로 교직과정을 거친다는 것이 일반적인 입장이었다. 하지만 최근 연구에서는 경력이 많다고 해서 반드시 유능하고 전문성을 가지고 있는 교사라고 할 수 없으며, 교사의 발달이 언제나 성장만 하는 직선적인 것이 아니라 성장과 후퇴가 반복되는 좀 더 복잡한 구조를 가진 것으로 보고되고 있다. Burke, Christensen 및 Fessler(1984)의 TCCM(teacher career cycle model)을 통해 교사발달은 교직 경력뿐만 아니라 개인적 영역과 조직적 영역의 영향을 동시에 받는다고 주장했다. 개인적 요인은 교사 개인의 가정적인 배경과 긍정적인 사건, 위기적 사건, 과거의 경험, 개인적인 관심사 및 성향을 포함한다. 조직적 요인은 교사의 생활과 직접적으로 관계있는 기관의 규정, 경영형태, 신뢰감 등을 포함한다. 기관보다 더 거시적인 차원의 사회적 기대나 교사의 전문성 신장을 도와주는 전문단체 및 교원노조의 역할도 크게 작용한다. 이를 제시하면 표 7-2와 같다.

**표 7-2** 교직발달에 영향을 주는 요인

| 구분 | 범주 | 내용 |
|---|---|---|
| 개인적 요인 | 가 정 | • 가정 내 지원체제 • 가정 내 역할 기대 • 재정상태<br>• 가족 수 • 가족들의 특별한 요구 |
| | 긍정적 사건 | • 결혼 • 자녀의 출생 |
| | 위기적 사건 | • 사랑하는 사람의 병이나 사망 • 자신의 병 • 이혼<br>• 재정적 손실이나 법률적 문제 • 친구나 친척의 어려움<br>• 가정 내 핍박 |
| | 개인적 경험 | • 교육적 배경 • 자녀와의 경험<br>• 유아교육기관 이외의 개인적인 일 • 전문적 발달을 위한 활동<br>• 다양한 교직활동 |
| | 개인적 관심사 | • 취미 • 종교활동<br>• 자원 봉사활동 • 여행 |

| | | |
|---|---|---|
| | | • 스포츠와 체력 관리 |
| | 개인적 성향 | • 개인의 목표와 포부 • 개인의 가치관<br>• 인생에서 우선 순위 • 다른 사람과의 관계<br>• 지역사회에 대한 느낌 |
| 조직적 요인 | 기관 규정 | • 인사정책 • 종신 임용제도<br>• 자격 요건 • 교육과정 운영의 자율성<br>• 맡은 유아들의 연령 |
| | 기관 경영 형태 | • 분위기 • 교육철학의 일치 정도<br>• 의사소통 방식 |
| | 신뢰감 | • 후원적인 분위기 • 교사에 대한 신뢰<br>• 재정적인 후원 |
| | 유아교육기관에 대한 사회적 기대 | • 유아교사에 대한 사회적 이미지<br>• 유아교육기관과 관련된 법령 |
| | 전문단체 | • 관련 학회의 방향 • 학회에서의 활동 및 참여<br>• 학회에서 제공하는 정보 |
| | 교원노조 | • 후원적인 분위기 • 보호 및 안정감<br>• 교육위원회 및 교육행정가와의 관계 |

• 자료: 박은혜(2016). 유아교사론. 서울: 창지사, pp. 309~310.

교사들이 거치게 되는 교직주기는 한 단계 다음에 반드시 다음 단계를 지나가야 한다거나 모든 단계를 거쳐야 하는 일직선적인 변화를 의미하지는 않는다. 즉, 개인적 차원과 조직적 차원에서의 환경적 영향과 관련하여 교사들의 변화 및 발달이 반드시 일직선적인 것만은 아니라 역동적이고 불규칙적일 수도 있다는 것을 상정할 수 있다. 이러한 주장은 현실적으로 어느 정도 타당성을 지니고 있는 듯하다. 실제적으로 교사들은 자신의 개인적 특성이나 유치원 현장의 구조적 및 운영적 특성과 복합적인 관계 속에서 성숙한 단계에 이르기도 전에 교직에서 탈락하거나 부적응 상태로 상당 기간 교직생활을 하는 교사도 있으며, 또 어떤 경우에는 비교적 빠른 시간 내에 성숙한 단계에 이르렀다가 곧 좌절하거나 회의를 느끼는 교사도 있을 수 있다는 것이다.

따라서 교사발달 사이클 모형은 교직의 전 기간에 걸친 교사의 발달을 환경적 요인과 관련짓고 있다는 데 의의가 있다. 다시 말해 교직 주기란 교사들이 가르치는 일에 종사하면서 거칠 수 있는 단계를 설명한 것뿐이며, 모든 교사들이 각기 다른 모습으로 교직생활을 영위하게 된다. 어떤 교사는 초임교사일 때는 교직에 대한 회의가 많았으나 본인의 노력과 주위의 도움으로 아주 열성적인 교사가 될 수도 있다. 이와 같이 교직 주기의 변화에는 여러 가지 요인들이 영향을 미친다고 할 수 있다.

## 3. 교직 주기에 따른 발달 단계

교직 주기에 따른 발달 단계에 대하여 학자들의 견해를 살펴보면 다음과 같다. Fuller(1969)는 교사의 발달을 단계별로 주요 관심사를 중심으로 개념화하였다. ① 교직 이전 단계(pre-teaching phase): 특별한 관심사가 없는 단계(non-concern), ② 초기 교직 단계(early-teaching phase): 자기 자신에 대해 관심을 기울이는 단계(concern with self), ③ 후기 교직 단계(late-teaching phase): 아동에 대해 관심을 기울이는 단계(concern with pupils)가 그것이다. 그리고 Fuller와 Bown(1975)은 위의 구분을 수정하여 ① 교직 이전 관심 단계(stage of pre-teaching concerns), ② 생존 관심 단계(stage of survival concerns), ③ 교수 상황 관심 단계(stage of teaching situation concerns), ④ 아동 관심 단계(stage of pupil concerns) 등으로 구분했다. Katz(1972)는 Fuller(1969)의 개념화에 기초하여 유치원교사들의 발달 단계를 4단계로 구분했다. ① 생존 단계(survival stage), ② 보강 단계(consolidation stage), ③ 갱신 단계(renewal stage), ④ 성숙 단계(maturity stage) 등으로 제시했다. 그리고 Burke와 Christensen 및 Fessler(1984)는 교사발달 사이클모델(teacher career cycle model: TCCM)을 제시했다. 이 모델은 기존의 성인발달(adult development) 및 교사발달(teacher development)에 관한 연구들에 대한 종합적인 분석을 기초로 구안되었다. 이 모델에서는 교사발달을 개인적 환경 및 조직적 환경의 영향 관계 속에서 설명하고 있다. ① 교직 준비(pre-service), ② 교직 입문(induction), ③ 능력 구축(competency building), ④ 열중과 성장(enthusiastic & growing), ⑤ 직업적 좌절(career frustration), ⑥ 안정과 침체(stable & stagnant), ⑦ 교직 쇠퇴(career winddown), ⑧ 퇴직(career exit) 등 8단계로 제시했다.

앞에서 학자들이 제시한 교직 주기에 따른 발달 단계를 종합하면, Fessler의 견해가 보다 구체적으로 제시되어 있기 때문에 자세하게 언급하고자 한다.

첫째, 교직 준비 단계이다. 교사에게 요구되는 전문적인 기술과 능력을 갖추기 위해 교육을 받는 단계를 말한다. 교직 준비는 초임교사에게만 적용되는 것이 아니라 부장교사, 원감, 원장 등이 새로운 역할을 맡게 되었을 때도 이를 성공적으로 수행하기 위하여 필요하다. 일반적으로 초임교사를 위한 준비 단계는 대학에서 일련의 과정을 통하여 이루어지고, 경력교사를 위한 재교육은 1급, 원감, 원장의 자격연수 또는 직무연수를 통하여 이루어진다.

둘째, 교직 입문 및 적응의 단계이다. 자신이 속한 체제에 부합되도록 사회화되는 단계를 의미한다. 초임교사는 교직이라는 직업 자체에 적응하기 위하여 노력하고, 경력교사 가운데서 가르치는 유아의 연령이 바뀌는 경우에는 그들의 특징을 이해하고 발달에 적합한 교육과정을 운영하기 위하여 노력하게 된다. 부장교사나 원감, 원장이 되어 새로운 역할을 맡게 된 교사는 그 역할에서 요구되는 일들을 수행하기 위하여 노력한다. 직장을 옮기게 되면 새로운 기관의 풍토에 따라 각자의 상황에 적응하는 데 소요되는 기간은 다양하다.

**〈사례: 현장 활용자료〉** 초임교사로서의 기대

| 월 | 활동이나 사건 | 유아교사에게 가장 기대되고 즐거운 내용 |
|---|---|---|
| 3월 | | |
| 4월 | | |
| 5월 | | |
| 6월 | | |
| 7월 | | |
| 8월 | | |
| 9월 | | |
| 10월 | | |
| 11월 | | |
| 12월 | | |
| 1월 | | |
| 2월 | | |

• 자료: 이상욱(2006). 21세기 유아교사론. 서울: 창지사, 재구성.

셋째, 능력 구축의 단계이다. 교사들이 수동적인 적응의 단계를 벗어나 좀 더 적극적으로 자신의 역할을 수행하기 위하여 노력하는 기간을 의미한다. 이 단계에서 교사들은 자신에게 부여된 역할과 관련하여 기술과 능력을 향상시키려고 노력한다. 새로운 아이디어를 받아들이기 위하여 각종 현직연수에 적극적으로 참여하고, 전문서적을 읽기도 하고, 상급학교에 진학하기도 한다. 이러한 개인의 노력이 성공적으로 이루어지게 되면 교사들은 긍정적인 성장의 단계로 넘어가지만, 그렇지 않으면 침체 단계로 진입하게 된다.

넷째, 열중과 성장의 단계이다. 교사들은 교직을 수행하는 데 필요한 전문적인 기술과 지식을 가지고 있으며, 가르치는 일을 진정으로 사랑한다. 이 단계에 있는 교사들은 자신의 직업에 매우 높은 만족도를 가지고 있으며, 자신이 가지고 있는 지식을 타인과 나누고자 하는 열망도 매우 높다.

다섯째, 좌절의 단계이다. 교사들은 가르치는 일에 대한 좌절감과 환멸감을 느낀다. 이러한 좌절감은 교수-학습방법에 자신이 없어서 생기기도 하고, 학급에 지도가 어려운 유아가 있을 때 생기기도 한다. 그리고 자신이 기대했던 것과 다른 작업 조건으로 인하여 생기기도 한다. 침체의 단계에 있는 교사들은 가르치는 일의 의미를 찾기 힘들고, 자신이 과연 가르치는 일에 적절한 사람인지 의심을 하기도 한다.

여섯째, 안정 혹은 침체의 단계이다. 교사들은 자신이 하는 일에 매우 익숙해져 있기 때문에 더 이상의 성장을 위해 노력하지도 않고 특별한 변화 없이 현재의 상태를 유지하려고 한다.

일곱째, 교직 쇠퇴 혹은 퇴직 단계이다. 교사들은 퇴직을 위한 준비를 하게 된다. 교사의 퇴직은 가르치는 일을 아주 그만두는 경우뿐만 아니라 육아나 상급학교 진학을 위한 일시 휴직, 교사가 아닌 행정가로서의 이직, 다른 직장으로의 이직 등도 포함된다. 교사들이 가르치는 일을 그만두려는 이유가 정년퇴직, 결혼, 상급학교 진학 등 매우 구체적인 경우에는 긍정적인 마음을 가지고 퇴직을 준비할 수 있다. 하지만 교직이 적성에 맞지 않는다든가 현 직장에 적응을 하지 못하여 이직을 고려하고 있다면 갈등의 시간을 보낼 수밖에 없다. 이럴 때는 가르치는 일을 그만두는 준비를 하는 데 몇 년을 보낼 수도 있다.

### <사례: 현장 활용자료> 교사 변화 및 발달과정

교사발달에 대한 여러 선행연구를 참고하면서 자신의 현재까지의 교직경험을 돌이켜 보며, 나름대로의 변화 및 발달과정을 기술 및 설명해 본다. 자신의 교사로서의 변화 및 발달과정을 기술 및 설명하는데 아래의 요령을 참고하라.

**교사 변화 및 발달과정에 대한 기술 및 설명 요령**

(1) 글머리에 지금 현재 자신에 대한 소개를 간단히 적을 것(예: 근무 유치원, 교직경

력, 담당 원아, 직위, 간단한 가족사항 등)

(2) 변화 및 발달과정은 년도별로 또는 근무 유치원별로(또는 나름대로 적당한) 단계를 구분하여 기술 및 설명할 것.

(3) 각 단계 또는 시기별로 몇 개의 영역을 설정하여 발달과정을 기술 및 설명할 것 (예: 교수-학습활동면, 유아생활지도면, 학급경영면, 인간관계면, 개인생활 영역, 조직생활영역 등 교사의 전문적 발달 영역, 교사의 개인적 발달 영역, 유치원의 조직적 발달 영역 등)

(4) 각 단계 또는 시기별로 좋았던(긍정적인) 일과 어려웠던(부정적인) 일 등을 구분하여 기술 및 설명해 볼 것

(5) 지금까지의 변화 및 발달과정을 종합하여 볼 때, 자신의 교사발달에 있어서의 특징을 정리 및 논의해 볼것

(6) 장래의 청사진을 간단히 그려볼 것

(7) 각 단계 또는 시기별로 중요 사항을 중심으로 시각적인 비교가 가능하도록 아래와 같은 표나 그림을 그려볼 것

〈자신의 교사발달과정 기술 및 설명〉

| 영역 | | 교사의 전문적 발달 | 교사의 개인적 발달 | 유치원의 조직적 발달 |
|---|---|---|---|---|
| 단계 | 1단계 | | | |
| | 2단계 | | | |
| | 3단계 | | | |
| | 4단계 | | | |
| | 5단계 | | | |

• 출처: 이윤식(1999). 장학론 -유치원 · 초등 · 중등 자율장학론. 서울: 교육과학사, p. 83.

## 02 유아교사의 관심사발달

교사의 관심사는 Fuller에 의해 처음으로 개념화되기 시작했다. 초기에는 지각된 문제나 걱정이라 규정하였고, 후에 교사의 구조적인 좌절, 기대 또는 특별한 상황 속에서의 노력 등 다각적인 측면으로 재정의되었다. Katz(1985)

는 교사의 관심사를 교사들이 가장 몰두해 있는 일에 대한 견해라고 정의하였다. Tsai(1990)는 교사의 관심사는 광의와 협의의 개념으로 구분할 수 있다고 보았다. 광의의 개념으로는 전문적인 일을 수행하는 과정에서 교사에 의해 지각된 흥미 있는 일이나 교사가 관심을 가지고 있는 일을 의미한다.

이러한 학자들의 견해를 종합하면 교사의 관심사는 교사들이 자신의 일과 관련하여 지각하는 흥미, 불안, 요구, 스트레스, 염려나 좌절, 문제, 기대 등 복합·다원적인 차원의 개념으로서 현재 또는 미래에 중요하다고 고려되어 이들을 긍정적인 방향으로 해결하고자 하는 일종의 자아실현을 위한 방법으로 볼 수 있다.

따라서 여기에서는 관심사발달의 특징, 유아교사의 관심사 평정척도에 대해서 살펴보고자 한다.

## 1. 관심사발달의 특징

초기 교사 관심사에 대한 연구는 유아교사의 관심사가 직선적으로 발달한다는 것을 가정하였다. 교사의 발달이 경력이나 연령에 따라 교사의 관심사나 능력이 질적으로 낮은 수준에서 질적으로 높은 수준으로 순서대로 이동한다는 것을 가정한다.

실제로 Fuller의 초기 연구를 확장하여 유아교사를 대상으로 교사의 관심사를 연구한 Katz(1972)는 교사의 관심사를 교직 초기의 생존 관심사로부터 강화, 갱신, 성숙의 관심사로 구분했다. Katz에 의하면 생존 혹은 강화 관심사보다는 갱신이나 성숙 관심사가 더 높은 수준이며, 갱신이나 성숙 관심사를 보이는 교사들은 발달 단계에서 더 높은 수준에 있다. 교사의 관심사에 대한 후속 연구들은 교사들의 경력이 높아질수록 생존 관심사보다는 갱신이나 성숙 관심사를 보이는 경향이 있다는 Katz의 주장을 뒷받침하였다. 이러한 연구들이 가정하고 있는 것은 시간이 지남에 따라 교사가 자동적으로 발달하며 교사는 계속해서 성장하고 후퇴는 없다는 것이다.

하지만 최근의 연구들은 교사들이 시기에 따라 어느 한 가지 관심사만 가지고 있는 것이 아니라 모든 영역에 관심을 보이지만 경력에 따라 그 정도의 차이가 나타나는 것으로 이해하고 있다. Tsai(1990)는 Katz의 유아교사에 기초한 교사 관심사 척도를 수정하여 유치원교사 관심사 평정척도를 제작했다. 연구 결과에 의하면, 교사들은 Katz가 제시한 모든 관심사를 부분적으로 가지고 있었으며, 독립변인으로 설정한 경력, 학력, 소유하고 있는 자격, 현직 교육을 받은 횟수, 맡고 있는 유아들의 연령에 따라 집단 간의 유의한 차이가 발견되었다. 이승연(1994)은 Tsai의 유아교사 관심사 척도를 이용하여 유아교사의 전반적인 관심사 경향과 경력 및 기타 변인에 따른 관심사의 차이를 연구했다. 연구 결과 우리나라 유아교사들은 유아교육 전반적인 문제에 대해 높은 관심을 가지고 있으며, 특히 생존 관심사에 높은 관심을 보인 것으로 나타났다. 경력에 따라서는 경력이 증가할수록 생존에 대한 관심은 낮아지고, 성숙에 대한 관심은 높아지는 양상을 보이는 것으로 나타났다. 교사의 학력에 따른 차이를 분석한 결과 성숙 관심사에서만 집단 간의 차이를 보였고, 근무기관의 유형에서는 갱신 및 성숙 관심사에서만 집단 간에 유의한 차이를 보였다.

장선화(1994)는 예비 유아교사와 현직교사의 관심사에 대한 연구에서 예비교사와 현직교사 모두 각 관심사 영역에서 보통 이상의 관심 수준을 나타냈다고 제시했다. 현직교사의 경우 경력, 학력, 근무기관 유형, 교원자격 유형에 따라 집단 간에 의미 있는 차이가 있는 것으로 나타났다. 즉, 대체로 경력이 많고 대졸 이상의 학력을 가졌을 경우 생존, 갱신, 성숙 관심사에 더 많은 관심사를 보이는 것으로 나타났다. 그리고 공립유치원교사가 사립유치원교사보다 생존, 강화, 갱신 성숙 관심사 모두에서 더 많은 관심을 가지고 있는 것으로 나타났다.

안경아(1999)의 연구 결과는 유치원교사의 관심사 및 현직교육내용에 대한 요구 조사에서 교사의 경력이 높아짐에 따라 생존, 강화, 갱신, 성숙 관심사 모두에서 관심이 높아지는 것으로 나타났다. 학력에 따른 차이에서는 생존 관심사와 강화 관심사에서 전문대졸 교사집단이 대졸 이상의 교사집단보다 높게 나타났으나, 강화 관심사에서만 통계적으로 유의미한 차이를 보였다.

앞의 내용을 종합하면 교수활동과 관련된 의사결정을 내리거나 현직교육의 내용을 정할 때 주된 영향을 미치게 되는 교사의 관심사는 대체로 경력에 따라 그 초점이 달라지기는 하지만, 모든 교사들이 생존, 강화, 갱신, 성숙의 요소를 모두 가지고 있다고 할 수 있다(박은혜, 2005).

**참고자료 유치원교사발달 사례**

### Ⅰ. 머리말

나에게 주어진 유치원교사라는 직업에 감사하며, 짧은 교육경력이지만 나의 교직생활을 돌이켜 반성과 발전의 기회를 갖고자 한다. 나는 현재 4년차 사립유치원교사 생활을 하고 있는 미혼의 여교사이다. 전문대 유아교육과에서 학업 성적은 좋았다. 유아교육이 적성에 맞아서가 아니라 다만 내게 주어진 과제였기에 열심히 했을 뿐이다. 유아교육을 전공한다고 해서 유치원교사에 대한 사명 내지 환상을 처음부터 갖고 있지는 않았다. 취업도 학교를 졸업하기 전에 흔히 말하는 큰 유치원에 들어가게 되었다.

### Ⅱ. 나의 교사발달 과정

1. 독주의 단계(1년차)

처음 교직생활을 하게 된 유치원은 학급수가 8학급으로 유아반(4세) 3반과 유치반(5세) 5반으로 구성되어 있었다. 나는 그중 유치반 교사가 되었다. 유치반 교사가 된 이유는 학교 실습 때 유아반 유아들이 너무 어려 교사 말을 이해 못하고 교사가 너무도 바빠 보였기 때문이다.

나를 포함한 신규교사 6명과 교육경력이 3년 된 교사 1명과 6년 경력의 주임교사와 함께 신학기를 시작하게 되었다. 원장은 유아교육을 전공해서 교사에게 교육적인 것을 보다 많이 요구했다. 신규교사인 나는 현장에서 부딪히는 교수-학습방법과 유아들의 여러 가지 상황에 대해 많은 연구를 하게 되었다. 원장은 나에게 많은 연수 기회를 주고 기대를 가졌기 때문에 열과 성의를 다해 연구하며 따라 나갔다. 다른 신규교사 사이에서 리더가 되어 여러 가지 많은 행사를 잘 진행시켰다. 이때 나는 학업에 대한 열의로 방통대 유아교육과 3학년에 편입을 하게 되었고, 원장도 학업 열의에 많은 격려를 해주었다.

유치원 생활을 하며 여러 가지 행사(자모 참관수업, 아빠 참관수업, 장학지도, 동료장학지도, 캠프, 운동회 등)나 수업활동에서의 교재 및 교구 만드는 일에 많은 시간을 보냈다. 나는 열심히 일했고 독창적인 아이디어와 교사들과 단합된 일 처리로 원장에게 신임을 받았다. 이때를 돌아보면 우리 반 유아들의 개별 특성이나 발달에 관심을 기울이기 보다는 교재 교구를 만드는 데 많은 시간을 보낸 것 같다. 유아지도면에서는 단지 인지적 발달을 위해 유아들이 어떻게 하면 과학적이고 논리적으로 말하고 행동할 수 있을까에 많은 관심을 가졌었다. 아이들을 안아 주거나 뽀뽀해 주는 사랑의 표현은 거의 안 해주었다.

이렇게 1년을 보내고 보니 본의 아니게 동료 가운데 독주를 하게 되었고, 너무도 바쁘게 보내서 지치게 되었다. 공부도 교직생활도 여유로운 마음으로 하고 싶어서 다른 유치원으로 옮기게 되었다.

### 2. 리더의 단계(2년차)

마음이나 시간으로도 여유롭지 못하던 신규교사 1년을 보내고 지금 근무하고 있는 유치원으로 옮기게 되었다. 이 유치원은 6학급으로 유아반(4세) 2학급과 유치반(5세) 4학급으로 구성되었고, 나는 다시 유치반을 맡게 되었다. 원장은 나에게 유아반을 맡을 것을 권고했으나 나이 어린 유아는 여러 면에서 교사의 손이 많이 갈 것 같아 다시 유치반을 맡았다. 이곳은 전년도 교사들이 결혼과 유학 등 여러 가지 개인 사정으로 6명이 모두 그만두어 새로운 6명의 교사와 함께 신학기를 시작하게 되었다.

교사들은 경력 3년 1명, 2년 2명, 1년 2명, 신규교사 1명으로 구성되었다. 나는 전년도에 유아들을 가르치기에 급급했던 점을 보완해서 유아 개개인의 발달 단계에 맞게 교육하려고 노력하였다. 수업에 필요한 교재나 교구는 교사들이 자율적으로 준비하고 만들었기 때문에 자유스러운 분위기 속에서 교직생활을 할 수 있었다. 그러던 중 신학기 한 달을 보내고 주임교사를 맡았다.

여유롭게 시작하려던 신학기가 많은 책임과 부담감을 갖고 출발하게 되었다. 이곳에서의 교직생활은 여러 가지 큰 행사를 하면서 바쁘게 보냈다. 학급 일이 조금은 벅차게 느껴지면서도 유아 개개인의 발달에 많은 노력을 기울였다.

교수-학습방법 연구와 함께 중요하게 생각되었던 교사들 간의 좋은 인간관계를 위해 교사들 간의 사적인 자리를 통해 개인적인 일도 의논하며 화합의 관계를 가졌다. 유치원의 여러 가지 일도 서로 도와 가면서 잘 진행되어 나갔고, 원장의 인간적인 대우가 교사들 간의 친밀감을 더해 주었다. 아울러 원장의 기독교 신앙이 뿌리가 되어 늘 기도와 격려로 교사를 이끌어 주어 더 화목한 분위기에서 1년을 보내게 되었다. 학급경영에 있어서도 유아들에게 지도하는 면에서 더 자신 있게 되었다.

하지만 조금은 느슨한 생활에서 나태함을 느끼게 되고, 학업을 계속하기 위해 현장에서 부딪히는 문제점들 속에서 갈등이 일어나게 되었다.

### 3. 갈등의 단계(3년차)

주임교사로 1년을 보내고 다시 신학기를 맞아 새로운 각오와 많은 계획을 세우게 되었다. 이때 방통대를 졸업하게 되었다. 전년도 경험에 비추어 볼 때 행사도 무리 없이 하게 되었고 교사들 간에 화합도 잘 되었다.

교수-학습방법에 있어서도 많은 자료 확보와 연구를 통해 자신감을 가졌다. 자연관찰을 통해 유아들에게 생물에 대해 관심을 가지며 사랑하는 마음을 갖게 했다. 유아들의 눈을 통해 유아들에게 생물에 대해 관심을 가지며 사랑하는 마음을 갖게 했다. 유아들의 눈을 통해 비춰지는 사물에 대한 표현이 너무도 아름답다는 것을 내가 배우게 되었다.

하지만 학부모들이 쓰기지도에 대해 너무 많은 요청을 해 와서 많은 갈등을 느끼게 되었다. 또한 유아들의 여러 가지 지나친 행동(친구를 때리거나, 잘 울거나, 거짓말을 하거나, 집중을 못하는 것 등)에 대해서 교사로서 더 명확한 이해를 위해 책도 읽고 여러 가지 방법으로 지도를 했으나, 전문적 조언이나 연수의 기회가 없어서 많은 시행착오를 하게 되었다. 따라서 학부모와의 상담에서 전문적인 방법보다는 경험에 비춘 이야기를 하다 보니 내 스스로가 답답함을 깨칠 수 없었다. 2학기 중간쯤에 늦은 감을 느꼈지만 갈등의 국면을 조금은 벗어나는 듯하였다.

유치원 생활에서 자유롭고 안정적인 분위기는 차츰 나태함과 지루함으로 그리고 현실에 안주하려는 게으름을 갖게 되었다. 그러던 중 1학기말쯤 우연치 않은 기회로 대학원에 입학하게 되었고, 2학기에는 대학원 수업에 적응하고 유치원 행사를 준비하느라 바쁘게 지내게 되었다.

### 4. 열중 성장의 단계(4년차)

같은 근무지에서 3년째 교직생활을 하게 되었다. 또한 유치반(5세)도 올해로 4년째 맡게 되었고, 주임교사도 3년째 맡게 되니 모든 면에서 자신감이 생기고 업무에 있어서도 여유를 갖게 되었다. 새로운 변화는 전년도 동료 중 3명이 결혼을 해서 유치원을 그만 두었고, 신규교사 2명과 경력 1년 교사가 새로 들어왔다. 원장은 늘 교사에게 신앙적인 격려와 화목한 분위기를 조성해 주었고, 나 또한 대학원 공부와 유치원의 전반적인 업무 가운데도 교사들의 도움을 받아 즐겁게 근무하게 되었다.

유아들의 사회생활 지도 면에 있어서도 여러 가지 책을 연구하고 교사들 간의 정보교환 등으로 경험을 쌓고 독자적인 기술도 가지게 되었다. 무엇보다 경력이 쌓여서인지 아니면 아이들이 주는 그 순수한 매력 때문인지 지금은 아이들과 눈만 마주쳐도 '예쁜 ○○야, 멋진 ○○야, 한 번 안아보자'하고 스스럼없이 대하고, 집에 갈 때도 "사랑해요" 하고 안아 준다.

현장에서 유아교육을 전공할 때 배운 것과는 다른 문제점들이 있다. 예를 들면, 학부모의 성화에 못 이겨 많은 행사와 문자지도에 주력하게 되고, 다른 유치원과 경쟁 또한 무시하지 못할 문제점들이다. 하지만 부정적인 면만 바라보고 갈등을 하던 3년간이 지나자 이제는 그런 것들조차도 긍정적으로 보는 자세가 생기지 않았나 생각이 든다.

지금은 대학원 학업 및 주임교사로서의 업무와 우리 반 아이들을 향한 사랑으로 최선을 다하는 교직생활을 하고 있으며 앞으로도 늘 노력하는 사람으로 남을 것이다.

Ⅲ. 맺는말

나이 어린 유아를 가르치고 지도한다는 것은 시간이 흐를수록, 경험이 쌓아질수록 더 어렵게 생각된다. 그래도 늘 새로운 도전 앞에 긍정적인 생각과 행동으로 즐겁게 일할 수 있는 것은 그 사랑스러운 아이들 때문이 아닌가 싶다. 하루하루 일할 수 있는 건강과 가르칠 때마다 새롭게 솟아나는 지혜를 주신 하나님께 감사하며, 유치원 업무로, 대학원 공부로 힘들 때 격려해 주는 주위 사람들에게 감사를 드린다.

〈나의 교사발달 과정의 단계별 특징〉

| 독주의 단계(1년차) | 리더의 단계(2년차) | 갈등의 단계(3년차) | 열중 성장의 단계(4년차) |
|---|---|---|---|
| · 최초 적응을 잘 함<br>· 대학의 이론적인 것보다 현장에서 유아들을 가르치는 점이 어려움<br>· 교재 교구 제작에 많은 시간을 보냄<br>· 교사 간의 경쟁이 강함<br>· 방통대 유아교육과 3학년 편입<br>· 1년 후 다른 유치원으로 옮김 | · 유치원을 옮겨서 적응을 잘 함<br>· 주임교사를 맡음<br>· 학급경영 외 여러 가지 업무 담당으로 부담감<br>· 교사 간 좋은 인간관계 가짐<br>· 동료 간 경쟁심이 아닌 협동으로 일함<br>· 큰 행사로 시간을 많이 보냄 | · 안정된 근무생활로 나태함과 현실안주<br>· 학부모의 학원식 수업요구에 갈등<br>· 학급 원아수가 많아 유아들 개인별 특징 파악이 어려워 갈등<br>· 대학원 유아교육과에 진학 | · 학급경영, 교사 간 인간관계, 유치원 업무에 대해 자신감 가짐<br>· 유치원의 현실적 실태에 적응<br>· 동료간 협동적으로 행사를 진행<br>· 도약적인 발달의 발판을 만듦 |

〈나의 교사발달 과정 중 유아들에 대한 나의 태도 변화〉

| 1년차 | 2년차 | 3년차 | 4년차 |
|---|---|---|---|
| · 실습 때 경험해서 유아들에 대한 두려움은 없음<br>· 유아들 개인의 전반적 발달에 관심을 갖기보다 인지적 발달에 주력<br>· 유아들에게 안아주거나 포옹하는 사랑의 표현보다 논리적 및 합리적 설명을 많이 함 | · 유아들의 인지적 발달과 함께 사회성 발달에 관심을 가지고 지도<br>· 문자지도에 주력<br>· 가끔씩 유아들의 머리를 쓰다듬어 주거나 악수로 사랑을 표현<br>· 유아들끼리 분쟁이 일어나도 논리적으로 해결하도록 지도 | · 유아들의 여러 가지 문제 행동에 관심을 갖고 참고도서를 이용해 지도노력<br>· 유아들과 즐겁게 대화하며 때로는 농담도 함<br>· 유아들을 자주 안아 주고 칭찬을 아끼지 않음<br>· 사회성 발달에 많은 지도 | · 유아들의 안전지도에 더 노력<br>· 유아들과 친숙하게 대화<br>· 등원, 귀가 등 시간이 날 때마다 눈을 마주치고 안아주며 사랑 표현<br>· 유아들이 스스로 행동하기를 지도<br>· 흔히 말하는 유아들에게 잔소리가 많아짐 |

〈나의 교사발달 과정의 영역별 특징〉

| 영역 | | 교사의 전문적 발달 | 교사의 개인적 발달 | 유치원의 조직적 발달 |
|---|---|---|---|---|
| 초점 | | 교육과정의 운영 | 교사 개인 | 유치원 조직 |
| 단계 | 1년차 | · 교재 및 교구 제작 주력<br>· 교수-학습방법 연구 | · 방송대 유아교육과 3학년 편입 | · 교사 간의 경쟁<br>· 원장에게 신임받음 |
| | 2년차 | · 유아들의 사회성 발달에 관심<br>· 학습자료 적극 활용<br>· 문자지도 | · 취미활동 가짐<br>· 변화된 근무지에서 안정감 찾음 | · 주임교사로 업무 참여<br>· 교사 간 친목과 협동심 발휘 |
| | 3년차 | · 교육목표에 근접한 융통성 있는 수업<br>· 자연관찰 지도 | · 대학원 유아교육과에 진학 | · 행사진행에 협동심 발휘 |
| | 4년차 | · 교직의 사명감 인식<br>· 안전지도<br>· 기본생활 습관지도 | · 학업에 열중 | · 교사 상호 신뢰감 |

• 출처: 이윤식(1999). 장학론 -유치원 · 초등 · 중등 자율장학론. 서울: 교육과학사, pp. 84~88.

## 2. 유아교사의 관심사 평정척도

Arroyo 및 Sugawara(1983)는 Katz의 유아교사발달 단계를 적용하고 유아교육실습생의 관심사를 측정하기 위한 척도(SSTC: a scale of student teaching concerns)를 개발하였다. 연구 결과 예비교사는 현직교사와 마찬가지로 생존, 강화, 갱신, 성숙 관심사가 존재하며, 초기 단계의 실습생이 후기 단계의 실습생에 비해 생존, 강화, 갱신, 성숙 관심사 모두에 대해 더 많은 관심을 가지고 있는 것으로 나타났다.

이러한 Arroyo 및 Sugawara(1983)의 연구에 대해 Tsai(1990)는 유아 교육실습생의 관심사 평정척도를 현직교사에게 적용하는 것이 더 바람직하다고 하면서 이들의 연구를 기초로 유아교사의 관심사 평정척도(KTCRS: kindergarten teacher concerns rating scale)를 개발하였다.

Tsai(1990)의 유아교사의 관심사 검사도구는 표 7-3과 같다.

**표 7-3** 유아교사의 관심사 검사도구

| 문항번호 | 문항 내용 | 관심 없음 | | 보통 | 관심 많음 | |
|---|---|---|---|---|---|---|
| 1 | 세미나 참석하기 | ① | ② | ③ | ④ | ⑤ |
| 2 | 문제 유아 돕기 | ① | ② | ③ | ④ | ⑤ |
| 3 | 다양한 유아교육 프로그램에 관심 갖기 | ① | ② | ③ | ④ | ⑤ |
| 4 | 학급의 유아 수(교사 대 유아 비율)에 관심 갖기 | ① | ② | ③ | ④ | ⑤ |
| 5 | 교양 지식의 기초 형성을 위해 다양한 독서하기 | ① | ② | ③ | ④ | ⑤ |
| 6 | 유치원에 오기 싫어하는 유아 다루기 | ① | ② | ③ | ④ | ⑤ |
| 7 | 유아교육에 관련된 전문잡지나 학술지 보기 | ① | ② | ③ | ④ | ⑤ |
| 8 | 학급 통제나 훈육의 중요성 강조하기 | ① | ② | ③ | ④ | ⑤ |
| 9 | 다른 분야의 전문가와 만나기 | ① | ② | ③ | ④ | ⑤ |
| 10 | 학습 부진아 도와주기 | ① | ② | ③ | ④ | ⑤ |
| 11 | 연구정보를 교수법에 적용하기 | ① | ② | ③ | ④ | ⑤ |
| 12 | 유아에 대한 적절한 수준의 기대 갖기 | ① | ② | ③ | ④ | ⑤ |

| | | | | | | |
|---|---|---|---|---|---|---|
| 13 | 원아모집 및 선발을 위한 윤리적 및 철학적 기초 갖기 | ① | ② | ③ | ④ | ⑤ |
| 14 | 특별한 요구(이혼, 가정, 편부모, 장애아)의 유아에 관심 갖기 | ① | ② | ③ | ④ | ⑤ |
| 15 | 교수법에 관련된 자료(비디오나 영화) 시청하기 | ① | ② | ③ | ④ | ⑤ |
| 16 | 유아발달에 관한 정보 접하기 | ① | ② | ③ | ④ | ⑤ |
| 17 | 성장과 학습의 특징에 관해 이해하기 | ① | ② | ③ | ④ | ⑤ |
| 18 | 지나치게 의존적인 유아 다루기 | ① | ② | ③ | ④ | ⑤ |
| 19 | 유아교육 관련 협회에 가입하기 | ① | ② | ③ | ④ | ⑤ |
| 20 | 교수 매체 제작 및 활용에 관한 정보에 관심 갖기 | ① | ② | ③ | ④ | ⑤ |
| 21 | 교육정책 이행 과정에 관심 갖기 | ① | ② | ③ | ④ | ⑤ |
| 22 | 부모와 떨어지기 싫어하는 유아 도와주기 | ① | ② | ③ | ④ | ⑤ |
| 23 | 부모회 조직을 위한 새로운 방법 모색하기 | ① | ② | ③ | ④ | ⑤ |
| 24 | 유아가 학습해야 할 교육내용을 철저하게 이해하기 | ① | ② | ③ | ④ | ⑤ |
| 25 | 내가 근무하는 유아교육기관의 철학적 근거에 관심 갖기 | ① | ② | ③ | ④ | ⑤ |
| 26 | 계속해서 우는 유아 다루기 | ① | ② | ③ | ④ | ⑤ |
| 27 | 프로그램의 목표 달성을 위한 새로운 방법 모색하기 | ① | ② | ③ | ④ | ⑤ |
| 28 | 유아의 기초 기술 평가하기 | ① | ② | ③ | ④ | ⑤ |
| 29 | 유아교육의 역사와 철학에 관해 알기 | ① | ② | ③ | ④ | ⑤ |
| 30 | 유아의 공격적 행동 다루기 | ① | ② | ③ | ④ | ⑤ |
| 31 | 발달 이론을 유아교육과정에 적용하기 위한 방법 모색하기 | ① | ② | ③ | ④ | ⑤ |
| 32 | 일과 계획 조직하기 | ① | ② | ③ | ④ | ⑤ |
| 33 | 급변하는 사회 속의 유치원의 역할 및 기능에 대해 생각하기 | ① | ② | ③ | ④ | ⑤ |
| 34 | 유아들이 보이는 갈등에 관해 관심 갖기 | ① | ② | ③ | ④ | ⑤ |
| 35 | 시범학교 참관하기 | ① | ② | ③ | ④ | ⑤ |
| 36 | 일과 운영을 위한 구체적인 수업활동 계획하기 | ① | ② | ③ | ④ | ⑤ |
| 37 | 학위 취득을 위한 진학 과정에 등록하기(방송통신대학교 및 대학원) | ① | ② | ③ | ④ | ⑤ |
| 38 | 병약한 유아 도와주기 | ① | ② | ③ | ④ | ⑤ |
| 39 | 유아를 위한 새로운 과학 실험이나 활동에 관심 갖기 | ① | ② | ③ | ④ | ⑤ |
| 40 | 수업 상황에 따라 수업 내용 및 방법을 적절히 조절하기 | ① | ② | ③ | ④ | ⑤ |
| 41 | 수업 지도안 작성하기 | ① | ② | ③ | ④ | ⑤ |
| 42 | 현장 연구 계획하기 | ① | ② | ③ | ④ | ⑤ |
| 43 | 유아의 언어 장애에 관심 갖기 | ① | ② | ③ | ④ | ⑤ |

| 44 | 교사로서 나의 학력에 대한 적절성 생각하기 | ① | ② | ③ | ④ | ⑤ |
|---|---|---|---|---|---|---|
| 45 | 유아로부터 인정받기 | ① | ② | ③ | ④ | ⑤ |
| 46 | 유아교육 관련 협회나 워크샵에 참가하기 | ① | ② | ③ | ④ | ⑤ |
| 47 | 유아의 긍정적인 자아 개념 증진하기 | ① | ② | ③ | ④ | ⑤ |
| 48 | 직장 동료로부터 인정받기 | ① | ② | ③ | ④ | ⑤ |
| 49 | 장학사로부터 인정받기 | ① | ② | ③ | ④ | ⑤ |
| 50 | 연수에서 배운 새로운 지식 및 기술 적용하기 | ① | ② | ③ | ④ | ⑤ |
| 51 | 문제 유아의 부모와 상담하기 | ① | ② | ③ | ④ | ⑤ |
| 52 | 행정적 지도에 관심 갖기 | ① | ② | ③ | ④ | ⑤ |
| 53 | 학부모로부터 인정받기 | ① | ② | ③ | ④ | ⑤ |
| 54 | 수업준비를 위한 충분한 시간 할애하기 | ① | ② | ③ | ④ | ⑤ |

관심사 범주 및 문항 번호

| 관심사 | 문항번호 |
|---|---|
| 생존 | 4, 8, 54, 12, 16, 20, 24, 28, 32, 36, 40, 41, 44, 45, 48, 49, 52, 53 |
| 강화 | 2, 6, 10, 18, 26, 30, 43, 37, 14, 22, 34, 38, 51 |
| 갱신 | 3, 7, 11, 50, 15, 23, 27, 31, 35, 39, 42, 19, 46 |
| 성숙 | 1, 5, 9, 13, 17, 21, 25, 29, 33, 47 |

• 자료: Tasi, C. T.(1990). A Survey Study of Chinese Kindergarten Teacher Concern. Unpublished Doctoral Dissertion. University of Illinois.

앞에서 Tsai의 유아교사의 관심사 검사도구의 설문내용을 살펴보았다. 이 도구의 목적은 교사로서의 자기 이해를 돕기 위한 도구로서 자신의 관심사를 통해 생존, 강화, 갱신, 성숙의 발달 단계 중 어디에 속하는지 파악하는 데 있으며, 이 도구는 생존, 강화, 갱신, 성숙 관심사에 해당하는 문항을 확인하고 합산한 후 어느 부분에 더 많이 속하는지 파악할 수 있다.

## 03 교사발달 및 관심사 이론이 유아교사교육에 주는 시사점

교사에 대해 발달적 관점을 가지는 것은 교사의 발달 단계 이론을 기초로 보다 효율적인 교사교육을 실시하여 교사의 질적인 향상을 도모하고자 한다는 데에 가장 큰 의미를 둔다고 할 수 있다. Katz(1985)는 교사에 관한 발달적 관점은 교사 스스로에게 자신의 학습을 향상시킬 수 있는 방안을 제시해 준다고 보고, 교사교육에 있어서 발달적 관점의 중요성을 제시하였다(이은화·배소연·조부경, 2003).

첫째, 발달 이론을 토대로 교사는 스스로를 발달해 가고 있는 존재로 인식할 수 있다는 것이다. 다시 말하면, 교사들은 현재의 위치에서 자신의 능력을 평가하게 됨으로써 미래의 위치를 예측하고 급진적인 발달을 기대하기보다는 발달 단계에 따른 단계적인 목표를 설정할 수 있다. 따라서 완전한 전문성을 갖지 못하는 데서 느끼는 좌절보다는 스스로를 평생에 걸친 학습자로서 인식하고 점진적인 발달을 통해 만족감을 얻을 수 있게 된다.

둘째, 자신을 갱신할 새로운 전략과 절차를 개발할 수 있다. 즉, 독서하기, 다른 동료 및 전문가와 상담하기, 수업 향상을 위한 다양한 자원 활용하기, 전문적 단체에 참여하기, 학위과정에 등록하기 등을 통해 스스로를 갱신할 자신감을 가질 수 있게 된다.

셋째, 동료 교사들의 행동을 발달적 관점으로 볼 수 있게 됨으로써 자신이 오래 전에 겪었던 문제로 고민하고 있는 초임교사들을 지지, 격려 및 유용한 정보를 제공해 주고, 전문적 성장을 촉진시켜 주고자 하는 동기를 갖게 된다.

또한 임승렬(1990)은 교사에 대한 발달적 관점이란 ① 교사의 욕구와 능력의 진단에 기초한 교사교육의 토대를 마련해 주며, ② 교사를 지원하고 격려해 줄 수 있는 방법을 모색하는 기초가 되며, ③ 교사 개인의 장·단기적 성장에 따른 발달 목표에 일치하는 교사교육을 가능케 한다는 점에서 교사교육에 시사하는 바가 크다고 하였다.

이와 같은 맥락에서 여러 발달론자들은 획일적이고 전통적인 방식의 교사교육보다는 교사 개인의 성장 개념을 수용하고 개인차를 인정하는 발달적 관점을 교사교육에 적용하는 것이 바람직하였다. 즉, 교사의 발달에 적합한 교육을 실시함으로써 교사교육의 효율성을 기할 수 있다는 것이다.

결론적으로 교사에 관한 발달적 관점은 교사에게는 스스로를 학습자로 인식케 함으로써 보다 나은 전문적 발전을 위해 노력할 수 있도록 동기화하며, 교사교육자들에게는 교사가 일련의 발달 단계를 가진 존재로 변화와 발달을 거듭해 간다는 것을 인식케 함으로써 그에 상응하는 적절한 교육을 제공할 수 있도록 돕는다는 이점이 있다고 볼 수 있다. 즉, 교사에 대한 발달적 관점을 취함으로써 교사 및 교사교육자 모두 도움을 받을 수 있는데, 특히 교사의 발달 단계와 그 특성에 대한 이해를 통해 적합한 교사교육을 제공할 수 있는 기초를 마련할 수 있으며, 궁극적으로 교사의 발달을 촉진시킴으로써 교사의 질과 교육의 질을 향상시킬 수 있을 것이다.

## 생각해 봅시다

1. 교사발달은 교직에 머무는 동안 지속적으로 이루어져야 한다. 유아교사 발달의 개념을 평생교육 관점에서 생각해 봅시다.

2. 경력이 다른 유아교사를 인터뷰 해보고 그들의 현재 관심사는 교사발달 단계 중 어느 시기에 해당되는지 생각해 봅시다.

3. 초등학교 시절부터 현재까지 자신의 생애 이야기 쓰기를 해보자. 이를 바탕으로 자신의 발달 모형이 직선형인지 복합 순환형인지 생각해 봅시다.

4. 교사발달에 영향을 미치는 다양한 요인들이 무엇이 있는지 생각해 봅시다.

5. Burke와 그의 동료들이 제시한 교사발달 순환모델의 각 단계에서 교사들은 어떠한 지원과 도움이 필요한지 생각해 봅시다.

CHAPTER 8

# 유아교사의 현직교육

## 학습목표

1. 유아교사 현직교육의 필요성을 설명할 수 있다.
2. 유아교사 현직교육의 개념과 유형을 설명할 수 있다.
3. 유아교사 현직교육의 방향을 설명할 수 있다.

**Keyword**

• 현직교육 • 현직교육의 유형 • 외국 유치원교사 현직교육 • 현직교육의 방향

교사가 시대적·사회적 변화에 부응하고, 유능하고 전문적인 유아교육 전문가로 발전하기 위해서는 현직교육이 필수적이다. 유아교사는 사회 변화와 유아 및 가족의 다양한 요구에 부응할 수 있는 자질을 끊임없이 키워나가야 한다. 수업 기술뿐만 아니라 유아에 대한 이해 그리고 교육적 신념 돌아보기 등의 지속적인 자기 점검과 발전을 위한 노력을 통해 성장, 발달할 수 있다. 결국 현직교육은 유아교사의 성장과 발달을 확보할 수 있는 효율적인 자기 개발의 수단으로서, 교사 역량 강화와 전문성 향상과 더불어 질 높은 교육적 서비스를 제공하는 데 필요하다.

따라서 이 장에서는 현직교육의 필요성, 현직교육의 정의 및 유형, 현직교육의 제도와 법적 근거, 외국의 유치원교사 현직교육, 현직교육의 방향 등에 대해서 고찰하기로 한다(염지숙 외. 2016; 문혁준 외, 2016; 최경애 외, 2016; 송준석 외, 2016; 권영례 외, 2011).

## 01 현직교육의 필요성

유아교사들의 현직교육에 대한 필요성에 대한 제 학자들의 견해를 소개하면 다음과 같다.

임부연 · 김성숙 · 송진영(2014)은 "현직연수의 필요성으로 ① 직전교육만으로는 전문인으로서의 교사가 될 수 없다. ② 교사의 전문성을 유지하고 계발하여야 한다. ③ 21세기 지식기반사회에서는 새로운 지식과 기술이 필요하다. ④ 교육과정의 질 관리를 위해서 현직연수는 필요하다"고 제시했다. 신옥순(1994)은 "유아교사가 전문직으로 인정받기 위해 구비해야 할 능력으로 ① 유아교육과정 전반에 관한 고도의 지식을 갖추고 있어야 하고, ② 가지고 있는 지식을 교육현장에 적극적이고 효과적인 방법으로 적용시킬 수 있어야 하고, ③ 원만한 인간관계를 맺을 수 있어야 하며, ④ 부모와 지역사회 인사들을 교육자원으로 끌어들일 수 있는 능력을 유아교사 대부분이 가지고 있으므로 그런 의미에서 유아교사는 전문직"이라고 했다. 강기수(2000)는 교원에게 현직교육이 요구되는 이유를 "① 급변하는 현대사회로 인해 직전교육에서 획득한 지식이 계속해서 활용될 수 없기 때문이다. ② 교직은 전문직이므로 전문성을 유지하고 계발하기 위해서는 계속적인 현직교육이 필요하기 때문이다. ③ 국가 차원의 교육개혁 및 교육혁신을 시도할 때 현직교육은 그 선행조건이며 전제가 되기 때문이다. ④ 교육과정의 질 관리를 위해서 필요하기 때문"이라고 제시했다. 그리고 이은화 · 배소연 · 조부경(2006)은 "현직교육의 필요성을 ① 응용과학에 속하는 유아교육 분야의 학문적 특성이다. ② 미래의 주인공이 되는 아동을 가르친다. ③ 교사의 교직에 대한 자긍심이나 사명감을 갖는다. ④ 사회에서의 교사에 대한 시각이나 처우 개선에 도움이 된다"고 제시했다.

앞에서 현직교육의 필요성에 대하여 다양한 견해를 종합하면, 첫째, 전문인으로서의 유아교사는 직전교육만으로는 부족하다. 유아교육 현장은 다양한 교육적 변인들과 예측이 어렵기 때문에 어떠한 상황 하에서도 적절한 상황 판단 능력과 교사의 의사결정 능력이 요구된다. 따라서 현직교육은 교사로 하여금 유아의 발달 상태를 보다 명확하게 이해하기 위해 반드시 필요하다.

둘째, 교육과정의 질 관리를 위해서 현직교육이 이루어져야 한다. 현직교육은 유아교사가 파악해야 할 새로운 지식이나 이론, 교수-학습 기법을 제공하기 위해 필요하다. 결국 현직교육은 교사로 하여금 질 높은 교육과정을 위해 유아교육 이론이나 교육공학적 기술을 습득할 수 있는 통로이다.

셋째, 유아교사는 전문성을 유지하고 계발하기 위해서 현직교육이 필요하다.

넷째, 미래의 주인공이 되는 아동을 가르치기 때문에 현직교육이 필요하다. 21세기 4차 산업혁명시대에는 지식과 기술이 급속히 변화하고 있다. 이에 따라 가치관과 사회환경, 가정환경 등이 변화되기 때문에 아동이 성인이 되어 변화에 적응하는 능력을 갖게 하려면 교사는 다른 사람들보다 먼저 다양한 지식들을 배워서 유아들에게 전달되어야 한다.

## 02 현직교육의 개념 및 유형

일반적으로 교사를 위한 교육은 직전교육과 현직교육으로 분류할 수 있다. 먼저 직전교육은 교사가 되기 위해 사범대학, 교직과정, 교육학과 계열, 교육대학원 양성과정에서 다양한 교육학적 이론과 전공 지식의 내용을 체계적으로 배우는 것을 의미한다. 반면에 현직교육은 현직교사들이 계속적인 성장과 발전을 할 수 있도록 도움을 주는 것으로, 각종 자격연수, 직무연수, 교내연수, 자기연수를 함의하는 개념으로 볼 수 있다.

현직교육에 대하여 제 학자들의 개념을 제시하면 다음과 같다.

① 한국유아교육학회(1995)는 “현직교육을 유치원 및 초·중등학교의 교사 및 교장(감), 원장(감) 등이 자격증을 취득한 후에 교사로서 근무하면서 학생들을 더욱 효과적으로 교육하기 위하여 자신들의 전문적 지식, 기능, 태도 등을 증진 및 발전시킬 목적으로 참여하는 교육 및 훈련활동”으로 정의하고 있다. ② 문혁준 외(2016)는 “현직교육을 유아교사들이 유아교육에 대한 전문적 능력과 교육자로서의 일반적 자질을 가질 수 있도록 교사가 된 이후에 받는 교육을 의미한다”고 했다. ③ 권건일 외(2006)는 “현직교육이란 유치원 및 초·중등학교의 교사 및 교장(감), 원장(감)들이 그들의 자격증 취득 이후에 학생들을 보다 효과적으로 교육하기 위하여, 그들의 전문적 능력과 일반적 자질을 배양하기 위해 다양한 장소에서 다양한 방법을 통하여 공식적 또는 비공식적으로 이루어지는 각종 교육 및 훈련활동”으로 제시했다.

또한 유아교사를 위한 현직교육의 유형을 제시하면 표 8-1과 같다.

**표 8-1** 유아교사를 위한 현직교육

| 구분 | 정의 | 유아교육기관에서의 연수 종류 | |
|---|---|---|---|
| | | 유치원 | 어린이집 |
| 정부 주관 | • 자격승급에 요구되는 현직교육 및 직무교육 시간으로 인정되는 현직교육 | • 자격연수 및 직무연수 | • 승급교육 및 직무교육 |
| | | • 원장 자격연수<br>• 원감 자격연수<br>• 유치원 1급 정교사 자격연수<br>• 신규 및 일반교사 직무연수<br>• 특수 직무연수 | • 2급, 1급 보육교사 승급교육<br>• 어린이집 원장 자격연수<br>• 일반 직무연수<br>• 특별 직무연수 |
| 지역 교육청 및 지방자치 단체 | • 교육청이나 지방자치단체 주관 현직교육 | • 교육청 주관으로 이루어지는 지구단위 유치원의 장학 및 연수 | • 지방자치단체 주관의 현직교육 |
| | | • 교육청 주관 교사연수, 시범유치원 공개 수업, 지역 선임교사의 멘토링 | • 구청 단위의 교사 및 어린이집 원장교육 |
| 유아교육 기관 | • 유치원이나 어린이집 자체의 장학이나 연수 | • 개별 유치원의 자율장학 및 연수 | • 어린이집 단위의 자체 교육 |

| | 의 교사교육 | | |
|---|---|---|---|
| 개인의 자발적 참여교육 | • 개인적 욕구에 의해 참여하는 모든 형태의 교육 | • 교원단체, 유아 관련 학회 및 영리교육단체에서 이루어지는 교육, 교사 동아리 활동, 상급학교 진학 | • 육아종합지원센터, 보육단체 및 학회, 영리교육단체 등에서 이루어지는 교육, 교사 모임, 상급학교 진학 |
| 원격교육 | • 온라인으로 제공되는 유아 관련 교육 | | |

• 자료: 문혁준 외(2016). 유아교사론. 서울: 창지사, p. 204.

표 8-1과 같이 유아교사를 위한 현직교육은 정부주관 현직교육(자격연수 및 직무연수), 지역교육청 및 지방자치단체 현직교육(지구단위 유치원의 장학 및 연수), 유아교육기관 현직교육(개별 유치원의 자율장학 및 연수), 개인의 자발적 참여 현직교육(교원단체, 유아 관련 학회, 영리교육단체의 연수, 교사 동아리활동, 상급학교 진학), 원격을 통한 현직교육(온라인으로 제공되는 유아 관련 교육) 등으로 구분할 수 있다.

## 03 현직교육의 제도와 법적 근거

다양한 현직교육의 종류 중에서 대표적인 현직교육인 교원의 연수에 대한 제도와 법적 근거를 살펴보기로 한다(송준석 외, 2016; 권영례 외, 2011).

첫째, 연수의 법적 근거이다. 현직연수에 대한 내용은 법으로 규정하여 공정성을 확보하고 있다. 교육공무원법, 교육공무원 승진규정에서 연수에 관한 법적 근거를 찾을 수 있다. 연수에 대한 법적 근거는 구체적으로 다음과 같다. ① 교원연수의 당위성(교육자의 품성과 자질을 향상시키기 위한 노력: 교육기본법 제14조 2항), 연수 기회의 균등 제공(교육공무원법 제37조), ② 연수와 교재비의 보조(교육공무원법 제38조 제1항), ③ 연수기관 설치의 의무화(교육공무원법 제39조), ④ 연수에 대한 지도 감독(교육공무원법 제41조), ⑤ 연수 및 근무성적의 평점 재교육, 연수실적과 근무성적의 반영(교육공무원법 제42조) 등이 있다.

둘째, '교원연수에 관한 규정'이나 '교원연수에 관한 시행규칙'에 근거한 연수제도의 유형은 다음과 같다.

① 자격연수는 ㉠ 상급자격을 취득하기 위한 연수로 2급 정교사 과정, 1급 정교사 과정, 원감과정 및 원장과정으로 구분되며, 대상과 내용은 교육부령으로 정한다. ㉡ 기간은 30일 이상, 180시간 이상의 이수시간을 기본조건으로 하며 주로 방학을 이용해서 실시되고 있다. ㉢ 자격연수는 서울대학교 사범대학 부설 행정연수원, 각 지역 교육청 산하 교원연수원, 교육대학 부설 교원연수원 등에서 위탁 실시되고 있다. ㉣ 자격의 교육과정 기준은 '교원 등의 연수에 관한 규정 시행규칙(교육부령 제58호 규정, 일부 개정 2010. 4. 16) 제7조 1항에 제시되어 있으며, 개정된 내용 중 유아교사 관련 기준은 표 8-2와 같다.

**표 8-2** 자격연수 과정표

| 2급 정교사 과정 | | 1급 정교사 과정 | |
|---|---|---|---|
| 교과 | 이수시간 배당비율(%) | 교과 | 이수시간 배당비율(%) |
| 1. 일반교양과목(기본소양)<br>2. 교원으로서 필수적으로 갖춰야 할 역량(역량 영역)<br>3. 유치원 · 초등학교의 전 과목에 관한 교과(전문 영역) | 10~20%<br>20~30%<br><br>50~70% | 1. 일반교양과목(기본소양)<br>2. 정교사(1급)로서 필수적으로 갖춰야 할 역량(역량 영역)<br>3. 유치원 · 초등학교의 전 과목에 관한 교과(전문 영역) | 10~20%<br>20~30%<br><br>50~70% |
| 합계 | 100 | 합계 | 100 |

• 자료: 「교원 등의 연수에 관한 규정」 시행규칙 제7조 제1항 관련 [별표].

② 일반연수는 ㉠ 교육의 이론과 방법 등에 관한 일반적인 교양을 높이기

위한 연수이다. 연수 대상은 소속 교육장이나 소속기관의 장이 지명한다(교원연수에 관한 규정 시행규칙 제4조), ㉡ 연수과정과 내용은 연수원장(연수를 위탁하여 실시하는 경우에는 위탁받은 기관의 장)이 정한다. ㉢ 기간은 10일 이상, 60시간 이상의 이수시간을 기본 조건으로 한다. ㉣ 일반연수는 시·도교육청 산하 교육연수원, 정부의 위탁을 받은 한국어린이육영회 등이 중심이 되어 실시한다. 최근에는 인터넷을 활용한 원격연수도 실시한다.

③ 직무연수는 ㉠ 직무 수행과 직장 적응에 필요한 능력과 자질 배양을 위한 연수, ㉡ 연수대상자는 각 유치원이 지명하는데 대표적으로 휴직하였다가 복직하고자 하는 교원 등(교육공무원법 제45조 제3항), ㉢ 연수과정 내용과 기간 등은 해당 연수원장이 결정한다. ㉣ 직무연수는 각 시·도 지역의 교육청 및 교원연수원 단위로 실시하고 있는 데 서울특별시 유치원교사 직무연수 교육내용의 목표는 다음과 같다(권영례 외, 2011: 재인용). ㉠ 교사로서의 자질과 소양을 함양한다. ㉡ 유치원교사로서의 자긍심을 높이고 교육관을 재정립한다. ㉢ 유아지도 및 직무에 대한 전문적 식견과 능력을 배양한다. ㉣ 교수-학습방법을 창의적으로 계획하고 실천한다.

한편 서울특별시 유치원교사 직무연수 교육과정은 표 8-3과 같다.

**표 8-3** 서울특별시 유치원교사 직무연수 교육과정

| 영역 | 교과목 | 연수방법 | | |
|---|---|---|---|---|
| | | 강의 | 참여식 | 기타 |
| 교양 | • 바람직한 유치원교사상 | 0 | | |
| | • 유아 통일교육 | 0 | | |
| | • 유아 환경교육 | 0 | | |
| | • 양성 평등의식교육 | 0 | 0 | |
| | • 전통문화의 이해 | 0 | | |
| 전공 | • 유아 안전교육 | 0 | 0 | |
| | • 놀이활동의 이론과 실제 | 0 | 0 | |
| | • 미술교육과 심리치료 | 0 | 0 | |

| | | | | |
|---|---|---|---|---|
| | • 유아 언어활동의 실제 | 0 | | |
| | • ICT 활용 자료 제작 | 0 | 0 | |
| | • 자유선택활동의 계획과 실제 | 0 | 0 | |
| | • 학급경영의 원리와 실제 | 0 | 0 | |
| | • 교육계획안 작성과 활용 | 0 | 0 | |
| | • 유아교육 평가방법 | 0 | 0 | |
| | • 유초등연계교육 | 0 | 0 | |
| | • 부모상담의 실제 | 0 | 0 | |
| | • 장애아 통합교육 | 0 | 0 | |
| | • 통합형 취학전 교육의 이해 | 0 | | |
| | • 사무관리 및 제 장부 정리 요령 | 0 | | |
| 분단토의 | • 유아관찰에 따른 다양한 평가방법 | | | |
| 현장연수 | • 교육청 연구시범 유치원 또는 대학부속 유치원 중 1곳 선택 | | 0 | |
| 기타 | • 연수 안내 및 평가 | | 0 | |

• 자료: 권영례 외(2011). 영유아교사론. 경기: 양서원, p. 226.

④ 특별연수는 국가나 지방자치단체의 계획에 따른 국내·외 교육기관 또는 연구기관에서의 연수이다.

그리고 유치원 교원연수의 종류를 살펴보면 표 8-4와 같다.

**표 8-4** 유치원 교원연수의 종류

| 단위 | 연수의 종류 | | 목적 |
|---|---|---|---|
| 연수기관 중심 | 자격연수 | 원장, 원감, 1급 정교사, 2급 정교사 | 교원자격 취득 |
| | 직무연수 | 교과교육, 생활지도, 정보화, 직무 관련 교양 | 직무수행에 필요한 능력 배양 |
| | 특별연수 | 학위취득 대학 위탁, 교원 해외 유학, 해외 장단기 체험연수 등 | 국가 또는 지방자치단체가 계획을 수립하여 교육공무원에게 전문시식과 기술을 배양하기 위하여 국내외의 특별한 프로그램을 이수하게 하는 연수 |
| 학교 중심 | 컨설팅장학, 연구수업, 교과교육연구회, 전달강습, 교내 자율장학(사전 협의회→수업공개 또는 참관→사후 협의회) 등 | | 교육현장에 필요한 전문적 지식과 자질 및 능력 향상 |

<table>
<tr><td>개인 중심<br>(자율연수)</td><td>국내외 교육기관 학위취득, 연구수행, 교과교육연구회, 학회, 개인별 연구 등</td><td>교원 스스로가 자신의 발전과 전문적 지식을 습득하기 위함</td></tr>
</table>

• 자료: 중앙교육연수원(http://www.neti.go.kr) 홈페이지.

또한 교원연수기관 및 종류를 살펴보면 표 8-5와 같다.

**표 8-5** 교원연수기관별 연수대상과 설치기관

<table>
<tr><th>연수기관</th><th>연수대상</th><th>설치기관</th></tr>
<tr><td>교육<br>연수원</td><td>유아교육법 제7조에 따른 유치원 및 초 · 중등교육법 제2조에 따른 학교에 근무하는 교원</td><td>대학, 산업대학 또는 교육대학</td></tr>
<tr><td>교육행정<br>연수원</td><td>유치원 및 학교에 근무하는 원장 · 원감 · 교장 · 교감 및 교원자격검정령 제23조에 따라 교장 · 원장의 자격 인정을 받은 사람</td><td>대학, 산업대학 또는 교육대학</td></tr>
<tr><td>종합교육<br>연수원</td><td rowspan="2">• 유아교육법 제7조에 따른 유치원 및 초중등교육법 제2조에 따른 학교에 근무하는 교원<br>• 유치원 및 학교에 근무하는 원장 · 원감 · 교장 · 교감 및 교원자격검정령 제23조에 따라 교장 · 원장의 자격인정을 받은 사람</td><td>대학, 산업대학, 교육대학, 원격대학 중 방송통신대학, 교육청, 교육부장관이 지정하는 기관 또는 법인</td></tr>
<tr><td>원격교육<br>연수원</td><td>대학, 산업대학, 교육대학, 원격대학, 교육청, 교육부장관이 지정하는 기관 또는 법인</td></tr>
</table>

• 자료: 「교원 등의 연수에 관한 규정」 제2조와 제3조.

한편 자격연수의 연수기간 및 이수시간은 표 8-6과 같고, 직무연수의 기간은 해당 연수원장이 정한다.

**표 8-6** 교원 자격연수의 연수기간 및 이수시간

| 구분 | 교사 1급, 교감, 원감 | 교장, 원장 |
|---|---|---|
| 연수기간 | 15일 이상 | 25일 이상 |
| 이수시간 | 90시간 이상 | 180 시간 이상 |

• 자료: 「교원 등의 연수에 관한 규정」 7조 관련 [별표].

## 04 외국의 유치원교사 현직교육

외국의 유치원교사 현직교육 현황을 미국, 영국, 일본 등으로 구분하여 고찰하고자 한다(권영례 외, 2011).

첫째, 미국의 유치원교사 현직교육은 교사의 자격과 관계되는 현직교육, CDA(Child Development Association) 유아교사 자격인정증, 자격과 관계없는 현직교육으로 구분할 수 있다. ① 교사의 자격과 관계되는 현직교육이다. 미국 공립학교의 경우 우리나라와 같은 자격연수의 개념은 없고 자격을 유지하거나 상급 자격을 취득하기 위해서는 대학원에 진학하여 일정한 학점이나 학위를 취득해야 한다. ㉠ 상급자격 취득이다. 공립유치원에 종사하는 유아교육 교원의 등급은 교사, 원장(교장) 또는 장학담당교사(우리나라의 원감에 해당)이다. 원장이나 장학담당교사가 되기 위해서는 이를 위한 자격증을 취득해야 하는데, 일반적으로 교사자격증을 소지하고 3년 이상의 교육경력이 있는 교사들을 대상으로 주 교육위원회에서 위탁한 대학의 일정 과정을 이수하고 석사학위를 취득함으로써 가능하다. ㉡ 자격유지이다. 미국은 우리나라와 달리 교사자격증의 유효기간을 설정하고 기간 내에 갱신하도록 하고 있다. 유효기간은 보통 5년으로 주 교육위원회에서 인정하는 대학의 대학원 과정에서 필요한 학점과 학위를 취득하도록 한다. ② CDA(Child Development Association) 유아교사 자격인정증이다. 교사 자격인정증은 주정부가 아닌 유아교육과 관련된 단체들이 인정한 훈련과정을 이수한 사람들이나 자격에 관한 평가를 받는 사람들에게 발급하는 것으로, 대표적으로 몬테소리교육협회에서 발급하는 몬테소리교사 자격인정증과 아동발달협회(Child Development Association)에서 발행하는 CDA 유치원교사 자격인정증이다. 이는 사립 유아교육기관에서 근무할 수 있는 최소한의 기본 자격 요건이다. CDA 유치원교사 자격인정증은 학위나 자격증 없이 유아교육에 종사하는 사람들의 능력을 개선시키기 위한 것으로 아동발달연합회와 뱅크스트리트 사범대학을 거쳐 현재 NAEYC에서 관리하고 있다. 자격인증제도는 공립학교 유아교육 교원을 위한 제도는 아니지만 유아교육 종사자들의 자질을 개선하는 데 기여하고 이를 취득하기 위한 교사훈련 프로그램은 자격연수와 같은 제도로 볼 수 있다. 또한 CDA 유치원교사 자격인정증을 받기 위한 기준은 ㉠ 고등학교 이상의 학력으로 유아교육과 관련된 직업훈련을 전문대학이나 직업학교에서 받았거나 유아교육과 관련된 강습회 등의 참가 경험과 최근 3년 이내에 640시간 이상 어린이들과의 경험이 있어야 한다. ㉡ 요건을 갖춘 후보는 지역별 CDA 평가팀이 후보의 능력을 평가하여 중앙 CDA 평가팀의 인준을 받아 자격인정증을 발급하는데, 이는 3년간 유효하며, 5년 내에 같은 과정을 거쳐 갱신하도록 되어 있다. ③ 자격과 관계없는 현직교육이다. ㉠ 주 또는 학구의 교육위원회가 비정기적으로 개설하는 강습회이다. 이는 교과과정 변경, 복직하는 교사 등에 필요한 강습회를 개최하며, 대상이 되는 교원들은 반드시 참여해야 한다. 참여하지 않을 경우 경고나 감봉 등의 제재를 받는다. ㉡ 전문단체가 주관하는 연수이다. 미국의 경우 전문단체가 현직교육에 기여하는 바가 크다. 학점 인정이나 자격의 변화에는 영향이 없으나 승진과 개개인의 능력 향상을 위한 연수를 개최하고 있다. 대표적인 유아교육 관련 전문기관으로 미국유아교육협회(National Association for the Education of Young Children)를 들 수 있다. 이 기관은 1년에 1번 전국 규모의 연수회를 개최하고, 각 주별 지회에서 매년 개별적으로 연수회를 개최하고 있다. 그리고 Young Children이란 격월 잡지를 발간하고 있다. ㉢ 교원센터에서 개최하는 연수회이다. 이는 영국의 영향으로 시작된 것으로, 현직교원들을 위한 도서실, 시청각센터, 자료실, 협의실 등을 구비하고 있는 상설기관인데, 주 또는 학구 교육위원회의 재정 지원을 받아 운영되고 있다. 교사들의 자유로운 상호연수의 장이다. ㉣ 협력교육이다. 지역대학 교수들이 지역학구에 속하는 교사들을 교육하는 형태로 교수들이 학교를 방문하여 강연, 워크숍, 세미나

등을 개최한다. ⓜ 원내연수이다. 유아교육기관이 자체적으로 실시하는 연수이다.

**참고자료** CDA 유치원교사 자격인정증을 받기 위한 기준

- 고등학교 이상의 학력으로 유아교육과 관련된 직업훈련을 전문대학이나 직업학교에서 받았거나, 유아교육과 관련된 강습회 등의 참가 경험과 최근 3년 이내에 640시간 이상 어린이들과의 경험이 있어야 한다.
- 요건을 갖춘 후보는 지역별 CDA에 신청하면 각 지역 CDA 평가팀이 후보의 능력을 평가하여 중앙 CDA 평가팀의 인준을 받아 자격인정증을 발급하는데, 이는 3년간 유효하며, 5년 내에 같은 과정을 거쳐 갱신하도록 되어 있다.

둘째, 영국의 유치원교사 현직교육은 ① 교원센터 운영이다. 이는 교육과정 개발과 현직교육이 이루어지는 장이며, 교사의 교사에 의한 교사를 위한 장소이다. 교육문제에 대한 논의, 교육과정 개발을 위한 코스, 비공식적 소집단회의, 새로운 교재와 학생 작품의 전시, 도서와 자료 개발 등의 활동을 한다. ② 교사를 정식 임용하기 전의 시보활동이다. 시보기간의 성공적인 수행이 교사임용에서 필수적인 조건이 된다. 시보교사를 돕기 위한 지도교사를 임명한다. 직전교육과 현직교육을 유기적으로 결합하여 양자를 일관된 과정으로 파악하는 것이 일반화되어 있고, 이러한 관점에서 임용 초기의 경험이 매우 중요하다. ③ 방송통신매체를 이용한 현직교육이다. BBC는 교사들이 학급에서 이용할 수 있는 수천 편의 라디오 및 TV방송 프로그램을 방영할 뿐만 아니라 교원양성과 현직교육에 직접 관련되는 프로그램도 제작 방영한다. 개방대학도 교원 현직교육을 위한 주요 기관이다. 문학사 학위과정이 현직교사들을 위해서 정시제로 운영되고, 교사들의 전문성을 높이기 위해 여러 가지 연수 프로그램이 비학위과정으로 제공되고 있다. ④ 학교중심의 현직교

육을 강조하고 있다. 이는 단위학교가 교육과정 개발의 중심지이며, 교사의 핵심적인 역할이 교육과정의 개선에 있다고 본다.

셋째, 일본의 유치원교사 현직교육은 교육공무원 특례법, 국가공무원법, 지방공무원법, 교육공무원 특별조치법 등의 법률에 명시되어 있다. 일본의 유치원교사 현직교육은 호고교육대학, 초임교사에 대한 1년간의 연수 의무, 교직경력의 단계에 따른 연수과정 제공, 교원양성과 연수가 제도적으로 기능분담 등의 특징을 고찰하기로 한다. ① 호고교육대학이다. 이 대학에 '학교교육연구과'가 설치되어 대학원 과정을 통한 교원 현직교육을 시작하였다. 대학원에 입학하기 위해서는 원칙적으로 3년 이상의 교직 경험을 가져야 한다. 대학원에 입학한 현직교원들은 2년간에 걸친 유급휴가를 얻으며, 이 때문에 전일제 연수가 가능하며 연수에 몰두하는 장점을 가진다. 종합 학문적 입장에서 교육과정의 구조와 내용을 편성하고 현장의 문제와 직결되는 교육연구에 중점을 두고 있다. ② 초임교사에 대한 1년간의 연수 의무를 들 수 있다. 초임교사가 배치된 학교에서는 지도교원을 임명하여 60일간 초임교사를 지도하며, 도도부현의 지방교육위원회 산하의 교육센터에서 30일 동안 교육을 받아야 한다. ③ 교직경력의 단계에 따른 연수과정 제공이다. 이는 5년, 10년, 20년 교사 연수과정, 수석교사 연수과정, 교감 · 교장 연수과정이 있다. ④ 교원양성과 연수가 제도적으로 기능을 분담한다. 이는 양성은 대학이, 연수는 행정기관이 담당한다. 최근에는 학교중심 교원연수의 중요성도 높아졌다.

## 05 현직교육의 방향

우리나라 현직교육의 문제점을 고찰한 후 유치원교사 현직교육의 개선방안에 대하여 기술하고자 한다(권영례 외, 2011).

첫째, 현직교육의 문제점은 다음과 같다. ① 자격연수의 경우 연수 기회가 부족하다. 현재 법적으로는 유치원교사들은 2급 정교사 자격을 획득하고 3년간 현장에 근무한 후 1급 정교사 자격연수를 받도록 규정되어 있으나, 일반적으로 5~6년 후에나 기회를 획득할 수 있다. 1급 정교사 자격연수를 받은 후 원감 및 원장 승진을 위한 연수 기회는 있지만 정해진 기간 내에 연수를 받기는 매우 어렵다. 특히 사립유치원교사들을 위한 연수 기회가 국공립유치원교사들에 비해 상대적으로 제한되어 있다. ② 현직교육과정의 비체계성과 부적합성을 들 수 있다. 현직연수는 연수의 유형과 과정마다 성격과 내용이 다르다. 교원양성대학에서의 직전교육과의 연계성, 현장에서의 교직활동을 위한 적합성, 연수의 성격과 연수과정들 간의 연계성을 고려한 체계적이고 조직적인 계획과 실행이 요구된다. ③ 운영방법의 다양성과 적절성이 미흡하다. 우선 자격연수의 경우 기간이 길다. 20일 이상, 180시간 이상의 연수를 받았을 때 승급이 되는데, 이를 위해서는 방학 기간을 활용할 수밖에 없다. 방학은 동계 또는 하계 기간으로 신체적 및 정신적으로 크게 부담이 될 수 있다. 아울러 연수 형태도 일회성 수업방식으로 많은 인원을 교육을 하다 보니 소집단 토의나 협동학습방법 등 효율적인 수업패턴으로 진행하기가 어렵다. 현직교육이라는 측면에서 경험적 사례연구, 워크숍, 현장견학 등을 통한 참여연수도 연수기관의 여건 부족으로 실행되지 못하고 있다. ④ 점수 중시 연수풍토 평가의 내용, 방법, 절차에서 타당성과 신뢰도를 확보하지 못하고 있다. 연수평가에 있어서 연수 유형, 연수과정, 연수기관 간 균형이 유지되지 못하고 있다는 점에 관련자들의 동의가 있어 왔다. ⑤ 연수효과의 적용이 미흡하다. 연수내용과 연수방법 등 질적 수월성과 적합성에 대한 연수생들의 신뢰가 높지 않아 연구 결과를 연수 후 현장에 적용되지 않는 사례가 많다. 연수는 승급을 위한 과정이라는 인식으로 연수과정 동안 적극적인 참여나 연구의식이 부족한 탓이라고 할 수 있다. 이는 자신들이 원하고 필요로 하는 연수를 선택하기보다는 승급이나 근무기관의 요구나 편의에 의한 강제적 연수가 되기 때문이다.

둘째, 현직교육의 개선방안이다. 앞에서 고찰한 바와 같이 현직교육의 문제점들을 개선하고 현직교육의 효과성 및 효율성을 증진시키기 위한 개선방안을 제시하면 다음과 같다. ① 교사의 수업 능력개발 개념으로서의 현직교육이 이루어져야 한다. 교사의 수업개선을 통한 아동의 학습증진에 효과적이어야 한다. ② 현장중심의 현직교육을 통해 실질적인 유아교육 현장의 변화가 이루어지고 현장이 개선되어야 한다. ③ 교사들의 요구에 기초한 현직교육이어야 한다. 교사들의 자발적인 참여를 이끌고 연수내용 및 시기 선택의 자율권을 교사들에게 줌으로써 동기가 유발되어 교육의 효과가 증진된다. ④ 연수 프로그램의 개발, 연수의 목적, 연수대상의 개별성, 수업방식, 시기와 기간 등의 연수방법 개선이 요구된다. ⑤ 현직교육의 기회의 확대로 연수 참여자의 선택 기회를 확대한다. ⑥ 교원양성대학에서의 직접교육과 현장교원간의 상호 교류가 강화되어 직전 교육의 심화와 확대뿐만 아니라 연계성이 확보되어 평생교육 차원에서 유아교사의 성장과 발달이 보장되어야 한다. ⑦ 교사들의 교과교육연구회의 활성화를 위한 행정당국과 기관의 지원과 협조가 이루어져야 한다.

## 생각해 봅시다

**1.** 유아교사를 위한 현직교육이 왜 필요한지 생각해 봅시다.

**2.** 유아교사를 위한 현직교육의 유형을 제시하고, 그 유형별로 장·단점을 생각해 봅시다.

**3.** 미국, 영국, 일본의 유치원교사 현직교육의 차이점을 생각해 봅시다.

CHAPTER 9

# 유아교육기관의 근무환경

## 학습목표

1. 유아교사의 직무 영역을 설명할 수 있다.
2. 유아교육기관이 가지고 있는 조직풍토의 특성을 설명할 수 있다.
3. 유아교사의 직무 만족과 직무 스트레스의 개념을 설명할 수 있다.
4. 유아교육기관의 근무환경을 설명할 수 있다.
5. 유아교사의 직무 스트레스의 관리에 대하여 설명할 수 있다.
6. 유아교사가 학습자, 부모, 동료, 지역사회와 가지게 되는 의사소통의 특성을 설명할 수 있다.

**Keyword**

• 조직풍토 • 근무환경 • 의사소통 • 유아교사의 직무 • 유아교사의 직무 만족
• 유아교사의 직무 스트레스

유치원은 교육활동을 수행해야 하는 조직의 특성을 지닌 기관으로, 유아와 유아교사, 직원 등으로 구성된 교육기관으로 볼 수 있다. 유아교사는 교사의 전문직에 근무하면서 아울러 유치원의 구성원으로서 종사하는 직업인이다. 결국 교사는 전문 직업인으로서 자질과 역할을 수행해야 하는 책임과 의무가 있기에 유치원 조직의 근무환경을 이해해야 할 것이다.

9장에서는 유아교육기관의 조직풍토의 특성, 유아교육기관의 근무환경, 유아교육기관에서의 의사소통, 유아교사의 직무 만족과 직무 스트레스 등에 대해서 고찰하기로 한다(권건일 외, 2006; 권영례 외, 2011; 강기수 · 김희규, 2015; 최애경 외, 2016; 박선아 외, 2016; 박은혜, 2016; 문혁준 외, 2016; 신재흡, 2016; 진종구 외, 2017; 전종희 외, 2017).

## 01 유아교육기관의 조직풍토의 특성

유치원의 조직풍토는 아직까지 연구가 정착되지 못한 실정이다. 하지만 조

직풍토 이론은 원장과 교사들이 유아교육 현장의 모든 과정에서 서로 어떤 유대관계를 맺어야 하는지를 방향짓는 데 도움을 주게 되었다. 유치원의 조직풍토를 결정하는 데는 여러 가지 다양한 요인이 작용할 수 있다. 우선 설립자나 교사의 교육관, 아동관, 유아교육에 대한 이해 정도 등이 고려될 수 있다. 유치원 교육목적 가운데 하나로 신앙교육을 목적으로 두고 설립된 유치원은 그 목적을 구현하기에 적합한 교사를 채용하고 교육과정을 구성하여 실시할 것이며, 학부모들도 그 유치원의 독특한 풍토에 동의할 때만 자녀를 그 유치원에 보내게 될 것이다.

유치원 경영관리에서 매우 중요한 사회적 풍토는 유아교육의 질에 영향을 주기 때문에 그 개선책이 아쉬운 실정이다. 유치원 조직풍토의 문제점을 들면, 일부 원장의 경영관리 지식의 부족과 원장과 자행성(恣行性)을 억제하는 제도적 장치나 장학행정이 부족한 점을 지적할 수 있다. 이러한 조직풍토의 개선은 교육행정 당국, 유치원, 교직 단체, 기타 관계 분야의 적극적인 협조가 있을 때 가능할 것이다. 아울러 유치원교사들의 자질 문제이다. 교사로서 갖추어야 할 인간적 자질이 부족할 때 원장이 아무리 친화적이고 자율성을 보장하더라도 훌륭한 교육이 이루어지기는 어려울 것이다(김주건, 1997).

건전한 조직풍토가 형성되기 위해서는 다음 사항에 유의하여야 한다(조성일 · 장선철, 2000). ① 조직 내의 인간관계 및 의사소통을 촉진하는 개방적 분위기의 조성, ② 정확한 정보 자료에 의한 정책결정과 문제해결, ③ 개인과 집단 간의 신뢰감과 지지도의 고양, ④ 갈등의 해결과 협동적 노력의 극대화, ⑤ 보상제도의 개발을 통한 개인이 열성과 만족감의 증대, ⑥ 조직체의 안정과 효율성의 최적화, ⑦ 조직의 자기갱신 및 자기성장의 촉진 등에 유의해야 한다.

결국 조직발전은 조직의 인간화, 건강하고 창의적인 생산성 그리고 활성화된 풍토를 가져 오기 위한 체계적이고 계획적인 접근방법을 의미한다. 유아교육기관에서 경영자의 역할 행동에 따라 나타나는 특성을 보면 보호 및 감독적인 유아교육기관에서는 유아의 소외감이 높고 개방적인 의사소통이 불가능하며, 맹목적인 복종형이 나타나고 있다. 반면에 인도주의적인 유아교육기관은 가르치고 배우는 일에 함께 참여하는 교사가 많고, 교사의 업무 성취감, 사회적 욕구, 사기가 높으며 사무적인 일처리보다는 비형식적인 열성으로 모범을 보이고 더욱 개방적이고 수용적이며 진실한 분위기를 갖는 특성을 지닌다.

유치원 원장의 지도성은 개인적 · 지역적 · 외부적 특성이 작용되어 유치원 조직풍토와 수업 조직에 영향을 주게 된다. 이러한 상황을 고려한 유치원 경영의 틀을 그림 9-1과 같이 제시할 수 있다(김주건, 1997).

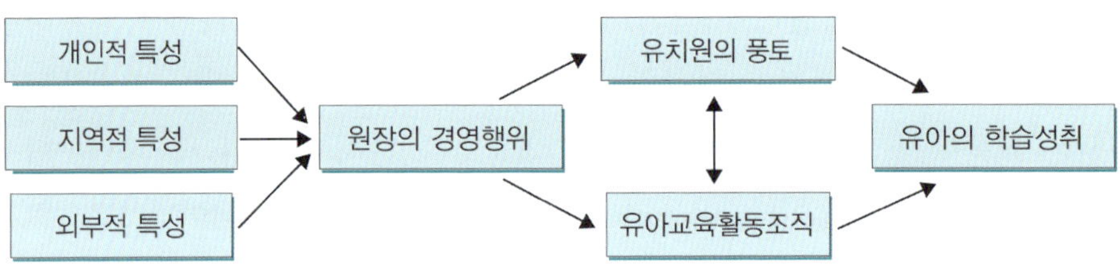


그림 9-1 유치원 조직의 경영 모형

근본적으로 우리나라 유치원의 경영관리는 현실적으로 개선해야 할 문제가 많기 때문에 장기적인 안목에서 개선 전략을 수립해야 하며, 교직원 간의 인간관계를 성숙시키기 위하여 교직원에 대한 다음과 같은 배려가 있어야 한다. ① 교직원 각자를 인격체로 대우해야 한다. ② 최소한의 인정을 베풀면서 개인적인 성장에 격려를 한다. ③ 유치원 경영활동 과정에 교직원의 적극적인 참여를 유도한다. ④ 교직원의 신분상 애로점과 자아실현의 욕구충족에 따뜻한 관심과 지원을 아끼지 않는다. ⑤ 유치원 행정의 권한과 책임 한계를 명확하게 하고 원장 자신이 모범이 되어야 한다.

또한 지금까지 유아교사들은 주로 유아들과 부모와의 관계 속에서만 그 존재가 구명되는 경향이 있었다. 하지만 유아교사들은 유아교육기관이라는 조직에 속한 구성원으로서 유아나 부모와는 또 다른 관계를 유지한다. 유아교사들이 근무하는 유아교육기관의 조직은 다음과 같은 특성을 가지고 있다(박은혜, 2005). ① 유아교육기관은 다른 각급 학교기관과는 달리 그 규모가 매우 적다. 우리나라 유치원의 평균 학급 수는 공립의 경우 평균 2학급 미만이며, 사립이라 하더라도 평균 3~4학급 정도이다. 이러한 규모의 유치원에는 원장 혹은 원감 가운데 1명만 있게 마련이어서 적으면 2명에서부터 많아야 5~6명을 넘지 않는 조직에서 일을 하게 된다. 물론 사립유치원의 경우에 10인 이상의 교사들이 종사하는 경우도 있지만 전체적인 비율로 볼 때는 매우 드문 경우에 속한다고 할 수 있다. 기본적으로 하나의 유아교육기관을 운영하기 위해서는 유아를 가르쳐야 하고, 그에 필요한 교재 및 교구를 제작해야 하며, 학급을 운영하고 여러 가지 행사를 해야 한다. 사무적으로 관리하여야 하는 문서들도 다른 각급 학교와 다르지 않을 것이며, 재정적인 관리도 마찬가지이다. 초등이나 중등과 같이 규모가 큰 조직인 경우에는 각 과제를 분담할 수 있는 조직적인 체계를 갖추고 있다. 이러한 조직체계는 각자의 책임을 분명히 하여 과제를 수행하는 가운데 역할 혼돈이나 갈등의 소지를 줄인다. 반면에 유아교육기관과 같이 그 규모가 작아지면 한 명의 조직원이 동시에 여러 가지 과제를 수행하기 때문에 과제 수행에 대한 부담이 클 뿐만 아니라 과제 완성에 대한 책임 소재도 불분명한 경우가 많이 발생하게 되고, 그로 인하여 조직구성원들 간에 갈등이 발생할 소지가 많아진다. 비록 작은 조직이지만 유아교육기관에서도 각 구성원 간의 역할 분담이 분명하게 되어 있다면 필요 없는 갈등은 많이 감소시킬 수 있을 것이다. ② 유아교육기관은 대부분 여성으로 조직되어 있다. 여성의 조직은 남성 위주의 조직과 달리 의사소통의 방식에서 차이가 있다. 여성들의 의사소통 방식은 매우 사적이며 과제가 아닌 인간관계를 중심으로 이루어진다. 여성들은 흔히 수다라고 불리우는 방식을 통하여 의사소통을 한다. 이러한 방식은 일단 각자의 개인적인 상황에 대한 양해와 이해를 통해 맥락을 형성하고, 의사소통의 상대방과 사적인 관계를 형성한 후에 모든 공적인 일도 그러한 사적인 관계 속에서 처리하는 방식이다. 이러한 방식이 남성들의 사회에서 보면 매우 불합리적이고 공과 사가 구분이 되지 않는 것처럼 여겨지는 경우도 있어 간혹 남자 원장들과 교사들 간의 갈등의 원인이 되기도 한다. 유아교사 및 행정가들은 여성 특유의 의사소통 방식을 서로 인식하고 그에 적절한 반응을 보이는 것이 필요할 것이다. ③ 유치원은 그 기관 수로 보면 공립과 사립이 각각 50% 정도 되지만 실제로 학급 규모나 재원 원아 수로 보면 사립의 비중이 약 70%에 이른다. 사립유치원은 초등이나 중등과 달리 재단으로 설립된 경우가 드물다. 이것은 대부분의 유아교육기관이 이사장 혹은 설립자의 사유재산인 경우가 많다는 의미이다. 그러다 보니 유아교육기관의 운영이 교육적인 목표를 달성하는 것에 두는 것이 아니라 영리를 추구하는 방향으로 흐르기도 하고, 교사가 설립자 혹은 이사장의 개인적인 일까지 보조해야 하는 경우가 보고되기도 한다. 우리나라의 경우 정부의 재정적인 지원이 부족한 경우에 각급 학교를 막론하고 사립에 의존하는 경우가 허다하다. 그러나 유아교육은 교육뿐만 아니라 일하는 여성들의 보육에 대한 요구가 매우 높아지는 사회적인 현상을 고려해 볼 때 더 이상 민간 차원에서 해결할 것이 아니라 국가적인 차원에서 적극적으로 지원해야 하는 대상임을 인식할 필요가 있다. ④ 각급 학교에 비하여 유치원교사들의 교직 주기는 매우 짧다. 유아교사들이 교직에 머무는 시간이 짧은 것은 교사들의 근무 조건이 매우 열악하다는 데 그 원인을 찾을 수 있다. 대부분의 유아교육기관이 개인에 의존하는 매우 영세한 규모이기 때문에 법적으로 규정된 보수를 제대로 지급하지 못하는 경우가 많고, 호봉에 대한 부담으로 결혼을 하거나 한 기관에 오래 있으면 무언의 퇴직 압력을 받는 경우가 많다. 교직 주기로 인하여 초등이나 중등에서는 아직 초임교사로 취급받을 시기에 부장교사나 심지어 원감의 역할을 하는 경우가 발생한다. 유아교사들은 교사로서 충분한 능력을 신장시키기 이전에 또 다른 상위 역할을 수행하도록 기대됨으로써 역할 갈등을 느낄 소지가 더 많아지는 것이다. 이러한 부담은 교사들의 잦은 이직으로 나타남으로써 유아교육기관의 안정적인 운영에 어려움을 초래하기도 한다.

일반적으로 교육기관이라는 조직 그 자체 혹은 조직 내의 구성원의 특성에 대한 연구들은 경영학이나 행정학의 이론을 빌려 교육 조직이라는 주제로 연구된다. 교사들이 근무하는 곳의 환경이나 조직의 풍토, 의사소통 방식 등은 교사들이 근무 여건에 직접적인 영향을 미치며, 이러한 영향은 직무 만족이나 스트레스에 많은 영향을 주게 된다.

## 02 유아교육기관의 근무환경

우리나라 유아교사들의 근무환경을 전국적인 수준에서 살펴본 자료들은 그다지 많지 않고 다만 유치원의 경우에는 이승신(2002)의 연구 결과에 의하면, 우리나라 유아교사들의 근무환경은 시간적으로나 물리적인 환경 측면에서 그다지 만족할 만한 수준에 있다고 보기는 어렵다. 유치원교사들이 출근하는 시간은 평균 8시 22분이며, 퇴근 시간은 오후 6시 2분으로 유치원교사가 유치원에서 생활하는 시간은 일일 평균 약 9시간 40분 정도이다. 이는 근로기준법에 제시한 하루 8시간 규정보다 약 1시간 40분 정도 초과 근무를 하는 것이다(박은혜, 2005: 재인용).

유치원의 물리적 환경은 교사들의 업무 수행을 원활히 할 수 있도록 지원하는 한편 교사들의 복지 차원에서도 중요한 역할을 한다. 유치원의 경우 교사들의 휴식 공간이 별도로 구성된 곳은 매우 드물고, 심지어 교무실이 별도로 존재하지 않거나 교사용 책상이 없는 유치원도 일부 존재한다. 화장실의 변기나 세면대의 경우에도 유아들 위주로 설치되어 있어서 교사와 유아가 함께 사용하도록 설계된 곳도 많이 있고, 화장실의 경우도 성인의 것이 구분되지 않아 변기는 전체 조사 대상의 10.9%가 세면대는 46%의 교사들이 유아용을 사용하는 것으로 나타났다. 유치원교사들의 주된 업무인 교육 관련 업무 이외에 차량 지도에 많은 시간을 할애하는 것으로 나타났다. 조사 대상 전체 유치원의 73%가 통학 차량을 운행하며 평균 운행시간은 약 1시간 44분으로 나타나 유치원교사들이 상당 시간을 가르치는 일 이외의 업무에 소요하는 것으로 나타났다.

유아들이 기관에서 보내는 시간이 점점 더 길어지고 있으며, 이는 교사들의 근무시간이 그만큼 더 연장되는 것을 의미한다. 장시간 유아들과 함께 생활하는 교사들의 경우에 중간 휴식시간은 반드시 필요하지만, 실제로 한 명의 교사가 한 학급을 담당하는 것이 일반적인 상황에서 교사들이 따로 휴식시간을 가지는 것이 쉬운 일은 아니다. 이승신의 연구 결과에 의하면 유아교사들의 2/3 정도가 휴식을 취하기는 하지만 근무시간 중간이 아닌 유아들이 모두 귀가한 후에 정해진 형태 없이 상황에 따라 개별적으로 휴식을 취하는 것으로 조사되었고, 나머지 1/3은 전혀 휴식을 취하지 않는 것으로 조사되었다.

## 03 유아교육기관에서의 의사소통

의사소통(communication)은 인간관계의 필수 불가결한 조건이다. 의사소통이 없이는 의미 있는 인간관계란 있을 수 없으며, 인간관계를 생각하지 않는 의사소통은 가능하지도 않다. 또한 조직이 그 목적을 달성하기 위해서는 인간관계가 매우 중요하기 때문에 조직에서의 의사소통은 심장의 고동과도 같은 것으로 비유될 수 있다.

유치원 생활의 모든 측면 역시 의사소통을 통해 이루어지고 있다. 교사들은 말과 비디오테이프, 컴퓨터 등과 같은 매체들을 사용하여 유아교육활동을 하며, 유아들 역시 이와 유사한 매체들을 사용하여 학습하게 된다. 교육행정가들, 즉 교육감과 장학사와 원장들 역시 그들의 근무시간 중 70% 또는 그 이상의 시간을 의사소통에 보내고 있다.

이와 같이 유치원의 교육활동 및 조직활동 역시 의사소통을 통해서 이루어진다. 따라서 유아교육기관이 성공적으로 그 기능을 발휘하기 위해서는 효과적인 의사소통이 원활히 이루어지는 것이 매우 중요하다.

그러므로 의사소통을 이해하는 것은 유아교육기관의 조직 환경 연구에 필수적이다. 왜냐하면 의사소통은 사회체제로서의 유치원을 이해하는 데 중요한 관점을 제공하기 때문이다.

유치원과 교육청, 유치원과 유치원 그리고 유치원 내의 교직원들 사이의 의사소통이 원활하고 향상되어야 유치원 경영관리가 보다 원활해질 수 있다. 그러기 위해서는 현재의 의사소통 시스템을 평가할 필요가 있다.

유치원 안팎에서의 의사소통의 기능을 향상시키려면, Barnard가 지적한 다음과 같은 5개 요인을 고려하는 것이 도움이 될 것이다. ① 의사소통의 계통이 알려져야 한다. 어떤 계통, 특히 어떤 중간 단계를 거쳐 교직원에게로 전달되는지를 모른다면 원만한 커뮤니케이션을 기대하기 어렵게 된다. ② 의사소통의 계통이 모든 교직원에게 닿아야 한다. 원장이 혼자만 알거나 어느 교사만 알고 있는 현상은 원활한 의사소통에 역기능한다. ③ 의사소통의 라인이 가능한 한 직선적이고 짧아야 한다. 우회하여 불필요한 중계자를 통하여 전달되는 메시지의 내용은 변질될 뿐만 아니라, 시간 낭비도 되고 오해를 일으킨다. ④ 전형적인 완전한 의사소통 라인을 이용해야 한다. 불필요한 절차를 밟지 말아야 하고, 다른 계통을 밟지 말아야 한다. ⑤ 모든 커뮤니케이션은 그 메시지를 전달할 위치(지위)에 있는 사람에게서 나와야 한다.

그리고 효율적인 유치원에서의 의사소통을 위해 유치원에서 고려해야 할 사항은 다음과 같다(조성일 · 장선철, 2005). ① 장기적인 안목에서 의사소통이 좋은 교사를 체계적으로 채용하는 방법도 생각할 수 있다. 그러나 이것은 실천하는 데 많은 애로사항이 있다. 따라서 이에 대한 대안으로서 현직교육을 통하여 의사소통에 관한 지식을 얻도록 하는 것이 좋다. 여기에는 집단역학, 행동기술, 지각검사, 자기감정 설명하기, 자기 표현하기, 경청훈련, 집단상담 등의 프로그램이 포함된다. ② 의사소통을 할 때는 먼저 상대방을 생각하는 유치원의 분위기를 조성하여야 한다. 예를 들면, 유치원에서 개별적인 가정통신을 보낼 때, 상대방 학부모에게 오해가 가지 않도록 명확하게 전달해야 한다. 대체로 언어 표현이 보내는 사람의 의도를 정확하게 전달하지 못하는 경우가 많이 있기 때문이다. ③ 심지어 같은 말도 사람에 따라 서로 달리 받아들이는 경우가 있다. 아직 언어발달이 미숙한 유아들과의 의사소통에서는 더더욱 이런 점을 유의할 필요가 있다. 실제로 같은 말이 두 사람에게 똑같은 의미를 가지지 않은 경우가 있다. 즉, 송신자와 수신자가 다른 해석을 하는 경우에는 오해가 생길 수 있다. ④ 유치원에서는 의사전달의 매체를 무엇으로 할 것인가도 충분히 고려하여야 한다. 1대 1의 면담으로 할 것인가, 메모를 사용할 것인가, 전화로 할 것인가 등을 검토해야 한다. 이 전달매체를 잘못 선택해서 소기의 목적을 이루지 못하는 사례가 많다. ⑤ 의사소통의 내용은 송신자나 수신자 모두에게 서로 관심이 있는 것이어야 한다. ⑥ 메시지는 가장 적절한 시기에 전달하여 받는 사람의 심리적 영향을 극대화하도록 한다. 시기를 놓치면 그 메시지는 값어치를 잃게 된다. ⑦ 메시지의 양도 너무 많아서는 안 된다.

결정적 시기를 살아가는 유아들을 대상으로 하는 유아교육의 중요성은 이미 많은 이론을 통해 입증되고 있다. 그런데 유아들의 경우 그 어느 교육기관에 비해 교사들로부터 직접적이고 결정적인 영향을 많이 받게 된다. 따라서 유아교사는 건전한 성격을 지니고 있어야 한다. 성장 심리학과 불교와 유교를 비교함으로써 건전한 성격을 밝혀 놓은 한 연구에 의하면, 건전한 성격의 한 특징이 바로 '부드럽고 따뜻한 대인관계'이다. 이런 인간관계의 기초가 바로 '의사소통'임을 유치원 경영자는 깊이 생각할 필요가 있다. 일방적인 명령과 지시 그리고 교사의 인격을 무시한 언동을 통해 의사소통을 저해하는 일은 결국 유아들의 전인적 성장 및 발달을 돕는 유아교육활동에 직접적인 악영향을 미치게 된다.

그리고 사람들이 의사소통을 할 때는 상대방에 대해 가지고 있는 신뢰감의 정도에 따라 그 수준이 달라진다. 유아교사는 주변 성인들과 신뢰를 바탕으로 상호 이해하고 존중하는 관계를 맺은 후 의사소통을 할 때 유아에게 더 긍정적인 영향을 미칠 수 있다. 대부분의 사람들은 서로 대화를 할 때 5개의 의사소통 수준 안에서 대화를 하게 되는 데 이를 제시하면 <표 9-1>과 같다(Fritz, Brown, Lunde & Banset, 1999).

**표 9-1** 의사소통의 수준

| 수준 | 정의 | 특징 및 예 |
|---|---|---|
| 1수준 | 피상적인 의사소통 | • "안녕, 잘 지내?"처럼 단순한 반응만 한다.<br>• 가장 신뢰가 낮은 관계에서 이루어지는 의사소통으로 무의미하거나, 진심이 없고, 방어적인 특징을 보인다.<br>• 실제 공유하는 내용이 없으므로 협력이 이루어지지 않는다. |
| 2수준 | 사실 보고 | • 사람이나 상황에 대한 정보를 전달하는 수준으로 제한된다.<br>• 판단을 제공하지 않는 단순한 사실만 말한다.<br>• 대화자들이 아닌 다른 사람의 행동이나 사실을 보고한다. |
| 3수준 | 개인적인 생각과 판단 | • 개인적인 정보에 대해 상호작용한다.<br>• 다른 사람과 공유하기 위한 생각과 판단을 제공한다. |
| 4수준 | 개인적인 느낌과 감정 | • 자신의 생각과 판단, 신념과 함께 감정을 나눈다.<br>• 솔직한 감정적 표현과 정서가 담긴 의사소통을 한다. |
| 5수준 | 완전한 의사소통 | • 완전히 개방적인 의사소통을 한다.<br>• 가장 높은 수준의 신뢰를 바탕으로 협력적인 의사소통을 한다.<br>• 집단 안에서 구성원들은 보다 나은 해결책을 제공하며 서로에게 고마움을 표현한다. |

• 자료: Fritz, S., Brown, F. W., Lunde, J.P., & Banset. E. A.(1999). Interpersonal Skills for Leadership. New Jersey: Prentice-Hall.

표 9-1과 같이 의사소통의 수준은 1수준(피상적인 의사소통), 2수준(사실 보고), 3수준(개인적인 생각과 판단), 4수준(개인적인 느낌과 감정), 5수준(완전한 의사소통)으로 이루어져 있다.

### 〈사례: 현장 활용자료〉 의사소통 수준 점검하기

1 다음은 당신이 다른 사람과의 관계에서 어떤 수준의 의사소통을 하는지 알아보기 위한 활동이다.

① 자신이 알고 있는 사람 가운데 7~8명을 선택한다.
② 선택한 사람과의 친밀감의 정도를 3수준으로 구분하여 이름을 기록한다.
③ 표에 기록된 사람들과의 의사소통 수준에 대하여 생각한 후 해당되는 곳에 기록한다.
④ 주변의 동료와 표의 결과에 대해 토론해 본다.
⑤ 표 안에서 누군가 이동시켜야 할 필요성이 있는지, 그 이유는 무엇인지 토론해 본다.

| 수준 | 정의 | 그냥 아는 사이 | 잘 알지만 사생활까지는 모르는 사이 | 잘 알고 사생활도 아는 사이 |
|---|---|---|---|---|
| | | 예: 조교 언니 | 예: 학과 동기 1 | 예: 어머니, 남자 친구 |
| 5수준 | 완전한 의사소통 | | | |
| 4수준 | 감정 공유 | | | |
| 3수준 | 개인적 생각 공유 | | | |
| 2수준 | 사실 보고 | | | |
| 1수준 | 피상적 대화 | | | |

• 자료: 박은혜(2016). 유아교사론. 서울: 창지사, p. 254~255.

# 04 유아교사의 직무 만족과 직무 스트레스

여기에서는 유아교사의 직무 만족, 유아교사의 직무 스트레스 등에 대해서 고찰하기로 한다.

## 1. 유아교사의 직무 만족

### 1) 직무 만족의 개념

직무 만족에 대한 개념 정의는 학자들의 관점에 따라 다양하다(신재흡, 2014: 재인용). Locke(1976)는 직무 만족을 자신의 직무에 대한 평가를 통해 자신의 직무 가치를 획득함으로써 얻게 되는 유쾌한 감정 상태로 정의하고 있다. Osborn 외(1980)는 직무 만족의 영역을 직무, 보수, 인정, 혜택, 작업조건, 감독, 동료, 조직과 경영방식 등과 같이 들고 있다. Nias(1989)는 직무 만족을 교직에서 경험하는 전체적인 보상의 총합으로 정의하고 있으며, '만족감을 주는' 내재적 요인과 '만족스럽게 느끼는' 외재적 요인을 모두 포함하는 것으로 직무 만족의 개념을 규정하고 있다. Campbell(1970)은 직무 만족을 개인의 직무와 직무 상황에 대한 태도와 느낌의 적극적 혹은 소극적 양상으로 보았다. 그리고 노종희(2001)는 개인이 지각하는 직무 관련 욕구의 충족 정도에 의해서 생성되는 모든 감정을 포함하는 심적 상태로 보면서 직무 만족의 가설적 구성요소를 직무상황에서 개인이 '만족스럽게 느끼는' 외재적 요인과 개인에세 '만족감을 주는' 내재적 요인을 모두 포함하게 된다.

그동안 직무 만족이 학자들의 관심을 끈 이유는 직무 만족도가 높을수록 종사하는 일의 성과가 높을 것이라는 가정 때문이었다. 하지만 이러한 주장을 뒷받침할 수 있는 결정적인 증거가 나타나지 않았으며, 다만 직무 만족도가 높을 경우에 이직률은 낮아지는 것으로 보고되고 있다(박은혜, 2016).

직무 만족도 하위변인은 표 9-2와 같다.

**표 9-2** 직무 만족도 하위변인

| 연구자 | 직무 만족도 하위변인 |
|---|---|
| Locke(1973) | 직무 자체, 임금, 승진, 인정, 복지, 후생, 근속 여건, 감동, 동료, 회사정책 |
| Jorde-Bloom(1989) | 동료교사와의 관계, 원장과의 관계, 직무 자체의 특성, 보수와 승진 기회, 근무 환경 |
| 유정혜(1997) | 직무에 대한 신념, 사회적 인식, 보수, 인간관계, 행정체계, 복지 차원 |
| 이분려(1998) | 동료교사와의 관계, 원장과의 관계, 직무 자체의 특성, 보수와 승진 기회, 근무 환경, 기관에 대한 느낌 |
| 배혜자(2008) | 직무 전반, 보수, 승진 기회, 동료와의 관계, 원장과의 관계, 근무환경 및 후생 복지 |

• 자료: 문혁준 외(2016). 유아교사론. 서울: 창지사, p. 254.

### 2) 유아교사의 직무 만족

유아교사는 유아교육기관의 설립 목적을 달성하기 위해서 직무를 수행하는데, 직무에서 만족을 느낄 때 자신이 하는 일에 보람을 갖고 조직에 최선을 다하게 된다. 교사의 직무 만족은 교육의 질을 제고하는 직접적인 요인이며, 조직의 성과와 구성원 개인의 목표에 중요한 영향을 미치는 요인이다(이인원 외, 2012). 우리나라 유치원교사들의 직무 만족도를 조사한 연구들에 의하면, 유치원교사들은 동료교사와의 관계나 원장과의 관계와 같이 대인관계 측면에서는 대체적으로 만족하지만, 직무 자체, 근무환경, 특히 사회적 지위 등과 관련해서는 만족도가 낮은 것으로 나타났다. 교사의 만족도는 설립 유형과 교사의 연령, 경력, 학력에 따라 차이가 있다. 공립유치원인 경우에는 일단 임용이 되면 특별한 사유가 없는 한 정년이 보장되어 안정적으로 직장생활을 할 수 있고, 초·중등교사와 보수의 차이가 없기 때문에 보수와 직무 자체의 특성적인 측면에서는 비교적 만족도가 높은 것으로 나타났다. 하지만 인간관계 요인에서는 사립에 비해 상대적으로 만족도가 낮은 것으로 나타났다. 유치원교사의 직무 만족도는 교사의 연령과 경력, 학력에 비례하는 것으로 나타났다. 연령이 높을수록, 경력이 많을수록, 학력이 높을수록 직무 만족도가 높게 나타났다(박은혜, 2016: 재인용).

그리고 유아교사의 직무 만족도 체크리스트는 표 9-3과 같다.

**표 9-3** 유아교사의 직무 만족도 체크리스트

다음은 유아교사의 직무 만족도를 알아볼 수 있는 체크리스트이다. 문항을 읽고 자신의 상황에 해당한다고 생각하는 번호에 표시(∨)해 보자.

① 전혀 그렇지 않다 ② 별로 그렇지 않다 ③ 보통이다 ④ 비교적 그렇다 ⑤ 매우 그렇다

| 구분 | 내용 | ① | ② | ③ | ④ | ⑤ |
|---|---|---|---|---|---|---|
| 직무 자체의 특성 | 1. 업무에 대한 창의성과 흥미를 찾을 수 있다. | | | | | |
| | 2. 지금 내가 하고 있는 일은 매우 가치 있는 일이다. | | | | | |
| | 3. 유아교사라는 직업은 내게 계속 자극이 되고 도전할 만한 일이다. | | | | | |
| | 4. 나는 다른 사람이 하는 일보다 내가 하는 일이 더 좋다고 생각한다. | | | | | |
| | 5. 나는 유아교사라는 것에 자부심을 느낀다. | | | | | |
| 인간 관계 | 6. 운영자 또는 원장은 교직원과 긴밀한 관계를 유지하기 위해 진심으로 노력한다. | | | | | |
| | 7. 운영자 또는 원장은 직무 수행에 대한 전문적인 지식을 갖고 있다. | | | | | |
| | 8. 운영자 또는 원장은 교사의 의사결정을 존중하고 반영한다. | | | | | |
| | 9. 운영자 또는 원장은 심리적으로 편안함을 준다. | | | | | |
| | 10. 운영자 또는 원장은 교사가 전문적 발전의 기회를 갖도록 적극 권장한다. | | | | | |
| | 11. 교직원 간의 인간관계가 좋은 편이다. | | | | | |
| | 12. 어려운 일이 있으면 동료교사와 수시로 의논하고 서로 돕는다. | | | | | |
| | 13. 교사 간의 경조사에 서로 돕는다. | | | | | |
| | 14. 학부모는 교사의 중요성을 잘 인식하고 있다. | | | | | |
| | 15. 학부모는 교사를 믿고 인격적으로 잘 대해 준다. | | | | | |
| 사회적 인정 | 16. 유아교사는 전문적으로 정당한 대우를 받는다. | | | | | |

| | | | | | | |
|---|---|---|---|---|---|---|
| | 17. 유아교사에 대한 사회적 인정이 높다고 생각한다. | | | | | |
| | 18. 나는 유아교사라는 것에 자부심을 갖는다. | | | | | |
| | 19. 학부모가 교사를 믿고 인격적으로 잘 대해 준다. | | | | | |
| 재교육 지원 체제 | 20. 연수 시 교육비를 지원하고 있다. | | | | | |
| | 21. 재교육 시 잔무로 인하여 지장받지 않는다. | | | | | |
| | 22. 유아교육 시 필요한 정보를 충분히 제공하고 있다. | | | | | |
| | 23. 교사의 전문성 신장을 위해 적극 지원하고 있다. | | | | | |
| 복지 후생 | 24. 근무와 관련된 복무규정이 잘 지켜지고 있다. | | | | | |
| | 25. 고용, 산재·의료보험 및 연금제도가 보장되어 있다. | | | | | |
| | 26. 유아교사에게 휴가가 주어지고 있다. | | | | | |
| | 27. 결혼한 교사에게 휴가가 주어지고 있다. | | | | | |
| | 28. 교사를 위한 퇴직금 제도가 규정대로 잘 시행되고 있다. | | | | | |
| | 29. 교사를 위한 복지시설이 잘 갖추어져 있다. | | | | | |
| 보수 | 30. 능력과 업무량에 상응하는 보수를 받고 있다. | | | | | |
| | 31. 현재 보수는 재정적으로 안정적이다. | | | | | |
| | 32. 내가 받는 교육, 나의 업무량에 상응하는 보수를 받는다. | | | | | |
| | 33. 내 보수는 내 생활수준을 유지하는 데 충분하다. | | | | | |
| | 34. 같은 학력 소지자로서 타 직종의 종사자에 비해 보수가 적다고 생각한다. | | | | | |
| | 35. 더 많은 보수를 받을 수 있는 타 직종이 나타나면 현재의 직장에서 이직을 할 수 있다. | | | | | |
| | 36. 봉급인상에 대한 정부의 시책을 이해하고 있다. | | | | | |

• 자료: 문혁준 외(2016). 유아교사론. 서울: 창지사, p. 256 재인용.

### 3) 유아교사의 직무 만족 선행연구

어느 조직에서나 조직구성원이 직무에 얼마나 만족하고 있는가 하는 것은 조직의 발전과 유지를 위해 매우 중요한 의미를 갖는다. 유아교육기관 조직에서도 예외도 아니다. 유아교사들의 직무 만족을 높이는 일은 교육개혁을 성공적으로 이끄는데 있어서 결정적인 요인이 됨은 어느 누구도 부정하기 힘들다. 이러한 측면에서 보면 교사들의 직무 만족을 주기적으로 평가하여 교원정책에 반영하는 것은 결코 소홀히 할 수 없는 일이다(노종희, 2001). 유아교사의 역할 증가 및 전문성을 전제로 하고 있고, 이러한 역할은 교사가 자신의 직업을 어떻게 생각하며 얼마나 만족하고 있는지와 같은 직무 만족도와 밀접한 관련이 있을 것이다. 여기서는 유아교사의 직무 만족에 관한 선행연구를 고찰하기로 한다.

첫째, 김양자(2002)의 연구에 의하면, 유아교육기관 교사의 전체적인 직무 만족도와 전문성 조사를 기초로 유아교육기관 교사의 직무 만족도와 전문성의 관련 변인에 따른 차이를 조사했다. 직무 만족도에 대한 문항들의 평균값을 보면 교직의식의 경우가 가장 높은 인식을 나타냈으며, 인간관계, 근무환경, 자율성 순으로 높게 나타났다. 유아교육기관 교사들의 자신의 직무에 대해 전반적으로 만족하고 있으나 보상체계나 담당 업무에 있어서는 만족도가 떨어지는 것으로 나타났다.

둘째, 이선임(2004)의 연구에 따르면, 유치원교사의 직무 만족도 및 직무 스트레스와 이직 성향과의 관계 연구에서 공·사립유치원교사들의 직무 수행을 저해하는 변인과 직무 만족, 직무 스트레스 및 이직 성향을 연구했다. 직무 수행의 조직적 환경 변인과 이직 성향에 관하여 수업의 부담보다 교육적 활동 이외의 다른 활동에 의한 근무시간, 업무량, 급여, 연수 등이 유치원교사의 직무 수행에 부정적인 영향을 미치는 것으로 나타났다.

셋째, 이인숙(2010)의 연구에서 보면 직무 만족에 있어서 교사가 수행하는 직무 성과는 교사가 직업의 사명을 명확히 지각하고 근무할 때 증진되고, 직무에 만족감을 가지며 교사 자신이나 조직을 위해 일할 때 그 성과 역시 높아진다. 반면에 교사가 직무에 불만족한 상태로 근무하게 되면 의욕을 잃게 되고, 그에 따라 만족도는 낮아져서 결과적으로 교육의 질적 향상을 저해하는 결정적인 요인으로 작용하게 된다.

넷째, 김미경(2005)의 연구에 따르면, 교원의 직무 부담이 법규상의 한계를 초월하고 있으며, 교사들은 그들의 정규수업을 진행시켜야 하는 업무 외에 공문서 처리, 각종 장부정리, 각종 행사 참여 등을 통한 과중한 초과근무 부담을 안고 있다고 지적했다.

다섯째, 신재흡(2014)은 유아교육기관 원장의 변화 지향적 리더십과 교사 집단의 직무 만족과의 관계 연구에서 유아교사의 개인적 배경변인에 따른 유아교육기관의 원장의 직무 만족에 대한 교사의 인식을 분석한 결과, 국·공립교사가 사립교사보다 높은 반응을 한 결과는 국·공립교사에게 주어지고 있는 보수, 후생 및 복지 등에 대해서 느끼는 심적 상태가 높다고 보았다. 그리고 경력교사와 유아교육기관의 규모가 클수록 높은 반응을 한 결과는 교사들 간에 이루어지고 있는 인간관계와 교직생활에 대한 자신의 지향성에 대하여 느끼는 심적 상태가 높은 것으로 볼 수 있다. 주임교사가 교사보다 높은 반응을 나타낸 결과는 주임교사보다 전문적 성장을 촉진하기 위해서 제공되는 활동과 주임교사 자신이 행사하고 있는 전문적 권한이 크다는 것을 알 수 있다.

앞에서 살펴본 바와 같이 공립과 사립유치원에 따라 직무 만족도에서는 많은 차이가 나타남을 알 수 있고, 교사가 직업의 사명(교직의식)을 명확히 지각하고 근무할 때 증진되고 직무에 만족감을 가지며, 교사 자신이나 조직을 위해 일할 때 그 성과 역시 높아짐을 알 수 있다.

## 2. 유아교사의 직무 스트레스

### 1) 유아교사의 직무 스트레스의 개념

최근 스트레스에 대한 관심이 과거 어느 때보다 고조되고 있으며, 특히 스트레스가 신체적·심리적 건강에 심각한 영향을 미친다는 인식이 확산되면서 이에 대한 과학적 연구도 많이 증가하고 있다.

스트레스에 대한 많은 연구 결과 스트레스에 대한 정의도 학자들마다 다양하게 입장을 표명하고 있다. Hanson(1991)은 스트레스를 작업자와 작업환경과의 조화의 부족이라고 정의했다. Luthans(1995)는 스트레스를 외부적 행동 및 상황 등이 육체적·정신적 한계를 초래할 때 나타나는 개인의 적응적 반응이라고 정의했다. 박은혜(2016)는 스트레스란 개인과 환경이 조화가 되지 않아 불쾌하고 부정적인 정서를 경험하는 것으로 보고 있다. 결국 스트레스란 감정이나 심리적인 측면에만 머무는 단순한 걱정거리와는 달리 생리적인 측면에도 영향을 미친다고 했다. Litt와 Turk(1985)는 교원 스트레스를 교사들이 당면하는 문제가 그들의 안녕을 위협하고 이 문제를 해결할 능력을 초월할 때 나타나는 불쾌하고 부정적인 감정과 근심에 대한 경험이라고 하였다.

앞에서 설명한 제 학자들의 견해를 종합하면, 스트레스(stress)란 일을 하는 사람과 작업 환경과 조화가 안 되는 심리적 상태를 의미하며, 교사의 스트레스는 그가 당면하는 문제가 자기의 안녕을 위협하고, 그것을 자기가 해결할 수 없을 때 나타나는 불쾌하고, 부정적인 감정과 근심에 대한 경험을 말한다. 갈등은 조직 내부에서 당사자 상호 간, 양자 간에 일어나는 것인데 비하여, 스트레스는 개인의 내부에서 일어난다는 것이 다르다. 결국 스트레스는 갈등과 마찬가지로 개인의 행동 및 조직의 효과성에 부정적으로 나타나기도 하고 긍정적으로 작용할 수도 있다(신재흡, 2016: 재인용).

직무 스트레스(job stress)는 교사 스트레스라고도 하며 직무 관련 요소들이 작업자와 상호작용하여 심리적, 생리적 상태를 변화시키는 조건이라 할 수 있다. 더구나 직무 스트레스는 교사들이 직무를 수행하는 과정에서 불안, 분노, 긴장 등의 부정적인 기분이나 불쾌한 정서적 상태를 경험하는 것으로 교사의 정신건강에 지대한 영향을 미친다. 즉, 직무 스트레스는 교사가 경험하는 전반적인 개인적 및 정서적 증세로 보는 견해로, 교사로서의 직무 수행의 어느 정도 국면에서 야기된 긴장, 욕구좌절, 불안, 분노 및 우울과 같은 불쾌한 정서를 교사가 경험하는 것으로 정의할 수 있다(강기수·김희규, 2015). 특히 유아교사는 유아를 가르치고 돌보는 역할은 물론, 부모와의 원만한 관계, 동료교사와 원장과의 관계까지 고려하는 부담을 가지게 되어 교사 역할을 수행하는 과정에서 많은 스트레스를 받을 수 있는데, 이러한 요인은 교육에 있어서 조직몰입이 어렵고 이직이 잦은 부작용을 초래하게 되는 등 직무 스트레스를 유발시키는 요인이 된다(이경자, 2002). 유아교사의 직무 스트레스 유발요인은 표 9-4와 같다.

**표 9-4** 교사의 직무 스트레스 유발요인

| 요인 | 원인 |
|---|---|
| 행정적 지기 | 원장의 행정적인 지원 부족, 통찰력의 부족, 의사소통의 문제, 원장의인식 부족 |
| 동료교사와의 관계 | 동료교사와의 상호작용 및 인간관계의 부적합 |
| 유아들과의 활동 | 유아지도와 교수에 관한 부담 |
| 재정적인 안정 | 불충분한 보수 |
| 업무 요인 | 과중한 업무 |

• 자료: 이인원 · 김호년 · 전정희 · 김의식 · 김영애(2012). 유아교육기관 운영관리. 경기: 양서원, p. 299.

유치원의 운영이 잘 되기 위해서는 무엇보다도 교사의 직무 능력을 높일 수 있는 방안이 무엇인지 연구해야 한다. 교사의 직무 스트레스를 줄이는 것은 직무 능력을 향상시킬 수 있는 하나의 방안이 되며, 유아교사의 직무 스트레스를 유발시키는 변인이 무엇인지 알고, 이 변인들을 통제할 방안을 모색하는 것이 유치원 운영에서 중요한 과제이다(이인원 외, 2012). 직무 스트레스 체크리스트는 표 9-5와 같다.

**표 9-5** 직무 스트레스 체크리스트

다음은 유아교사의 직무 스트레스를 알아볼 수 있는 체크리스트이다. 문항을 읽고 자신의 상황에 해당한다고 생각하는 번호에 표시(∨)해 보자.

① 전혀 그렇지 않다 ② 별로 그렇지 않다 ③ 보통이다 ④ 비교적 그렇다 ⑤ 매우 그렇다

| 구분 | 내용 | ① | ② | ③ | ④ | ⑤ |
|---|---|---|---|---|---|---|
| 1 | 학습활동에 참여하지 않으려는 유아에게 동기를 부여하는 데 힘이 든다. | | | | | |
| 2 | 내가 맡은 학급에는 항상 문제를 일으키는 유아가 있다. | | | | | |
| 3 | 나는 유아를 적절히 통제하지 못한다. | | | | | |
| 4 | 내가 담당하고 있는 학급의 유아 수가 많다. | | | | | |
| 5 | 부적응 유아를 어떻게 지도해야 할지 모른다. | | | | | |
| 6 | 정해진 근무시간 내에 업무를 마치기에는 시간이 충분치 않다. | | | | | |
| 7 | 교육활동에 필요한 수업자료가 너무 부족하다. | | | | | |
| 8 | 교육활동에 계획하고 조직하는 데 너무 광범위한 능력이 요구된다. | | | | | |
| 9 | 내가 근무하는 기관은 사무직원의 도움이 없이 업무처리를 혼자 한다. | | | | | |
| 10 | 나는 현재의 내 업무를 감당하지 못한다. | | | | | |
| 11 | 필요 이상으로 행사가 너무 많다. | | | | | |
| 12 | 청소, 설거지, 차량지도 등의 잡무가 너무 많다. | | | | | |
| 13 | 교구 제작에 대해 과다한 요구를 받고 있다. | | | | | |
| 14 | 내가 근무하는 기관은 교사를 위한 행정적 지원이 부족하다. | | | | | |
| 15 | 내가 근무하는 기관의 운영은 교육 실제와 맞지 않다. | | | | | |
| 16 | 나의 의견이 무가치하게 받아들여질 때가 있다. | | | | | |
| 17 | 권한에 비해 너무 많은 책임을 부여한다. | | | | | |
| 18 | 내가 근무하는 기관은 좋은 수업에 대한 인식이 부족하다. | | | | | |
| 19 | 유치원에 관련된 많은 문제에 대해 내가 어떻게 생각하는지를 허심탄회하게 말할 수 있다. | | | | | |
| 20 | 내가 맡은 학급의 일에 대해 상사의 간섭이 심하다. | | | | | |
| 21 | 내가 근무하는 기관의 운영 방식은 일관성이 없다. | | | | | |
| 22 | 나는 교사 간의 갈등적 분위기가 있는 기관에 근무한다. | | | | | |
| 23 | 교수 – 학습활동을 도와줄 보조교사가 부족하다. | | | | | |
| 24 | 내가 근무하는 기관은 교사 간에 서로 협조하는 정신보다는 경쟁이 심하다. | | | | | |

| | | | | | | |
|---|---|---|---|---|---|---|
| 25 | 내가 근무하는 기관은 교사 간의 관계가 좋지 않다. | | | | | |
| 26 | 내가 근무하는 기관은 자기에게 부여된 업무를 적절히 수행하지 않는 교사가 더러 있다. | | | | | |
| 27 | 내가 근무하는 기관은 교사 간의 파벌이 존재한다. | | | | | |
| 28 | 내가 근무하는 기관은 교사 간의 의사소통이 잘 이루어지지 않는다. | | | | | |
| 29 | 많은 학부모가 유아교육기관 문제에 관해 무관하다. | | | | | |
| 30 | 내가 근무하는 기관의 학부모는 유치원 문제에 지나치게 관여한다. | | | | | |
| 31 | 내가 근무하는 기관의 학부모는 기관에 많은 것을 요구한다. | | | | | |
| 32 | 학부모와의 관계가 원만하지 못하다. | | | | | |
| 33 | 월급 및 급여일의 변동이 잦다. | | | | | |
| 34 | 유아를 가르치는 일에 보람을 느끼지 못한다. | | | | | |
| 35 | 유아 간의 싸움이나 안전사고 등으로 유아교육기관에 항의하는 부모가 많다. | | | | | |
| 36 | (미혼자의 경우) 결혼 후에도 계속 근무하고 싶지만 기관이 원하지 않는다.<br>(기혼자의 경우) 결혼 후 가정생활과 직장생활을 병행하는 데 많은 어려움이 있다. | | | | | |

• 자료: 김경이(2012). 유치원교사의 대인관계 스트레스와 교사가 지각한 원장의 의사소통 유형에 따른 직무만족도. 성신여자대학교 교육대학원 석사학위논문.

### 2) 직무 스트레스의 원인

스트레스의 원인은 개인적 생활, 직무상의 책임감, 조직 내의 구성원의 유대감, 과업과 사생활의 연계 등 네 가지를 들고 있다. 잠재적인 스트레스가 실제 스트레스가 되고, 스트레스가 직무를 성취하는 데 긍정적인 영향력이 되는가 아니면 부정적인 영향력이 되는가는 개개인의 스트레스를 어떻게 인지하느냐에 달려 있다(박수연 · 박정애, 2000).

첫째, 개인적 스트레스의 원인이다. 조직구성원의 사생활에서 일어나는 일들은 조직구성원의 태도, 행동, 직무 수행, 복지에 영향을 줄 수 있으며, 개인 및 가족의 문제는 이직을 하는 원인이 되고 있다(Shellenbarger, 1994). 개인적인 스트레스의 원인은 조직구성원 개개인에게 발생하는 정신적 및 신체적 위협, 초상, 이혼, 질병 등의 부정적인 중요한 사건들과 결혼, 집 장만, 아기의 출생, 이사 등 긍정적인 기회를 부여하는 사건 등은 스트레스의 원인이 된다. 과속에 의한 교통 위반증, 주차 위반증, 친척의 관계, 자식의 문제, 부모의 문제, 휴가 등도 스트레스의 원인이 된다.

둘째, 직무와 관련된 스트레스의 원인이다. 직무를 수행하는 것 그 자체가 스트레스의 원인이 되고 있다. 조직구성원은 조직 내부에서 차지하고 있는 지위 때문에 수행하도록 기대되는 행동이나 과업이 부여되는 역할이 있다. 직무상 수행해야 할 역할 자체에 갈등이 생기거나 역할이 모호하거나, 과다 업무 또는 과소 업무가 부여될 때 스트레스가 발생한다(신재흡 외, 2006). ① 역할갈등이다. 역할갈등은 수행해야 할 행위나 과업이 불평등할 때 일어나는 갈등이다. 작업환경에 존재하는 소음, 부적절한 온도, 노후화된 장비나 설비 등은 조직구성원에게 스트레스의 요인으로 작용한다. 독성화학물이나 위험한 기계를 다루거나, 핵발전소 근무, 폐결핵 환자와 동일 환경에서 작업을 하는 경우, AIDS 환자와 동일한 작업장에서 근무하는 경우에는 조직구성원에게 스트레스로 작용한다. ② 역할의 모호성이다. 조직이 직무 환경변화를 위하여 직무 책임을 바꾸는 경우와 신입사원의 경우에는 조직구성원들의 역할의 모호성에 의하여 스트레스를 겪는다. ③ 과다 업무이다. 과다 업무를 수행하는 중간계층 부장교사는 부정적인 스트레스를 가지며, 과로사가 발생할 수 있다. 결국 많은 업무를 수행하는 조직구성원들은 스트레스를 겪을 수밖에 없다. ④ 과소 업무이다. 조직구성원들은 다양한 기술을 사용하여 가치 있는 일을 한다는 느낌을 갖고 싶어 한다. 조직구성원이 과소 업무를 수행하는 상태에 있으면 작업 시간이 너무나 지루하고 길게 느껴지며, 스트레스의 요인이 된다. ⑤ 정리해고 및 실직이다. 조직에서 정리해고를 하는 경우와 실직을 한 경우 발생하는 스트레스는 본인과 가족에게 경제적 불안감과 신체적·정신적인 피해를 준다. 실직을 면하고 조직에 남아 있는 사람의 경우에도 죄책감, 분노, 불행감, 외로움, 두려움 등으로 스트레스를 겪으며, 신체적인 질병을 유발하기도 한다. ⑥ 임금의 상승이다. 조직구성원은 임금 상승에 해당하는 기대치를 수행하지 못할까 봐 스트레스를 받는다.

또한 대표적 연구자들의 스트레스 유발 요인은 표 9-6과 같다.

**표 9-6** 대표적 연구자들의 스트레스 유발 요인

| 연구자 | 주요 스트레스 유발 요인 | 세부 스트레스 유발 요인 |
|---|---|---|
| Beer & Gupta(1978) | 환경 요인 | • 직무 여건 및 과제 특성<br>• 역할 요건 또는 기대<br>• 조직의 특성 및 조건<br>• 조직 외적 요건 및 조건 |
| | 개인 요인 | • 심리적 조건(성격 및 행동 특성)<br>• 신체적 조건<br>• 생활 단계 조건<br>• 인구통계학적 특성 |
| | 과정 요인 | • 심리적 과정<br>• 신체적 과정 |
| Ivancevich & Matteson (1980) | 물리적 환경 요인 | • 조명<br>• 소음<br>• 온도<br>• 진동<br>• 공기오염 |
| | 개인 수준 요인 | • 역할 갈등<br>• 역할 모호성<br>• 작업 과정<br>• 책임성<br>• 직업발달 요인 |
| | 집단 요인 | • 집단 응집력 부족<br>• 부적절한 집단 지원<br>• 집단 내 및 집단 간 갈등 |
| | 조직 요인 | • 조직풍토<br>• 조직구조<br>• 조직영역<br>• 과제특성<br>• 기술 |
| | 조직 외적 요인 | • 가족<br>• 이사<br>• 경제력 |

| | | |
|---|---|---|
| Brief & Schuler(1980) | 조직 특성 및 과정 | • 조직의 정책<br>• 조직의 구조<br>• 조직의 과정 |
| | 직무 요건 및 역할 특성 | • 작업 조건<br>• 대인관계<br>• 직무 요건<br>• 역할 특성 |
| | 개인 특성 및 기대 | • 경력관계<br>• 개인적 특성 |
| Quick & Quick(1984) | 과업 요건 | • 직업 범주<br>• 관리 직무<br>• 경력발달<br>• 일상직무<br>• 직업 과정<br>• 직무 불안정 |
| | 물리적 요건 | • 온도<br>• 조명<br>• 음파 및 진동<br>• 사무실 설계 |
| | 역할 요건 | • 역할 갈등<br>• 역할 모호성 |
| | 대인 관계 요건 | • 지위 부조화<br>• 사회적 밀도<br>• 조급한 성격<br>• 지도 유형<br>• 집단 압력 |
| Baron(1986) | 조직 요인 | • 직업 요건<br>• 역할 갈등<br>• 역할 모호성<br>• 직업 과적<br>• 책임 과다<br>• 사회적 지원 부족<br>• 의사결정에의 참여 부족<br>• 불공평한 업적 평가 |
| | 개인적 요인 | • 생활 사건<br>• 태도 |
| Beech, Burns | 업무 부하의 문제 | • 업무 과부하 |

| | | |
|---|---|---|
| & Scheffield (1982) | | • 업무 과소하 |
| | 직무상의 욕구<br>좌절상의 문제 | • 역할 모호성<br>• 역할 갈등<br>• 고도의 전문화<br>• 불만스러운 경력 개발 제도<br>• 불만스러운 의사소통<br>• 관료사회의 문제 |
| | 직업 변화 | • 과학발달<br>• 승진<br>• 재배치<br>• 조직 개편<br>• 수요, 공급 과잉<br>• 은퇴 |

• 자료: 김정휘 · 고홍화(1994). 교사의 직무 스트레스 연구. 서울: 배영사.

### 3) 직무 스트레스의 결과

스트레스는 개인마다 다르다고 여겨지지만, 동일한 스트레스를 경험하였다 하더라도 그 결과는 개인마다 다르다. 스트레스의 결과를 생리적 측면, 심리적 측면, 행동적인 측면 등으로 분류하여 고찰하기로 한다(신재흡 외, 2006: 재인용).

첫째, 생리적 결과 측면은 다음과 같다. 스트레스에 의하여 발생하는 생리적인 결과는 손에 땀이 나고, 홍조가 되며, 심장 박동수가 증가하고, 혈압이 상승하며, 두통, 현기증, 구토증, 복통, 머리통증, 심장마비의 발진, 면역기능의 저하 등이 발생하고, 심한 경우에는 중풍에 걸리게 된다. 상당히 높은 수준의 스트레스를 장기간 경험하는 경우에는 고혈압, 심장관련 질환 및 심장마비 등이 발생하기도 한다. 스트레스와 생리적인 결과의 관계는 많은 연구의 대상이 되고 있다.

둘째, 심리적 결과 측면이다. 우울한 분위기, 걱정, 분노, 적대감, 경멸 등 스트레스적인 기분이나 감정을 경험하는 경우에는 조직구성원의 복지가 감소한다(Watson & Tellegen, 1985). 조직구성원이 부정적 태도를 갖는 경우에는 조직에 대한 만족감이 낮고, 일에 대한 만족감도 낮다. 소진의 경우에는 해야 할 일을 모두 성취하지 못함으로 인한 개인적인 성취감이 낮고, 필요를 너무나 요구하는 사람들을 상대할 때 받는 정서적인 고갈, 도움을 받는 사람을 사람이라기보다는 하나의 목적물로 보는 비인간화 현상이 일어난다. 심리적 결과의 한 종류인 소진(burnout)은 심리적, 정신적, 감정적으로 고갈되는 상태이다. 의사, 간호사, 변호사, 교사, 사회사업가, 경찰 등 남을 보조하고, 보호하며, 보살피는 책임을 맡은 직업의 경우에는 소진이 발생하기 쉽다. 장기간에 걸쳐서 어려운 문제를 가진 학생과 상담을 한 교사의 경우에 소진이 발생한 경우를 쉽게 볼 수 있다. 극도로 부정적인 심리적인 결과를 겪는 조직구성원들은 조직 내에서 폭력적인 행동을 유발하기도 한다.

셋째, 행동적 결과 측면이다. 스트레스와 수행과의 관계는 알파벳 U를 뒤집은 포물선의 모양으로 요약할 수 있다. 이를 나타내면 그림 9-2와 같다.

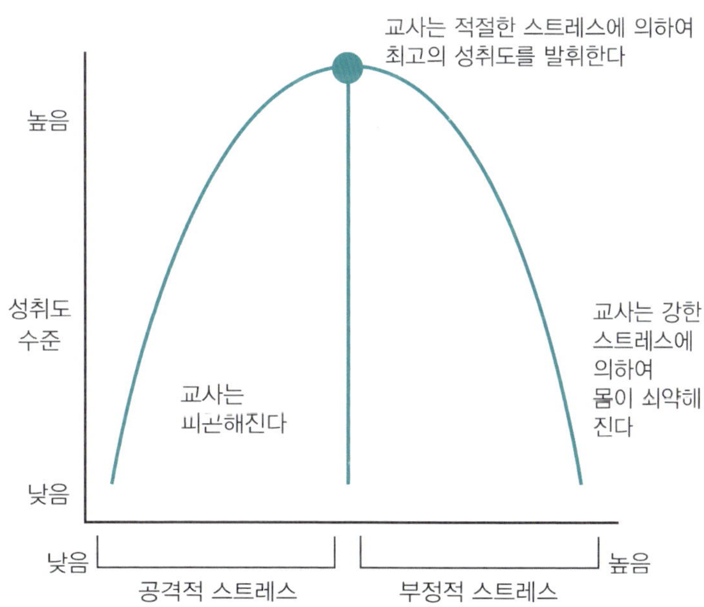


그림 9-2 스트레스와 성취도 사이의 관계

그림 9-2와 같이, 일정한 선까지는 스트레스가 수행을 강화하며, 그 후로는 스트레스가 수행을 감소시킨다. 조직구성원에게 동기를 부여하는 경우에는 스트레스가 긍정적으로 반응하도록 하며, 조직구성원이 목표를 달성하도록 촉진제의 역할을 하고, 높은 성취도를 보이도록 한다. 동기부여가 지나친 경우에는 스트레스의 수준을 높이도록 한다.

조직 구성원의 개인적인 차이는 스트레스와 수행과의 관계에 영향을 준다. 어떤 직무자는 높은 스트레스를 잘 견디어 높은 수행을 추진하며, 긍정적인 스트레스가 부정적인 스트레스로 전환하는 정점은 조직구성원 각자의 개성과 능력에 따라 다르다. 스트레스의 결과는 긴장된 대인관계, 결근 및 이직 등이 있다. 스트레스는 다음과 같은 결과를 갖는다. ① 동료, 부하직원, 상사, 고객 등 타인과의 관계가 어려워진다. 조직 규모의 축소, 상사, 부하직원, 가족의 관계가 긴장이 된다. ② 많은 과업의 성취도가 스트레스에 의하여 영향을 받는다. 스트레스가 매우 높은 수준으로 발생하면 성취도는 매우 급격하게 하락한다. ③ 다른 조직에서의 작업제안을 하는 등 직업 선택권이 생기면 결근 및 이직이 생긴다.

#### 4) 직무 스트레스의 관리

스트레스는 적절하게만 유지된다면 삶의 활력을 유지할 수 있으나 지나치게 되면 다양한 질병을 야기하게 된다. 유치원에서 생긴 스트레스는 개인적 차원과 조직적인 차원에서 해소할 수 있다(박은혜, 2016).

첫째, 개인적 차원이다. ① 교육적 전략: 유아에 대해 전인적 성장 기대, 실현 가능한 교육목표 설정, ② 신체적 전략: 다양한 종류의 운동이나 악기 다루기, 취미생활하기 등, ③ 사회적 전략: 동료교사로 구성된 사회적인 지원 집단 만들기, 동료와의 대화, 정확한 정보수집 등, ④ 정서적 전략: 영화감상, 음악 감상 등, ⑤ 환경적 전략: 시간 관리, 갈등 해결 등, ⑥ 정신적 전략: 명상이나 기도하기, 낙천적인 인생관 가지기 등이다.

둘째, 조직적 차원이다. ① 모든 구성원을 인격적으로 존중하고 우호적으로 대하는 관계 조성, ② 개방적이고 양방향으로 이루어지는 의사소통, ③ 지지적이고 긍정적인 조직풍토 조성, ④ 교육과정 운영에서 교사의 자율성 인정, ⑤ 학습공동체 형성 등이다.

그리고 스트레스 유발요인 및 조절 전략은 표 9-7과 같다.

**표 9-7** 스트레스 유발 원인 및 조절 전략

| 스트레스 원인 | | 스트레스 조절 전략 |
|---|---|---|
| 시간 부족 및 과다한 업무 | | • 모든 업무를 기록한다.<br>• 반드시 해야 할 업무와 아닌 업무를 분류한다.<br>• 업무의 우선순위를 매긴다.<br>• 수행한 업무는 확인 표시를 한다. |
| 수업계획 및 실행 | | • 자신이 할 수 있는 범위에서 계획을 세운다.<br>• 수업 계획서를 구체적으로 작성한다.<br>• 동기유발 및 수업 진행 과정을 기록, 암기한다.<br>• 유아들의 다양한 반응을 예상한다.<br>• 동료교사들과 의논한다. |
| 자료 부족 및 환경의 문제 | | • 기관에 있는 자료 중 활용 가능한 자료를 파악한다.<br>• 자료가 부족할 경우 유아들의 가정에 있는 자료를 활용한다.<br>• 자료를 제작할 경우 제작이 용이하고 효율적인 방법으로 제작한다. |
| 인간관계 | 선배 교사나 원감과의 관계 | • 선입견을 갖지 않고 개방적인 자세를 갖는다.<br>• 모든 일은 일차적으로 선배교사나 원감과 의논한다.<br>• 대화를 위해서 노력하고 대화시간을 많이 갖는다. |
| | 동료교사들과의 관계 | • 가장 자신 있고 서로 도울 수 있는 점에 대해서 논의한다.<br>• 어려운 점을 서로 의논하고 돕는다.<br>• 서로 협동해서 할 수 있는 일을 찾아보고 제안한다. |
| | 유아와의 관계 | • 유아들과 대화할 수 있는 시간을 갖는다.<br>• 다양한 문제 해결 방안을 생각하고 적용해 본다. |
| 평 가 | | • 동료교사의 평가를 긍정적으로 수용한다.<br>• 자기 스스로 반성하고 평가하도록 노력한다. |

• 자료: 박은혜(2016). 유아교사론. 서울: 창지사, p. 290 재인용.

또한 유아교사의 스트레스 대처방안에 대한 질문지는 표 9-8과 같다.

**표 9-8** 스트레스 대처방안에 관한 질문

※ 다음은 유아교사의 스트레스 대처방안을 알아볼 수 있는 체크리스트이다. 문항을 읽고 자신의 상황에 해당한다고 생각하는 번호에 표시(∨)해 보자.

① 전혀 그렇지 않다 ② 별로 그렇지 않다 ③ 보통이다 ④ 비교적 그렇다 ⑤ 매우 그렇다

| 구분 | 내용 | ① | ② | ③ | ④ | ⑤ |
|---|---|---|---|---|---|---|
| 1 | 약물(신경안정제)요법을 사용한다. | | | | | |
| 2 | 그 상황을 잊으려고 한다. | | | | | |
| 3 | 그 상황을 피해 버린다. | | | | | |
| 4 | 다른 사람에게 불평을 이야기한다. | | | | | |
| 5 | 더욱 잘하려고 노력한다. | | | | | |
| 6 | 인터넷, 게임 등의 전자매체를 사용한다. | | | | | |
| 7 | 담배를 피운다. | | | | | |
| 8 | 술을 마신다. | | | | | |
| 9 | 잠을 잔다. | | | | | |
| 10 | 운동을 한다. | | | | | |
| 11 | 텔레비전을 본다. | | | | | |
| 12 | 스포츠, 전람회, 연극 등을 관람한다. | | | | | |
| 13 | 쇼핑을 한다. | | | | | |
| 14 | 일에 손을 떼고 잠시 쉰다. | | | | | |
| 15 | 음악 감상을 한다. | | | | | |
| 16 | 전문가와 상담한다. | | | | | |
| 17 | 선배교사나 동료교사와 의논한다. | | | | | |
| 18 | 세심하고 치밀한 계획을 세운다. | | | | | |
| 19 | 나의 발전과 계기라 생각하고 긍정적으로 넘긴다. | | | | | |
| 20 | 시간이 해결할 것이라고 생각하고 그냥 둔다. | | | | | |

• 자료: 문혁준 외(2016). 유아교사론. 서울: 창지사, p. 262 재인용.

## 생각해 봅시다

1. 유아교육기관의 유형에 따라 다를 것으로 예상되는 조직풍토의 특성이 어떤 것이 있는지 생각해 봅시다.

2. 유아교사가 해야 하는 일 가운데 자신이 생각하기에 가장 어려운 일 혹은 자신이 없는 일은 무엇인지에 대해 생각해 봅시다.

3. 유치원에서 효율적인 의사소통을 위해 고려될 사항에 대해 생각해 봅시다.

4. 유치원에서 근무할 때 가장 스트레스를 받을 것으로 예상되는 부분은 어떤 것이 있는지 생각해 봅시다.

5. 유아교사가 갖추어야 하는 의사소통의 기술 가운데 가장 중요한 기술은 무엇인지 생각해 봅시다.

6. 유치원에서 직무와 관련된 스트레스의 원인에 대하여 생각해 봅시다.

CHAPTER 10

# 유아교사를 위한 장학

## 학습목표

1. 장학의 개념, 특성, 기능을 설명할 수 있다.
2. 장학의 영역, 형태를 설명할 수 있다.
3. 유치원장학의 형태를 분류해서 설명할 수 있다.
4. 유치원장학 활성화 방안을 제시할 수 있다.

**Keyword**

• 장학 • 장학 영역 • 수업장학 • 동료장학 • 자기장학 • 약식장학 • 자체연수

Bolin과 Panaritis(1992)는 장학의 개념의 변화를 "① 초기 장학의 역사에서 장학은 교사가 배운대로 수행하는 것에 대해 칭찬하고, 개선에 대한 요구를 하는 감독자와 같은 것이었다. ② 이후 장학은 사회적 효율성의 모델에 기초하여 장학이란 교사가 자율성을 갖고 교육과정을 실행하는 것에 대해 과학적 이론을 기초로 하여 평가하는 개념이었다. ③ 최근 들어 장학은 교사가 교육과정의 개발과 실천과정에 능동적으로 참여하도록 하고, 협력하는 민주적 지원과정이라는 개념으로 변화되었다"고 했다.

하지만 우리나라는 1980년대 초 교육부에 처음으로 유아담당 장학사가 임명되고, 2000년에 진입하면서 장학의 중요성에 대한 공감대가 형성되었을 정도로 장학의 역사가 짧다(권영례 외, 2011).

10장에서는 장학의 개념 · 특성 · 기능, 장학을 위한 준비, 장학의 영역 · 형태, 유치원의 장학 활성화 방안 등에 대해서 고찰하고자 한다.

# 01 장학의 개념 · 특성 · 기능

## 1. 장학의 개념

유치원에서 장학활동이란 단위 유치원에서 교육활동의 개선을 위하여 자율적으로 원장, 원감을 중심으로 전체 교직원들이 공동으로 노력하는 과정으로 보고 있다(이윤식, 2005). 이와 같은 개념 정의에서 중요한 점은 장학을 "역할(role)"로 보기보다는 "과정(process)"으로 보는 것이다. 장학을 역할로 보면 장학은 단지 장학사(관) 또는 일부 행정가 등 소수의 사람들만이 수행하는 공식적인 활동으로 보여진다. 장학을 과정으로 보면 유치원에서 어떠한 형태로든지 교육 개선과 관련하여 주고받는 공식적 또는 비공식적, 전문적 또는 일상적인 지도, 조언 등의 행위에 관여하게 되는 모든 사람들은 일종의 장학활동을 하는 것으로 이해되며, 유치원에서 장학이라는 용어는 표현상 "유치원 안"이라는 공간적인 의미가 강한 인상을 주어 온 "원내장학"이라는 용어에 단위 유치원의 자율성과 교직원의 자율성을 강조하는 의미가 첨부된 용어라 하겠다. 그리고 Sergiovanni 및 Starratt(1983)도 장학을 과정으로 보는 것이 장학을 특정한 역할로 보는 것보다 의미가 크다는 입장을 견지한다.

유치원에서 장학의 일반적인 개념은 원칙적으로 교육행정기관의 지시를 받음이 없이 단위 유치원에서 또는 인접한 유치원들 간, 교원들 간에 교육활동의 개선을 위하여 자율적으로 수행하는 장학활동이라고 규정할 수 있다. 즉, 유치원에 장학의 주체로서 보다 능동적, 적극적, 독립적으로 나름대로의 독특한 상황과 조건을 고려하여 장학을 실천하려는 노력이 요구된다.

유치원 외부로부터 주어지는 장학이 장학담당자의 인력 부족, 시간 부족, 전문성 부족 등의 문제점 그리고 유치원 현장에 대한 적합성 부족 등의 문제점을 노출하고 있는 현실을 고려할 때, 원장 중심의 장학활동은 그 중요성이 높다. 외부로부터 주어지는 장학의 유치원 현장에 대한 적합성 부족 문제는 외부장학이 유치원 현장의 인적, 물적, 조직적, 사회 · 심리적인 조건에 대한 고려에 한계가 있다는 점에 기인한다. 현실적으로 유치원 외부의 장학담당자들이 단위 유치원 내부의 제반 조건, 교육활동의 실제와 문제점 그리고 조직풍토 등을 비롯한 여러 가지 복잡한 요인들을 충분히 인식 · 이해하기에는 많은 어려움이 있다. 장학활동의 효과를 높이기 위해서는 교사들이 생활하고 있는 유치원 현장의 현실을 충분히 고려한 장학활동의 내용과 방법을 구안하려는 노력이 필요하다(Perry, 1980; Joyce & Mckibbin, 1982).

## 2. 장학의 특성

유치원 장학의 특성을 제시하면 다음과 같다(이윤식, 2005).

첫째, 자기발전성이다. 장학은 그 목적상 단위 유치원의 기관으로서의 자기발전을 추구할 뿐 아니라, 단위 유치원의 조직원으로서, 원장, 원감, 부장교사, 교사 그리고 관계 직원 등 모두의 자기발전을 도모할 수 있는 과정이다. 전통적인 장학의 관점에서 보면 장학담당자는 단지 지도 및 조언을 제공하는 역할만 맡고 있는 것으로 보인다. 그러나 상호작용 관계 속에서 전개되는 장학활동에서는 장학담당자도 자기발전의 기회를 가질 수 있다. 즉, 원장이나 원감 또는 부장교사도 교사들을 도와주는 역할뿐만 아니라 그들과의 협력적 상호작용을 통하여 자신들의 발전을 위한 유익한 자극이나 정보를 얻을 수 있음을 의미한다.

둘째, 자율성이다. 일반적으로 유치원 내 장학활동은 외부로부터 통제를 받지 않고 단위 유치원의 구성원들이 스스로 유치원의 교육활동 개선을 위하여 장학활동을 해 나가고, 그 결과에 대하여 스스로 책임지는 것을 중요시한다. 이러한 과정에 있어 단위 유치원의 기관으로서 자율성이 최대한 존중되어야 한다. 단위 유치원의 기관장으로서 원장은 대외적으로 유치원 장학활동의 책임자들의 자율성을 보장할 수 있는 바람직한 지도·조언자가 된다.

셋째, 협력성이다. 장학활동은 단위 유치원 내에서 원장·원감을 중심으로 하여 모든 교직원들이 협력적이고 참여적인 공동 노력을 통하여 이루어지며, 경우에 따라서는 유치원 외부로부터 필요한 협력을 얻을 수도 있다. 효과적인 장학활동의 실천을 위해서는 무엇보다도 교직원들이 장학활동에 적극적으로 참여할 수 있는 분위기와 여건이 조성되어야 한다. 교직원들이 원내 자율장학에 대하여 긍정적인 인식을 갖고 동기유발이 되도록 하며, 필요한 경우에는 외부 교육행정기관이나 유관기관 그리고 인근 유치원으로부터 인적 및 물적 협력을 받을 수도 있다.

넷째, 다양성이다. 장학활동은 단위 유치원의 조건 그리고 교직원들의 필요와 요구에 기초하여 다양한 형태로 운영된다. 효과적인 장학활동의 내용과 방법은 유치원의 종류, 소재 지역, 규모 그리고 유치원 내의 인적·물적 제반 조건 등의 요인에 따라서 다양하게 나타난다. 또한 교직원들의 교직 경력, 담당과목 혹은 담당업무, 성별, 연령 등의 요인에 따라서도 장학활동의 내용과 방법은 개별화·다양화되어야 한다. 이는 장학활동의 형태가 반드시 전문적이고 체계적이고 공식적이지 않을 수도 있음을 의미한다.

다섯째, 유치원 중심성이다. 장학활동은 단위 유치원이 주체가 되며, 유치원의 인적·물적 조건 및 조직적·사회 심리적 특성을 기초로 하여 이루어진다. 전통적 장학에서 유치원은 장학의 객체로서 피동적이고 소극적인 입장에 있었다. 따라서 유치원은 장학의 주체로서 능동적이며 적극적이며 독립적으로 나름대로의 독특한 상황과 조건을 고려하여 장학을 실천함으로써 그 효과를 극대화할 수 있다.

여섯째, 계속성이다. 장학활동은 일시적이고 단기적인 과정이 아니라 계속적이고 장기적인 과정이다. 교육행정기관에서 유치원을 대상으로 실시하는 장학은 일시적이고 단기적인 성격이 강하며, 유치원 측에서는 이에 대비하여 가시적이고 형식적인 준비를 하는 경향이 없지 않으며, 그 효과도 지속적이지 못한 경향이 있다. 교육활동은 본질적으로 계속적이고 장기적인 과정인바, 교육활동의 개선을 위한 유치원의 장학활동도 계속적이고 장기적인 과정이 아닐 수 없다.

유치원 장학의 개념적 특성은 그림 10-1과 같다.

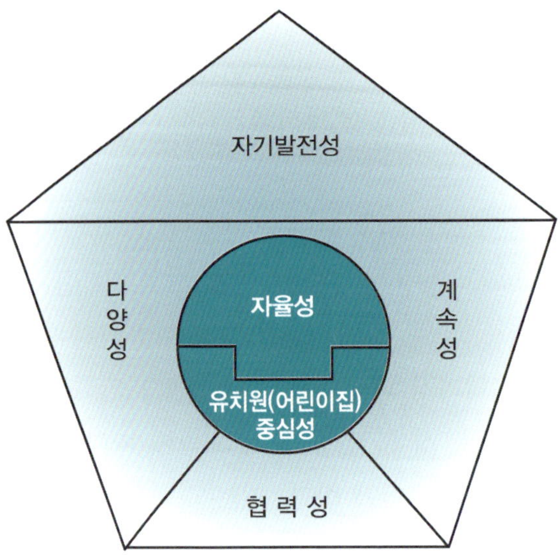


그림 10-1 유치원 장학활동의 개념적 특성

• 자료: 이윤식(2005). 장학론. 서울: 교육과학사, p. 261에서 인용해서 수정함.

## 3. 장학의 기능

장학의 기능이란 장학의 의미를 나타내며, 장학의 개념 및 역할 정의에 따라 기능을 보는 시야도 달라질 수 있다. 장학의 기능 문제는 장학의 개념 및 장학의 발달과 서로 연관되어 있다. 장학의 기능에 대한 여러 학자들의 견해를 제시하면 표 10-1과 같다.

표 10-1 장학의 기능

| 학자 | 장학의 기능 |
|---|---|
| Dull(1981) | 전문직화, 직원발전, 집단을 통한 장학, 교육과정 개발, 방문과 관찰, 수업 자원, 교사평가, 장학자체 평가 |
| Lovel & Wiles(1983) | 협동장학, 교육과정개발, 임상장학, 교원직능개발 |
| McNerney(1951) | 교수과정에 대한 방향 제시, 교수과정에 대한 효과의 평가 |
| McKean & Mills(1964) | 리더십의 발휘, 자원과 봉사의 역할, 평가 |
| 강영삼(1994) | 교육과정 개발, 평가, 현직교육, 인간적 지원, 리더십 |
| 정태범(1996) | 행위상 분류(감독적 관리기능, 전문적인 관리기능, 전문적인 지도기능)<br>내용상의 분류(교과 지도기능, 학생 지도기능, 학교경영기능) |
| 주삼환(2003) | 수업개선의 기능, 교육과정 개발 기능, 교사의 전문적 성장을 돕는 기능 |
| 이윤식(2005) | 교원의 성장 및 발달을 돕는 기능, 교육과정 운영의 효율화를 돕는 기능, 경영의 합리화를 돕는 기능 |

• 자료: 신재흡(2007). 한국 교육의 질 관리를 위한 장학행정. 서울: 도서출판 학이당, p. 51에서 수정 및 정리함.

표 10-1에서 여러 학자들의 견해를 종합하면, 장학의 기능에서 가장 근본적인 기능은 ① 수업(교수-학습) 개선과 ② 교육과정 개발로 볼 수 있다. ③ 현직교육, 교수자료와 시설 제공 및 교직원 인사, 홍보에 이르기까지 교사의 전문적 성장을 돕는 모든 교육활동 뿐만 아니라 ④ 유치원 체제 내의 인적, 물적, 재정적 자원을 효과적으로 유지, 통합, 운영하고, 제반 교육활동 기능을 최적화하도록 도와주는 유치원 경영의 합리화를 돕는 기능 그리고 ⑤ 유아교사의 신상 및 인간관계에 이르기까지 그 범위가 대단히 넓음을 알 수 있다. 이러한 다섯 가지 영역은 실제적으로 중복되는 부분이 있으며, 상호 보완적인 관계에 있다고 하겠다(신재흡, 2007).

## 02 장학을 위한 준비

어떠한 장학의 형태이든 장학을 받기 위해서는 전반적인 준비와 점검이 필요하다. 교사가 해야 할 구체적인 영역별 점검과 준비사항에 관해 기술하면 다음과 같다(염지숙 외, 2016).

첫째, 교실환경은 유치원에 등원하여 각 학급으로 들어갈 때의 이미지가 되기 때문에 매우 중요하다. ① 일단 교실환경에서 유아의 작품은 절대 높지 않게 전시해 준다. 작품을 감상하는 대상이 성인이 아니라 유아임을 고려해 작품을 낮게 붙인다. 모든 작품의 높이가 낮아지도록 교실환경을 준비해야 할 것이다. ② 교사가 만들고 꾸민 것보다는 유아들이 직접 만들고 꾸민 환경이 중요시된다. 교실의 주인은 교사가 아니라 유아이다. 유아들이 그들의 세계를 만들 수 있도록 교사는 작품을 수정하거나 다시 만들어 주지 않도록 해야 할 것이다. ③ 지나치게 알록달록하게 하지 않는다. 일반적으로 유치원은 레인보우 색으로 구성되어 있다. 유치원 자체가 알록달록한데 교실환경까지도 알록달록하면 교실이 불안정하고 혼란스러울 수가 있다. 따라서 한 영역이 약간 알록달록하다면 다른 한 영역은 파스텔 톤으로 색의 톤을 낮춰서 놓는다면 교실환경이 전반적으로 안정되고 균형 있어 보이게 될 것이다. ④ 적어도 한 부분에는 반 전체의 공동 작품이 들어가도록 한다. 공동 작품을 제작하면 많은 선생님들이 부담스럽고 복잡하다고 생각하기 쉽다. 혼자 한 작업이 아니라 여럿이 함께했다면 그것이 바로 공동 작품이다. 교실은 혼자만이 아니라 공동의 장소이기도 하며, 유치원의 교육활동은 개인 및 공동생활을 경험하는 곳이기에 반드시 공동 작업을 통해 '함께' 라는 경험을 할 수 있도록 기회를 제공하는 것은 대단히 중요하다. 공동 작업을 하고 반드시 그 공동 작업을 감상할 수 있는 영역을 만들어주자. ⑤ 벽면과 그 밖의 공간을 이용한다. 공간은 벽면과 바닥 및 천장으로 이루어져 있다. 바닥을 그 달의 전시물로, 천장을 아이들의 작품이나 흥미 있는 환경으로 꾸며 놓는다면 공간 활용과 응용에 대해 높은 평가를 받을 수 있을 것이다.

둘째, 교실세팅에서 ① 언어 영역은 교실의 구석이어야 하고 조용하고 아늑한 곳이어야 한다. ② 과학 영역은 조용한 영역과 연계되어야 하며, 햇빛이 반드시 들어와야 한다. ③ 조형 영역은 물과 가까운 곳으로 시끄러운 활동이 가능한 곳이어야 한다. ④ 역할 및 블록 영역은 영역의 호환이 가능하므로 영역을 가능한 한 붙여 구성해 주면 좋다. ⑤ 대·소집단 시 교사의 위치이다. 실수를 제일 많이 하는 부분이라고 많은 장학사들이 지적한 바 있는 사항으로 교사의 의자는 교실 문을 볼 수 있는 곳에 위치하여야 한다. 즉, 교실 문을 등지지 않아야 한다. ⑥ 수 및 조작 영역이다. 조용한 곳과 연계된 곳이어야 한다.

셋째, 유아물품에서 ① 옷장과 신발장은 우선 청결해야 한다. 또한 옷장과 신발장의 경우 원아들이 등원한 후에 잠깐 돌아보아 잘 정돈되었는지 체크하여 원아 스스로가 잘 정돈하도록 처음부터 습관을 길러 주면 좋다.

② 개인 파일, 작품모음집의 경우에는 원아들이 스스로 꺼내고 넣기 쉬운 곳에 정리하여 둔다. 또한 이름을 써 주어 자신의 것을 스스로 찾을 수 있도록 돕는다. 파일은 앞장부터 차례로 정리하여 두고, 특별한 사항은 연필이나 펜으로 기록하여 둔다. 작품모음집의 경우에도 앞부터 정리하되, 작품의 완성 날짜를 반드시 기록하여 주고 활동명을 기록하여 준다. 또한 재미있는 에피소드나 사건들도 가끔 기록하여 원아의 발달기록 카드로도 사용할 수 있도록 한다.

넷째, 수업자료의 타당성이다. 가능하다면 수업자료는 실물이 좋으며 사진으로 선정했다면 만화나 그림보다는 실제 사진이 있는 화보나 자료가 좋다. 또한 동화를 들려줄 때에도 그림동화는 자주 하므로 융판 동화나 손가락인형 동화, 막대 동화 등의 다양한 자료를 준비하면 좋다.

다섯째, 교사의 태도이다. 수업에 임하는 유아를 대하는 교사의 기본적인 태도가 매우 중요하다. 가능한 한 교사는 원아와 눈높이를 맞추어 주고 웃는 모습을 많이 보여 주며, 긍정적이고 적극적인 모습으로 대해 주면 된다. 또한 물건은 손가락으로 지명해도 되지만, 사람한테는 반드시 손 전체로 한다는 기본 사실 등을 놓치면 안 된다. 유아의 이름을 부를 때에도 가능하다면 "네가 해보겠니?"보다는 "○○가 해보겠니?"처럼 이름을 불러 주는 것이 좋다.

여섯째, 교육계획안 및 출석부이다. 교육계획안은 그날의 주제에 맞게 활동을 계획하고 반드시 평가를 한다. 평가란이 제일 중요한 이유는 평가를 통해 교사 자신이 변화할 수 있기 때문이다. 스스로 평가하는 시간을 갖고 하루하루 좋아지는 교사라면 몇 년 후에 상상할 수 없을 만큼 교육에 있어 철저하고 배려 깊은 교사로 성장할 수 있을 것이다. 평가를 쓸 때에는 유아를 평가하는 것이 아니고, 교사 자신의 수업준비이며 시행착오, 유아의 반응으로 인한 부족 등을 지적하여 더 발전할 수 있도록 하는 게 목표임을 잊지 않도록 한다.

일곱째, 원 전체의 환경이다. 사고 위험이 없도록 주의하여 준비하고 유아교육기관의 분위기가 아늑하도록 조성한다. 또한 유치원은 깨끗하고 청결하게 하며 유아의 건강과 밀접한 관련이 있음을 알고 있어야 한다.

여덟째, 서류관리이다. 중요하게 보는 부분이므로 가능한 한 서류관리는 매주 혹은 매월 단위로 철저하게 관리한다. 물론 글로도 남길 수 있으나 가능한 한 컴퓨터 작업을 하여 분실했을 경우에도 다시 뽑을 수 있도록 대비한다.

## 03 장학의 영역 · 형태

장학의 영역과 형태에 대해서 고찰하기로 한다.

### 1. 장학의 영역

유치원 장학이란 유치원에서 교육활동의 개선을 위하여 자율적으로 원장, 원감을 중심으로 하여 전체 교직원들이 공동으로 노력하는 과정으로 정의하며, "교육활동의 개선"은 교사들의 교수 행위의 개선에 한정된 좁은 의미가 아니라 전체적인 유치원 개선에 관련된 넓은 의미로 쓰인다. 이윤식(2005)은 유치원 장학활동의 영역을 교사의 전문적 발달 영역, 교사의 개인적 발달 영역, 유치원의 조직적 발달 영역의 세 가지로 정리하고 있다.

첫째, 교사의 전문적 발달(professional development) 영역이다. 교육과정 운영에 초점을 두어서 교사들이 교과지도와 교과 외 지도를 포함하는 교육활동 전반에 있어서 안정, 숙달, 성장을 도모하도록 도와주는 것을 의미한다. 김종철(1985)의 견해는 장학에 대한 기능적 접근에서 장학은 무엇보다도 교사들의 전문적 성장을 돕는 것으로서, 이에는 교사들로 하여금 ① 건전한 교육철학의 수립, ② 교직에 대한 올바른 태도와 감정의 확립, ③ 문제해결의 능력과 기술의 습득(특히 학습지도방법과 생활지도방법의 개선), ④ 교육문제에 대한 올바른 인식의 확대 등이 포함된다는 견해를 피력하고 있다. Knoll(1987)은 교수기술에서의 수월성을 결정하는 구체적인 증거로서, ① 학급 환경, ② 수업 준비, ③ 학생들과의 상호작용, ④ 학습 환경의 관리, ⑤ 전문직성, ⑥ 학부모 · 지역사회와의 상호작용 등 여섯 가지를 제시하고 있다. 즉, 일반적으로 교사의 전문적 발달과 관련하여 다루어질 수 있는 내용은 다음과 같다. ① 교육철학과 교직관, ② 교육목표 및 교육계획, ③ 교육과정 및 교과지도, ④ 생활지도, ⑤ 특별활동지도, ⑥ 교육기자재 활용, ⑦ 학급관리 및 경영, ⑧ 교육정보 및 시사, ⑨ 학부모, 지역사회와의 관계, ⑩ 각종 교육 관련 문제의 이해 등이 있다.

둘째, 교사의 개인적 발달(personal development) 영역이다. 교사 개인에 초점을 두어서 그들이 심리적, 정서적, 신체적, 가정적 및 사회적 영역에서 안정, 만족, 성장을 도모하도록 도와 주는 것을 의미한다. 제 학자들의 견해를 고찰하면 다음과 같다. Howey(1980)는 종래의 교사의 성장·발달을 도와주는 프로그램들이 교육과정 운영 및 교수 기법 등 너무 좁은 영역에 한정하여 제공되어 왔음을 지적하였다. Glassberg 및 Oja(1981)는 교사의 전문성 성장은 성인으로서의 개별 교사의 심리·정서적 발달 상태와 유치원의 조직적·사회적 환경 등의 다양한 요인들에 의해 영향을 받고 있다. Wiles와 Lovell(1975)은 교사의 개인적 문제에 대한 관심의 중요성을 다음과 같이 주장하였다. "교사들의 개인적 문제의 해결을 위한 도움을 제공하는 것은 장학의 기본 관심사가 된다. 유치원에서 모든 활동은 정신적 건강의 기초 위에 이루어지는 것이다." 장학담당자는 교사들의 마음속에 개인적인 걱정이나 근심거리가 쌓여 있는 한, 교수활동의 개선을 위해서 그들과 일한다고 하는 것이 무의미한 일임을 깨달아야 한다. 교사들은 초인간(superman)이 아니다. 일반 성인들을 괴롭히는 근심, 걱정, 두려움이 똑같이 교사들을 괴롭히고 있는 것이다. 장학담당자들은 근심, 걱정, 두려움에 쌓여 있는 교사들에게 훌륭한 교사가 되라고 강요할 수는 없다. 교사들의 문제는 유치원교육과 직접적인 관련이 적을 수도 있다. 그들은 가정적 문제, 사회적 문제 혹은 경제적인 문제들일 수도 있다. 그러나 이런 것들은 유치원교육에 관련된 문제만큼이나 똑같이 중요하다. Unruh 및 Turner(1970)는 교사 개인의 성격 문제, 자신과 가족의 건강 문제, 거주 환경이나 이웃에 대한 문제, 재정 문제, 자녀양육 및 교육 문제 등이 교사들에게 적지 않은 스트레스를 주고 있다고 하였다. 이러한 문제들은 교사들의 개인생활이나 교직생활에서 갈등과 불만족을 야기하는 중요한 요인이 될 수 있다. 한유경(1983)은 여교사의 경우에는 아직도 여자의 역할에 대한 전통적인 가치관이 강한 우리 사회에서 다중 역할을 수행하는 데서 오는 적지 않은 심리적, 가정적, 사회적 갈등이 있는 것이다. 교사의 개인적 발달 영역의 내용은 ① 교사의 신체적·정서적 건강, ② 교사의 성격, ③ 교사의 가정생활, ④ 교사의 사회생활, ⑤ 교사의 취미와 흥미, ⑥ 교사의 종교 등이 있다. 이러한 교사의 개인적 발달 영역의 경향은 장학의 개념이 궁극적으로 교사의 전문적인 성장 및 발달뿐만 아니라 전인적인 능력 개발의 개념으로 확대되어 가고 있음을 시사하고 있다. 교사의 개인적 발달을 위한 예시적 활동은 교사의 신체적·정서적 건강, 교사의 성격 및 취향, 교사의 가정생활, 교사의 사회생활, 교사의 취미생활, 교사의 종교활동 등이 있다.

셋째, 유치원의 조직적 발달(organizational development) 영역이다. 유치원의 조직 환경 및 풍토를 궁극적으로 변화시켜 유치원 내에서 교사들의 삶의 질을 높이고, 유치원 조직의 목표를 효과적으로 달성하도록 하는 것을 볼 수 있다. 제 학자들의 견해를 살펴보면 다음과 같다. Dillon 및 Peterson(1981)의 견해는 "조직 내 개인들로 하여금 그들의 개인적 그리고 전문적 목표를 달성 가능하도록 하는 동시에, 조직 자체의 개선목표를 규정하고, 이를 충족하기 위하여 조직 전체 또는 조직의 일부분에 추진되는 과정"으로 보고 있다. 그리고 Harris(1985)는 조직적 발달을 조직의 운영적 기능의 개선과 조직 내의 구성원들 간의 상호작용을 개선하는 데 초점을 두고 설명하고 있다.

따라서 유치원의 조직적 발달과 관련하여 다루어질 수 있는 내용은 다음과 같다. ① 유치원 경영계획 및 경영평가, ② 유치원 경영 조직, ③ 의사소통 및 의사결정, ④ 교직원 간 인간관계, ⑤ 교직원 인사관리, ⑥ 유치원의 재정·사무·시설관리, ⑦ 유치원의 제 규정, ⑧ 유치원의 대외적인 관계 등이다.

유치원의 조직적 발달을 위한 예시적 활동은 유치원 경영계획 및 경영평가, 유치원 경영조직, 의사소통 및 의사결정, 교직원 간 인간관계, 교직원 인사관리, 유치원 재정 · 사무 · 시설관리, 유치원 제 규정, 유치원의 대외적인 관계 등이 있다.

유치원 장학활동의 3영역은 교사의 전문적 발달, 교사의 개인적 발달, 유치원의 조직적 발달 등으로 분류된다. 교사의 전문적 발달의 초점은 교육과정 운영, 즉 교사들이 교과지도, 특별활동지도, 생활지도를 포함하는 교육활동 전반에 있어서 안정 · 숙달 · 성장을 도모하는 데 관련되는 내용이다. 교사의 개인적 발달은 교사들이 개인적 · 심리적 · 신체적 · 가정적 · 사회적 영역에서 안정 · 만족 · 성장을 도모하는 데 관련된 내용이다. 유치원의 조직적 발달은 유치원의 조직 환경 및 조직풍토를 긍정적으로 변화시켜 유치원 내에서 교사들의 삶의 질을 높이고, 유치원 조직의 목표를 효과적으로 달성하는 데 관련된 내용으로 볼 수 있다.

교사가 교사발달 사이클의 각 단계에 따른 교사의 개인적 환경과 유치원의 조직적 환경에 의해 큰 영향을 받는다.

따라서 교사의 개인적 환경에서의 개선과 유치원의 조직적 발달을 동시에 도모하지 않고서는 교사가 교과지도나 특별활동지도 및 생활지도를 포함한 교육활동 전반에 있어서 전문성을 신장 및 발휘하도록 도와준다고 하는 것이 비효과적일 수밖에 없다. 이는 교사가 교실 안에서 담당한 원아들을 지도하는 교사이기 이전에, 사생활을 영위하는 성인이며 개인이라고 하는 점과 유치원이라고 하는 공공기관의 조직원이라고 하는 점을 간과해서는 안 됨을 의미한다.

## 2. 장학의 형태

유치원에서 장학활동이 효과적이기 위해서는 장학의 수혜자인 교사들의 요구와 특성에 맞게 장학의 형태 및 방법이 개별화되어야 한다. 학자들의 견해는 다음과 같다.

Glatthorn(1984)은 교사들의 경험과 능력에 따라서 임상장학, 협동적 동료장학(cooperative professional development), 자기장학(self-directed development) 및 전통적 장학(administrative monitering)의 방법을 선택적으로 사용할 수 있음을 제안하였다.

그리고 Katz(1972)는 교사의 경력주기를 ① 생존기(survival stage), ② 정착기(consolidation stage), ③ 갱신기(renewal stage), ④ 성숙기(maturity stage)로 들고 있다. 제1단계는 임상장학, 제2단계는 동료장학, 제3단계는 전문적인 모임, 교실방문, 전문학술지, 교사센터, 비디오에 의한 자기 분석을 적용하도록 자극하고, 제4단계는 대학원 수강, 자기장학을 선택하도록 하는 것이 좋을 것이라고 제안하고 있다.

여기에서는 유치원 장학활동의 기본 형태를 수업장학, 동료장학, 자기장학, 약식장학, 자체연수 등으로 분류하고자 한다.

### 1) 수업장학

수업장학(instruction supervision)의 개념은 미국을 중심으로 발달하였으며, 우리나라에서도 그 영향을 받아 최근에는 교육 현장에 영향을 미치고 있다.

수업장학에 대한 여러 학자들의 견해는 다음과 같다. ① 강영삼(1994)은 수업장학을 교육부에서의 문교장학, 지방교육행정기관 수준에서의 학무장학과 비교하여 학교 수준에서 교사를 지도 및 조언하는 활동으로 보고 있으며, 흔히 유치원(학교)에서 말하는 원내(교내)장학과 같은 의미로 수업장학이라는 용어를 사용하고 있다. ② 고영희 외(1983)는 수업장학을 "직접적으로 교사의 수업기술과 수업방법의 개선을 위한 계획적이고 과학적인 활동"으로 보고, 그 구체적인 실례로 임상장학과 마이크로 티칭(micro-teaching)을 들고 있다. ③ 주삼환(1998)은 수업장학을 교수행위의 변화에 초점을 두고 있으며, 임상장학을 특수한 절차와 방법에 의한 장학으로서 수업장학에 속하는 한

방법으로 보고 있다. ④ 변영계(1997)는 수업장학을 교사의 교수행위에 초점을 두는 점에서 고영희, 주삼환과 같으나 임상장학을 수업장학으로 명명하는 점에서 차이가 있다. ⑤ 이윤식(1999)은 수업장학을 교사들의 수업 기술 향상을 위한 체계적이고 개별적인 과정으로 보고, 교사의 전문적 발달을 위하여 임상장학, 수업연구(원장, 원감 주도), 마이크로 티칭 등의 방법으로 초임교사나 수업 기술 향상의 필요성을 느끼는 교사를 대상으로 진행된다고 하였다. ⑥ 조병효(1995)는 수업장학을 교사의 교수 행위에 직접적으로 영향을 줄 수 있도록 유치원이 공식적으로 제공하는 제반활동으로서 원내장학과 같은 의미로 보고 있다. 그는 수업장학방법으로 임상장학, 동료장학, 자기장학, 확인장학(약식장학), 교내연수 등 다섯 가지를 제시하고 있다. ⑦ 정태범(1996)은 수업장학을 유치원의 교육과정에 대한 교수-학습방법의 개선에 초점을 두고 있는 장학으로 보고 있으며, 유치원 장학의 형태로 임상장학, 동료장학, 자기장학, 약식장학, 자체연수 등 다섯 가지를 들고 있다.

앞에서 여러 학자들의 견해를 종합하면, 수업장학은 두 가지 경우로 사용되고 있는 실정이다. ① 다른 행정기관과 비교하여 볼 때, 유치원에서의 주된 활동이 수업활동이기 때문에 수업장학을 유치원 수준에서 장학활동, 즉 원내장학과 같은 의미로 쓰이는 경우(강영삼, 조병효의 경우), ② 유치원 수준에서 교사를 대상으로 이루어지는 제 장학활동 중에서 직접적으로 교사의 수업 기술과 방법의 개선을 위하여 제공되는 비교적 체계적인 장학활동을 수업장학으로 보는 경우(고영희, 변영계, 정태범)이다. 구체적인 방법으로 임상장학과 마이크로 티칭을 들고 있다. 여기서 수업장학의 의미는 후자의 입장으로 유치원에서 이루어지는 원내장학활동이 여러 가지가 있는데 그중 하나의 형태가 수업장학이며, 구체적인 방법으로 임상장학과 마이크로 티칭 등이 있다는 것이다.

따라서 수업장학을 교사들의 수업 기술 향상을 위하여 원장·원감(외부 장학요원·전문가·자원인사 포함)이 주도하는 개별적이고 체계적인 성격이 강한 지도 · 조언활동으로 본다. 단위 유치원에서 자율적으로 실시되는 수업장학은 원칙적으로 원장 · 원감의 주도 하에(필요한 경우 외부 장학요원, 전문가, 자원인사의 도움을 받아서), 교사들의 수업 기술 향상을 위하여, 임상장학, 수업연구(원장 · 원감 주도) 그리고 마이크로 티칭 등의 방법으로, 초임교사나 경력이 짧은 교사, 수업 기술 향상의 필요성이 있는 교사를 대상으로 진행된다(이윤식, 2005). 즉, 교실환경에서 장학사와 교사가 일대 일의 관계 속에서 교사의 교수 기술 향상과 계속적인 전문적 성장을 위해 계획적으로 사전협의회, 수업관찰, 사후협의회의 과정을 거치는 것으로 장학의 범위를 교실로 좁히고, 그중에서도 수업에 초점을 맞추고 문제점으로 진단된 부분을 중심으로 개선해 나가는 구체적인 목표를 둔 장학방법이다.

수업장학에서 보편적으로 이루어지는 사전협의회, 수업관찰, 사후협의회 과정의 사례를 제시하면 표 10-2와 같다.

**표 10-2** 수업장학의 과정 사례

| 사전협의회 진행 과정 | |
|---|---|
| 매일 새로운 활동을 전개하려니까 힘들죠? | 협의회 |
| − 네, 그래도 아이들이 재미있게 해줘서 다행이예요. | 분위기 형성 |
| 오늘 활동은 무엇이죠? | |
| − 오늘은 허준 동화 속에서 허준이 사람들에게 한약을 처방해 주는 부분을 회상하면서 | 수업목표 |
| 수학활동으로 연계하려고 합니다. | 확인 |
| 선생님이 준비한 수학활동의 목표는 무엇이죠? | |
| − 다양한 한약재들을 저울에 달아서 측정해 보기도 하고, 처방전을 보면서 똑같이 한 | |
| 약재를 놓아 보아 수 세기를 해보는 것입니다. | 장학 |
| 오늘 활동에서 중점을 두는 부분은 무엇인가요? | 영역의 |
| − 동화 속 일화를 통해서 아이들이 스스로 놀이를 구성해 가도록 지지하고 격려하는 | 목표 확인 |
| 것입니다. | 평가방법 |
| 수업 계획안을 볼 수 있을까요? | 확인 |
| − 네. | |
| 수업을 보면서 이 계획안에 평가할 부분들을 기록해 볼게요. | |
| − 네. | 사후 |

| | |
|---|---|
| 수고하시고, 방과 후에 사후협의회를 가져 봅시다.<br>– 네. | 협의회 결정 |
| 사후협의회 진행과정 | |
| 계획했던 것처럼 잘 된 것 같나요?<br>– 모르겠어요. 잘해야 한다는 욕심에 아이들을 고생시키는 건 아닌지….<br>계획했던 것처럼 수업 목표가 이루어진 것 같나요?<br>– 처방전을 보고 한약재의 종류와 수를 이야기하면서 담아 보고, 저울을 사용해서 무게를 달아 보는 것도 아이들이 흥미로워하며 적극적으로 해주었어요.<br>제가 보기에도 아이들이 무척 재미있어 하더라고요.<br>허준 이야기로부터 색다른 놀이를 구성해 가는 점은 어땠나요?<br>아이들이 상품화된 교구들을 가지고 정해진 방법으로 놀이하는 것이 아니고, 동화를 들려주면서 사용했던 자료들을 이용해서 놀이를 해보는 것에 만족하는 것 같았어요.<br>– 네, 이렇게 자연물 등을 이용해서 놀이를 구성하다 보면, 아이들이 주변에서 보는 모든 것들을 놀잇감화하고, 놀이로 구성해 갈 수 있을 것 같아요.<br>다음 번 장학활동은 어떤 것에 대해서 하고 싶으세요?<br>– 우리나라 명화 감상을 통한 이야기 꾸미기활동을 구성해 보고 싶습니다. | |

• 자료: 염지숙 외(2016). 유아교사론. 경기: 정민사, p. 156.

### 2) 동료장학

동료장학(peer supervision)은 동료 교사들 간에 그들의 교육활동의 개선을 위하여 공동으로 노력하는 과정이라고 할 수 있다. 즉, 동료 교사가 서로 수업을 관찰하고 그 결과를 분석 및 토론, 조언함으로써 서로 간에 부담 없이 전문적 성장을 돕는 장학활동방법이다. 다시 말하면 소집단의 교사가 자신들의 전문적 성장을 위하여 함께 협동하는 동료적 과정(collegial process)이라 할 수 있다. 둘 이상의 교사가 서로 간의 수업을 관찰하고, 그 결과에 대하여 피드백하고 공통적인 관심사에 대하여 토의함으로써 자신들의 전문적 성장을 위해 함께 일하기를 동의하는 비교적 반형식화된 과정이라 하겠다(김병두, 1988: 42). 단위 유치원 내에서 실시되는 동료장학은 동료 교사 간의 협조를 토대로 그들의 전문적 발달, 개인적 발달 그리고 그들이 근무하는 유치원의 조직적 발달에 도모한다. 동 학년 단위 또는 동 교과 단위로 수업연구 과제의 해결이나 수업방법의 개선을 도모하기 위한 수업연구활동이나, 공동 관심사, 공동 과제, 공동 문제 해결 및 개선을 위해 협의하는 것들이 동료장학의 전형적인 형태이다. 또한 상호 간에 정보, 아이디어, 도움 또는 충고 및 조언을 주고받는 공식적 및 비공식적인 행위도 넓은 의미의 동료장학으로 볼 수 있다. 그리고 특정한 연구과제나 시범과제를 선정하여 관심 있는 동료 교사들을 중심으로 공동으로 연구를 수행하거나, 연구 자료나 작품을 공동으로 제작하는 활동도 중요한 동료장학활동으로 볼 수 있다.

그리고 이윤식(2005)은 동료장학의 특징을 다음과 같이 정리하고 있다.

① 경력교사가 초임교사와 1대 1로 짝을 이루어 서로 수업을 공개하고 의견을 교환하며, 교육활동 전반에 관하여 도움을 주는 것도 중요한 동료장학활동이다. ② 동료 교사 상호 간에 교육활동의 개선에 활용될 수 있는 좋은 지식, 기술, 정보, 아이디어, 경험, 도움 또는 조언 등을 주고받는 여러 가지 형태의 공식적·비공식적 행위도 넓은 의미의 동료장학의 범주에 넣을 수 있다. ③ 교직생활이나 개인생활 및 사회생활에 도움이 될 수 있는 건전한 동호인 활동, 즉 컴퓨터, 외국어 회화, 문학, 서예, 음악, 악기, 미술, 지점토, 탁구, 테니스, 마라톤, 풍란 탐구, 바둑 등에 관한 동호인활동도 교사의 개인적 발달과 유치원의 조직적 발달을 도모할 수 있다는 점에서 동료장학에 포함할 수 있다.

동료장학의 근본적인 특징을 살펴보면 다음과 같다.

① 관계성은 비교적 반형식적이고 비제도적이다. 이것은 친밀한 관계에 있는 교사들이 우연히 방문하는 단순한 비공식적 교류는 아니다. ② 교사들은 두 번 이상 서로의 수업을 관찰하고 관찰 후에는 협의회를 개최한디. ③ 관계성은 상호 동료적이다. 행정가나 장학사가 이 프로그램에 참여하고, 때때로 감독하지만 관찰과 협의회, 토의에는 단지 교사들만 참여한다. ④ 관계성은 평가적이 아니다. 관찰 자료나 협의회 자료는 행정가가 가질 수 없도록 하고, 이것을 평가과정의 일부로 사용하지 못하게 한다. ⑤ 동료장학은 교사들이 조언을 얻기 위해서 동료 교사들을 선호한다는 점, 교사들에게 복잡한

양식이나 훈련 없이 교사들이 서로 유용한 피드백을 제공할 수 있다는 점, 이러한 동료체제는 동료의식의 규범을 근거로 형성되고 유지하게 한다는 점에서 주장되고 있다.

교육인적자원부(2001)에서는 동료장학의 효과를 다음과 같이 제시하고 있다. ① 교사들은 동료와 함께 계획, 교수 및 평가하는 과정을 통해 공동체 의식이 형성된다. ② 동료 교사가 처한 다른 상황을 접해 봄으로써 다양한 형태의 수업을 이해하고 활용할 수 있는 기회를 제공받는다. ③ 동료로부터 받는 피드백을 통해 자신의 교수내용과 과정에 대해 반성적 사고를 불러일으킨다. ④ 사전·사후 협의과정에서 전문적 용어를 사용함으로써 교수에 대한 지식이 향상된다. ⑤ 교사들 간에 상호 도움을 주고받는 코치 역할을 통해 교육자로서의 역할이 확장된다. ⑥ 교사에게 새로운 실천을 실험하고 시도하도록 장려하고 자신감을 높여 준다.

표 10-3은 어느 교사가 동료장학의 수업연구를 위한 학습지도안 작성 과정에서 협의한 내용이다.

**표 10-3** 동료장학의 수업연구를 위한 학습지도안 작성과정에서 협의

- **활동 주제: 작은 책을 만들어요.**
- **학습 목표: 이야기를 듣고 물의 여행을 작은 책으로 만들 수 있다.**

A 교사: 수업내용을 보시고 학습목표 진술과 잘 맞는지 검토 좀 해주세요.
수업 전체에서 아무것이라도 좋으니 의견을 말씀해 주시면 좋겠습니다.
B 교사: 수업내용이 "방울이의 여행" 동화를 듣고 모둠별로 나뉘어 물이 여행하는 과정을 책으로 만들어 보는 활동이죠?
A 교사: 네, 맞습니다.
B 교사: 그렇다면 학습목표를 "〈방울이의 여행〉 동화를 듣고 물의 여행을 작은 책으로 만들 수 있다" 라고 하면 어떨까요?
C 교사: 학습목표의 "이야기를 듣고"를 구체적으로 "〈방울이의 여행 동화〉를 듣고"로 바꾸자는 말이죠. 그거나 이거나 마찬가지지만 조금 더 구체적인 것이 좋을 것 같습니다.
A 교사: 그게 좋을 것 같습니다. 그러면 구체적으로 동화 제목을 넣어서 선생님들이 지적해 주신대로

고치도록 하겠습니다.

• 송준석 외(2016). 예비교사를 위한 영유아교사론. 서울: 도서출판 신정, p. 268.

동료장학에서 수업 사례 분석의 예는 표 10-4와 같다.

**표 10-4** 동료장학에서 수업 사례 분석의 예

**캠코더를 이용하여 단위 수업을 녹화한다. 방과 후 동료교사들이 함께 모여 녹화된 장면을 보면서 문제점은 무엇인지, 본받을 점은 무엇인지에 대하여 이야기를 나누었다.**

김교사: 이교사가 이야기 나누기활동을 하는 모습을 보면서 지적할 만한 것들을 찾아보기로 해요. 여러분도 똑같은 실수를 할 수 있고, 이교사의 모습으로부터 배울 점도 많다고 생각해요.
권교사: 선생님이 컴퓨터로 자료를 제시해 줄 때, 아이들과 거리가 너무 가까워서 아이들이 고개를 들고 보느라 힘겨워 보였어요.
이교사: 저도 그 점이 좀 걸렸는데, 모니터가 작아서 잘 보이게 하려다 보니….
김교사: 아이들도 잘 볼 수 있으면서 목이 아프지도 않게 하려면 어떻게 하는 것이 좋을까요?
황교사: 몇 명씩 나와서 보고 들어가거나, 차라리 인쇄를 해서 보여 주는 것도 좋을 것 같아요.

…(중략)…

김교사: 새로운 단어를 만들기 위해서 나온 아이가 똑같은 단어를 반복해서 만들지 않도록 하기 위해서는 교사가 미리 어떻게 하면 좋을까요?
권교사: 이미 사용했던 단어 카드를 빼놓으면요?
이교사: 아! 맞다. 안 그래도 똑같은 단어만 만들려고 해서 얼마나 당황했던지….

• 자료: 염지숙 외(2016), 유아교사론. 경기: 정민사, 148

### 3) 자기장학

자기장학(self-directed supervision)이란 한 교사가 혼자 독립적으로 자신의 전문적 성장을 위하여 일하는 과정으로, 혼자 일하기를 좋아하는 경험 및 능력이 있는 교사들에게 가장 적합하고 유용한 방법이다. 즉, 자율성과 독립성에 높은 가치를 둔다. 자세하게 언급하면 다음과 같다.

① 교사 개인이 자신의 전문적 발달을 위하여 스스로 체계적인 계획을 세

우고 이를 실천하는 활동이다. ② 교사는 전문직 종사자로서 자기성장과 자기발전·자기개발을 위해 끊임없이 노력해야 한다는 당위성에도 자기장학의 의미가 크다. ③ 유치원 현장에서 자기장학활동은 자기수업 분석 및 연구, 자기평가, 원아를 통한 수업 반성, 1인 1과제 연구 혹은 개인연구, 전문서적 및 자료 탐독, 대학원 수강, 전문기관·전문가 방문·상담, 현장 방문·견학, 교과연구회·학술회·강연회 참석 등을 포함한 각종 자기연찬활동이 있다.

이윤식(1999)은 유치원 현장에서 자기장학의 구체적인 방법을 다음과 같이 소개하고 있다. ① 스스로 자신의 수업을 녹음 또는 녹화하고 이를 분석하여 자기반성·자기발전의 자료로 삼는 방법, ② 스스로 교사평가 체크리스트를 이용하여 자신의 교육활동을 평가·분석하고 자기반성·자기발전의 자료로 삼는 방법, ③ 자신의 수업이나 특별활동지도, 생활지도, 학급경영 등에 관련하여 원아들과의 면담이나 원아를 대상으로 한 의견조사를 통하여 자기반성·자기발전의 자료를 수집하는 방법, ④ 1인 1과제 연구 혹은 개인(현장)연구 등을 통하여 자기발전을 도모하는 방법, ⑤ 교직활동 전반에 관련된 전문서적이나 전문 자료를 탐독·활용하여 자기발전의 자료로 삼는 방법, ⑥ 전공 교과 영역, 교육학 영역, 관련 영역에서의 대학원 과정(4년제 대학과정, 방송통신대 과정 등 포함) 수강을 통하여 자기발전을 도모하는 방법, ⑦ 교직 전문단체, 연구기관, 학술단체, 대학 또는 관련 사회기관이나 단체 등 전문기관을 방문하거나 전문가와의 면담을 통하여 자기발전의 자료를 수집하는 방법, ⑧ 교육활동에 관련이 되는 현장에 대한 방문이나 견학 등을 통하여 자기발전의 자료를 수집하는 방법, ⑨ 각종 연수회, 교과연구회, 학술발표회, 강연회, 시범수업 공개회 등에 참석하거나 유치원 상호 방문 프로그램에 참여하여 자기발전을 도모하는 방법, ⑩ TV와 라디오 등의 방송매체가 제공하는 교원연수 프로그램이나 교원연수와 관련된 비디오테이프 등의 시청을 통하여 자기발전을 도모하는 방법 등이 있다.

따라서 선택적 장학체제 속에서 하나의 대안으로서 자기장학은 다음과 같은 특징을 지닌다(주삼환, 1993). ① 전문적 성장의 프로그램에 의해서 개인이 독립적으로 일한다. ② 개인 교사는 목표 지향적인 전문적인 개선 프로그램을 개발하고 추구한다. ③ 교사 개인은 이러한 목표를 달성하기 위하여 일하는 데 있어서 다양한 자원에 접근한다. ④ 자기장학 프로그램의 결과를 교사의 업적평가에 사용하지 않는다.

표 10-5는 자기장학을 마친 후에 전체적인 수업을 제시된 평가표를 활용하여 평가해 볼 수 있다.

**표 10-5** 자기장학 평가척도

※ 다음은 유아교사의 자기장학 평가척도를 알아볼 수 있는 체크리스트이다. 문항을 읽고 자신의 상황에 해당한다고 생각하는 번호에 표시(∨)해 보자.

① 전혀 그렇지 않다 ② 별로 그렇지 않다 ③ 보통이다 ④ 비교적 그렇다 ⑤ 매우 그렇다

| 영역 | 평가항목 | ① | ② | ③ | ④ | ⑤ |
|---|---|---|---|---|---|---|
| 효과적인 의사소통하기 | • 동료와 효과적으로 의사소통을 하는가? | | | | | |
| | • 외부 전문가와 효과적으로 의사소통을 하는가? | | | | | |
| | • 학부모와 효과적으로 의사소통을 하는가? | | | | | |
| | • 아동과 효과적으로 의사소통을 하는가? | | | | | |
| | • 장학담당자와 효과적으로 의사소통을 하는가? | | | | | |
| 자신감 찾기 | • 아동과 활동할 때 편안함을 느끼는가? | | | | | |
| | • 부모와 대화할 때 편안함을 느끼는가? | | | | | |
| | • 자신이 아동을 보호할 능력이 있다고 생각하는가? | | | | | |
| | • 교직원 회의 시 활발히 참여하는가? | | | | | |
| | • 유치원에 갈등이 있다면, 이를 해결하고자 노력하는가? | | | | | |
| | • 쉽게 다른 전문가와 상호작용하는가? | | | | | |
| | • 독립성과 적극성을 보이는가? | | | | | |
| | • 자신의 판단을 존중하는가? | | | | | |
| | • 변화에 대처할 능력이 있는가? | | | | | |
| 아동 이해하기 | • 아동에 대하여 적절한 기대를 하고 있는가? | | | | | |
| | • 아동의 다양한 발달 단계를 이해하는가? | | | | | |

| | | | | | | |
|---|---|---|---|---|---|---|
| | • 아동의 개인적 요구에 민감한가? | | | | | |
| | • 훌륭한 관찰기술을 가지고 있는가? | | | | | |
| | • 사회성, 인지, 정서, 신체발달 간의 연관성을 이해하는가? | | | | | |
| | • 아동의 성장발달에 여러 요인이 영향을 미친다는 것을 이해하는가? | | | | | |
| 자기 자신 이해하기 | • 자신에 대하여 반성적이며 분석적인가? | | | | | |
| | • 자신이 학습자로서의 입장에도 있음을 이해하는가? | | | | | |
| | • 아동의 개인적 요구에 민감한가? | | | | | |
| | • 아동의 위기에 대처하고 그 위기를 해결할 수 있는가? | | | | | |
| | • 자아존중감을 가지고 있으며, 자신을 유치원 운영의 중요한 부분으로 생각하고 있는가? | | | | | |
| 다른 사람 존중하기 | • 출신, 성장 배경 및 사회적 · 경제적 배경이 다른 사람(아동, 부모 및 동료)들을 잘 이해하는가? | | | | | |
| | • 동료의 입장을 잘 이해하고 지지하는가? | | | | | |
| | • 다른 사람의 의견과 느낌을 존중하는가? | | | | | |
| 전문적 성장에서의 만족 | • 어려운 일을 성취하고 만족감을 느끼는가? | | | | | |
| | • 전문가 단체와 협의 등에 참석하는가? | | | | | |
| | • 동료 간에 협동적인 활동을 하는가? | | | | | |
| | • 새로운 프로그램을 계획하고 추진하기를 좋아하는가? | | | | | |
| | • 새로운 역할과 책임을 기꺼이 맡고자 하는가? | | | | | |
| 학습관 갖기 | • 장학담당자나 동료와 구별되는 자기 나름의 학습관을 가지고 있는가? | | | | | |
| | • 확고하고 발전된 교육관을 가지고 있는가? | | | | | |
| 적절한 장학 평가하기 | • 적절한 지도 및 조언이 주어지지 않을 때 장학활동에 관련하여 자신의 생각을 표현할 수 있는가? | | | | | |
| | • 장학담당자가 가져야 하는 자질에 대하여 적절한 의견을 가지고 있는가? | | | | | |
| | • 장학활동에 대하여 높은 기대를 가지고 있는가? | | | | | |

• 자료: 이은화 · 배소연 · 조부경(1995). 유아교사론. 경기: 양서원.

또한 자기장학에서의 수업 분석 사례는 표 10-6과 같다.

### 표 10-6 자기장학에서의 수업 분석 사례

**자기장학의 한 형태로 교사가 자신의 수업을 녹화하거나 전사한 것을 수업 후에 분석하는데 이러한 반성적 사고과정을 통해서 교사는 자신의 수업내용을 좀 더 객관적이고, 전문적 시각으로 바라보며 앞으로의 수업개선을 위해 더욱 노력할 수 있다. 다음은 한 유치원교사의 반성적 사고과정의 한 예이다.**

교사: (봉숭화를 보이며) 봉숭화 꽃을 두 명이 가져왔거든, ○○이가 먼저 소개해 볼까?
(○○이가 앞에 나와 앉는다)
유아 1: 근데 왜 가시가 있어?
○○: 당연히 꽃에는 가시가 있잖아.
유아2: 봉숭화꽃에도 가시가 있어?
○○: 응, 장미꽃에도 있어.
교사: 가시가 어디 있어?
○○: 가시, 여기 있잖아요!
유아들: 가시 없어!
유아4: 나 봉숭화 심어 봤는데 가시 없었어.
교사: 그럼 한 번 만져봐.
유아6: 어? 부드럽잖아! 안 아파.
교사: 그럼 ○○아, 이거 가시니?
○○: 이건 가시 맞아요.
유아2: 선생님 우리 선인장에는 가시 없어요.
교사: 이게 가시일까, 나뭇잎 옆에 붙여 있는 게 정말 가시일까?
유아들: 아니요!
교사: 어제 장미꽃을 관찰했을 때 가시는 어디에 붙어 있었지?
유아: 줄기요.
교사: 그럼 지금 가시 같은 게 봉숭화에는 어디에 붙어 있니?
유아: 잎이요!
교사: ○○이는 어떤 걸 가시라고 생각했었지?
(○○이가 머뭇거린다)
유아들: 몰랐는데 가시라고 말했나 봐요.

**교사의 반응:** 여기까지의 내용이 모두 '봉숭화잎의 삐죽빼죽한 부분이 가시인가 아닌가, 봉숭화에도 가시가 있나 없나'에 대한 내용이다. 내가 계속 '이게 가시일까? 만져보자, 정말 이게 가시일까?'하는 식으로 '가시가 아니다'라는 생각을 유도하려고만 하느라 시간을 많이 낭비한 것 같다.
유아들이 사실이 아닌 것을 사실이라고 믿고 있을 때는 그 개념부터 따져 묻는 것이 효율적이라는 생각이 들었다.
예를 들어, 이 수업에서 "○○이가 봉숭화에 가시가 있다고 이야기했는데, '가시가 뭘까?'하며 잎 모양을 더 정확히 말한다면 '가시'리고 하기보다는 '가시처럼 뾰족하다'는 등의 적당한 표현방법을 알려 줄 수도 있었겠다. 또한 교실에 있는 장미의 가시와 직접 비교해 보면 더 확실했을 것 같다. 아직 순간적인 자료 제공 능력이 부족한 것 같다.

• 자료: 곽현주(2004). 수업 반성과정과 유치원 교사의 교수행동. 중앙대학교 대학원 박사학위 논문.

#### 4) 약식장학

약식장학이란 원장 · 원감이 간헐적으로 짧은 시간 동안 학급 순시나 수업 참관을 통하여 교사들의 수업활동과 학급경영활동을 관찰하고, 이에 대하여 교사들에게 지도 및 조언을 제공하는 활동을 의미한다. 약식장학은 원장 · 원감의 계획과 주도 하에 전개되는 비공식적인 성격이 강한 활동으로서 다른 형태의 장학에 대하여 보완적이고 대안적인 성격을 갖는다.

그리고 약식장학의 필요성은 다음과 같다.

① 원장과 원감이 수행하는 수업참관이나 학급 순시를 중심으로 한 약식장학은 교사들의 수업활동과 학급경영활동을 포함하여 유치원교육 및 유치원 경영의 전반에 관련하여 이의 개선을 위한 원장과 원감의 적극적인 의지와 노력 그리고 지도성의 좋은 표현방식이 된다. ② 약식장학을 통하여 원장이나 원감은 교사들의 수업활동이나 학급경영활동이 아닌 평상시 자연스러운 수업활동이나 학급경영활동을 관찰할 수 있으며, 이에 대하여 의미 있는 지도 · 조언을 제공할 수 있다. ③ 약식장학을 통하여 원장과 원감은 유치원교육, 유치원 경영 그리고 유치원 풍토 등 전반적인 영역에 걸쳐 유치원을 전체적으로 파악하는 데 필요한 정보를 수집할 수 있다.

약식장학은 유치원의 교육 발전을 위해 중요한 의미를 지닌다. 그러나 현실적으로 원장과 원감이 실시하는 수업참관이나 학급 순시에 대하여 교사들의 거부 반응이 있다. 그러나 분명한 것은 유치원을 대표하는 위치에 있는 원장과 원감은 단위 유치원 내의 최종적인 교육책임자 또는 장학책임자로서 교사들을 대상으로 적절히 약식장학을 수행할 책무성과 당위성이 있다는 것이다. 그러나 합리적인 수업지도성의 발휘 및 약식장학의 수행을 위해 원장과 원감은 법적인 권위(legal authority) 또는 지위의 권위(status authority)보다는 전문적인 권위(professional authority) 그리고 인간적인 권위(personal authority)를 교사들로부터 획득하도록 끊임없이 연구 및 노력하여야 할 것이다.

### 5) 자체연수

자체연수는 교육활동의 개선을 위하여 교직원들의 필요와 요구에 더해 원내·원외의 인적·물적 자원을 활용하여 유치원 자체에서 실시하는 연수활동이다. 그리고 자체연수에는 원장, 원감, 교사뿐만 아니라 행정직원이나 관리직원들도 참여할 수 있을 것이다. 교사들과 행정·관리직원들 간의 공동 관심사나 공동 과제에 대한 연수 또는 교사들의 이해와 협조가 요구되는 행정·관리의 특정 업무(예: 공문서 작성, 물품 구매절차, 예산운영, 연말정산 등)와 관련된 소개와 연수는 교사들과 행정·관리직원들 간의 상호 이해와 협조를 높일 수 있다는 점에서 의미가 있다. 자체연수는 교직원들의 전문적 발달, 개인적 발달, 유치원의 조직적 발달을 지향하여, 원장, 원감, 부장교사, 교사, 행정·관리직원을 포함하여 원내·외의 교직원 또는 외부 전문가나 장학요원들이 연수담당자가 되어 진행된다. 유치원교육에 대한 학부모의 참여를 높이기 위해 전문적 지식이나 경험이 있는 학부모, 교육과 관련하여 좋은 지식·정보·경험을 교직원들에게 나누어 줄 수 있는 학부모, 특정 분야에 종사하고 있는 학부모를 강사로 초대하여 자체연수를 진행할 수도 있다.

자체연수는 유치원이 주도하는 연수로 연수의 장소가 유치원 내에 한정되는 듯한 느낌이 강하나, 야외연수, 현장견학, 탐방연수 등과 같은 교외에서도 다양하게 이루어질 수 있다.

### 〈사례: 현장 활용자료〉 유아교사의 이미지

1. 현재 근무하고 있는 유치원의 원장이라고 가정하고, 학년 초에 2명의 초임교사가 왔다고 가정하여 그들이 교직생활에 보다 효과적으로 적응하도록 도와주기 위하여 어떠한 원내 자율장학활동을 할 것인지 구체적인 계획을 세워본다.

〈초임교사 대상 자율장학활동 계획〉

| 일정 | 자율장학활동 | | | 초임교사의 활동 | 관련조치 및 준비사항 |
|---|---|---|---|---|---|
| | 활동내용 | 담당자 | 장소 | | |
| | | | | | |

2. 현재 재직하고 있는 유치원 교원들을 대상으로 다양하고 활발한 동료장학활동을 추진하고자 한다. 1학기 기간의 구체적인 동료장학활동 계획을 세워본다.

〈동료장학활동 계획〉

| 활동내용 | 참가대상 | 일정 | 장소 | 관련조치 및 준비사항 |
|---|---|---|---|---|
| 1. | | | | |
| 2. | | | | |
| 3. | | | | |
| 4. | | | | |

3. 이번 학기 동안에 자기발전을 위하여 자기장학을 한다고 가정하고, 자기장학활동의 구체적인 계획을 세워본다.

〈자기장학활동 계획〉

| 자기장학의 방법 | 월별·주별 활동계획 | | 필요 자료 및 기자재 | 요구되는 지원사항 |
|---|---|---|---|---|
| | 일정 | 활동내용 | | |
| | | | | |

4. 현재 재직하고 있는 유치원에서 교원들의 능동적인 참여를 유도할 수 있는 방향으로 1학기 기간의 자체연수 프로그램을 편성해 본다.

〈자체연수활동 계획〉

| 일정 | 연수주제 | 연수담당자 | 연수방법 | 연수장소 | 필요 자료 및 기자재 | 관련 조치 및 준비사항 |
|---|---|---|---|---|---|---|
| | | | | | | |

5. 현재 재직하고 있는 유치원교사들을 대상으로 1시간 정도 「원내 자율장학」에 대하여 연수를 한다고 가정하고, 1시간 분량의 연수 자료를 작성해 본다.

〈원내 자율장학에 대한 연수 자료〉

Ⅰ.
Ⅱ.
Ⅲ.
Ⅳ.
Ⅴ.
Ⅵ.

• 출처: 이윤식(1999). 장학론. 서울: 교육과학사, p. 367.

## 04 유치원의 장학 활성화 방안

유치원의 장학지도를 활성화하기 위한 방안을 살펴보면 다음과 같다(이윤식, 2005: 604~610).

첫째, 원장·원감이 유치원교육에 대하여 체계적인 교육 및 연수를 받아 전문성을 갖추도록 해야 한다. 병설유치원의 경우 초등학교 교장 및 교감이 원장 및 원감을 겸임하고 있어, 유치원교육에 대한 전문성이 부족한 실정이다. 전문성이 부족하고 충분히 권위를 인정받지 못하면 장학활동을 주도하기가 어려운 것은 당연한 것이다.

둘째, 원장·원감을 대상으로 원내 자율장학에 대한 전문적인 태도, 지식, 기술 등을 함양하기 위한 구체적이고 체계적인 연수활동을 강화한다. 원장·원감이 원내 자율장학에 대하여 어떠한 태도나 의지를 가지고 있느냐, 필요한 전문적 지식과 기술을 가지고 있느냐 하는 것은 원내 자율장학의 성공과 실패를 결정하는 가장 중요한 요인이다.

셋째, 주임교사와 일반교사들을 대상으로 원내 자율장학에 대한 전문적인 태도, 지식, 기술 등을 함양하기 위한 구체적이고 체계적인 연수활동을 강화한다. 주임교사와 일반교사들의 원내 지율장학에 대한 올바른 인식과 태도, 적절한 지식과 기술의 함양을 위한 노력이 요구된다.

넷째, 원감이나 전문적 자질과 신망을 갖춘 교사 중에서 원내 자율장학 전문요원을 선정하여 원내 자율장학의 계획, 실행, 평가, 연구의 전반적인 영역에 관하여 전문적인 지도성을 발휘할 수 있도록 한다.

다섯째, 교사들의 업무 부담을 경감시켜 교사들이 원내 자율장학에 적극적이고 자발적으로 참여할 수 있는 여건을 조성한다. 원내 자율장학이 소기의 성과를 거두기 위해서는 교사들의 적극적이고 자발적인 참여 의지와 노력이 있어야 한다. 이러한 참여 의지와 노력의 유발은 교사들의 유치원 생활에서

심적인 여유와 시간적인 여유를 가질 수 있을 때 비로소 가능하다. 원장이나 원감은 가능한 범위 내에서 사무처리의 자동화 및 전산화, 사무 보조원의 증원 등을 통하여 교사들의 업무 부담을 경감시켜야 한다.

여섯째, 원내 자율장학의 효과적인 수행을 위하여 필요한 자료, 도구, 시설, 장소 등의 물적 여건을 마련하고, 이를 적극적으로 활용한다. 유치원에서 가능한 한 원내 자율장학과 관련하여 회의 및 협의, 연구를 할 수 있는 별도의 쾌적하고 안락한 장소를 마련하도록 노력한다. 이 장소에는 관련 도서와 자료, 각종 기자재, 녹화 및 녹음테이프 등을 비치하여 교사들이 자유로이 활용할 수 있도록 한다.

일곱째, 유치원 내에 형성되어 있는 여러 가지 비공식 조직을 활용하여 동료교사들 간에 협조적이고 허용적이며, 상호 간에 전문적, 개인적 발달을 위하여 자연스럽게 도움을 주고받을 수 있는 분위기를 조성한다. 원장이나 원감은 유치원 내에 형성되어 있는 여러 가지 비공식 조직들의 성격, 구성원, 활동, 기능 등을 파악하고 이러한 비공식 조직들의 순기능을 높이도록 지도성을 발휘한다. 아울러 원장이나 원감은 비공식 조직을 활용하여 동료교사들간에 교직생활 또는 개인생활과 관련한 경험, 정보, 아이디어, 도움, 조언을 교환하거나, 동료교사들 간에 공동과제나 공동관심사를 협의하거나 공동작업의 추진을 유도하는 등 자연스럽게 동료장학의 기능이 수행되도록 지도성을 발휘한다.

여덟째, 원내 자율장학의 계획, 실행, 평가에 관한 협의, 조정, 의사결정을 관장하기 위하여, 원장, 원감, 원내 지율장학 전문 요원, 교사 대표가 참여하는 원내 자율장학 위원회를 구성 및 운영한다. 원장이나 원감 등을 비롯한 소수 인사들만의 의사보다는 가능한 한 많은 유치원 교직원의 의사가 원내 자율장학의 계획과 실천에 적절히 반영될 때, 보다 성공적이고 효과적인 원내 자율장학이 가능할 것이다.

아홉째, 유치원의 형편과 교사들의 필요와 요구에 더하여 다양한 형태, 내용, 방법을 활용한 원내 자율장학 프로그램들이 계획 및 제공되어야 한다. 유치원의 규모나 소재지와 같은 조직적·지역적 환경이 유치원에 따라 다양한 점과 이처럼 다양한 유치원에서 근무하는 교사들의 경력, 성장 욕구, 담당 아동과 같은 교직경험, 개인의 성격이나 취향, 가정생활과 같은 개인적 환경에 있어서 차이가 있는 점을 고려할 때, 다양한 형태, 내용, 방법의 장학 프로그램들이 제공되어야 한다.

열째, 원장 및 원감은 교사들이 자기장학, 자기연찬에 보다 적극적이고 자발적으로 응할 수 있도록 가능한 한 필요한 편의를 제공한다. 구체적으로 원장이나 원감은 교사들에게 각종 연수회, 연구회, 발표회, 강연회 등의 프로그램과 전문연구 및 학술기관이나 단체에 관한 여러 가지 유익하고 새로운 정보와 자료를 수집 및 제공하고, 교사들이 이에 참여 및 활용할 수 있도록 편의와 지원을 제공한다.

열한째, 원장 및 원감을 포함한 모든 교직원들이 협동적으로 유치원의 교육활동, 경영활동에 대하여 그리고 개인적으로 자신의 교육활동에 대하여 자체평가를 계획, 실천하여 원내 자율장학의 발전을 위한 유익한 정보를 수집 및 활용한다.

열둘째, 인근 지역 내에 있는 유치원교사들 간에 혹은 유치원교사들과 초등학교 저학년 교사들 간의 서로 도움을 주고받을 수 있는 자율장학활동을 추진하도록 한다. 유치원의 경우 대부분의 유치원이 소규모이기 때문에, 원내 교사들끼리 장학활동을 하는 것이 어려운 실정이다. 따라서 인접 지역의 유치원들 간 혹은 교사들 간의 상호 이해와 협조관계 속에서 서로 정보, 아이디어, 경험을 교환할 수 있는 자율장학활동의 필요성이 대단히 높다. 초등학교 병설유치원의 경우에는 유치원교사와 초등학교 저학년 교사들 간에 서로 수업을 공개하거나 필요한 정보, 아이디어, 경험을 교환하는 자율장학활동을 추진할 수 있을 것이다. 지구 자율장학활동에 많은 교사들이 활발하게 참여할 수 있도록 하기 위하여, 지구 내의 유치원이 동시에 월 1~2일 반일제 수업을 실시하는 방안을 강구한다. 이를 통하여 지구 내의 교사들이 시간적 제약을 덜 받고 인근 유치원 교사들 간 지구 내 자율장학활동을 보다 용이하게 할 수 있을 것이다.

열셋째, 교육청별 또는 지구별로 우수한 중견교사를 선정하여 장학활동 자원교사나 협력교사로 지구 내 자율장학활동에 참여하도록 한다. 장학활동을 실시하고 각종 협의회 및 연수회를 지도할 장학담당자나 전문적인 인적 자원이 부족하므로 우수한 중견교사를 발굴하여 도움을 받을 수 있도록 한다. 자원교사나 협력교사는 부족한 장학인력을 도와 장학활동에 참가 및 협조하고, 교사들에게 친근감을 주면서 각종 교과별 연수회, 교과써클, 교과연구협의회 등 지구 내 자율장학활동에 강사 또는 자원인사로 활동한다.

열넷째, 원장 및 원감은 교사들의 원내 자율장학에 대한 의욕과 참여를 높이기 위하여, 원내 자율장학 유공교사와 우수교사의 공로를 인사관리나 표창 추천 등에 반영한다. 구체적으로 원장 및 원감은 원내 자율장학에 적극적으로 참여하였거나 기여한 바가 큰 유공교사 또는 우수교사의 공로와 노고를 확인 및 인정하여 개인적인 성취감을 높이며, 주임교사임명 등의 인사관리나 표창 추천 그리고 근무 평정(공립의 경우)에 그들의 공로와 노고를 반영하도록 한다.

열다섯째, 교육부, 시 · 도교육청, 지역교육청 등 교육행정기관은 원내 자율장학에 대한 교직원들의 의욕과 참여를 높이기 위하여, 원내 자율장학에 적극적으로 참여한 교직원들에 대하여 표창이나 인사상의 혜택을 제공하는 방안을 강구한다.

열여섯째, 교육부, 시 · 도교육청, 지역교육청 등 교육행정기관은 원내 자율장학의 우수 실천사례와 유치원을 발굴, 전파, 포상, 지원하는 방안을 강구한다.

열일곱째, 원내 자율장학에 활용할 수 있는 장학모형이나 프로그램, 수업활동 전반에 관련된 연수내용이나 모범수업 사례에 관한 녹화, 녹음테이프 그리고 자료와 도서에 관한 활발한 연구, 개발, 보급이 있어야 한다.

열여덟째, 교육부, 시·도교육청, 지역교육청 등 교육행정기관 차원에서 자체의 유치원장학에 관련된 장학조직, 장학인력, 장학업무, 장학방법 등을 개선하여 장학력을 높이고, 자료 및 정보센터의 설치 및 운영, 지역 자율장학 협력체제의 강화를 통하여 유치원에 대한 인적, 물적 지원과 자료 및 정보 지원을 강화하는 방안을 강구한다.

## 참고자료 수업활동 (자기) 평가도구

### 수업활동 (자기) 평가도구

1. 수업일: 년 월 일 2. 수업과목: 3. 수업대상: 반
4. 수업자: 5. 평가자: (자신, 동료교사, 장학담당자)

| 영역 | 평가내용 | 평점 5 | 4 | 3 | 2 | 1 | 특기사항 |
|---|---|---|---|---|---|---|---|
| Ⅰ. 수업계획 | 1. 교육과정에 의한 학년 목표에 접근된 지도 계획인가?<br>2. 학습 환경 구성이 잘 짜여져 있는가?<br>3. 학습자 학습 결손 내용이 잘 파악되었는가?<br>4. 교재연구와 학습지도 계획이 개념, 과정, 기능, 정의적 영역 등으로 구성되었는가?<br>5. 자료 수집 및 지도 시기가 적절하게 계획되었는가? | | | | | | |
| | 합계 | | | | | | |
| Ⅱ 도입단계 | 6. 선수학습 개념의 파악에 유의하고 있는가?<br>7. 본시학습목표를 인식시키고 학습을 전개하는가?<br>8. 효율적인 학습이 이루어지게 충분한 자료를 준비하였는가?<br>9. 교사의 발문이 부드럽고 지적 호기심과 학습동기 유발이 효과적으로 이루어지고 있는가?<br>10. 학습목표를 달성하는데 적절한 자료를 수시로 사용하고 있는가? | | | | | | |
| | 합계 | | | | | | |
| Ⅲ 전개단계 | 11. 학습자에게 가설과 이론에 대한 의문을 갖게 하여 자기 생각을 스스로 평가할 수 있도록 하는 수업인가?<br>12. 소재에 따른 학습 분단활동이 잘 이루어지는 수업인가?<br>13. 개별학습 지도에 노력이 엿보이는가?<br>14. 발표학습을 적극 권장하고 있는 수업인가?<br>15. 발문방법이 설득력 있는 수업인가?<br>16. 학습 결손 발견과 결손 시정으로 연습하도록 유도하는가?<br>17. 창조와 발전에 기여할 수 있는 인간 육성에 유의하는가?<br>18. 균등한 학습기회를 부여하는 수업인가? | | | | | | |
| | 합계 | | | | | | |

| | | | | | | | |
|---|---|---|---|---|---|---|---|
| | 19. 학습장 기록을 잘 활용하는 방법으로 유도하는가?<br>20. 교사가 단원 내용에 철저한 지식을 가지고 지도에 임하는가? | | | | | | |
| Ⅳ 정리단계 | 21. 본시학습의 결과 정리가 명료하게 유도되었는가?<br>22. 발전심화로 본시학습목표에 접근하였는가?<br>23. 측정도구의 타당도 및 신뢰도가 이루어졌는가?<br>24. 요약 및 정리, 보충, 심화학습 기회를 부여하였는가?<br>25. 가정학습과제 제시와 차시예고가 적절하였는가? | | | | | | |
| | | 합계 | | | | | |
| • 본시학습에서 잘 된 점<br><br>• 본시학습에서 개선이 요구되는 점 | | 총계 | | | | | |
| • 평점계: (　　)/125×100=　　점<br>• 자기평점 확인(예시): # 90점~100점: 우 수<br># 80~90점 미만: 보통 이상<br># 70~80점 미만: 보 통<br># 60~70점 미만: 개선 필요<br># 60점 미만: 불만족 | | | | | | | |
| • 출처: 대구광역시 동중학교에서 제작한 평가도구를 일부 수정하였음 | | | | | | | |

## 참고자료 수업참관록

### 수업참관록

1. 수업일: 년 월 일 2. 수업과목: 3. 수업대상: 반
4. 수업자: 5. 참관자:

| 영역 | 평가내용 | 평점 | | | | | 특기사항 |
|---|---|---|---|---|---|---|---|
| | | 5 | 4 | 3 | 2 | 1 | |
| Ⅰ. 교재연구 | · 교재연구의 심도<br>· 수업안 작성체제 및 내용<br>· 본시의 전개안 | | | | | | |
| Ⅱ. 기본교수법 | · 교사의 태도<br>· 교사의 지도력<br>· 판서의 요령 | | | | | | |
| Ⅲ. 기본학습법 | · 학습용구 준비 및 사용요령<br>· 학습자의 자세 및 학습참여<br>· 발표력 | | | | | | |
| Ⅳ. 지도과정 | · 출발점 행동 고르기<br>· 동기유발 및 문제의식 | | | | | | |

| | | | | | | |
|---|---|---|---|---|---|---|
| | · 교재의 특질에 따른 지도과정 | | | | | |
| V. 학습형태 및 활동 | · 집단화와 개별화의 조화<br>· 개인차의 고려<br>· 집단학습 구성 및 활용 | | | | | |
| Ⅵ. 자료활용 | · 자료의 준비도<br>· 자료의 효율성과 활용도<br>· 학습환경 조성 | | | | | |
| Ⅶ. 정리 및 발전 | · 본시학습 내용의 환류 및 정리<br>· 차시학습 계획 및 발전<br>· 예습과제 및 발전과제 제시 | | | | | |
| Ⅷ. 학력 정착 | · 형성평가<br>· 학력의 성취도 및 정착도<br>· 전이가가 높은 지식 및 기능 획득 | | | | | |
| 종합 의견 | 합계 | | | | | |
| | # 좋은 점:<br><br># 개선할 점: | | | | | |

• 출처: 이윤식(1999). 장학론. 서울: 교육과학사, p. 379.

## 참고자료 교사(성장분야) (자기)평가도구(유치원교사용)

### 교사(성장분야) (자기)평가도구(유치원교사용)

1. 수업일: 년 월 일 요일 2. 교사명:
3. 평가자: (자신, 동료교사, 원장 및 원감)

| 영역 | 평가항목 | | 우수 보통 미흡 |
|---|---|---|---|
| 1. 효과적인 의사소통 하기 | 1. 동료와 효과적으로 의사소통을 하는가? | | 5 4 3 2 1 |
| | 2. 외부전문가와 효과적으로 의사소통을 하는가? | | 5 4 3 2 1 |
| | 3. 학부모와 효과적으로 의사소통을 하는가? | | 5 4 3 2 1 |
| | 4. 아동과 효과적으로 의사소통을 하는가? | | 5 4 3 2 1 |
| | 5. 장학담당자와 효과적으로 의사소통을 하는가? | | 5 4 3 2 1 |
| | | 소계 | |
| 2. | 1. 아동과 활동할 때 편안함을 느끼는가? | | 5 4 3 2 1 |

| 영역 | 문항 | 점수 |
|---|---|---|
| 자신감 갖기 | 2. 부모와 대화할 때 편안함을 느끼는가? | 5 4 3 2 1 |
| | 3. 자신이 아동을 보호할 능력이 있다고 생각하는가? | 5 4 3 2 1 |
| | 4. 교사 회의 시 회의에 활발히 참여하고 있는가? | 5 4 3 2 1 |
| | 5. 유치원에 갈등이 있다면, 이를 해결하고자 노력하는가? | 5 4 3 2 1 |
| | 6. 쉽게 다른 전문가와 상호작용을 하는가? | 5 4 3 2 1 |
| | 7. 독립적인 적극성을 보이는가? | 5 4 3 2 1 |
| | 8. 자신의 판단을 존중하는가? | 5 4 3 2 1 |
| | 9. 변화에 대처할 능력이 있는가? | 5 4 3 2 1 |
| | 소계 | |
| 3. 아동 이해하기 | 1. 아동에 대하여 적절한 기대를 하고 있는가? | 5 4 3 2 1 |
| | 2. 아동의 다양한 발달 단계를 이해하는가? | 5 4 3 2 1 |
| | 3. 아동의 개인적 요구에 민감한가? | 5 4 3 2 1 |
| | 4. 훌륭한 관찰기술을 가지고 있는가? | 5 4 3 2 1 |
| | 5. 사회성, 인지, 정서, 신체발달 간의 연관성을 이해하는가? | 5 4 3 2 1 |
| | 6. 아동의 성장발달에 여러 요인이 영향을 미친다는 것을 이해하는가? | 5 4 3 2 1 |
| | 소계 | |
| 4. 자기 자신 이해하기 | 1. 자신에 대하여 반성적이며 분석적인가? | 5 4 3 2 1 |
| | 2. 자신이 학습자로서의 입장에도 있음을 이해하는가? | 5 4 3 2 1 |
| | 3. 개인적인 문제에 스스로 대처하고 해결하려고 노력하는가? | 5 4 3 2 1 |
| | 4. 아동의 위기에 대처하고 그 위기를 해결할 수 있는가? | 5 4 3 2 1 |
| | 5. 자아존중감을 가지고 있으며, 자신을 유치원 운영의 중요한 부분으로 생각하고 있는가? | 5 4 3 2 1 |
| | 소계 | |
| 5. 다른 사람 존중하기 | 1. 출신 및 성장 배경 및 사회적·경제적 배경이 다른 사람(아동, 부모 및 동료)들을 잘 이해하는가? | 5 4 3 2 1 |
| | 2. 동료의 입장을 잘 이해하고 지지하는가? | 5 4 3 2 1 |
| | 3. 다른 사람의 의견과 느낌을 존중하는가? | 5 4 3 2 1 |
| | 소계 | |
| 6. 전문적 성장에서의 만족 | 1. 어려운 일을 성취하고 만족감을 느끼는가? | 5 4 3 2 1 |
| | 2. 전문가 단체와 협회 등에 참석하는가? | 5 4 3 2 1 |
| | 3. 동료 간에 협동적인 활동을 하는가? | 5 4 3 2 1 |
| | 4. 새로운 프로그램을 계획하고 추진하기를 좋아하는가? | 5 4 3 2 1 |

| | | |
|---|---|---|
| | 5. 새로운 역할과 책임을 기꺼이 맡고자 하는가? | 5 4 3 2 1 |
| | 소계 | |
| 7. 학습관 갖기 | 1. 장학담당자나 동료와 구별되는 자기 나름의 학습관을 가지고 있는가? | 5 4 3 2 1 |
| | 2. 확고하고 발전된 교육관을 가지고 있는가? | 5 4 3 2 1 |
| | 소계 | |
| 8. 적절한 장학 평가하기 | 1. 적절한 지도 및 조언이 주어지지 않을 때 장학활동에 관련하여 자신의 생각을 표현할 수 있는가? | 5 4 3 2 1 |
| | 2. 장학담당자가 가져야 하는 자질에 대하여 적절한 의견을 가지고 있는가? | 5 4 3 2 1 |
| | 3. 장학활동에 대하여 높은 기대를 가지고 있는가? | 5 4 3 2 1 |
| | 소계 | |
| 9. 넓은 관점 갖기 | 1. 유아교육의 전반적인 프로그램 및 지역사회와의 관계 속에서 자신의 위치와 자신의 하는 일을 파악하고 있는가? | 5 4 3 2 1 |
| | 2. 자신의 직업에 대하여 충실하며 중요성을 부여하고 있는가? | 5 4 3 2 1 |
| | 3. 아동, 가족, 지역사회와 유아교육 프로그램을 상호 유기적으로 연관된 것으로 보고 있는가? | 5 4 3 2 1 |
| | 소계 | |
| 총 계 | | |

• 자료: 신재흡 외(2006). 유아교사론. 경기: 양서원, pp. 351~352.

## 생각해 봅시다

1. 유치원에서 장학활동을 위한 준비 사항에 대하여 생각해 봅시다.

2. 유치원에서 효과적인 수업장학에 대하여 생각해 봅시다.

3. 개인적으로 삶의 멘토가 되었던 사람이 있다면 그 사람은 어떤 특징을 갖고 있는지 생각해 봅시다.

4. 유치원에서 장학의 기능에 대하여 생각해 봅시다.

5. 교사가 되어 자기장학을 한다면 어떤 방법으로 할 것인지 생각해 봅시다.

CHAPTER 11

# 바람직한 조직문화를 위한 인간관계

## 학습목표

1. 인간관계의 구조와 개념에 대하여 설명할 수 있다.
2. 유아교사가 학습자, 부모, 동료, 지역사회와 맺게 되는 관계를 이해한다.
3. 인간관계의 중요성에 대하여 설명할 수 있다.
4. 인간관계 맺기의 기본 요소에 대하여 설명할 수 있다.
5. 바람직한 인간관계에 대하여 설명할 수 있다.
6. 유아교사의 인간관계에 대해서 설명할 수 있다.
7. 유아교사가 학습자, 부모, 동료, 지역사회와 가지게 되는 갈등의 유형 및 해결방법을 이해한다.

**Keyword**

• 성공적인 인간관계 • 인간관계 구조 • 인간관계 맺기 • 유아교사의 인간관계
• 갈등의 유형 • 갈등의 해결

인간은 사회적 존재로 다른 사람과 관계를 맺으며 살아간다. 인간관계란 사람과 사람 사이에서 이루어지는 모든 상호작용을 의미한다. 이러한 인간관계는 개인에게 만족감을 줄 수도 있고, 때로는 불만족감을 줄 수도 있다(송준석 외, 2016). 인간관계란 넓은 개념이어서 각기 강조하는 입장과 영역 및 용도에 따라 여러 가지 의미로 사용되고 있다. 가장 일반적 의미의 인간관계는 대부분의 사회현상에서 볼 수 있는 사람 사이의 상호작용을 의미한다. 사람과 사람과의 관계, 즉 부모와 자녀 간, 노사 간, 동료 간의 심리관계나 언행과 태도를 의미하는 대인관계를 의미한다. 이러한 대부분의 인간 상호작용은 조직 속에서 이루어지며 일정한 구조 속에서 함께 일함으로써 형성된다. 따라서 조직구성원의 상호작용 관계는 공식조직과 자연발생적인 비공식구조의 분석에서 파악하려는 '있는 그대로', '사실'로서의 인간관계를 의미한다.

따라서 교육조직에서도 어느 사회 못지않게 얽히고설킨 복잡한 인간관계의 망을 형성하고 있다. 더구나 교육이라는 과업이 원래 인간이 인간을 다루는 것이기 때문에 학교생활의 전 과정이 인간관계 집약적이라고 할 수 있다. 이러한 측면에서 유치원 조직에서도 인간관계는 학습자와의 관계, 교직원과의 관계, 학부모와의 관계, 지역사회와의 관계 등으로 구성되어 있다고 볼

수 있다. 11장에서는 인간관계의 개념 및 구조, 인간관계의 중요성 및 인간관계 맺기의 기본 요소, 바람직한 인간관계, 유아교사의 인간관계, 갈등관리 등을 중심으로 고찰하고자 한다(최애경 외, 2016; 염지숙 외, 2016; 신재흡, 2016; 송준석 외, 2016; 박은혜, 2016; 권영례 외, 2011; 신재흡, 2008; 신재흡, 2006).

## 01 인간관계의 개념 및 구조

현대사회의 중요한 특징은 조직사회이다. 조직은 인간이 모여 구성하는 사회적 유기체이다. 그러므로 조직 내에는 어떤 형태든 사람과 사람들 사이에서 서로 간의 만남에 의하여 여러 가지 인간관계를 이루며, 이러한 인간관계는 그 조직의 목표 달성 여부를 좌우하는 결정적 요인으로 작용하기 때문에 매우 중요하다고 볼 수 있다(최애경 외, 2016). 신재흡(2004)에 의하면 "넓은 의미의 인간관계는 어떤 장소와 상황에서든지 간에 두 사람 이상의 사람들 사이에서 이루어지는 다양한 상호작용을 말하는 것임을 알 수 있다. 그러나 좁은 의미의 인간관계는 의도적으로 만들어진 조직의 구성원들 사이에 이루어지는 상호작용을 말한다"고 했다. 결국 교사들은 자기 자신의 인간관계를 관리해야 하며, 수많은 교사들과의 인간관계도 원만하게 발전시킬 의무가 있다.

한편 유치원의 경우 인간관계는 행정가인 원장 · 원감과 교사와의 관계, 교사 상호 간의 관계, 교사와 학습자 간의 관계, 유아 상호 간의 관계로 구성된다고 볼 수 있다. 원장 · 원감과 교사와의 관계와 교사와 유아 간의 관계는 수직적 인간관계이고, 교사 상호 간의 관계와 유아 상호 간의 관계는 수평적 인간관계라고 할 수 있다.

보편적인 조직에서의 인간관계는 공식조직의 직제상, 기능상의 업무관계에서 형성되는 공식적 · 제도적 인간관계와 비공식 조직에서 자연발생적으로 형성되는 비공식적·사적 인간관계로 구성된다고 볼 수 있다. 공식적 인간관계는 조직의 과업이나 역할 수행을 인간 자체보다 더 중요시하기 때문에 인간의 내면적 만남이 없는 '스침'의 관계라고도 하고, 게임의 관계라고도 한다. 왜냐하면 어떤 운동경기에서 게임이 끝나면 선수들의 역할과 팀워크가 사라지듯이 조직의 공식적 업무를 떠나면 인간관계는 없어지는 비정한 관계이기 때문이다. 사적인 인간관계는 인간 실존의 끈끈한 친교를 중요시하기 때문에 '만남(encounter)'의 관계라고도 한다. 유아교사들의 인간관계는 양자를 모두 중요시해야 함은 물론이다.

이를테면 교육이 교사와 유아와의 만남으로 시작되고, 교수-학습과정이 교사와 유아의 인간관계를 통하여 이루어지고, 그 인간관계의 성패에 따라 학습의 효과가 좌우되듯이 유치원에서의 교육활동은 원장(감)과 교사와의 만남으로 시작되고, 그 관계의 좋고 나쁨에 따라 유아교육활동의 효과성이 달라진다고 해도 과언이 아니다. 게다가 유아교육활동에서 우호적인 인간관계는 교사로 하여금 전문직으로서의 긍지와 정체감을 형성하고, 긍정적인 자아상(self-image)이나 자아개념을 가지고 보람을 느끼면서 교직에 성실히 근무하게 동기를 제공할 수 있다. 이와 같이 교사의 내면적 자세와 외면적 행위는 유아교육활동에 대한 신뢰를 낳고 교육활동에 능동적으로 참여하여 협동함으로써 능률적이고 효과적인 교육을 달성할 수 있게 된다(신재흡, 2008).

## 02 인간관계의 중요성 및 인간관계 맺기의 기본 요소

이성태(2006)는 인간관계의 중요성을 다음과 같이 제시하고 있다. ① 인간관계는 인간을 인간답게 한다. 인간을 인간답게 만드는 것은 다른 사람과의 상호작용이다. 인간으로 태어났으면서도 인간과의 상호작용이 전혀 없었던 아베롱(Aveyron) 야생아 이야기, 인도의 늑대아(wolf children) 이야기는 이를 대변한다. ② 인간관계는 인간을 가치 있는 존재가 되게 한다. 인간관계는 서로를 소중하고 가치 있는 존재로 인정할 때 서로를 수용할 수 있고, 가치 있는 인간다운 존재가 될 수 있다. ③ 인간관계 속에서 개인의 정체성과 여러 영역의 발달이 이루어진다. 정체성 혹은 자아정체감은 현재 자신의 위치, 능력, 역할 및 책임에 대한 분명한 인식으로서 자기정의라고 한다. 자아정체감이 결정적으로 형성되는 시기는 사춘기에서부터 청년기 동안이지만 여기에는 인생 초기부터 경험하는 수많은 인간관계의 경험을 통해서 축적되어 온 자신감을 포함하고 있다. ④ 좋은 인간관계는 성공적인 직장생활과 조직의 효율성을 높이는 중요한 요인이 된다. ⑤ 인간관계는 신체건강 및 정신건강과 매우 밀접하게 관련되어 있다. 긍정적이고 효율적인 인간관계는 정신건강과 적응에 밀접한 관계를 가진다. 심리적인 고민의 감소, 스트레스에 효과적인 대처와 회복, 자기신뢰와 자율성, 일관되고 균형 있는 자아정체감, 보다 큰 심리적인 안정감, 보다 높은 자아존중감, 나아가서 일반적인 행복감의 증대 등과 관련되어 있다. ⑥ 자율적 인간관계 형성의 능력은 자아실현과 삶의 질에 깊이 관련되어 있다. 인간의 내면에는 잠재 능력과 그 잠재 능력을 실현하고자 하는 강한 욕구가 있다. 개인의 잠재 능력, 즉 내적 자원들을 발굴·실현하고, 그 성취감과 기쁨을 경험하게 되는 것은 직접적이든 혹은 간접적이든 다른 사람들과의 관계 속에서 가능하다.

조직구성원들 간에 바람직한 인간관계를 맺기 위해서는 먼저 신뢰가 형성되어야 한다. 신뢰는 일관성(consistency), 관심(caring), 명확(clarity), 솔직(candor)의 구성요소로 이루어져 있다. ① 일관성(consistency): 자기가 실행하고자 하는 방향에 따라 말과 행동에 일관성을 보이면서 약속을 이행하는 것. ② 관심(caring): 공감 및 경청, 참여를 통해 정서적 관계를 형성하는 것. ③ 명확(clarity): 질문과 주장의 조화로운 사용을 통해 모호함과 오해를 피하는 것. ④ 솔직(candor): 개방적으로 의사소통하여 서로 간의 이해와 관계를 깊게 하는 것.

신뢰는 최상의 환경 속에서도 쌓기가 쉽지 않으며, 사람들마다 권한의 정도가 달라 어려움을 겪는 기반 위에 세워져야 하기 때문에 형성에 어려움이 적지 않다. 그러나 다음의 신뢰 형성에 영향을 주는 요소들에 유념하여 부단히 노력한다면 쌓지 못할 것도 아니다. 솔직하게 의사를 표현하고 신뢰를 형성하는 데 영향을 주는 요인들은 의사소통, 지원, 존중, 공정, 예측 가능성, 유능함의 여섯 가지로 구분된다. ① 의사소통이다. 이는 동료끼리 계속 정보를 주고받고 정확한 피드백을 하며 결정과 정책을 설명하는 것을 의미한다. 자신의 문제에 대해 솔직하게 말해야 하고, 상벌에 사용할 목적으로 정보를 수집하려는 유혹을 뿌리쳐야 한다. ② 지원이다. 동료들끼리 인간적인 측면에 관심을 보이는 것을 의미한다. 서로 돕고 조언하고 아이디어를 격려하고 서로의 위치를 지켜준다는 의미이기도 하다. ③ 존중이다. 존중의 가장 중요한 형태는 위임이며, 동료의 말에 귀를 기울이고 그의 의견에 따라 행동하는 것이다. ④ 공정이다. 마땅히 칭찬해야 할 곳에 칭찬을 하며, 객관적이고 편견 없이 칭찬을 한다는 의미이다. 공정과 반대되는 행위인 편애, 위선, 아이디어와 업적의 횡령, 비윤리적인 행동은 용납되어서는 안 되며 이는 신뢰를 무너뜨리는 주요 원인이 된다. ⑤ 예측 가능성이다. 이는 일관성 있고 신뢰할 수 있으며, 보이든 안 보이든 한 번 한 약속을 지킨다는 것이다. ⑥ 유능함이다. 이는 기술적·전문적인 능력과 뛰어난 비즈니스 감각을 나타낸다. 사람들은 무능해 보이는 사람에게 복종하려고 하지 않는다. 신뢰는 물론 올바른 행동에서 싹트기 시작하지만, 능력 있는 사람에게 칭찬과 존경을 바탕으로 신뢰를 보내는 것이다.

신뢰와 솔직함을 쌓는 일은 점진적인 과정으로, 일련의 긍정적인 경험을 하도록 해야 한다. 신뢰를 쌓는 데는 오랜 시간이 걸리지만, 한계에 달하면 아주 짧은 시간에 무너져 버린다는 것을 명심해야 한다(염지숙 외, 2016).

## 03 바람직한 인간관계

인간은 누구나 좋은 인간관계를 맺기 원한다. 하지만 실천하기는 매우 어려운 것이 사실이다. 여기서 바람직한 인간관계를 형성하기 위하여 인간관계의 속성, 원칙, 저해 요인 등에 대해서 고찰하고자 한다(류동훈, 2004).

첫째, 인간관계의 속성은 다음과 같다. ① 인간관계는 사람에 대한 관심을 의미한다. 인간은 사회적 동물로서 '나' 아닌 다른 사람과의 관계를 저버리고 생활할 수 없다. 인간이 상대에 어떠한 관심을 보이느냐에 따라 인간관계는 달라진다. ② 인간관계는 상대에 대한 긍정, 곧 인격에 대한 긍정에서 출발한다. 서로를 인격체로 인정함으로써, 상호 신뢰적 인간관계를 형성하게 된다. ③ 인간관계는 형식적 관계가 아닌 상호 존중의 진실한 관계이다. ④ 인간관계는 역동적이다. 인간관계는 생명력이 넘치고, 살아 움직이는 관계이며, 사랑의 끈으로 이어져 꿈틀거리는 유기체이다. ⑤ 인간관계는 직무의 생산성을 높인다. ⑥ 인간관계는 강요보다는 이해가 필요하다. 그렇게 하기 위해서는 상황에 따라 유연한 태도를 취해야 한다. ⑦ 인간관계는 상호성의 관계이지, 분리나 차별의 관계가 아니다.

둘째, 인간관계의 원칙은 다음과 같다. ① 인간관계는 서로 열려 있어야 한다. 내가 상대에게 열려 있다는 것은 서로가 잘 알고 있다는 것을 의미하며, 잘 알기 때문에 문제에 직면하기 전에 문제를 풀어갈 수 있다. ② 인간관계는 상대를 중요한 존재로 인정해야 한다. 상대가 '나'를 진심으로 소중하다고 생각하고 있다는 것을 느낄 때, 인간관계는 매우 급속히 가까워진다. ③ 인간관계는 믿음 가운데 쌓아야 한다. 서로 간에 진심으로 신뢰가 싹틀 때, 인간관계는 더욱 더 돈독해진다. ④ 인간관계는 억지로 떠밀려 할 수 없이 하는 것이 아니라, 능동적이고 적극적인 태도로 자발적으로 하는 것이다. ⑤ 인간관계는 정직해야 한다. 자신의 실수나 잘못을 인정할 때 오히려 인간관계는 더욱 돈독해진다. ⑥ 인간관계는 성실하고 겸손해야 한다. 상대에 대한 변하지 않는 마음으로 진실을 대할 때 인간관계는 더욱 빛나고, 자기 자신을 낮출 때 인간관계는 높아진다. ⑦ 인간관계는 역지사지(易地思之)의 자세로 바라보아야 한다. 나의 입장이 아닌 상대의 입장에서 바라볼 때, 서로가 자신을 더 잘 알게 되고, 상대를 더 깊이 이해할 수 있다. ⑧ 인간관계는 일관성이 있어야 한다. 상황에 따라 쉽게 변하는 태도는 서로 간의 불신감을 낳게 되어 인간관계가 불편해진다. ⑨ 작은 친절이라도 먼저 실천하는 솔선수범의 원칙, 취미나 생각, 성격이 유사한 사람끼리 인간관계가 더 발전하는 유사성의 원칙, 나보다는 타인을 먼저 생각하는 이타성의 원칙, 상대에 대한 진심 어린 친절과 관심으로 인간관계를 더욱 조화롭게 끌어가는 친절, 관심, 조화의 원칙 등이 있다.

셋째, 인간관계의 저해 요인은 다음과 같다. ① 자기중심적 사고와 태도이다. 우리 주위에는 자기주장만 앞세우고, 자기만 인정받아야 직성이 풀리는 사람이 많다. 이런 사람과는 바람직한 인간관계가 성립될 수 없다. 인간관계의 시작은 자기 욕심을 버리고 가장 낮아지는 것이다. 우리들이 진정으로 두려워하는 것은 자기중심적이고 교만한 사람이 아니라 남을 사랑하고 겸손한 사람이다. ② 편견과 차별적 태도이다. 자기 능력보다 지연, 학연, 혈연으로 인하여 승진이나 경쟁에서 누락되었다고 할 때, 개인이나 조직, 집단에서의 상호 인간관계에 부정적인 영향을 미친다. 아울러 성(性)이나 지역, 출신, 외모, 성적 등과 같은 것에 편견을 가지고 차별을 한다는 것도 올바른 인간관계를 정립할 수 없는 요인이다. 서로가 나의 가족, 나의 친구, 나의 형제로 바라볼 때, 편견과 편애와 차별이 사라질 것이다. ③ 거짓과 형식이다. 인간관계에 있어 진실성이 결여되어 있고 형식적이라면, 그것은 올바른 인간관계를 맺었다고 말할 수 없다. 따라서 나 아닌 상대방이 먼저 해주기 전에 내가 먼저 해주는 자세가 습관화되어야 한다. 또한 상대를 내가 이용할 대상자라기보다는 진실한 친구로 대해 주어야 한다. 그렇게 하기 위해서는 부지런하고 교만하지 않아야 한다.

## 04 유아교사의 인간관계

여기에서는 유아교사의 인간관계를 학습자와의 인간관계, 학부모와의 인간관계, 유치원 교직원과의 인간관계 등으로 구분하여 고찰하기로 한다.

### 1. 학습자(유아)와의 인간관계

유아와 교사의 질 높은 상호작용은 유아의 언어 능력, 또래 간의 상호작용, 놀이 수준, 학업 성취도 등에 큰 영향을 미친다. 교사와 유아의 상호작용에는 기질이나 장애, 가정환경과 같은 유아의 개인적인 특징, 교사의 교수 전략, 유아교육기관의 맥락 등은 교사와 유아의 상호작용의 질에 영향을 주는 주요한 요소들이다. 유아교사가 성공적으로 유아와 상호작용을 하려면 다음과 같은 전략을 적용하는 것이 필요하다(박은혜, 2016; 송준석 외, 2016).

첫째, 유아를 존중하는 자세와 태도이다. 교사는 계층, 성별, 신체, 사회·문화적 배경 등에 관계없이 유아들에게 학습과 발달의 기회를 평등하게 제공하려고 노력해야 한다. 유아와 이야기를 나눌 때는 몸을 낮추고 유아의 눈을 바라보며 이야기를 나눈다.

둘째, 부드럽고 따뜻한 상호작용이다. 교사는 유아가 활동에 대해 흥미와 기대감을 가지고 적극적으로 참여하며, 활동에 집중할 수 있도록 돕는다. 교사는 유아에게 따뜻하고 애정이 담긴 대화 나누기, 미소 짓기, 격려하기, 인정하기 등의 언어적, 비언어적인 방법들을 활용해 상호작용을 함으로써 밝고 즐거운 교실 분위기를 만들고자 노력한다.

셋째, 유아의 정서표현이나 요구 등에 민감한 반응이다. 교사는 유아들의 개별적인 생각과 느낌을 받아 주고 존중하며 격려함으로써 유아들이 활동에 적극적으로 참여하도록 돕는다.

넷째, 유아의 성장과 발달 지원이다. 유아가 사물이나 현상에 대해 질문하고 호기심을 보일 때 교사는 유아가 보다 깊이 있게 탐색하도록 언어적으로 상호작용할 수 있어야 한다. 일상생활과 관련된 활동을 통해 유아 스스로 생활할 수 있도록 하고 협동하기, 순서 지키기, 나누기, 양보하기 등의 친사회적 행동을 발달시킬 수 있도록 지원한다. 아울러 교사는 유아가 이전의 경험과 지식을 활용하여 반성적으로 사고하고 다양한 방법으로 문제를 해결하는 기회를 가질 수 있도록 도우며, 필요한 경우 유아가 자신의 생각을 분명하게 표현할 수 있도록 언어적 표현력을 자극하고 사고과정을 돕는다.

다섯째, 유아들의 개인차에 민감한 반응이다. 교사는 유아들의 서로 다른 요구, 흥미, 스타일, 능력 등을 세심하게 관찰하고 개별적으로 대화하는 시간을 갖는다. 특히 영아들은 자신들의 요구를 말로 표현하는 데 한계가 있기 때문에 영아반의 교사들이 필요로 하는 것을 관찰을 통해 민감하게 알아차릴 수 있어야 한다.

여섯째, 영아에게 일관되고 긍정적인 반응을 해야 한다. 영아들에게 가장 중요한 것은 자신을 돌보는 주 양육자와 신뢰감에 바탕을 둔 애착을 형성하는 것이다. 따라서 영아반 교사는 가능한 변화를 줄이도록 해야 하고, 상호작용할 때는 일관적인 반응을 보이는 것이 매우 중요하다.

일곱째, 도움이 필요한 유아에게 세심한 관찰과 필요한 협조를 한다. 나이가 어린 영아일수록 더욱 필요한 행동이다. 어린 영아에게는 생리적인 욕구나 안전에 관해서는 더욱 세심한 관찰과 교사의 협조가 필요하다. 또한 빈번하게 일어나는 영유아들의 다툼에서도 세심한 관찰을 통한 적절한 중재가 필요하다.

여덟째, 유아의 관심 분야를 파악한다. 유아의 관심 분야를 파악한다면 유아가 관심을 가지고 있는 분야를 더욱 깊게 할 수도 있고, 관심이 없는 부분에 관해서는 흥미를 유발할 수 있도록 교수방법을 달리할 수 있다. 이렇듯 관심 분야를 파악하는 것은 유아 각각의 적성에 맞는 개별지도를 할 수 있는 기초가 된다.

아홉째, 적절한 스킨십을 사용한다. 교사는 진실한 사랑을 바탕으로 유아에게 적절한 스킨십을 할 수 있어야 한다. 안아주기와 같은 따뜻한 스킨십은 유아 스스로 인정받고 있으며 배려받고 있다는 것을 느끼게 해 자신을 가치 있는 존재로 여긴다.

열째, 공정성을 가져야 한다. 유아를 대할 때에는 차별 없는 공정성이 필요하다. 유아가 차별받는다는 느낌이 들지 않도록 교사는 항상 공정성을 가져야 한다. 특히 교사는 계층, 성별, 신체, 사회문화적 배경 등에 관계없이 유아들에게 학습과 발달의 기회를 평등하게 제공하여야 한다.

## 2. 학부모와의 인간관계

유아교사와 학부모와의 관계는 교육을 매개로 교육자와 교육의 수혜자로서 인위적으로 형성되지만 유아들의 교육을 위해 돕고 협력한다는 측면에서 필연적인 관계라 할 수 있다. 유아교사와 학부모는 교육권을 행사하는 데 있어 교육을 위하여 자극과 충동을 줄 수 있는 긍정적인 측면이 있는 반면에 유아교사의 교육권에 대한 침해와 학부모의 교육권 행사가 충돌할 경우 갈등을 빚을 수도 있다.

이러한 관점에서 유아교사와 학부모의 관계는 다음과 같은 사항에 유의하여야 한다(신재흡, 2016: 재인용). 첫째, 유아교사와 학부모의 인간관계는 부분적인 관계이다. 그들의 상호작용은 유아들의 교육이 목적이므로 유아들의 교육에 관계되는 일에 한정된다. 따라서 유아교사는 학부모에 대하여 널리 그리고 깊이 알지 못하며 학부모 또는 교사에 대해서도 같은 입장이다. 이러한 점 때문에 양자 사이에 상호 불신이나 오해가 싹틀 수 있으며, 학습자 지도에 오류를 범할 가능성이 항상 존재한다. 그러므로 서로에 대한 의식적인 이해와 유아교육에 관한 정보 교류 등의 노력이 필요하다.

둘째, 학부모와 유아교사 관계의 특징 중 하나는 비영구적인 관계이다. 유아교사와 학부모의 관계는 일단 맺어지면 유아들이 졸업한 후에도 그 관계는 지속될 수 없다. 결국 학부모와 유아교사와의 관계는 유아들이 졸업을 하면 양자의 작용은 중단될 수밖에 없다.

셋째, 유아교사와 학부모의 관계는 합법적이고 공식적인 결합 관계이다. 교사와 학습자가 교육자와 피교육자로서 교육의 권리 및 의무를 가짐과 동시에 유아교사와 학부모도 법적 관계를 맺게 되며, 유아교육법에 따라 교사와 학부모는 상호작용을 하게 된다. 이와 같이 교사와 학부모는 합법적이고 공식적인 관계를 맺는 것이 특색이다. 이와 같이 유아교사와 학부모는 학습자의 교육목적을 효율적으로 달성하는 데 있어서 모든 접촉관계가 떳떳해야 한다.

그리고 유아교사와 부모가 성공적으로 관계를 맺기 위하여 필요한 것을 제시하면 다음과 같다(박은혜, 2016; 신재흡, 2016).

첫째, 신뢰 형성이다. 모든 관계는 신뢰를 바탕으로 시작되어야 한다. 교사는 부모가 유아에 대해 가장 잘 아는 사람이고 누구보다 자녀가 잘 되기를 바라는 사람이라는 것을 인정해야 한다. 부모는 교사가 유아의 학습을 위해 가장 전문가라는 것을 인정하는 것에서부터 관계를 시작해야 한다. 이러한 상호 간의 역할에 대한 기대와 동의는 교사와 부모의 관계를 성공적으로 유지시킬 수 있다.

둘째, 상호협력 체제 구축이다. 부모와 교사는 유아를 사이에 두고 상호 경쟁하는 관계가 아니라 유아들의 학습에 있어 상호 책임을 가지고 있는 사람이라는 것을 인정해야 한다. 부모는 가정에서의 경험과 기관의 프로그램을 연결시켜 줄 수 있으며, 교사는 부모에게 필요한 여러 가지 자녀 양육과 관련된 지식을 제공할 수 있다. 교사와 부모가 유아의 교육에 대한 동일한 목표를 지닐 때 교육이 가장 효과적으로 이루어질 수 있다.

셋째, 효과적인 의사소통이다. 교사는 편지, 메일, 게시판, 전화, 홈페이지 등을 활용하여 양방향 의사소통이 될 수 있도록 많은 노력을 기울여야 한다. 의사소통은 매일, 매주일, 매달 그리고 매학기 이루어져야 한다. 부모들 역시 의사소통의 책임이 전적으로 기관에 있다고 맡기기보다는 좀 더 적극적이고 진솔하게 의사소통할 필요가 있다. 이러한 개방적이고 솔직한 양방향의 의사소통은 교사와 부모 사이에 발생할 수 있는 많은 갈등을 사전에 방지할 수 있다.

넷째, 상호 존중의 태도이다. 교사는 부모들이 가지고 있는 자녀양육에 대한 두려움과 기대, 사회적인 압박에 대한 부담 등을 이해해야 하고, 부모는 교사들이 과도한 책임을 맡고 있는지를 이해하며, 각자의 역할을 분명히 하고 이를 존중하는 태도를 가질 필요가 있다.

다섯째, 유아교사는 학부모의 의견이나 보호자적 권리를 존중해야 한다. 교사가 아무리 전문적인 지식과 기술을 가지고 있다 할지라도 학부모의 의견을 경시해서는 안 된다. 교육의 대상인 학습자를 가장 잘 알고 있는 사람은 본인 외에 학부모밖에 없기 때문이다. 유아교사는 학부모로부터 학습자에 대한 정보를 수집하여 학습자 지도에 최대한 활용해야 한다. 학부모의 의견은 영유아 지도를 위한 가장 훌륭한 자료이다.

여섯째, 유아교사는 학부모가 부담 없이 유치원을 방문하고 자유롭게 대화할 수 있는 분위기를 조성해야 한다. 공식적·정기적 모임만을 통해서 학부모를 만나야 된다는 생각을 해서는 안 된다. 학부모의 유치원 방문은 부담 없이 자발적으로 이루어지는 것이 바람직하다. 교사는 학부모의 자발적인 유치원 방문을 고무하고 자유로운 분위기에서 교사와 학생 그리고 학부모 간에 대화를 나눌 수 있는 기회를 제공하도록 힘써야 한다. 그럼으로써 상호간의 이해를 증진시킬 수 있고 지도방향을 선정하는 데도 큰 도움이 된다.

유아교사와 학부모의 원만한 관계를 위한 교사의 행동지침은 표 11-1과 같다.

**표 11-1** 유아교사와 학부모의 원만한 관계를 위한 교사의 행동지침

| 구분 | 유형 | 행동지침 |
|---|---|---|
| 1 | 자녀에 대한 부적절한 이해와 기대 | • 부모의 배경, 생활수준, 학력, 직업, 생활 경험 등에 따른 개인차를 인식한다.<br>• 일반적인 유아들의 특성에 대한 정보를 제공하여 자녀의 수준을 객관적으로 인식하게 한다. |
| 2 | 유아교육에 대한 이해 부족 | • 유치원에 전적으로 교육을 맡겨서는 효과적인 교육이 이루어질 수 없다는 것을 알려준다.<br>• 부모들이 자연스럽게 수업에 참여할 기회를 제공하여(일일교사, 보조교사 등) 유아교육 및 교사를 이해할 수 있도록 한다.<br>• 정기적인 모임뿐만 아니라 부담 없이 자발적으로 방문하고 수업을 관찰할 수 있는 기회를 제공한다. |
| 3 | 유아지도의 어려움 이해시키기 | • 지속적으로 유아를 관찰하고 그 결과를 면담에 활용한다.<br>• 부모에게 유아의 발달특성을 이해시킨다. |
| 4 | 교사에 대한 부모의 예의 | • 부모를 대하는 교사의 태도를 먼저 생각해 본다.<br>• 부모에 대한 교사 자신의 감정을 분석해보고 부정적인 감정의 원인을 생각해 본다.<br>– '나는 이 부모에 대해서 실제로 어떤 느낌을 가지고 있는가', '부정적인 감정을 가지고 있지는 않는가'<br>• 부모를 직접적으로 만나는 방법 이외에 편지나 이메일 등을 사용해 본다. |
| 5 | 교사에 대한 불만 표시 | • 부모와 유아에 대한 교사 자신의 감정을 분석해보고 부정적인 감정의 원인을 생각해본다.<br>• 교사가 모든 문제에 대한 답을 가질 수 없다는 한계를 솔직히 인정한다.<br>• 부모는 위안이 필요하다는 것을 인식하고 부모에게 생각의 변화가 일어날 시간적 여유를 가지고 기다린다. |

• 자료: 교육인적자원부(2001). 유치원 교사교육 프로그램.

한편 유아교사와 학부모와의 공통점은 유아의 성장과 발달을 위해 기여해야 한다는 동일한 목적을 지니고 있지만, 학부모들은 자기 자녀에 대한 특별한 사랑과 관심을 요구하고 있고 유아교사는 전체 유아들을 지도해야 한다는 차이점이 있다. 이는 학부모와 교사 간에 갈등이 존재하며 이러한 갈등으로 인해 유치원을 이직하기도 한다.

학부모와의 어려운 점을 살펴보면 다음과 같다(최애경 외, 2016). ① 안전사

고에 대한 항의가 가장 크게 작용하며, ② 학부모들의 무리한 요구, ③ 학습에 지나친 요구, ④ 동료교사들과의 비교, ⑤ 유아교육에 대한 인식 부족, ⑥ 교사를 보모로 대하는 경우, ⑦ 학부모의 사적인 일로 장시간 유아를 떠맡기는 경우, ⑧ 학부모의 반말이나 무시하는 언행 등이다. 그러나 학부모로 인해 교사가 어려움을 겪는다 해도 교사의 길을 접을 수는 없을 것이며, 경력교사나 원감으로부터 학부모와의 상담기법과 노하우를 배워 스스로 학부모에 대한 스트레스를 극복하려고 노력할 수밖에 없을 것이다.

## 3. 유치원 교직원과의 인간관계

여기서 교직원이라 함은 교육활동을 위해 유치원 전 구성원을 의미한다. 즉, 유치원 경영의 총책임자인 원장을 비롯하여 원감, 교사를 비롯하여 행정 및 관리업무를 담당한 서무직원, 청소부 및 사환, 운전기사, 식당에 종사하는 모든 사람들을 지칭하며, 유치원에서 원아들을 위해서 활동하는 모든 사람을 의미한다. 이러한 전 구성원의 인간관계는 유치원 조직풍토를 조성하고, 그 분위기는 교육 전반에 큰 영향을 줄 수 있다.

교직사회는 전문인들이 모여 활동하는 곳이기에 서로의 인격과 전문성을 인정하고 존중해 주는 풍토가 조성되어야 한다. 화합과 협동을 바탕으로 교직원들 사이에 상호 존중과 상부상조가 이루어질 때 유치원은 명랑하고 활기찬 곳이 될 수 있다. 또한 이러한 분위기가 교육목표 달성의 기반이 된다. 상호 신뢰와 존중을 기초로 한 참된 인간관계야 말로 유치원조직이 가지는 교육적이며 전문적인 특성을 모두 살릴 수 있는 관건이 된다.

유치원 교직원과의 인간관계는 원장(감)과의 관계, 동료교사와의 인간관계, 주임교사와의 인간관계, 기타 교직원과의 인간관계 등에 대해 살펴보기로 한다(신재흡, 2016; 박은혜, 2016; 권건일 외, 2006).

### 1) 원장(감)과의 관계

유치원 행정가와의 관계이다. 유치원 행정가란 원장, 원감을 말하며, 이들은 모두 교원이다. 교육법에 원장은 교무를 통할하고 소속 교원을 감독하며, 원아를 교육한다고 규정하여 유치원 행정가의 책임과 권한 등 그 직무를 명시하였다. 유치원 행정가는 유치원 경영의 최고 책임자로서 제반 업무를 통제 관할해야 하며, 소속 교원에 대한 지휘 및 감독뿐만 아니라 원아를 교육해야 할 책임이 있는 것이다. 따라서 유치원 행정가는 지도자로서 인격 측면이나 경험 및 식견 등에서 그 역량이 보다 월등한 위치에서 솔선수범하고 자원적 존재로서 손색이 없어야 하며, 동료적인 위치에서 조력하고 봉사하는 자세를 갖추어야 한다. 유치원 경영상의 중요한 사항은 무엇보다도 교직원의 공동협의를 거쳐서 결정하고 전 교직원의 참여 의식을 높여야 한다. 민주적으로 유치원을 경영하기 위해서는 유치원 분위기를 원만하게 하면서 교직원들이 직무에 관한 책임을 자연스럽게 깨닫게 된다. 유치원 행정가는 사적 충성이나 무조건 복종을 강요해서는 안 되며, 교직원들의 인격을 존중하고 그들 각자의 능력을 인정해야 할 뿐만 아니라, 솔선수범해야 한다. 그리고 민주적인 유치원 행정가는 교직원들의 문제를 발견하여 그 해결을 위해 적극적으로 도와주어야 하고, 교직원들의 사기를 북돋아주며, 그들로 하여금 지도자로서의 역량을 갖도록 배려하여야 한다. 한편 교직원들은 유치원 행정가의 업무 수행에 대하여 함부로 비난이나 비판을 하여서는 안 된다. 유치원 행정가로서의 권위와 체면을 인정하는 한편 입장을 바꾸어서 객관적으로 문제를 고려하고 협력과 조언을 통해서 유치원의 교육발전에 기여하도록 최선을 다해야 한다(권건일 외, 2006).

### 2) 동료교사와의 인간관계

교사 상호간의 관계이다. 어떤 조직에서든지 조직원 상호 간의 돈독한 인간관계의 유지나 조직발전을 위해 무엇보다도 선행되어야 할 기본 과제라고 할 수 있다. 대부분의 생활을 함께 하며 상호 연관된 업무를 처리함에 있어서 조직원 상호 간의 이해와 협력 없이는 원만한 직무 수행이 어려울 것이다. 유치원 조직에서도 이와 다를 바가 없으며 교육이란 특수성 때문에 다른 조직보다도 교사 상호 간의 인간관계가 더 원만하게 형성되어야 한다. 만약 교사 상호 간에 비윤리적으로 학습자들 앞에서 동료교사를 비판하거나, 자신의 호신책으로 학습자를 분열시키거나, 담당학급이 다르다고 하여 다른 학급을 소홀히 하고 차별하거나, 다른 학급담당자가 자기 담당학급의 학습지도를 하는 것을 권리의 박탈이라고 생각하는 등은 교육 측면에서 직접적으로 나쁜 영향을 주는 행위로서 지양되어야 한다. 이것은 교직사회의 인화단결을 저해하는 것으로서 결국 교육의 목적달성에 큰 장애요소가 된다. 그리고 지연, 학연 혹은 전공별로 파벌을 형성하여 공식적 조직을 위협하는 경우나, 사소한 이해관계 때문에 발생하는 동료 간의 갈등이나 반목은 명랑한 교육풍토의 조성을 저해하는 최대의 문제점으로 교직사회의 인화와 단결을 해치는 독소이다. 이와 같이 교사 상호 간의 불협화음은 결국 유치원 사회 전체의 발전에 영향을 주게 된다. 아울러 교직사회의 문제는 민감한 피교육자에게 직접적으로 영향을 준다는 특성을 감안하여야 한다. 그러므로 교직사회에서 교사 상호 간의 문제점은 협의와 토론을 통해서 최선책을 모색하여야 하며, 인화로 단결된 교직사회 풍토를 피교육자들로 하여금 피부로 느끼게 하여 정서적 안정을 기하도록 해야 한다(권건일 외, 2006). 유아교사들의 동료관계는 비생산적이거나 타율적이 아니라 유아교육 현장에서 발생하는 많은 문제들을 해결해 가는 민주적이고 역동적인 관계가 되어야 한다. 이를 위해서 교사들은 다음과 같은 전략을 사용할 수 있다(박은혜, 2016: 재인용).

첫째, 각 교사의 기여도가 동등하게 존중되는 정기적인 모임 가지기이다. 유치원에서 교사들은 비슷한 또래와 취미를 가진 교사들이 짝을 이루어 개인적인 모임을 가질 수도 있고, 동일 연령을 담당하는 교사들끼리 매일 혹은 매주 모임을 가질 수도 있다. 여기에서 더 나아가면 지역별로 운영되는 자율장학회에 가입하여 새로운 정보를 공유하며 지식을 넓힐 수도 있다.

둘째, 긍정적으로 상호 의존하기이다. 공동체 생활은 기본적으로 구성원들 간에 상호 의존하는 관계에 기반을 둔다. 교사들은 구성원들 각자가 가지고 있는 관점과 역할, 지식과 기술, 일하는 스타일 등을 고려하여 최대한의 목표를 성취해낼 수 있도록 해야 한다.

셋째, 대인관계 기술 적용하기이다. 어떠한 인간관계이든 그것이 성공하기 위해서는 관계를 맺는 초기에 신뢰감이 형성되어야 하고, 의사소통이 원활하게 이루어져야 하며, 갈등이 생겼을 때 이를 원만히 처리할 수 있는 능력이 있어야 한다.

넷째, 개별 구성원이 책무성 갖기이다. 어떤 조직이든 각자에게 주어진 책임과 역할을 분명하게 하면 그 조직은 기본 이상으로 기능한다. 이에 덧붙여 출·퇴근, 외출, 결제, 출장, 결근 등과 같은 기본적인 직장 근무 예절을 잘 지킨다면 갈등이 발생할 여지를 상당히 줄일 수 있다.

**참고자료** **동료교사와 인간관계를 맺을 때 지켜야 할 것들**

1. 뒷말하지 말 것
   아무 의도 없이 내뱉은 말이라도 잘못 전해지면 소문의 주인공은 상처를 입게 된다.
2. 말할 때는 분별 있고 조리 있게 할 것
   두서없이 말하는 횡설수설형은 말을 풀어가는 논리력이 부족한 것이다.
3. 베풀고 생색내지 말 것
   상대방이 난처할 정도로 도와준 것을 생색내서는 안 된다.
4. 고마움을 잊지 말 것
   베푼 것은 금방 잊고 받은 것은 항상 기억해 두어야 한다.
5. 있는 그대로 말할 것
   하지 못할 일이면 못하겠다고 솔직하게 말해야 한다.

6. 남의 비밀을 누설하지 말 것
   아는 것은 누설하지 말고 모르는 것은 캐묻지 말아야 한다.

7. 겸손함을 배울 것
   동료들이나 친구들 앞에서 자신의 실력이나 우월함을 과시해서는 안 된다.

8. 직설적 화법은 삼갈 것
   따뜻하고 완곡한 화술은 일을 성사시키는 윤활제 역할을 한다.

9. 베풀고 기쁨으로 삼는 윤리관을 갖출 것
   도움이 필요한 이에게 주저하지 말고 손을 내밀어 그들에게 관심을 갖고 도움을 준다.

10. 이해심 많고 관용적인 태도를 기를 것
    이해하고 포용하는 태도, 묵묵히 감싸주는 어진 마음은 사람들을 당신에게 붙게 하는 자석과 같다.

"빌 게이츠의 청년들에게(성공을 만든 사람)"에서

• 자료: 염지숙 외(2016). 유아교사론. 경기: 정민사, pp. 270~271.

### 3) 주임교사와의 인간관계

유치원에서 중간자 역할로서 주임교사가 있다. 주임교사가 중간 역할을 잘 수행하게 되면 원장, 원감과 교사 모두 만족감을 느낄 수 있다. 교사들은 실질적으로 주임교사의 지시를 많이 받고 있다. 각 학급의 교사는 학급의 일을 분담시키고, 여러 학급교사와 주임교사가 이러한 과정에서 인간관계가 원만하다면 마찰 없이 업무가 잘 이루어질 것이다. 이때 주임교사는 교사들에게 권위적인 태도로 대하는 일이 없도록 해야 한다. 주임교사가 업무를 분담시킬 때 학연, 지연에 얽매여서 불공정하게 처신한다면 교사들의 신뢰를 받지 못하게 된다. 따라서 주임교사는 공정하고 민주적으로 교사들을 대해야 한다(류동훈, 2004).

### 4) 기타 교직원과의 인간관계

행정직원과의 관계이다. 유치원에는 교사 이외에 직접 교육을 담당하지는 않으나, 교육활동을 지원 및 조성하기 위한 일반 행정이나 관리를 담당하고 있는 직원들이 있다. 즉, 행정직원, 사무직원, 기능직원 및 사환, 운전기사, 식당 종사자 등이 있다. 이들은 업무상에 부과된 업무만 수행하면 되겠으나 유치원에서의 업무는 일반 행정업무와 또 다른 특성이 있다. 다시 말하면, 교사들이나 피교육자들과 함께 생활하지 않을 수 없는 환경에 처해 있는 특수성이 있다. 그러므로 이들도 교사들 못지않게 피교육자에게 사표가 되어야 하는 모범적인 생활 자세를 갖추지 않으면 안 된다. 왜냐하면 피교육자들은 교사나 행정직원 등 유치원의 모든 인적·물적 환경을 그들의 표본의 대상으로 바라보며 따르고 있기 때문이다. 따라서 유치원의 모든 조직과 환경은 동일한 목표인 바람직한 인간을 육성해야 하는 방향으로 초점화되고, 이를 위해 유치원의 모든 구성원이 일치단결해야 한다. 이와 같이 행정직원과의 원만한 인간관계 형성을 위해 교사들은 먼저 그들에게 평등한 동료로서 인격을 존중하며, 인간적인 유대관계를 유지해야 한다. 왜냐하면 유치원 사회에서는 모든 것이 교사 위주로 이루어지기 때문에 행정직원들에게는 소외감을 느끼게 할 수 있는 특수한 환경이기 때문이다. 그러므로 "사람 위에 사람 없고 사람 밑에 사람 없다"는 평등의식으로 그들을 존중해야 한다. 이렇게 될 때 유치원의 전 조직은 원만한 인간관계가 형성될 것이며, 이는 곧 교육력으로 이어져서 교육효과의 극대화를 기할 수 있을 뿐만 아니라, 피교육자들은 일찍부터 직업에 귀천 없이 모든 인간은 동등하게 상호 존중받아야 한다는 민주주의의 원리를 체득하게 될 것이다.

## 4. 지역사회와의 관계

유아교사는 유치원과 지역사회를 연결시키고 상호 협조하여 지역사회는 물론 국가발전에 선도적 역할을 해야 한다. 교육은 본래 피교육자의 성장 및 발달을 도모함과 동시에 지역사회의 요구를 수용하여 교육에 반영하도록 해야 하며, 지역사회의 개선 및 발전을 위해 공헌하는 데 의의가 있다. 즉, 교육을 담당한 유아교사는 지역사회의 일원으로 지역사회의 개선 및 발전을 위해 공헌해야 할 사명감이 있다는 것을 인식하고, 지역사회의 전통을 존중하면서도 의식개혁, 생활개선 등 경제 · 사회 · 문화 · 교육 등의 발전을 위해 적극적으로 참여하고 봉사해야 한다. 왜냐하면 오늘날의 유아교사는 전통적인 교직관의 교사상인 유치원 내에 안주하는 사회의 이방인 같은 존재가 아니라, 지역사회활동에 능동적으로 참여하고 지역사회 발전을 위해 선도적인 역할을 담당해야 할 지도자의 위치에 있기 때문이다.

교육이 자아실현 및 사회에 공헌하기 위한 것이 목적이라면 사회에서 유리될 수 없으며, 사회 속에서, 사회의 요구와 필요한 것이 교육과정 속에 투영되지 않으면 안 된다. 그러기 위해서는 유치원의 교육활동을 지역사회에 홍보하고 지역사회의 이해와 협조도 구해야 한다. 이와 같이 유치원과 지역사회는 밀접한 유대관계가 있어야 하므로, 교사는 지역사회 인사들과의 관계에서 모범적이고 선도적인 행동을 하여야 한다. 물론 교직자이기 때문에 행동의 제약을 받아야만 하는 경우도 있겠으나, 지역사회로부터의 존경과 신뢰도 받을 수 있다는 점에 자긍심을 가져야 한다. 어쨌든 교사는 건전한 가치관과 확고한 국가관으로 지역사회 발전의 핵심적 존재로서 변화를 모색하는 선진적인 의식개혁을 위한 선도자가 되어야 한다.

유아교사가 성공적으로 지역사회와 관계를 유지하기 위해서는 무엇보다도 교사의 적극적이고 개방적인 자세가 필요하다. 지역사회와 성공적으로 관계를 맺을 수 있는 전략을 제시하면 다음과 같다(박은혜, 2016: 재인용).

첫째, 지역사회에 존재하는 다양한 자원 찾기이다. 유아교사는 홈페이지, 지역신문, 지역 소식지 등을 적극 활용하여 지역사회의 공공기관, 행사, 인물 등에 관한 정보를 수집한다.

둘째, 발굴한 자원과 관계 맺기이다. 지역사회에 존재하는 다양한 자원을 발굴하였으면 방문, 편지, 전화, 안내문, 공문 등을 통하여 최대한 상호 이익이 되는 관계를 맺는다. 이 과정에서 교사는 협력의 목적과 방법, 효과 등을 설득력 있게 제시할 수 있어야 한다.

셋째, 지속적인 협력관계 유지하기이다. 지역사회의 자원과 관계가 맺어지면 그 자원을 최대한 이용하여 활동 기회를 제공한다. 지속적으로 친밀한 관계를 유지하기 위하여 의사소통의 통로가 개방적이고 원활하게 이루어질 수 있도록 노력할 필요가 있다.

넷째, 지역사회 연계, 확장 및 자원 공유하기이다. 지역사회의 다양한 자원을 활용하여 활동을 하고 난 후에는 정확한 평가를 통해 차후의 연계를 위한 기반을 마련해야 한다.

### **〈사례: 현장 활용자료〉** 유아교사의 이미지

1. 자신의 장점과 단점을 살펴봄으로써 이러한 장단점이 인간관계에 어떤 영향을 미치는지에 대해 생각해 본다.

| 나의 장점 | 나의 단점 |
| --- | --- |
| | |

1) 자신의 장점과 단점에 대해 어떤 생각이 드나요?
2) 단점을 장점으로 변화시킨 것이 있나요?
3) 인간관계 개선을 위해 자신의 단점에 대해서 앞으로 보완해야 할 점은 무엇인가요?
4) 이러한 장점과 단점들이 자신의 생활이나 인간관계에 어떠한 영향을 미치나요?

• 자료: 최애경 외(2016). 영유아교사론. 경기: 공동체, p. 317.

## 05 갈등관리

여기에서는 갈등의 개념, 갈등의 원인, 유치원에서의 효율적인 갈등관리 등에 대해서 고찰하기로 한다(송준석 외, 2016; 권영례 외, 2011; 박은혜, 2016; 강기수 · 김희규, 2015).

### 1. 갈등의 개념

갈등이라는 개념은 제 학자들에 따라 다양하게 정의를 내리고 있다. 박은혜(2016)는 "갈등이란 인간관계 안에서 만들어지는 사회적 현상으로 한 사람이 원하는 것이 다른 한 사람이 원하는 것과 모순될 때 발생하며 계속적으로 반복된다. 갈등은 나와 상대방의 사고방식과 동기에 대한 이해가 다름을 발견했을 때 나타나며, 바로 개념화되어 행동을 결정한다"고 했다. 송석준 외(2016)는 "갈등이란 한 조직체 내의 불일치, 논쟁, 싸움 그리고 분쟁들의 강도와 정도를 특징지을 수 있는 심리적 분위기이다. 갈등은 한 조직 내의 역할담당자가 각자의 역할을 수행할 때 주요 역할 상대자들과의 상반되거나 양립할 수 없는 기대와 행동으로 인해 생기게 된다. 유아교사들은 그들이 갖는 역할과 성격 때문에 갈등을 경험하기도 하고, 하나의 역할에 대해 여러 사람이 상충되는 기대 때문에 갈등을 경험하기도 한다"고 제시했다. 강기수 · 김희규(2015)는 "갈등이란 희소자원이나 업무의 불균형 배분 또는 처치, 목표, 가치, 인지 등이 존재할 때 조직 내의 둘 또는 그 이상의 개인적이나 집단 내에 일어나는 대립적인 작용으로 본다"고 제시했다.

따라서 유아교사들은 다양한 역할을 동시에 수행해야 되기 때문에 충실한 역할 수행이 어렵고, 이로 인해 갈등이 빈번하게 발생한다고 보고되고 있다. 유아교사의 중첩된 역할에 따른 갈등은 유아를 효과적으로 지도할 수 있는 교수신념과 자신감을 결여시킬 뿐만 아니라, 정서적으로도 부정적인 영향을 미칠 수 있다. 따라서 예비교사나 현직교사들은 가능한 정확하게 자신의 역할을 자각하고 사회에서 기대하는 역할을 이해함으로써 갈등을 최소화할 필요가 있다(송준석 외, 2016).

그리고 조직에서의 갈등은 완전히 제거할 수 없을 뿐만 아니라, 갈등이나 반대 세력이 없는 조직은 변화·발전·개혁하지 못한다. 변화·발전·개혁은 불만, 개선하려는 욕구, 창의적인 대안의 개발에서 오기 때문이다. 그러나 조직이 존속, 유지되기 어려울 정도의 갈등은 해결되어야 하지만, 갈등이 전혀 없거나 낮으면 자극이 필요하며 적정 수준의 갈등을 제공하여 이를 극복하려고 노력함으로써 조직의 계속적인 발전과 효과성을 제공할 수 있을 것이다. 갈등과 조직효과성의 관계는 그림 11-1과 같다.

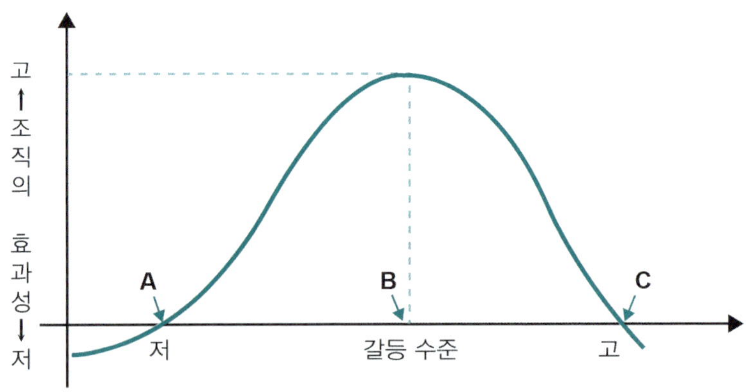


| 상황 | 갈등 수준 | 갈등 유형 | 조직의 내부적 특징 | 조직효과성 |
|---|---|---|---|---|
| A | 낮거나 전혀 없음 | 역기능적 | 냉담하고 침체적 변화에 무반응<br>새로운 아이디어의 결여 | 낮음 |
| B | 적절 | 기능적 | 생동적 · 혁신적 · 자체비판적 | 높음 |
| C | 높음 | 역기능적 | 파괴적 · 혼돈 · 비협조적 | 낮음 |

**그림 11-1** 갈등과 조직효과성과의 관계

## 2. 갈등의 원인

교육조직에서 갈등의 원인은 상황적 조건에서 다양하게 발생할 수 있다(강기수 · 김희규, 2015). ① 권리체제에서 생기는 갈등을 들 수 있다. 관료제에서는 상부에 권한이 집중되어 있고 하부는 주로 의무만이 주어진다. 그러므로 유치원 조직에서 하부에 해당하는 교사는 갈등을 갖게 되는 것이다. ② 존경체제에서 생기는 갈등이다. 유아교사는 원장에 비해 사회 · 경제적 지위가 낮고 불리하며 존경도 받지 못할 뿐만 아니라 사회가 금전 지향적이기 때문에 전문가인 유아교사로서의 위치에 매력을 느끼지 못하고 갈등은 심해진다. ③ 전문화 체제에서 생기는 갈등이다. 원장은 행정이나 경영자로서의 전문적 영역이고, 교사는 교사로서의 전문적 영역이 있어야 하는데 교사의 전문적 영역까지 관료제 능력이 침범하기 때문에 갈등이 생긴다. ④ 역할기대의 위배로 생기는 갈등이다. 관료제 조직에서는 유아교사가 하나의 관료적 구성원이 되기를 기대하는데 교사 자신은 전문 지향적일 때 갈등이 야기된다. ⑤ 관료조직과 전문조직의 조직특성에 따른 기대의 차이에서 생기는 갈등이다. ⑥ 유치원 조직목표의 전도에서 생기는 갈등이다. 유치원 조직의 목표는 수업활동을 수행함으로써 학습자의 성장발달을 돕는 것인데, 지나친 관료화와 행정우위현상으로 인해 행사, 사무 등이 목적처럼 전도되는 데서 갈등이 생긴다. 결국 갈등의 원인은 목표의 차이, 이해관계의 차이, 인지 및 태도의 차이, 의사소통의 차이, 상호 기대의 차이, 과업상의 상호 의존성, 조직의 문화와 전문화, 자원의 부족, 역할 모호성 등이 원인이 된다.

갈등이 발생하는 원인을 제시하면 표 11-2와 같다.

표 11-2 갈등의 원인

| 범주 | 내용 |
|---|---|
| 모호한 권한 | 책임과 권한이 분명하게 정해지지 않으면 갈등이 발생할 가능성이 높다. |
| 이해관계의 갈등 | 부족한 자원이나 보수에 대한 경쟁은 갈등을 일으킬 가능성이 높다. |
| 의사소통의 장애 | 부족한 의사소통, 오해가 생길 수 있는 용어, 마지못해 다른 사람의 말을 듣는 것 등은 갈등을 일으킬 가능성이 높다. |
| 상대방에 대한 지나친 의존 | 만약 누군가가 지나치게 다른 사람의 정보나 도움을 의지한다면, 갈등이 발생할 가능성이 높다. |
| 조직 내에서의 분화 | 집단 내의 분화의 정도(예: 권위의 수준, 특정 작업의 유형과 숫자)가 클수록 갈등이 일어날 가능성이 높다. |
| 접촉의 기회 | 의사결정 과정에서 비공식적으로 개인들이 상호작용을 많이 할수록 갈등이 일어날 가능성이 높다. |
| 합의에 대한 요구 | 모든 사람들이 결과에 대해 합의해야만 할 때 갈등이 일어날 가능성이 높다. |
| 행동 규제 | 규칙, 규정, 공식적 정책과 같은 통제가 있을 때, 갈등이 일어날 가능성이 높다. |
| 해결되지 않은 과거의 갈등 | 과거에 해결되지 않은 갈등이 많을수록 새로운 갈등이 발생할 가능성이 높다. |

• 자료: 박은혜(2016). 유아교사론. 서울: 창지사, p. 263~264.

## 3. 유치원에서의 효율적인 갈등관리

갈등이 조직에 미치는 영향은 다양하게 나타난다. 갈등과 관련하여 흔히 예상할 수 있는 무관심이나 소외감, 적대감, 불안감, 긴장감 등 개인에게 주는 심리적 위축은 조직의 기능을 저해할 것이다. 결근이나 근무태만, 전직과 같은 행동이나 노골적인 공격적 행동도 갈등상황에서 나타날 수 있는 역기능적 측면이다. 하지만 갈등은 순기능적 측면과 역기능적 측면을 동시에 지니고 있기에 갈등관리를 잘 하기만 하면 개인에게나 조직에게 바람직하고 효과적일 수 있다. 결국 갈등이란 좋은 것도 아닌 나쁜 것도 아닌 가치중립적이고 기술적인 용어이다. 다만 그것을 어떻게 취급하는가에 따라 개인이나 조직에 역기능적일 수도 있고 기능적일 수도 있다는 것이다.

### <사례: 현장 활용자료> 부모와의 갈등 상황에서의 문제해결

| 문제 해결 방안 | 상황 설명해 보기 |
|---|---|
| • 부모에게 미리 전화하기<br>유아가 집에 도착하기 전에 미리 교사가 직접 부모에게 전화하기 | |
| • 부모와 감정이입하여 공감대 형성하기 | |
| • 부모의 불만 해소하기<br>교사로서 책임을 인식하고 정중히 사과하기 | |
| • 부모에게 객관적인 상황 설명하기 | |
| • 부모 이해시키기<br>일반적인 유아 특성 설명<br>모든 유아들이 가능성 있음을 설명 | |
| • 부모-자녀의 특성 설명하기<br>친구관계 및 행동 특성 설명하기<br>(좋은 점 먼저, 싸움의 원인이 된 특성 나중에 설명) | |
| • 신뢰감 형성하기<br>앞으로의 문제 해결 제시, '앞으로 이런 일이 없도록~' 등의 확답은 신뢰감을 떨어뜨림 | |

• 자료: 염지숙 외(2016). 유아교사론. 경기: 정민사, 285.

Dublin은 갈등을 순기능과 역기능으로 구분하여 다음과 같이 제시하고 있다(강기수 · 김희규, 2015: 재인용).

첫째, 갈등의 순기능적 측면은 다음과 같다. ① 갈등에 상응하여 성원의 재능과 능력이 발휘된다. ② 갈등은 구성원의 다양한 심리적 욕구를 충족시킨다. ③ 갈등은 기술혁신과 변화를 유도한다. ④ 갈등은 조직 내의 갈등을 관리하고 방지할 수 있는 방법을 터득케 한다. ⑤ 많은 구성원들이 하는 일에 싫증을 느끼게 되는데, 부서 간의 갈등은 이를 해소하게 한다. ⑥ 갈등은 조직의 어느 곳에 문제가 있는가에 대한 사전의 정보를 제공한다. ⑦ 갈등은 새로운 회합의 계기가 된다.

둘째, 갈등의 역기능적 측면이다. ① 갈등은 자기 이익에 급급하여 전체 조직을 희생케 하는 경우가 있다. ② 개인 간의 오랜 갈등은 정서적으로나 육체적으로나 해가 된다. ③ 갈등은 생활에 필요한 시간과 정력을 낭비케 한다. ④ 갈등의 여파는 재정상의 비용과 감정상의 고통을 수반케 한다. ⑤ 갈등을 겪고 나면 극단적인 경우 자료와 사실이 왜곡된다.

갈등을 해결하기 위해서는 먼저 갈등이 무엇인지 정확히 알고 관련된 사항을 조사한 다음, 객관적인 수준을 유지하여 양쪽에게 모두 긍정적인 방향으로 해결할 수 있는 방식을 찾도록 한다. 교사들이 문제를 해결하는 유형은 표 11-3과 같이 제시하고자 한다.

**표 11-3** 유아교사의 갈등 해결 유형

| 유형 | 특성 | 정의 |
|---|---|---|
| 반성적 태도형 | • 자신이 문제를 인식함<br>• 문제의 원인을 찾아냄<br>• 문제의 해결방법을 요구함 | 이 유형의 교사는 미래 지향적이며 문제를 해결하고 자신의 부정적 이미지를 극복하기 위해 보다 적극적으로 노력함 |
| 환경 순응형 | • 문제에 순응함<br>• 자신보다 외부에 관심이 있음<br>• 문제를 극복하려는 의지가 약함<br>• 주변 사람들과의 마찰이나 불만에 반응하지 않음 | 이 유형의 교사는 문제를 그대로 받아들이고 노력하여 바람직한 교사가 되겠다고 하는 마음은 있지만, 문제의 원인을 자신의 외부에서 찾으며 그것을 해결하기 위해 보다 순응함 |
| 거부형 | • 교사답지 못한 역할 수행에 불만을 나타냄<br>• 교사로서 인정받지 못하는 것에 불만을 강하게 나타냄<br>• 자신이 관심 있는 것 외에는 모두 무관심함<br>• 모든 문제의 원인을 주변의 환경 탓으로 돌림<br>• 문제를 알고 있지만 해결 의지가 없음 | 이 유형의 교사는 모든 문제의 근원이 자신보다는 외부의 잘못에 있으며 그 환경에 자신이 적응하기를 거부함 |

• 자료: 정현숙(2002). 유아교사의 자아상 유형에 관한 연구. 건국대학교 대학원 박사학위논문.

Thomas(1976)는 갈등을 다루는 갈등관리 방식을 다섯 가지로 분류하고 있다. 그는 갈등이 발생할 수 있는 두 가지 기본적인 차원을 구분하였다. 행정가들이 조직의 필요를 충족시키려는 노력과 조직구성원의 개인적 관심사를 충족하려는 노력으로 구분된다.

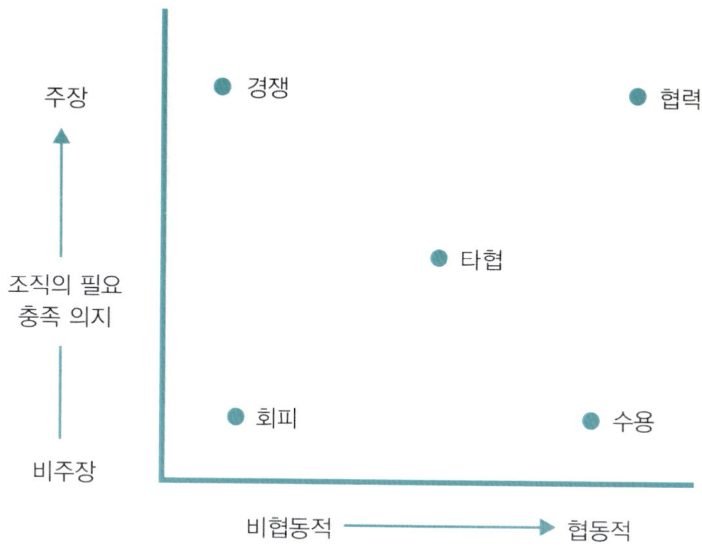


그림 11-2 상황적 갈등관리 전략

• 자료: Hoy, W. K., & Miskel C. G.(1996). *Educational Administration: Theory, Research, and Practice*(5th ed.), New York: Random House.

유아교사의 갈등을 해결할 수 있는 전략을 제시하면 다음과 같다.

첫째 경쟁이다. 행정가는 조직의 목표 달성을 강조하며, 조직구성원들의 개인적 필요에 대해서는 협력하지 않는다. 이는 승패의 접근법이다. 필요하다면 다른 사람을 희생시켜서 자신의 관심을 충족하고자 한다.

둘째, 회피이다. 조직의 목표를 강조하지도 않고 구성원들의 관심사항에 대해 협력하지도 않는다. 행정가는 갈등을 무시함으로써 저절로 해결되기를 바란다. 갈등이 있는 것을 알고 있지만 갈등이 표면화되는 것을 억제하는 행동이다. 조직에 발생된 갈등이 실제 해결되기 어렵거나 해결하기 위해 소요되는 자원이 과다하여 비경제적인 경우에 활용될 수 있다. 그러나 갈등이 유발된 문제가 그대로 남아 있어 더욱 심각한 갈등으로 발전될 수 있다.

셋째, 수용이다. 주장하지 않는 대신에 협력하는 방법이다. 행정가는 조직 구성원의 필요에 양보한다. 쌍방 간에 관계가 계속 유지되도록 하기 위해 한쪽 당사자가 기꺼이 자기를 희생하는 행동이다.

넷째, 협력이다. 주장하면서 협력하는 접근 방식이다. 갈등 당사자들이 모두 목적을 달성할 수 있도록 하는 행동이다. 승승접근의 사고를 가진 갈등관리방법이다. 서로의 차이점을 확인하고 정보를 서로 공유한다. 양쪽의 필요를 동시에 만족시키는 통합적인 해결책을 찾으려고 노력한다.

다섯째, 타협이다. 조직의 목표와 개인의 필요 간에 균형을 찾는 방법이다. 양쪽에 어느 정도 수용할 수 있는 해결책을 찾는다. 조금씩 양보함으로써 절충안을 얻으려는 방법이다. 이 경우에는 승자와 패자가 명백하지 않다. 노사 간의 협상 등에서 현실적으로 많이 활용하는 갈등관리방법이다.

Thomas(1977)는 다섯 가지 갈등관리 방식은 상황에 따라 효과적이라고 보고 있다. 그는 다섯 가지 갈등관리 전략이 유용한 상황을 다음과 같이 구분하였다.

첫째, 경쟁에 적절한 상황이다 ① 신속한 결정이 요구되는 긴급 상황, ② 중요한 사항이지만 인기 없는 조치가 요구되는 경우, ③ 조직의 성장에 매우 중요한 문제일 때, ④ 타인을 부당하게 이용하는 사람에게 대항할 때 등이다.

둘째, 회피에 적절한 상황이다. ① 쟁점이 사소한 것일 때, ② 해결책의 비용이 효과보다 훨씬 클 때, ③ 사태를 진정시키고자 할 때, ④ 더 많은 정보를 얻는 것이 꼭 필요할 때, ⑤ 다른 사람들이 문제해결을 더 효과적으로 해결할 수 있을 때, ⑥ 해당 문제가 다른 문제의 해결로부터 자연스럽게 해결될 수 있는 하위 갈등일 때 등이다.

셋째, 수용에 적절한 상황이다. ① 자기가 잘못한 것을 알았을 때, ② 다른 사람에게 더 중요한 사항일 때, ③ 보다 중요한 문제를 위해 좋은 관계를 유지해야 할 때, ④ 패배가 불가피할 때 손실을 최소화하기 위해, ⑤ 조화와 안정이 특히 중요할 때 등이다.

넷째, 협력에 적절한 상황이다. ① 양자의 관심사가 매우 중요하여 통합적인 해결책만이 수용될 때, ② 목표가 학습하는 것일 때, ③ 다른 관점을 지닌 사람들로부터 통찰력을 통합하기 위해서, ④ 합의와 헌신이 중요할 때, ⑤ 관계 증진에 장애가 되는 감정을 다루기 위해서 등이다.

다섯째, 타협에 적절한 상황이다. ① 목표가 중요하지만 잠재적인 문제가 클 때, ② 당사자들의 주장이 서로 대치되어 있을 때, ③ 복잡한 문제에 대한 일시적인 해결책을 얻기 위해, ④ 시간 부족으로 신속한 행동이 요구될 때, ⑤ 협력이나 경쟁의 방법이 실패할 때 등이다.

또한 갈등은 처음부터 발생하지 않으면 가장 좋지만 일단 갈등이 생기고 나면 이를 잘 해결하는 지혜가 필요하다. 일반적으로 갈등에 대처하는 몇 가지 지침을 소개하면 다음과 같다(박은혜, 2016). ① 한 번에 한 가지 문제만을 다룬다. ② 현재의 의사소통을 막는 과거의 문제를 먼저 다룬다. ③ 갈등을 해결하기에 적당한 시간을 선택한다. ④ 고의로 언급한 내용이 아니면 반응하지 않는다. ⑤ 너무 빨리 혹은 너무 쉽게 떠오르는 해결책은 피한다. ⑥ 놀리거나 위협적인 행동은 피한다. ⑦ 각론에서 반대 의견을 개진하려면 그 전에 일반론에 동의한다. ⑧ 여러 해결책이 있을 수 있으므로 자신의 의견만을 고집하지 않는다.

**참고자료 갈등 관리 지침**

갈등은 처음부터 발생하지 않으면 가장 좋지만 일단 갈등이 생기고 나면 이를 잘 해결하는 지혜가 필요하다.

- 한 번에 한 가지 문제만을 다룬다.
- 현재의 의사소통을 막는 과거의 문제를 먼저 다룬다.
- 갈등을 해결하기에 적당한 시간을 선택한다.

- 고의로 언급한 내용이 아니면 반응하지 않는다.
- 너무 빨리 혹은 너무 쉽게 떠오르는 해결책은 피한다.
- 놀리거나 위협적인 행동은 피한다.
- 각론에서 반대 의견을 개진하려면 그 전에 일반론에 동의한다.
- 여러 해결책이 있을 수 있으므로 자신의 의견만을 고집하지 않는다.

• 자료: 박은혜(2016). 유아교사론. 서울: 창지사, p. 267.

## 생각해 봅시다

**1.** 유아교사가 관계를 맺어야 하는 다양한 유형의 사람들 가운데 가장 관계 맺기가 어려운 사람들은 누구인지 생각해 봅시다.

**2.** 유아교육기관에서의 인간관계는 왜 중요하며 어떤 영향력을 갖고 있는지 생각해 봅시다.

**3.** 바람직한 조직문화를 위한 유아교사의 인간관계는 어떤 것이 있는지 생각해 봅시다.

**4.** 유아교사가 되어서 갈등을 겪게 될 영역은 무엇인지, 그 이유는 어떤 것인지 생각해 봅시다.

**5.** 유아교사로서 바람직한 인간관계 맺기를 위한 실천적 활동에는 어떤 것이 있는지 생각해 봅시다.

# 제3부
# 21세기의 바람직한 유아교사상

CHAPTER 12

# 21세기의 유아교사의 모습

## 학습목표

1. 21세기 교육의 흐름을 이해할 수 있다.
2. 21세기 유아교육의 방향을 설명할 수 있다.
3. 21세기 바람직한 유아교사상을 이해할 수 있다.

**Keyword**

• 미래사회 환경 • 4차 산업혁명 시대 • 미래사회 인적 자원 속성 • 유아교육의 방향 • 유아교사상 • 선언적 접근 • 실천적 접근

이 장에서는 21세기 바람직한 유아교사상에 대해서 알아보고자 한다. 먼저 21세기 교육의 흐름, 21세기 유아교육의 방향, 21세기 유아교육에 대한 기대와 유아교사의 책무, 21세기 바람직한 유아교사상에 대해서 고찰하기로 한다.

## 01 21세기 교육의 흐름

교육은 본질적으로 미래를 대비하는 활동으로 볼 수 있다. 왜냐하면 현재 학교에서 교육을 받고 있는 학생들의 활동무대는 현재의 사회가 아니고 다가올 미래의 사회이기 때문이다. 과거·현재·미래의 사회가 크게 차이가 없던 때에는 현재까지 축적된 지식·기술을 진수하는 것으로 충분하였으나, 지식 및 기술이 급속도로 발전하고 있는 현대사회에 있어서는 이러한 교육기능만으로는 불충분하다. 미래사회가 어떻게 변모할 것인가에 대한 예측이 있어야 하며, 교육은 학생들로 하여금 예측된 변화에 대응할 수 있는 능력을 갖추도록 해야 할 것이다. 비록 다가올 미래가 불확실하다고는 하지만 교육

의 효용성과 적절성을 제고하기 위해서는 가능한 모든 방법을 동원하여 미래사회를 그려보아야 할 것이다(Miller, 1981; 윤정일 외, 2000: 371~372: 재인용).

미래를 예측하거나 전망하는 일은 대단히 어렵다. 미래는 분명히 현재의 연장이지만 일직선상에 위치하지 않고 다분히 벗어난 지점이 있을 수 있기 때문이다. 그러므로 미래사회는 경우에 따라서는 낙관적으로 전망될 수도 있으며, 반대로 로마클럽의 보고서들처럼 비판적으로 예측될 수 있다. 일반적으로 미래를 낙관적으로 예언하게 되는데, 이는 현실분석을 토대로 한 객관적 · 개연적인 미래의 모습에다 우리가 선택하는 소망스러운 미래의 모습을 조화시키기 때문이다. 따라서 미래사회의 모습은 발전추세에 따라 자연적으로 이루어질 부분도 있지만, 인간의 의지가 포함된 소망스러운 청사진의 성격을 갖고 있는 것이다.

21세기 인류의 전쟁은 정보전의 양상을 띠고 있다. 그만큼 정보는 전쟁의 승패를 좌우할 정도로 그 위력을 발휘하고 있고, 이에 따라 각국은 여기에 대한 투자를 아끼지 않고 있다. 이런 현상은 경제 분야도 마찬가지이다. 지식경제를 맞고 있는 현재 각 기업들은 서로의 정보를 캐내기 위해 산업스파이를 두고 정보전을 벌이고 있다. 미국의 미래학자 엘빈 토플러가 1970년 「미래의 충격(Future Shock)」, 1980년 「제3의 물결(The Third Wave)」이나 1985년 「권력이동(Power Shift)」에서 언급한 바와 같이 21세기의 필연성과 정보의 고부가가치는 재차 언급하지 않더라도 그 중요성은 이미 우리가 너무나 잘 알고 있는 사실이다. 그는 미래의 충격을 잠시성 · 신기성 · 다양성으로 정리하고 있다.

첫째, 제1의 물결은 1만 년 전쯤 농사법이 발견되었기 때문에 농업혁명 단계이며, 아주 천천히 지구에 전파되어 9,000년이 걸려서야 전 지구에 파급되었다. 농지가 중요한 자산이었다.

둘째, 제2의 물결은 300년 전 영국에서 엔진의 발명과 공업화가 제2의 물결의 시작이었고, 이를 산업혁명 단계로 본다. 일본은 이 물결을 100년 전에 받아들였으며, 한국이 이 물결을 본격적으로 타고 공업화한 것은 45년 정도이다. 공장이 가장 중요한 자산이다. 산업사회는 자본 중심의 사회로서 공업화 · 분업화 · 조직화 · 대량화 · 도시화 등의 사회적 성격을 특징으로 한다.

셋째, 제3의 물결은 컴퓨터와 통신의 결합으로 정보혁명이 일어나고 정보사회화가 이루어진다. 정보가 가장 중요한 자산이다. 21세기의 권력은 정보에서 나오게 된다. 전자공학 · 통신공학 · 에너지 대체공학 · 재료공학 · 유전공학 등 첨단공학의 발달로 인간의 생활양식과 가치관, 사회구조가 모두 바뀌고 있다.

넷째, 4차 산업혁명 시대이다. 이 시대는 초연결사회(hyper-connected socity)로 볼 수 있다. 이는 '사람과 사람, 사람과 사물, 사람과 사회가 인터넷, 스마트폰, 컴퓨터를 통해 네트워크로 연결되어 실시간으로 정보를 주고받고 의사소통하는 세상'을 의미한다. 현대사회의 조직문화는 트위터, 페이스북, 유튜브, 인스타그램, 슬라이드쉐어, 핀터레스트 등에 영향을 받는다. 소셜미디어는 결국 게임체인지가 되어 개인의 삶은 물론 사회 문화를 바꾸기 때문이다. 이렇게 급변하는 사회에서는 서로 소통하는 똑똑한 소비자들이 탄생해 위기를 헤쳐나가야 하며, 조직 역시 소셜미디어 전문가들 집단으로 변하지 않으면 살아남을 수 없다고 한다(유엔보고서, 2014). 4차 산업혁명은 정보통신기술이 다양한 산업들과 연결되며 지금까지는 볼 수 없던 새로운 형태의 제품과 서비스, 비즈니스를 만들어 내는 것을 말한다. 4차 산업혁명은 AI(인공지능), loT(사물인터넷), 빅데이터, SNS로 대표된다. 결국 미래사회 조직원은 신입조직원, 기존의 핵심조직원, 퇴직 후 재입사 조직원, 로봇 조직워 등이 같이 일하는 형태로 구성될 것이다.

미래사회 환경이 어떻게 변화할지 구체적으로 알아보면 다음과 같다(김문겸, 2017).

첫째, '정보력의 이동'이다. 정보력은 소수의 리더 집단인 상층부로부터 다수의 조직원이 위치하고 있는 하층부로 빠르게 이동하고 있으며, 시간이 지날수록 그 정도는 더해질 것이다. 지구에 센서로 연결된 피부를 입혀 놓으면 전 세계의 모든 정보가 들어오게 된다. 이로 인해 비즈니스는 물론 인류의 삶을 바꿔놓을 것이다(유엔보고서, 2014). 10년 후의 미래를 가장 크게 바꿔놓을 혁명 중 하나가 바로 '사물인터넷'이다. 지금 지구에 피부를 입히듯 스마트 더스트(smart dust)를 구축하는 연구가 시작되었는데, 이것이 완성되면 지구는 하나의 네트워크로 연결되고, 이로 인해 정보의 이동 현상은 더욱 빨라질 것이다.

둘째, 권력의 이동이다. 현대사회에서는 정보의 광범위한 공유로 인하여 다양한 분야에서 권력의 이동이 급격하게 진행되고 있다. 1990년 엘빈 토플러는 『권력이동』이라는 책에서 "모든 나라는 모든 분야에서 권력이동 및 변화가 일어난다"고 주장했다. 지식정보사회로의 진입은 권력의 이동을 더욱 급속하게 진행시키고 있다. 기존의 소수 권력자, 즉 경영자, 정치가, 생산자, 영업자, 교사 또는 전문직 종사자들이 장악하던 정보를 일반 대다수의 비권력자들인 회사의 조직원, 일반시민, 소비자 등이 손쉽게 접하게 되면서 권력의 지각변동이 일어나기 시작한 것이다. 예를 들면, 소비자가 사소한 문제점을 인지하거나 문제가 발생할 경우 즉각적인 항의 또는 인터넷, SNS 등을 통해 생산자를 압박하는 일종의 힘을 과시하는 것을 볼 수 있다.

셋째, 빅데이터와 인공지능의 시대이다. 빅데이터란 디지털상에서 발생하는 다양한 정보 중에서 필요한 정보만 수집하고 분석해서 가치 있는 정보를 만들어 내는 것이다. 인공지능이란 인간이 만든 프로그램을 기초로 인간의 의식, 판단, 추론, 문제해결 및 그 결과로 언어나 행동지령, 더 나아가 학습능력과 같은 인간의 두뇌작용을 컴퓨터를 통해 구현하는 기술을 의미한다. 결국 빅데이터와 인공지능은 폭발적으로 증가하는 데이터의 크기를 감당하며, 실시간으로 분석하고 다양한 데이터를 복합적으로 다룰 수 있으므로 의사결정의 매 순간마다 도움을 줄 수 있게 된다. 다양하고 방대한 규모의 데이터는 미래사회에서 경쟁력의 우위를 좌우하는 중요한 자원으로 활용될 수 있다.

넷째, 다양한 구성원이 존재하는 '초연결사회'이다. 초연결 네트워크는 연결 대상의 확대, 상호작용, 풍부한 데이터 정보, 상시 기록보관 등을 가능하게 함으로써 사람과 사물, 자연, 사이버 세계 등이 네트워크를 통해 밀접하게 연결된 생활환경이라 할 수 있다. 급속한 과학문명의 발달은 인간의 수명 연장에 크게 기여하였다. 통계청에 의하면, 우리나라 전체 인구비율 중 65세 이상이 1970년대에는 5%였지만 2000년에는 7.2%로 증가하였고, 2018년에는 14.8%, 2026년에는 20.8%로 초고령사회가 될 것으로 예측하고 있다(통계청, 2016). 이러한 수명 연장은 지금까지의 조직 내 구성원에도 변화를 가져오게 되어 50대의 은퇴 개념은 사라지게 될 것이며, 은퇴했다 하더라도 새로운 직장에 입사하거나 기존의 회사에 재입사하여 일하게 되는 일이 그리 특별하지 않게 될 것이다. 이러한 사회의 변화로 직장은 신규 직원, 기존의 핵심 직원, 퇴직 후 재입사한 직원, 로봇 등이 같이 일하는 초연결사회가 될 것이다.

미래사회는 정보, 권력의 이동은 물론 기술의 융합과 데이터가 힘을 갖는 초연결, 초지능사회로의 변화와 가상과 현실의 융합을 요구하는 시대라고 할 수 있다. 이러한 시대를 맞이하여 우리는 기존의 것을 답습하고 외워서 적용하기보다는, 새로운 것을 생각해 내고 그것을 다양한 기술과 융합시켜 나가는 창의력과 협치 그리고 상호 소통하는 능력이 요구되는 시기이다.

미래사회는 교육을 통해 육성해야 할 인재상을 탐구하였다. 그들이 제시하고 있는 미래사회에 요구되는 인적 자원의 속성으로는 창조적 지성, 바른 세계관, 전면적 인성, 융합적 의식, 글로벌 의식을 갖춘 인재이다. 이를 자세히 소개하면 다음과 같다(KAIST 미래전략연구센터, 2017).

첫째, 창조적 지성이다. 참과 거짓을 구별하고 창의적 사고를 할 수 있는 지적 틀을 갖추는 것을 의미한다. 지식운영 능력을 기반으로 창조적으로 생각하며, 혁신적 아이디어를 생산해 낼 수 있는 인재를 말한다.

둘째, 바른 세계관이란 인간의 가치체계의 기본적 바탕이 되는 세상과 우주를 바라보는 관점으로, 이는 인간 삶의 저변을 이루며 인간의 가치체계와 행동 패턴을 형성하는 관점을 말한다. 일반적으로 인간의 세계관은 개인마다 서로 다르며, 비체계적, 비학문적, 비객관적, 경험적 특성을 갖는데, 이는 개인들마다 경험이 다르고 외부 세계에 대한 인식에 있어서도 왜곡이 있기 때문이다.

셋째, 전면적 인성이란 전인적 품성을 의미하는 것으로, 지력, 심력, 체력, 자기관리와 인간관계로 구성된다. 한 인간이 성숙된 인성을 갖추기 위해서는 위의 다섯 가지 요소의 균형적 육성이 필요하다는 것을 의미한다. 오늘날과 같은 글로벌 시대에 있어서는 다른 국가와 인종·민족 간의 교류 기회도 늘어나고 있으므로, 현 시점에서는 이와 같은 건전한 세계시민으로서의 인성 함양이 요구된다고 할 수 있다.

넷째, 융합적 의식이란 여러 학문 영역과 전공 영역 간의 지식이 상호 연계되어 하나의 문제를 해결하고자 하는 의식을 말한다. 융합적 의식은 1990년대부터 등장하여 2010년대에 강화되었다. 오늘날 사회가 복잡해짐에 따라 다양한 문제들의 연쇄적 그물망 속에서 발생하는 사회현상을 해결하거나 다양한 삶의 방식과 인간의 욕구 충족을 위하여 다양한 분야의 지식과 학문 간의 상호 융합과 통합을 통한 문제해결이 활성화되면서 대두된 것이다. 미래사회에서는 이처럼 여러 사회현상들이 여러 가지 원인과 문제들의 연계망 속에서 발생하므로, 이를 해결하기 위한 인재는 타 영역과 학문 분야에 개방된 자세로 지식을 받아들이고 이를 연계하여 응용할 수 있는 의식을 갖춘 인재가 필요하다.

다섯째, 글로벌 의식이란 글로벌 시대를 살아가야 하는 인류에게 필요한 역량으로 국제 감각과 국제적 시야, 국제 의사소통 능력, 외국인과의 원만한 인간관계를 형성하는 의식을 의미한다. 이는 세계시민이라면 기본적으로 갖추어야 하는 의식으로 국제적 감각과 타문화와 인종에 대한 학습과 존중의식을 갖춘 개방되고 협력된 자세를 견지하는 의식을 의미한다.

앞에서 살펴본 바와 같이 한국과학기술원 미래전략연구센터에서는 미래사회의 인재란 창조적 지성 역량, 바른 세계관 함양 역량, 전면적 인성계발 역량, 융합적 의식형성 역량, 글로벌 의식형성 역량을 갖춘 인재상을 제시하고 있다. 여기서 유의할 점은 이와 같은 인재상은 완성된 인간이기보다는 지속적으로 부족한 부분을 채우기 위해 노력하는 인간이다. 이는 미래사회가 필요로 하는 인재상의 육성을 위해서는 교육의 개입이 필요하다는 것을 의미한다.

## 02 21세기 유아교육의 방향

오늘날의 사회의 특징을 설명하면 ① 산업문명의 급속한 변화 속도시대, ② 지식 및 정보기반사회, ③ 지역간, 국가간, 인류간의 상호의존성 시대, ④ 이데올로기의 종말시대, ⑤ 풍요와 결핍의 공존시대 등으로 설명할 수 있다. 이러한 사회상에 능동적·효율적으로 대응하기 위해서는 지금의 교육방향도 본질적인 변화와 수정이 불가피한 것처럼 보인다. 더욱이 우리나라는 세계화를 향한 교육개혁, 세계 일류국가 대열에 동참하기 위한 인재양성의 방향과 틀을 재정립하려는 노력이 적극화되고 있다. 이에 발맞추어 유아교육도 예외가 아니다. 특히 다가올 미래사회는 유아교육의 본질과 방향에 지대한 영향을 미칠 것으로 기대되고 있다. 편부모가정의 증가, 이혼율의 급증, 세대 간의 갈등 증폭현상, 성비의 불균형, 한사녀시대의 일반화, 국적 없는 교육환경 및 자녀양육방법, 자녀 공적개념(자녀를 부모의 전적인 책임 하에서 양육·교육하는 개념에서 정부나 국가가 어린이를 나라의 재산으로 규정하고 성인이 될 때까지 부모가 대리하여 관리하는 개념)의 보편화 등을 들 수 있다. 따라서 과거 어느 시대보다 유아교육기관의 다양화, 유아교육 프로그램의 질에 대한 수요와 욕구가 충족되어야 할 것으로 여겨진다. 그리고 유아교육은 평생학습국가 측면에서 국가의 기초교육기관으로 자리를 잡고 있다. 아울러 유아교육은 국가의 고유문화정신(cultural mind set)을 반영하는 교육이념 및 교육가치가 지금보다 훨씬 강화될 것이다. 국가 간의 거리가 좁아지고 세계가 하루의 생활권에 진입함에 따라 각국의 고유한 전통, 문화, 관습, 역사 등의 특성이 사라지게 될 것이고, 대등한 국가관계, 민족관계를 유지하기 위해서는 각국 고유의 문화정신을 계승하는 교육이 더 절실하게 요망될 것이기 때문이다.

**참고자료 유아교육의 새로운 패러다임**

1. 세계관의 전환: 기계론적 세계관에서 생태론적 세계관으로

오늘날 산업문명의 지배 이데올로기인 기계론적 세계관은 정치, 경제, 사회, 문화, 교육 등 전 분야에서 온갖 폐해를 낳고 있다. 이러한 기계론적 세계관은 아동관, 교육관, 유아교육 실제 등에도 좋지 않는 영향을 미치게 되어 여러 가지 유아교육의 문제 상황을 만들고 있다. 이러한 일련의 문제 상황들을 해결하기 위해서는 종전의 요소주의, 환원주의, 인간중심주의 등에 바탕을 둔 기계론적 세계관에서 전일적이며 역동적인 생명중심 세계관 또는 생태론적 세계관으로의 전환이 필요하다.

생태론적 세계관은 현재 인류가 당면한 문명사적 위기의 극복을 위한 나침반으로서 기존의 기계론적 세계관의 코페르니쿠스적 전환을 의미한다. 즉, 이전의 삶의 양식 판단 기준에 대한 약간의 수정이 아닌 무엇이 옳고 그른지, 어떻게 사는 것이 좋은 삶인지, 무엇이 행복이고 불행인지 등에 관한 판단 기준들이 지금까지와는 질적으로 완전히 달라져야 한다는 것이다. 생태론적 세계관에 의하면 모든 생명은 고립된 존재가 아니라 우주적인 관계의 그물 속에서 상호작용하며, 서로 연결되어 있고 자연과 조화를 이루면서 진화하고, 우주의 궁극적 생명과 합일되는 것이다. 이는 자연의 도를 따르는 것이며 인간과 자연은 하나로 연계된 것으로 보는 동양적 일원론과 상통한다.

생태론적 세계관에서의 생명은 정지되어 있는 것이 아니라 진화하는 것이고, 그 진화과정도 수동적·강제적으로 동참하는 것이 아니라 능동적·자주적으로 동참하는 것이다. 또한 생명은 부분이면서 전체이고, 전체이면서 부분이다. 융통성과 유연성이 있는

것으로 만들어져 있는 부품의 획일적 집합인 경직되고 수동적인 기계와는 전적으로 다른 것이다.

사실 17세기 이전 자본주의가 자연을 지배와 착취의 대상으로 삼기 전에는 대체적으로 지구상의 모든 민족들이 생태적 삶을 살았으며, 우리나라 역시 서구의 문물이 들어오기 전에는 자연과 공존·공생하는 자연 속의 삶에 자족하였다. 그렇기 때문에 우리나라의 전통사상 속에서 생태적, 생명 중심 사상의 뿌리를 찾을 수 있는 사상들을 엿볼 수 있다.

동학에서도 생태적 메시지를 얻을 수 있다. 즉, 하늘과 땅, 아버지와 어머니 이것 모두를 하나로 보아 천지가 곧 부모요, 부모가 곧 천지라고 말하는 해월의 천지부모와 인간을 포함한 모든 만물이 다 존귀한 한울님을 모시고 있으니 이 세상에 생존하는 모든 생물은 한울님이 한울님을 먹고 사는 것으로 생태계 순환의 원리를 표현한 이천식천(以天食天)과 자연생명 존중의 극치인 경물(敬物)사상이 그것이다. 해월은 경천(敬天)만 할 줄 알고 경인(敬人)을 할 줄 모르면 이는 도에 닿지 못한 것이라고 말하며, 물을 공경함에 까지 이르러야 덕에 합일될 수 있다고 말한다.

또한 관계의 그물인 우주는 본래 하나의 유기적 생명공동체로 보고 있는 불교의 근본사상인 연기법의 세계관, 인드라망 세계관에서도 볼 수 있으며, 주역, 도가 등의 사상에서도 생태, 생명 사상의 뿌리를 찾을 수 있다.

### 2. 아동중심 교육에서 생태중심 교육으로

기계론적 세계관에서는 인간이 자연의 주인임을 자처하고 자연지배의 도구로 기계와 기술을 개발 및 이용함으로써 마침내 인간 자신을 주체적인 삶을 잃고 기계의 조종을 받는 하나의 부품으로 전락시키고 말았다. 이러한 인간중심주의가 유아교육에서는 아동중심교육으로 나타난다. 사실 아동중심이란 20세기 이전에 아동과 성인의 관계에 있어서 아동을 성인축소판, 성인의 종속물로 보아 인격적으로 대우하지 않고 노동을 착취하는 것에서 아동 자체의 본성을 인정하며, 더이상 성인의 종속물도 축소판도 아닌 하나의 독립된 인격을 지닌 존재로 무한한 잠재 능력을 지닌 가능성의 존재로 인정하는 것, 성인중심에서 아동중심으로의 전환으로, 유아교육 사상사에서는 획기적이고 반가운 사상이었다. 하지만 오늘날 아동중심사상은 자연과의 관계에 있어서 인간인 아동을 중심에 두고 자연을 아동에게 지식을 전달하기 위한 도구로 전락시켜 버렸다. 그리하여 아이들에게 자연은 함께 더불어 살아가야 할 생명체가 아닌, 친구가 아닌 단지 지식을 전달해주기 위한 도구일 뿐이다. 이러한 아동중심사상은 미래를 짊어질 세대에게 전수되어서는 안 될 위험한 사상이다. 아동중심사상 속에서 자란 아동들은 커서도 자연을 하나의 이용물로 착취의 대상으로 삼아 자연을 마구 파헤쳐 인류의 지속 가능한 삶 자체의 위협을 가져올 수 있기 때문이다.

그러므로 아동중심사상에 기초를 둔 아동중심교육에서 생명중심교육으로 전환을 하여야 한다. 우리 아이들에게 모든 우주 만물은 서로 영향을 주고받는 하나의 생명으로 연결되어 있는 생명공동체임을 가르쳐야 한다. 이러한 가르침은 입만으로 떠드는 생활과 분리된 지식 위주의 교육을 통해서가 아닌 일상생활 속에서 놀이를 통해서 자연스럽고 지속적으로 이루어져야 한다. 개구리, 나비, 잠자리, 꽃, 나무 등의 자연을 대할 때 가지고 노는 놀이의 대상이 아닌 더불어 살아가야 할 동무가 되도록 가르쳐야 한다. 또한 생명중심교육은 어린 유아부터 시작되어야 그 효과가 클 것이다.

### 3. 개인중심교육에서 공동체중심교육으로

산업사회에서는 개인과 개인, 개인과 가족, 사람과 사회, 사람과 자연이 별개로 분리됨으로써 사람들은 기능론적 이기주의에 빠져 들고 공동체 의식이 점차 사라지고 있다. 유아교육에서도 유아 개개인의 성장과 발달에 중심을 둠으로써 개인이기주의 내지 가족이기주의에 매몰되는 현상을 보이고 있다.

이러한 이기주의는 어린 유아기에서부터 경쟁에서 남을 누르고 이기고자 하는 과도한 경쟁을 부추기는 현상을 낳게 하였다. 다른 국가와의 경쟁에서 이기기 위해 학생들을 서열화, 계층화하는 국가, 여기에 발맞춰 젖 빨 시기부터 온갖 것들을 배우게 하여 내 아이만 잘나면 되고, 내 아이만 최고면 된다는 식의 부모들의 잘못된 이기심으로 그리고 유치원 운영을 위하여 여기에 동참하는 원장들, 이러한 교육에 합세하여 조기교육을 부추기는 교수들이 아이들의 개인주의적·이기주의적 성향을 부추기는 원인이 된다. 이겨야만 선택되고 사회적 성공이 보장되는 원리가 작용하는 사회적 풍토도 문제이다.

오늘날보다도 더한 극도의 이기주의, 개인주의의 사회를 상상해 보라. 얼마나 무서운 일인가? 그러므로 유아교육에서는 유아 개개인의 개성 존중과 능력 신장뿐 아니라 공동체 의식 함양이 동시에 이루어져야 한다. 특히 유아교육에서는 경쟁이 없어야 한다. 경쟁보다는 함께 어울려서 이루어내는 힘이, 혼자의 힘보다는 여럿의 힘이 더 강하고 크고 의미 있다는 것을 가르쳐야 한다.

나는 혼자만의 고립된 존재가 아니라 모든 만물과 상호작용하면서 연결되어 있는 존재라는 것을 알게 된다면, 그리고 모든 생명은 부분의 유기적 전체이며 또 전체이면서 부분이라는 것을 알게 된다면 내 아이만을 최고로 키우려고 하지 않고 다른 아이도 돌보게 되며, 타인을 애써서 이기려고 하지도 않을 것이며, 자연을 마구 파헤치지도 않을 것이다. 미래사회의 유아교육은 사람과 사람이 더불어 살아가는 사람 공동체, 개인과 가족이 함께 어우러지는 가족 공동체, 사람과 사회가 함께 하는 사회 공동체, 사람과 자연이 함께 하는 생명 공동체를 재건하는 방향으로 이루어져야 한다.

4. 이성중심교육에서 전인(몸 · 마음 · 영혼)교육으로

오늘날과 같이 지식과 기술, 정보에 의존하는 지식기반사회에서는 국가경쟁력을 높이기 위해 필요한 지식과 기술, 정보를 중요시 한다. 그리하여 아동을 이성과 감성, 정신과 육체, 지능과 감각으로 분리하여 정보습득에 필요한 이성, 정신, 지능을 우위에 두는 경향이 있다. 이로 인해 교육에서는 국가경쟁력을 높이는데 필요한 인간 능력인 이성, 정신, 지능의 개발에 주력함으로써 지식주입식 교육, 점수따기식 교육, 획일주의적 경쟁교육의 병폐를 낳고 있다.

이러한 병폐는 유아교육에도 영향을 미쳤다. 이제 아이들은 자연 속에서 흙을 밟으며 시원한 공기를 마시며 맘껏 뛰어 놀면서 자연이 주는 삶의 풍요로움을 맛볼 수 없게 되었다. 또한 성인들로부터 한발 먼저 산업사회의 일원으로 진입할 수 있기를 요구받게 됨으로써 아동기를 잃어 버렸다. 즉, 아이들은 자연과 놀이와 아이다움을 잃어버린 채 어릴 때부터 과도한 지식을 머리 속에 집어넣는 기계가 되고 있다. 그리하여 아이들은 도구적 이성만을 비대화시키는 결과를 낳게 되었으며, 따뜻한 감성이 없는 영성이 없는 몸과 마음이 병든 아이들로 자라고 있다.

그러므로 생태유아교육은 이성과 감성, 정신과 육체, 지능과 감각을 동시에 강조하는 방향으로 나아가야 한다. 즉, 지, 덕, 체를 고루 갖춘 전인적 인간, 머리, 가슴, 손이 조화된 인간을 기르는 것이 바람직한 교육이다. 나아가 생태유아교육은 몸과 마음과 영혼을 함께 돌보는 방향으로 나아가야 한다.

• 출처: 임재택(2002). 아이들의 삶과 생태유아교육. 한국생태유아교육학회 2002년도 추계학술대회, pp. 18~22.

이러한 맥락에서 21세기 유아교육의 방향은 다음과 같이 제시할 수 있다(미래유아교육학회 편, 1995).

첫째, 인성교육의 강화를 들 수 있다. 학자들마다 인성의 정의와 개념이 상이하지만, 인성교육이란 각 유아가 타고난 재질, 소질, 개성, 적성 등의 잠재력을 극대화시키는 것을 의미힌다. 유아기는 다른 어느 발달 시점보다도 각 유아의 타고난 잠재 가능성이 가장 솔직하게 투영되는 시점에 놓여 있다. 미래사회는 지금보다 유아의 인성 특성을 보다 세분화 및 전문화하는 각종 심리검사 척도의 개발이 다양해질 것으로 기대된다. 이러한 유아의 인성진단 척도의 도움으로 조기에 유아의 인성 특성을 객관적으로 타당하게 진단하여,

이를 육성할 수 있는 교육적 개입 프로그램이 개발되어야 할 것이다.

둘째, 창의성교육의 강화이다. 우리 민족은 타 민족에 비해 우수한 두뇌와 재능을 갖고 있다. 이러한 재능과 두뇌는 직관적 발달기에 있는 유아기에 반드시 개발되어야 할 것이다.

셋째, 효(孝)교육의 강화를 들 수 있다. 이는 형제 간의 사랑, 부부 간의 사랑, 부모에 대한 존경, 조상 숭배, 이웃 사랑, 고장 사랑, 나라 사랑 등으로 세분화할 수 있다. 효교육이란 부모 및 조상에 대한 맹종, 순종, 복종의 개념이 아니라, 끈끈한 문화적 의식을 가진 정(情)의 개념을 실체화한 것으로 받아들여도 좋다. 근본적으로 인간주의, 인본주의사상의 한국화라고 해도 무방할 것이다.

넷째, 친사회적 행동의 강화를 들 수 있다. 지식 및 정보기반사회에서는 지금보다 훨씬 광범위하게 지역 간, 국가 간, 인간 간의 관계가 강화될 것이다. 과거의 교육이 사회생활 및 직업생활에 필수적인 3R에 의한 교과교육 위주로 하였다면, 오늘날의 교육은 함께 더불어 사는 데 필수적인 친사회적 행동의 습성화(habituation)가 이루어져야 한다. 유아기에 길러야 할 대표적인 친사회적 행동에는 공유행동(sharing behavior), 협동(cooperation), 조력(helping) 등이다(Morrison, 1993: 22). 그리고 유치원교육에서는 발달적 기초 기능, 학습기초 기능 이외에 기본생활습관 기능을 보다 강화할 필요가 있다.

다섯째, 자아존중(self-esteem)의 강화를 들 수 있다. 자아존중감을 강화하는 교육은 개개인의 소질과 재능을 긍정적으로 지각하고, 개개인의 성취 결과는 타인의 성취에 비교·평가되는 것이 아니라 자신의 행동변화에 대해 만족감을 가지며, 나아가서 타인의 능력과 성취를 있는 그대로 인정하고 수용하는 긍정적 자아개념을 갖도록 하는 것이어야 한다. Morrison(1993: 23)은 자아존중의 주요 요소로 자신의 역량(competence)에 대한 긍정적 사고, 자신의 할 일에 대해 책임 의식을 느끼거나 자신의 능력 범위밖에 일어나는 일에 대해 좌절감을 느끼지 않는 자세(control) 그리고 자신처럼 타인에 대해서도 긍정적으로 생각하는 태도 등을 들었다.

여섯째, 유아교육시스템의 유비쿼터스 체제의 구축화이다. 유아교육기관에서 유비쿼터스화가 이룩된다면, 센서 기술과 상황인식 기술을 통해 원아들이 사용하는 언어인식, 상호작용 특성, 행동 감지와 동태적인 변화를 추적할 수 있으며, 자동화된 데이터마이닝 기술을 통해서는 센서로부터 전달되는 상황을 실시간으로 분석 및 추론하고, 유아들이 단 배지와 센서네트워크는 지니(Jini) 기반 기술로 연결되어서, 무선네트워크 기술과 센서가 심어진 사물이나 유아들 간의 상호작용을 상황인식 차원에서 실시간으로 분석할 수 있을 것이다. 그리고 유비쿼터스 체제가 구축될수록 유아들의 생태적 환경과 생태학적 보살핌이 필요하고 생태유아교육적 배려가 필요하다.

일곱째, 세대 간의 격차를 좁히는 교육의 강화를 들 수 있다. 미래사회는 성장하는 어린이가 대인접촉(person relation)보다 대물접촉(object relation)을 더 많이 하게 될 것이다. 출생하자마자 유아들은 다양한 놀잇감, 그림책, 비디오, 녹음테이프, TV, 컴퓨터, 전자오락기 등과 접촉하게 될 것이다. 그리고 부부중심의 핵가족으로 인한 가족관계, 친척관계, 또래와의 관계, 이웃과의 관계 등은 지금보다 훨씬 줄어들게 될 것으로 전망된다. 어린이가 성숙한 성인으로 성장하기 위하여 어른들과의 접촉이 필연적으로 요구되지만, 어린이가 어른의 생활에 동참할 수 있는 기회의 폭은 좁아지게 될 것이다. 따라서 지금보다 훨씬 더 세대간의 차이가 심화될 것으로 예상된다. Elkind(1978)는 시·공간적 차원에서 볼 때, 아동세대와 성인세대는 실제로 세대 의식의 차이가 존재하지 않는다고 다음과 같이 제시했다. 어린이에게 '오늘'은 어른에게도 '오늘'이고, 내일도 매한가지이다. 중요한 것은 우리 어른들이 오늘과 내일이라는 시·공간을 어린이와 함께 살아간다는 의식 하에 서로가 함께 참여하는 모든 문제를 걱정하고 고민하는 자세가 적극화되어야 한다고 주장하였다.

여덟째, 각종 편견, 선입관을 지양하는 다문화적 가치의 강화를 들 수 있다. 교육의 일차적 기능은 개개인의 자아실현(self-realization)이지만, 궁극적인 기능은 인간복지 증진에 있을 것이다. 21세기는 남북한의 통일을 앞에 두고 있다. 또한 지금보다 훨씬 빠른 속도로 지역과 지역 간, 국가와 국가 간의 교류가 빈번해질 것이다. 서로 다른 언어와 풍습, 전통과 역사, 관습과 가치를 가진 종족이나, 민족과의 교류가 활성화될 것이다. 무엇보다 우리나라의 미래 유아교육의 당면 과제는 남북한의 이질성을 극복하고 동질성을 회복하는 교육적 노력이 요청된다. 이를 위해 중심적 역할을 담당해야 할 교육기관이 바로 유치원이다. 현재 미국에서는 종족, 성별, 지역 간의 의식의 차이를 극복하는 교육을 유아기부터 시작하고 있으며, 이러한 대표적인 유아교육 프로그램에는 평화교육(peace education) 프로그램과 안티-바이어스 교육(anti-bias education) 프로그램 등이 있다. 전자는 유아기에 민주시민 형성의 기초교육을 시켜야 한다고 보고, 민주적으로 갈등을 해결할 수 있는 기초 기능인 상호 의견존중, 토론방법, 민주적 의사결정 과정의 이해 등에 초점을 맞추며, 후자는 성 차이의 이해, 타 종족 및 민족의 가치 존중, 계층 간, 지역 간의 갈등 이해 등에 초점을 맞추고 있다.

아홉째, 영재아, 천재아교육이 이루어져야 할 것이다. 그동안 우리의 유아교육은 정상아, 보통아를 위한 교육과정을 운영해 왔다. 사실 유아기에 특수영역에 우수한 소질과 재능을 가진 유아들이 많이 발견된다. 하지만 이러한 유아들의 영재성을 바르게 육성시켜 줄 수 있는 영재교육 프로그램이 전무한 상태이고, 영재교육기관도 전무하다. 따라서 물적 자원이 부족하고 인적 자원이 많은 우리나라의 경우 조기에 영재성을 발굴하고, 이를 육성해서 국제사회에 대비해야 할 것이다.

마지막으로 외국어교육을 강화해야 할 것이다. 오늘날은 국제화 및 세계화 시대이다. 세계가 하나의 지구촌을 이루어 일일 생활공간으로 다가서는 시대이다. 세계를 이해하지 않고서는 우리나라의 고유한 전통과 역사, 문화를 바르게 계승 및 발전시킬 수 없을 것이다. 이에 우리의 문화를 세계에 알리고 세계의 문화를 한국화할 수 있는 수단이 바로 외국어교육일 것이다. 언어교육은 유아기가 적기이고, 이 시기는 가장 자연스럽게 외국어 교육의 성과를 극대화할 수 있다. 아직도 유아의 조기 외국어교육에 대해서 우려의 목소리가 높으나, 미래사회는 탈가치, 탈이데올로기, 탈국경의 시대임에 틀림없다. 그렇다면 유아가 우리 언어를 보다 체계적으로 익힐 수 있는 과학적 유아언어교육 연구와 외국어교육도 병행하는 것이 미래를 대비하는 지혜로운 교육전략으로 여겨진다. 사실 유아가 외국어를 통해 외국 문물과 가치를 익힌다고 생각하지 않고 마치 수, 과학의 내용처럼 또 다른 활동의 영역으로 받아들이고 있음은 유의할 필요가 있겠다. 한 가지의 사물을 여러 가지의 언어적 부호로 표상할 수 있는 힘은 유아의 지적 능력과 창의적 역량을 증진시키는데 기여하게 될 것이다.

## 03 21세기 미래사회에 요구되는 바람직한 교사상

앞에서 언급하였듯이 지식 및 정보기반사회에서 나타나는 주요 현상은 가치관의 변화, 사회 복잡성의 증가, 지식 및 정보기반 기술에 의한 사무 및 조직의 자동화, 정치질서의 민주화 등이 있다. 미래사회는 전반적으로 사회 조직의 규모를 확대하고 직접 통제하기보다는 간접적인 관리가 보편화되면서, 의사결정 측면에서 조직원의 참여가 확대되는 분권화 현상이 나타난다. 아울러 미래사회에서는 정보의 생산·분배·소비·저장 등과 같은 정보의 관리능력이 매우 중요하게 취급된다. 다가올 사회는 편부모가정의 증가, 이혼률의 급증, 세대 간의 갈등 증폭현상, 성비의 불균형, 한자녀 시대의 일반화, 국적 없는 교육환경 및 자녀양육방법, 자녀 공적개념의 보편화 등을 들 수 있으며, 이는 과거 어느 시대보다 유아교육기관의 다양화, 유아교육 프로그램의 질에 대한 수요와 욕구가 충족되어야 할 것으로 기대되며, 평생학습국가 측면에서 국가의 기초교육기관으로 그 자리를 확보하게 될 것이다.

따라서 21세기 유아교육의 방향은 대체로 인성교육의 강화, 창의성교육의 강화, 효(孝)교육의 강화, 친사회적 행동교육의 강화, 자아존중(self-esteem) 교육의 강화, 유아교육 시스템의 유비쿼터스 체제의 구축화, 세대 간의 격차를 좁히는 교육의 강화를 들 수 있다. 그리고 각종 편견, 선입관을 지양하는 다문화적 가치의 강화 및 영재아, 천재아교육, 외국어교육을 강화해야 할 것이다.

이러한 미래사회에서 유아교육의 흐름을 살펴볼 때, 바람직한 유아교사상에 대해서 선언적 접근과 실천적 접근으로 분류해서 살펴보면 다음과 같다(한국교원단체총연합회, 2005).

## 1. 선언적 접근

선언적 접근이란 사도헌장, 스승의 길, 교사상 등의 제정의 경우를 의미한다. 다시 말하면, 가르치는 모든 사람이 걸어야 하는 정도를 진술한 것이다. 여기에는 성인이나 선각자들이 진술한 경우도 있으며, 기관이나 단체가 진술한 경우도 있다. 특히 기관이나 단체가 진술한 경우를 들면 다음과 같다.

유네스코에서는 1966년 10월 교원의 지위에 관한 권고를 세계노동기구(ILO)와 공동으로 작성하여 공포한 바 있다. 이는 교원의 지위에 관해 전 세계적으로 공인된 헌장이라 일컬어지고 있으며, 이 권고문에서는 전인교육의 중요성과 함께 교원 지위의 중요성, 교육의 전문성, 교원근무조건의 향상, 교직단체의 역할 등에 관한 기본적인 원리를 제시하고 있다. 또한 교원은 교과활동 및 학생지도는 물론 소위 잠재적 교육과정의 영역에 이르기까지 학습자의 지적·정의적·도덕적·사회적 성취에 있어서 중대한 영향을 미칠 수 있는 자리에 있음을 강조하고, 교원의 교육적 신념과 사랑, 헌신적 지도와 노력을 역설하고 있다.

한국교원단체총연합회도 1958년에 공포한 한국교원윤리강령을 개정하여 1982년에 교사상으로서 사도헌장을 제정하여 공포하였다. 사도헌장은 전문과 5개 항의 본문으로 구성되어 있으며, 이는 교사가 지켜야 할 윤리의 기본방향을 제시한 것이다. 전문은 교육의 기능을 개인적 기능과 사회적·국가적 기능으로 구분하고, 교육이 개인의 성장과 국가·사회 발전에 차지하는 중요성을 강조하고 있으며, 그러한 교육활동에 종사하는 교사로서의 역할을 선포하고 있다. 5개항으로 이루어진 본문은 스승과 제자, 스승의 자질, 스승의 책임, 교직자와 단체, 스승과 사회에 관한 윤리적 내용에 대해 밝히고 있다.

그리고 한국교원대학교에서도 1985년 스승상을 제정하여 교원양성의 길잡이로 삼고 있다. 한국교원대학교에서 제정한 '바람직한 스승상'은 원만한 인격을 가진 사람, 해박한 지식을 가진 사람, 끊임없이 실천하는 사람을 추구하고 있다. 이러한 스승이 되기 위한 구체적인 자질로는 항상 인격을 도야하고, 제자 사랑의 마음과 확고한 국가관과 건전한 가치관을 가지도록 하며, 지적 수월성과 학문적 탁월성 및 창의성을 추구하여 국가·사회에 학문적 봉사를 할 수 있도록 하고, 항상 실천궁행의 자세로 교재연구, 학습지도 및 생활지도를 행하고, 국가·사회에 대한 책임과 의무를 다하여 지역사회 발전에 기여할 수 있는 희생·봉사정신을 요구하고 있다.

## 2. 실천적 접근

실천적 접근은 실제 학교 현장에서 어떤 교사가 필요한가를 중심으로 진술하는 것을 말한다. 이는 교사와 학생 간의 관계에서 교사는 어떤 자질이나 능력을 가져야 하는가를 조사한 경우이다. 이 경우에도 이상적인 교사상은 어떤 기준을 설정하느냐에 따라 달라진다. 교원의 효율성 준거인 학습자의 지적, 기능적, 정의적, 신체적 발달 촉진의 정도에 따라 이상적 교원을 찾을 수 있다. 또한 교육관(전통주의, 진보주의, 인본주의)이나 교육현실 지각에 따라 요구되는 교원의 자질이 달라짐도 고찰한 바 있다. 이렇게 볼 때 이상적 교사상을 그린다는 것은 대단히 어려운 일이다. 일반적인 이상적 교사상에 관하여 제 학자의 견해를 소개하면 다음과 같다.

첫째, Hart(1934)는 고등학교 학생 10,000명에게 질문지를 던져 가장 좋아하는 교사상을 그리게 하고, 그 빈도수가 많은 순서에 따라 다음과 같이 10가지 특성으로 그 순위를 매겼다. ① 교과 학습의 과제를 명료하고도 충분히 설명하고 교수-학습 사례를 많이 들어준다. ② 유쾌하고, 행복스럽고, 온후하며, 쾌활하고, 유머가 있고, 농담을 할 줄 안다. ③ 학급집단의 일원으로 인간적이고 사람을 잘 따르게 하고 친해지기 쉬워야 한다. ④ 학습자들을 좋아하고 학습자들의 문제에 흥미를 갖는다. ⑤ 공부에 흥미와 욕망을 불러일으키고 학급의 학습활동을 즐겁게 만든다. ⑥ 학급활동에 관심을 갖고 잘 도와주어야 한다. ⑦ 공평하고 편애하지 않는다. ⑧ 무뚝뚝하지 않고, 까다롭지 않고, 말이 많지 않고, 비꼬지 않는다. ⑨ 배운 것이 많다. ⑩ 사람을 좋아하는 인성을 갖는다. 이렇게 볼 때 교직교육의 중요성이 부각된다. 물론 교원의 자질 중 가장 기본이 되는 것은 '교과에 관한 지식'임을 부인할 수 없다. 하지만 그 지식이 아무리 풍부하다 하여도 전달 기술이 미흡하거나 교사의 성격적 결함으로 학습자들이 수용할 심적인 준비가 되어 있지 않으면 그 지식은 산 지식이 될 수 없을 것이다.

둘째, Coombs(1971)는 바람직한 교사상으로 다음과 같은 요소를 들고 있다. ① 교과목에 풍부한 지각, ② 학습자와 동료교사를 잘 아는 일, ③ 교사 자신에 대한 긍정적 지각, ④ 학습목표와 과정에 대한 풍부한 지각, ⑤ 적절한 교수방법에 대한 지각 등을 들고 있다. 이들 교사의 특징은 교과지식과 교수방법에 대한 지각과 아울러 교사 자신이나 동료 및 학생에 대한 이해를 들고 있다. 미국에서는 교사의 교직에 대한 사명감보다 교과에 대한 지식이나 기술을 강조하는 경향을 볼 수 있다.

셋째, 우리나라에서 이루어진 이상적 교사상에 대한 연구가 한국교육개발원에서 이루어졌다(이종재 외, 1981). 이상적인 교사의 모습을 묻는 질문에 대하여 한국인들은 '교육자로서 신념을 지닌 교사'(32.5%)와 '학습자에 대하여 깊은 관심과 사랑을 지닌 교사'(32.5%), '인생에 대한 자세를 가르쳐 주는 교사'(16.8%), '담당교과에서 뛰어난 실력을 지닌 교사'(7.6%), '예절과 질서를 중시하는 엄격한 교사'(5.5%), '요령 있게 수업지도를 하는 교사'(5.1%)형에 대해서는 소수만이(18% 미만) 바람직한 교사상으로 선택하고 있다.

한국교육개발원(1981)에서 조사한 이상적 교사상에 대한 교사, 학부모, 학생들에게 조사한 내용을 소개하면 표 12 - 1과 같다.

**표 12-1** 이상적인 교사상에 대한 가치의식의 분포(%)

| 구 분 | 교사 | 학부모 | 학생 | 전체 |
|---|---|---|---|---|
| 담당과목의 실력 | 7.7(4) | 7.2(5) | 7.8(4) | 7.6(4) |
| 교육자로서의 신념 | 34.8(2) | 33.5(1) | 29.2(2) | 32.5(2) |
| 예절, 질서지도 | 2.7(5) | 10.4(4) | 3.3(6) | 5.5(5) |
| 요령 있는 수업지도 | 1.3(6) | 6.6(6) | 7.5(5) | 5.1(6) |
| 학생에 대한 깊은 사랑 및 관심 | 35.3(1) | 30.6(2) | 31.5(1) | 32.5(1) |
| 인성자세 지도 | 18.2(3) | 11.6(3) | 20.6(3) | 16.8(3) |
| 계 | 100.0 | 100.0 | 100.0 | 100.0 |

표 12 - 1과 같이 집단별로 보면 학부모 집단이 교사나 학생 집단에 비하여 '교육자로서의 신념을 지닌 교사'를 가장 높게 선택하는 반면에, 교사와 학생 집단은 '학생에 대한 깊은 관심과 사랑을 지닌 교사'를 더욱 이상적인 교사상으로 생각하고 있다. '요령 있게 수업지도를 하는 형'의 교사는 세 집단에서 모두 최하위를 차지하고 있다. 학부모 집단이 '예절과 질서지도'를 타 집단에 비하여 비교적으로 높이 평가하는 반면, 교사와 학생 집단은 '담당과목의 실력'을 중요하게 보고 있다.

앞에서 이상적인 교사상에 대하여 살펴보았다. 이를 통해 발견되는 공통의 요소, 즉 바람직한 유아교사로서 지녀야 할 조건들은 다음과 같다.

첫째, 유아교사는 원아에 대하여 다음과 같은 조건을 갖추어야 한다. ① 유아교사는 원아들의 인권을 존중하고 개개인에 대하여 관심을 갖고 정성껏 지도해야 한다. ② 유아교사는 원아들의 발달에 대하여 가능성을 인정하고 늘 긍정적인 태도를 가지고 있어야 한다. ③ 유아교사는 원아들의 창의성을 존중하고 아직 발견하지 못한 것을 찾아주려고 노력하여야 한다. ④ 유아교사는 원아들을 강압적으로 인도하기보다는 항상 모범을 보여 따르게 하여야 한다.

둘째, 유아교사는 그가 가르치는 내용에 다음과 같은 조건을 갖추어야 한다. ① 유아교사는 전문적 자질을 갖고 자기 자신의 지적 차원을 위해 꾸준히 노력하고 연구하는 태도를 가져야 한다. ② 유아교사는 교직에 대한 사명감을 갖고 가르치는 일에 긍지와 자부심을 가져야 한다. ③ 유아교사는 교육애를 갖고 가르치는 내용을 잘 조직하고 원아들의 수준에 맞는 자료를 제공해야 한다.

셋째, 유아교사는 교육에 대하여 다음과 같은 조건을 갖추어야 한다. ① 유아교사는 인류애적 이상이 있어야 하며, 지적 변화보다는 삶의 방향 변화에 영향을 주는 인격자가 되어야 한다. ② 유아교사는 투철한 자기 철학이 있어야 하고, 뚜렷한 가치의식과 윤리의식을 가져야 한다. ③ 유아교사는 바람직한 교육관과 교직관을 갖고 교육을 위한 자기 자신의 희생 없이 성과를 기대할 수 없다는 것을 인식해야 한다.

### 〈사례: 현장 활용자료〉 바람직한 교사상 작성하기

| 구분 | 문항 내용 |
|---|---|
| 1 | 유아들이 좋아하는 교사상을 적어보세요. |
|  |  |
| 2 | 학부모들이 좋아하는 교사상을 적어보세요. |
|  |  |
| 3 | 동료교사들이 좋아하는 교사상을 적어보세요. |
|  |  |
| 4 | 원장이 좋아하는 교사상을 적어보세요. |
|  |  |
| 5 | 지역사회가 좋아하는 교사상을 적어보세요. |
|  |  |

• 자료: 우영효(2017).

## 생각해 봅시다

**1.** 4차 산업혁명시대에 비추어볼 때, 유아교육의 방향에 대해서 어떤 것이 있는지 생각해 봅시다.

**2.** 21세기 미래사회에 요구되는 교사상은 어떤 것이 있는지 생각해 봅시다.

# 참고문헌


강기수 · 김희규(2015). 교직실무 · 실습의 길잡이 최신교사론. 서울: 동문사.

강기수(2000). 교사교육론. 부산: 세종.

강승규(2008). 학생의 삶을 존중하는 교사. 서울: 동문사.

강유정 · 박진희(2018). 보육교사 인성론. 서울: 동문사.

강윤구(1994). 영유아 보육사업론. 서울: 해화당.

강정원 · 계영애(2001). 유아 인성교육을 위한 인성적 덕목과 교수 전략에 대한 교사들의 인식연구. 유아교육학논집, 제5권 제1호, 55-75.

고경미 · 이선경 · 심성경(2014). 유아교사의 교수몰입도와 행복감 및 전문성 발달수준과의 관계. 한국교원교육연구, 제31권 제1호, 69-94.

고동섭(2001). 유아교육과 신입생의 특성. 이화여자대학교대학원 석사학위논문.

고문영(2000). 유아교사의 역할수행에 대한 교사와 학부모의 인식조사. 이화여자대학교 교육대학원 석사학위논문.

고재천 · 강원근(2011). 초등학교 교사론. 서울: 학지사.

고전(1997). 교사의 법적 지위에 관한 연구. 연세대학교대학원 박사학위논문.

곽현주 · 구수연 · 박성희 · 서동미 · 서혜정 · 손혜숙 · 이명순 · 이혜경(2010). 유치원교사를 위한 교직실무. 서울: 파란마음.

교육과학기술부(2010). 유치원 교원 양성 및 임용체제 개선방안. 육아정책연구소.

교육부(2014). 인성 덕목을 활용한 융합형 인성교육 프로그램개발연구. 세종: 교육부.

교육부(2018). 2018년도 교원자격검정실무편람.

교육인적자원부(2001). 유치원 교사교육프로그램. 서울: 교육인적자원부.

공인숙 외(2002). 영유아보육론. 서울: 교육과학사.

구정화 · 박윤경 · 설규주(2015). 다문화교육의 이해와 실천. 서울: 동문사.

곽영우 외(1997). 예비교원을 위한 교사론. 서울: 교육과학사.

곽현주(2004). 수업 반성과정과 유치원 교사의 교수행동. 중앙대학교 대학원 박사학위논문.

권기욱(2005). 유아교사론. 서울: 문음사.

권미량(2005). 생태육아교사교육 프로그램 모형 개발연구. 부산대학교 대학원 박사 학위논문, pp. 63~67.

권미량 외(2013). 보육학개론. 서울: 동문사.

권수현 · 이승연(2010). 유치원교사의 회복탄력성 분석. 한국교원교육연구, 제27권 제2호, 137-158.

권영례 외(2011). 영유아교사론. 경기: 양서원.

기순신(2002). 교사론. 서울: 학지사.

김경령 · 서은희(2014). 예비교사의 교직인성 자기점검도구 개발 연구. 한국교원교육연구, 제31권 제1호, 117-140.

김경미 외(2004). 유능한 유아교사 되기: 전문적 자질 향상을 위한 교육 프로그램. 서울: 창지사.

김경이(2012). 유치원교사의 대인관계 스트레스와 교사가 지각한 원장의 의사소통 유형에 따른 직무 만족도. 성신여자대학교 교육대학원 석사학위논문.

김규수 · 임승렬(2016). 교사의 전문성 발달을 위한 영유아교사론. 경기: 공동체.

김기태 · 조평호(2005). 미래지향적 교사론. 서울: 교육과학사.

김길숙 · 황현숙 · 길현주(2012). 교직실무 101가지. 서울: 동문사.

김동배 · 안인경(2004). 한국인의 정신건강 개념에 관한 연구. 한국사회복지학 56(1), 203~233.

김명숙(1998). 교원의 권리, 의무에 관한 법의식 수준. 교육법학연구 10, 155~186.

김미경(2005). 공 · 사립 유치원교사의 직무실태 및 직무 만족도 비교. 군산대학교 교육대학원석사학위논문.

김미진 · 김병만(2017). 유아교사의 임파워먼트와 행복의 관계에서 셀프리더십의 매개 및 조절 효과. 미래유아교육학회지 제24권 제2호, 191-216.

김봉수(1990). 교사와 초등교육. 서울: 형설출판사.

김병찬(2007). 한국에서 교원의 지도성 연구 최근 동향 분석. 한국교원교육연구 24(3), 345~372.

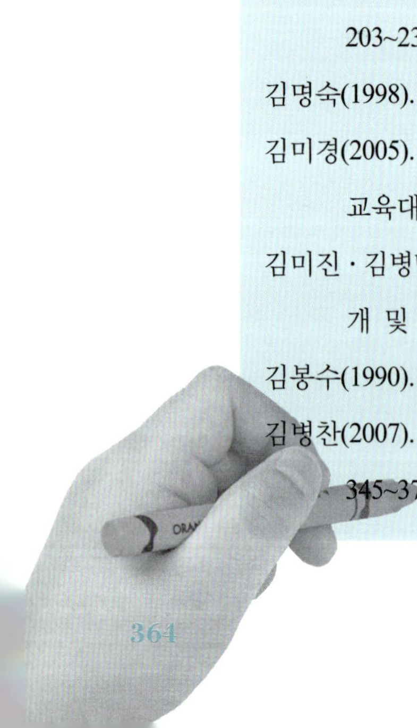

# 참고문헌

김상림(2013). 보육과정 -제3차 어린이집 표준보육과정을 중심으로-. 경기: 양서원.

김선희(2013). 통합유치원 교사의 교직관, 교사 효능감, 교직헌신도에 관한 연구: 대구광역시를 중심으로. 대구대학교 특수교육대학원 석사학위논문.

김수향 외(2016). 예비유아교사를 위한 유아교육기관 현장실습. 서울: 동문사.

김애자 외(2003). 영유아교육기관 교사의 직업적 어려움에 관한 연구. 한국영유아보육학 35, 77~100.

김양자(2002). 유아교사의 직무 만족도를 통한 전문성 제고. 신라대학교 교육대학원 석사학위논문.

김연진 외(2007). 보육과정. 서울: 태영출판사.

김연진 외(2010). 보육학개론. 서울: 동문사.

김영옥(2014). 유아인성교육의 이론과 실제. 경기: 공동체.

김영옥 · 이기숙 · 신은수 · 문미옥 · 박은혜 · 장명림 · 정미라 · 이화룡 · 조부경 · 우명숙 · 문무경 · 조형숙 · 최윤정 · 김진영 · 김은영 · 서 현(2013). 유아교육발전 5개년 계획수립 정책연구. 교육과학기술부 · 광주광역시교육청.

김영태(1999). 교사 지도성 탐색. 서울: 창지사.

김용구(2005). 효과적인 학교의 자율성 요인에 관한 연구. 한국교원대학교대학원 박사학위논문.

김윤태 · 서정화 · 노종희(1984). 교사와 교직사회. 서울: 음영사.

김의영(2009). 아동보육론. 서울: 동문사.

김익균 외(2004). 보육시설 운영관리. 경기: 교문사.

김익균(2013). 보육교사교육원 발전을 위한 새로운 모델 확립 방인 -유보통합과 보육교사교육원의 발전 방안-. 2013년 학술세미나. 서울: 한국보육교사교육연합회.

김은영(1999). 우리나라와 미국의 유치원교사 양성제도 비교. 이화여자대학교대학원 석사학위논문.

김은영(2006). 유치원교사의 직무분석. 이화여자대학교 대학원 박사학위논문.

김은영 · 도남희 · 조은경 · 조해주(2011). 육아지원서비스 질 제고를 위한 인력 운영 개선 방안. 서울: 육아정책연구소.

김은주 · 권미량(2008). 유아교사교육: 생태적 접근. 경기: 공동체.

김재덕(2005). 학교 상황에 따라 학교장의 도덕적 지도성이 학교 조직효과성에 미치는 영향. 고려대학교대학원 박사학위논문.

김정서(2009). 학교장의 감성리더십과 학교 조직문화가 학교조직 역량에 미치는 영향. 건국 대학교대학원 박사학위논문.

김정휘 · 고홍화(1994). 교사의 직무 스트레스 연구. 서울: 배영사.

김한나 외(2011). 보육교사의 교사직 지속 · 이직 이유가 직업 만족도에 미치는 영향. 아동교육학회지 15(3), 91-116.

김현미(2017). 유아교육 · 보육현장의 창의적 학급운영관리 엿보기. 한국유아교육 · 보육복지학회 2017년 춘계학술대회 자료집, 85-102.

나은숙 · 김지현 · 이옥주 · 김선희 · 김지혜(2015). 유아교사의 첫걸음. 경기: 정민사.

나정 · 장명림(1995). 유치원 교원 자격연수 교육과정 개발 연구. 연구보고 RR 95-6. 한국교육개발원.

나정 · 장영숙(2002). 미국의 유아교육과 보호정책. 서울: 양서원.

남궁달화(1999). 인성교육론. 서울: 문음사.

남영신 · 장재연(2011). 치과위생사의 근무환경과 직업병의 연관성에 대한 조사연구. 한국치위생학회지 11(4), 581~593.

노종희(1996). 학교행정가의 변혁적 리더십의 진단 및 육성 방안 연구. 교육행정학연구 제 14권 제3호, 266.

류동훈(2004). 교사론. 서울: 창지사.

류윤석(2009). 교사 리더십 개발 전략 및 지원과제 탐구. 교육행정학연구 27(1), 281~302.

명제창(1999). 학교조직에서의 도덕적 지도성 측정에 관한 연구. 교육행정학연구 제 17권 제 2호, 53-86.

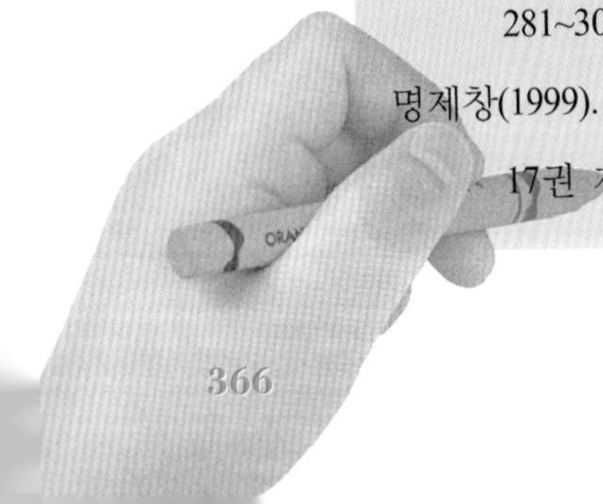

# 참고문헌


문혁준 외(2016). 유아교사론. 서울: 창지사.

민성혜 · 신혜원 · 김의향(2013). 보육교사론. 경기: 양서원.

박근주 · 송원호 · 김연진 · 이화영(2011). 유능한 교사로 이끄는 영유아교사론. 경기: 양서원.

박선아 외(2018). 보육교사론. 서울: 동문사.

박선형(2003). 변혁적 지도성에 대한 비판적 고찰: 분산적 지도성을 중심으로. 교육행정학연구 179-196.

박수연, 박정애(2000). 교육조직론. 서울: 교육과학사.

박우성(2001).선택적 복리후생제도의 도입과 과제. 임금연구, 33, 4~25.

박은주(2013). 보육실습. 서울: 동문사.

박은혜(2016). 유아교사론. 서울: 창지사.

박은혜(2017). 유아교사론. 서울: 창지사.

박은혜(2017). 영유아 교사 역량강화를 위한 교사교육 방향. 한국유아교육 · 보육복지학회 2017년 춘계학술대회 자료집, 9-32.

박은혜 · 전샛별(2010). 유치원교사의 회복탄력성에 영향을 미치는 위험요인과 보호요인 탐색. 한국교원교육연구, 제27권 제 1호, 203-226.

박정빈(2017). 유아교사의 자기결정성과 열정 및 교수몰입에 관한 연구. 미래유아교육학회지, 제24권 제2호, 217-236.

박휴용(2016). 다문화교육론. 서울: 동문사.

배소연(2001). 영유아교사 양성대학교의 전공교육과정연구. 교육학연구, 39(4), 271~290.

백선희 · 서문희(2004). 영유아보육법 개정에 따른 보육시설장 및 보육교사 자격제도 연구. 한국영유아보육학, 39, 171~195.

백혜리(2012). 보육교사론. 서울: 동문사.

보건복지부(2010). 보육사업안내. 서울: 보건복지부.

보건복지부(2013). 보육사업안내. 서울: 보건복지부.

보건복지부(2015). 보육사업안내. 서울: 보건복지부.

서문희 외(2002). 보육시설 평가인증제도 도입방안연구. 한국보건사회연구원 정책보고서 2001-09.

서문희 외(2009). 보육정책 개편방안 연구 -영유아보육법을 중심으로-. 육아정책개발센터.

서울대학교교육연구소(2011). 교육학 용어사전. 서울: 하우동설.

서울시여성가족재단(2013). 보육교사, 서울 아이의 미래를 보다 - 우리 아가, 행복하니? 보육환경 희망 찾기-. 서울: 서울시여성가족재단.

서울특별시교육청(2017). 2017학년도 유·초등학교임용시험 표준공고. 제2016-144호.

서정아(2010). 유치원 현장에서 교사의 긍정적 정서와 부정적 정서. 한국교원교육연구, 제27권 제2호, 229-262.

서혜성 외(2007). 보육실습. 경기: 공동체.

성영혜 외(2004). 치료놀이를 통한 영아보육. 서울: 시레스.

손향숙(2003). 신규 임용 교사의 교직관. 학생생활연구, 11, 43-60.

송미선(2017). 예비유아교사의 교직적성 및 교사전문성 인식과 행복감과의 관계. 미래유아교육학회지 제24권 제2호, 171-190.

송연숙·류수경(2009). 유아교사용 역할 갈등 척도의 개발과 타당화. 유아교육연구, 28(4), 189-213.

송준석·송순옥(2016). 예비교사를 위한 영유아교사론. 서울: 도서출판 신정.

송준석 외(2013). 현장형 보육실습. 서울: 동문사.

신광수(2017). 유아교사의 전문성 강화를 위한 교원양성정책과 방안. 한국유아교육·보육복지 학회 2017년 춘계학술대회 자료집, 33-56.

신동한(2008). 학교장의 감성리더십과 교사의 교직헌신도 및 학교 조직효과성 간의 관계. 교육행정학연구 26(3), 125~149.

신옥순(1994). 유아교육학개론. 서울: 학지사.

신은미·손복영(2011). 유아교사들이 인식하는 유아 주도성의 의미. 한국교원교육연

# 참고문헌


구, 제28권 제4호, 465-492.

신은수 · 박은혜(2012). 2100 국제표준교육분류(ISCED)에 의한 유아교육단계의 교원제도 분석, p. 72.

신인숙(1991). 교사의 발달과정과 역할갈등 수준과의 관계연구. 충북대학교대학원 석사학위 논문.

신재흡 외(2004). 21세기 지식 및 정보기반사회에서의 장학행정 이론과 실제. 서울: 학이당.

신재흡 외(2006). 유아교사론. 경기: 양서원.

신재흡(2007). 한국 교육의 질 관리를 위한 장학행정. 서울: 학이당.

신재흡(2010). 서번트 리더십과 팔로워십이 학교 조직효과성에 미치는 영향 분석. 교육종합 연구 8(2), 67~92.

신재흡(2013). 어린이집 및 유치원을 운영을 위한 영유아 교육행정. 서울: 도서출판 동문사.

신재흡(2014). 유아교육기관 원장의 변화 지향적 리더십과 교사집단의 직무 만족과의 관계. 소통과 인문학 제18집.

신재흡(2014). 학생지도와 상담을 위한 생활지도의 이해. 서울: 동문사.

신재흡(2017). 인성을 기반으로 한 보육교사론. 서울: 동문사.

신중식 외(2009). 학교장의 감성적 지도성과 학교 조직개방성이 학교 조직효과성에 미치는 영향. 교육행정학연구 27(4), 199~224.

신화식 외(2010). 유아교육기관 운영관리. 경기: 양서원.

신현식(1999). 유아교육관련법의 현황과 과제. 한국전문대학 유아교육과 교수협의회 제22회 학술대회자료집.

심성보(2000). 도덕교육의 담론. 서울: 학지사.

안경화(1999). 유치원교사의 관심사 및 현직교육 내용에 대한 요구조사. 한국교원대학교대학원 석사학위논문.

안창선 · 남경현 · 이욱범(2004). 교사론. 서울: 교육과학사.

양승희 외(2012). 보육과정. 서울: 동문사.

양옥승 외(2009). 영유아 보육개론. 서울: 학지사.

양옥승 · 임승렬 · 박은혜 · 조부경(1997). 유아교사 양성대학 평가. 한국교사교육, 14(1), 30-56.

염지숙 · 이명순 · 조형숙 · 김현주(2016). 유아교사론(제3판). 경기: 정민사.

오인탁 외(1984). 교육학개론. 서울: 문음사.

오채선(2017). 4차 산업혁명시대 유아교사의 전문성 강화 전략. 한국유아교육 · 보육복지학회2017년 춘계학술대회 자료집, 57-84.

우영효(2017). 유아교사와 인성교육. 경기: 양서원.

우창수(1999). 교원노조 법제화의 의의 및 우리나라 교원노조와 외국 교원노조의 비교 및 검토. 노동법률 제100호.

유권종 · 최상진 · 강혜원 · 김경호(2005). 한국인의 유교적 마음의 구성에 대한 분석과 이에 기초한 청소년 예교육 모델 개발. 철학탐구 제18권, 29~62.

원동숙(1995). 보육교사 지망생들의 교직관에 대한 조사 연구. 숙명여자대학교 교육대학원 석사학위논문.

유주연 · 김순환(2015). 유아교사의 통합적 인성함양 프로그램 개발 및 적용. 육아지원연구. 제 10권 제2호, 137-165.

유치원 · 초등학교 · 중학교 · 고등학교 교원 봉급표. 제19177호(2018.1.18).

유희정 · 이미화(2004). 보육교사의 근무환경 및 직무실태 분석. 서울: 한국여성개발원.

유희정(1999). 수요자 입장에서 본 보육정책평가. 서울: 한국여성개발원.

윤은종(2009). 보육학개론. 서울: 동문사.

윤은종(2012). 보육과정. 서울: 동문사.

윤혜경(2010). 보육실습. 서울: 동문사.

윤홍주(1996). 교사발달단계 및 직능발달 요인에 관한 연구. 서울대학교대학원 석사학위논문.

이기숙 외(2008). 영유아교육과정. 경기: 양서원.

# 참고문헌


이난숙(1992). 교사의 직능발달 특성에 관한 연구. 한국교원대학교대학원 박사학위논문.

이대균 외(2013). 보육과정. 경기: 양서원.

이미라(2007). 교장의 감성리더십과 학교의 조직 감성과 조직 학습의 관계. 충남대학교대학원 박사학위논문.

이미정(2013). 누리과정 운영 내실화를 위한 어린이집 교사의 전문성 제고방안. 누리과정포럼 제6차 발표집.

이미화(2013). 보육교사교육원 발전을 위한 새로운 모델 확립 방안 -유아교육·보육 발전을 위한 유보통합의 방향과 이해-. 서울: (사) 한국보육교사교육원연합회.

이상욱(2006). 21세기 유아교사론. 서울: 창지사

이석열(2005). 학교조직문화와 도덕적 지도성이 교사의 전문적 수용권에 미치는 영향 분석. 교육행정학연구 23(1), 71~92.

이선임(2004). 유치원교사의 직무 만족도 및 직무 스트레스와 이직 성향과의 관계. 순천대학교대학원 석사학위논문.

이성태(2006). 인간관계론. 경기: 양서원.

이숙 외(2012). 보육학개론. 서울: 동문사.

이순형 외(2013). 보육교사론. 경기: 양서원.

이승신(2003). 유치원교사관련법에 기초한 근무환경 실태조사. 이화여자대학교 대학원 석사학위논문.

이승연(1994). 유치원교사발달 단계에 기초한 유치원교사의 관심사 분석. 이화여자대학교 대학원 석사학위논문.

이연주(2003). 유아교육예비교사의 교직관에 관한 연구. 대구카톨릭대학교 교육대학원 석사학위논문.

이윤식 외(2007). 교직과 교사. 서울: 학지사.

이윤식(1991). 교직의 전문성과 교직단체(91 교육전문직 양성과정 강의자료). 중앙교육연수원.

이윤식(1999). 장학론 - 유치원 · 초등 · 중등 자율장학론. 서울: 교육과학사.

이윤식(2006). 교원의 교육지도성 프로그램 개발. 한국교원교육학회 23(2), 231~266.

이은상 · 김명희 · 김보현 · 민광미 · 배정호 · 성소영 · 이소정 · 이완희 · 홍자영 (2012). 보육교사론. 경기: 공동체.

이은정(2016). 인성의 8대 핵심가치덕목에 따른 3~5세 연령별 누리과정 교사용지도서 내용분석. 중앙대학교교육대학원 석사학위논문.

이은해(2003). 어린이집 프로그램 관찰척도(사용지침). 서울: 다음세대.

이은화 · 배소연 · 조부경(2006). 유아교사론. 서울: 양서원.

이은화(1995). 유아교육교사의 역할과 바른 자세. 유아교사연수교재. 새세대육영회 교원연수원.

이인원 · 김호년 · 전정희 · 김의석 · 김영애(2012). 유아교육기관 운영 관리. 경기: 양서원.

이일주(2013). 유보통합 현장에서 그 길을 묻는다. -유보통합, 어떻게 논의되고 있는가?-. 유 보통합 제1차 정책토론회. 국회의원 김세연, 류지영.

이순형 외(2013). 보육교사론. 경기: 양서원.

이종재 외(2005). 교사론. 서울: 교육과학사.

이진희 외(2004). 영어 전담 보육교사의 어려움과 요구 분석. 한국보육학회지 4(2), 193~215.

이차숙(1993). "탁아교사의 전문성에 관한 소고". 탁아연구 II. 경기: 양서원.

이칭찬(2001). 교사론. 서울: 동문사.

임부연 · 김성숙 · 송진영(2014). 유아교사론. 경기: 양서원.

임승렬(2007). 교원의 권리와 의무에 관한 유치원 교원의 인식 수준에 관한 연구. 열린유아교육연구 12(2), 282~312.

임승렬(2001). 유아교사 평가의 새로운 접근. 유아교육연구, 21(1), 87-116.

임승렬(1990). 전문성을 키워 나가기 위한 현장의 조건. 교사의 전문성과 역할. 서울: 한구어린이교육협회.

# 참고문헌

임재택(2002). 아이들의 삶과 생태유아교육. 한국생태유아교육학회. 2002년도 추계학술대회, pp. 18~22.

임재택(2005). 생태유아교육과 유아교사의 자질 및 역할. 2005년 한국유아교육 · 보육행정학회 2005년 추계전국학술대회 자료집, 9-34.

임재택(2005). 생태유아교육개론. 경기: 양서원.

임종철(1999). 기간제 교과 전담 예비교사, 교대생 및 현장교사 간의 교직 간의 비교 분석. 한국교원교육연구, 16(2), 29-48.

장미경 외(2006). 보육학개론. 서울: 태영출판사.

장선화(1994). 유아교육 예비교사와 현직교사의 관심사에 관한 연구. 한국교원대학교대학원 석사학위논문.

전남련 외(2013). 보육과정. 경기: 양서원.

전용환(2010). 교육리더십. 서울: 동문사.

전재선(2011). 유아교사 인성 자기평가도구 개발 및 타당화 연구. 성균관대학교 대학원 박사학위논문.

전종희 · 김선중 · 양은희(2017). 창의적 인재양성을 위한 성장중심 인성교육. 서울: 동문사.

정광희 외(2007). 한국의 헌신적인 교사 특성 연구. RR 2007-8. 서울: 한국교육개발원.

정수경 외 공역(2007). 유아교사의 리더십. 서울: 정민사.

정우현(1994). 현대교사론. 서울: 교육과학사.

정찬우 · 손경원 · 김남준 · 신호재 · 한혜민 · 양해성 · 김하연 · 하영근(2013). 학교급별 인성교육 실태 및 활성화 방안. 세종: 교육부.

정현숙(2002). 유아교사의 자아상 유형에 관한 연구. 건국대학교 대학원 박사학위논문.

정혜영(2004). 교사 관련 은유에 관한 연구. 교육과학연구, 35(1), 59-71.

조경자 · 이현숙(2005). 유아교육과 학생들의 전공 선태규 동기와 유아교사직에 대한 인식. 미래유아교육학회지, 12(1), 281-312.

조동섭(2005). 교육 선진화를 위한 교원의 전문성 제고 방안. 교육정책포럼(2005. 5.

13). 국회좋은교육연구회 · 한국교원교육학회, 3-17.
조성현(2010). 교원의 권리 · 의무에 관한 연구. 수원대학교대학원 석사학위논문.
조정신 · 황성원(2004). 프랑스의 영유아보육체제가 한국의 보육정책에 주는 시사점. 한국영유아보육학 제36권, 45~72.
조복희 외(2007). 보육학개론. 서울: 교육과학사.
조부경 · 백은주 · 고영미(2016). 영유아교사론. 경기: 양서원.
조성연(2005). 보육교사의 직무 만족도와 자아존중감. 아동학회지 26(1), 359-373.
조현춘 · 조현재 공역(2003). 심리상담과 치료의 이론과 실제. 서울: 시그마프레스.
주삼환(2009). 학교장의 교육 리더십 강화 방안. 2009학년도 제4차 초등 교장 자격 연수 교육 토론회한국교원대학교 종합교육연수원, 3~41.
주영효(2012). 분산적 지도성. 한국교육행정학회 소식지(THE NEWSLETTER). 제112호 (2012. 8.12). 한국교육행정학회.
주현준 · 김태연 · 남지영(2011). 교사의 지도성과 학교효과성 관계에 대한 메타분석. 한국교원교육연구 29(1), 119-142.
중앙종합육아종합센터(2015). 보육교직원의 인성 함양을 위한 아동학대 예방 특별교육. 서울: 중앙종합육아종합센터.
지은림(2013). 인성지수 개발연구. 세종: 교육부.
진종구 · 김예림 · 박종섭 · 최종호(2017). 인성지도 및 상담. 서울: 동문사.
최민수(2013). 영유아를 행복하게 하는 유보통합 일원화를 위하여 -영유아의 행복을 위한유보통합 대토론회-. 국회의원 현영희 주최.
최상균(2012). 이제는 교시리더십이다. 교원교육소식 제63호(2012. 6. 30). 한국교원교육학회, 4-8.
최상근(1992). 한국 초 · 중등교사의 교직사회화 과정연구. 한국교원대학교대학원 박사학위논문.
최애경 · 김길숙 · 김혜운 · 좌승화(2016). 영유아교사론. 경기: 공동체.
최일선 · 조운주(2007). 포트폴리오에 나타난 자기반성 의미: 전문대학 유아교육실

# 참고문헌


습생의 경험을 중심으로. 교육과학연구, 38(2), 103~122.

한국교원단체총연합회(2005). 예비교사를 위한 교사론. 서울: 교육과학사.

한국보육진흥원(2012). 어린이집 원장 사전 직무교육.

한국보육진흥원(2013). 2012년 전국보육실태조사-어린이집 조사보고-. 서울: 한국보육진흥원.

한유미 외(2005). 스웨덴의 아동보육제도. 서울: 학지사.

홍금자(2004). 일본의 공보육. 한국영유아보육학 제39권, 197-229.

홍장성(1999). 성공한 초등학교장의 역할수행문화 연구. 경남대학교대학원 박사학위논문.

황기우(2008). 학교개혁을 위한 교사리더십 연구. 교육문제연구, 31, 23~47.

황옥경(2013). 현 정부 영유아 보육정책의 분석 및 발전방향. 서울 YMCA 110주년 보육정책 세미나. 서울 YMCA.

Allen, J.(1988). Children's Cognition of Stressful Events. *Day Care and Early Education*, 16(2), 12~16.

Almy, M.(1995). *The Early Childhood at Work.* New York: McGraw-Hill Book Company.

Armistead, C., Pettigrew, P., & Aves, S.(2007). Exploring Leadership inMulti-sectoral Partnerships. *Leadership,* 3(2), 211~230.

Arrowsmith, T.(2007). Distributed Leadership in Secondary Schools in England: The Impact on the Role the Headteacher and Other Issues. *Management & Administration Society,* 21(2), 21~27.

Arroyo, A. A., & Sugawara, A. I.(1983). *A Scale of Studenmt Teaching Concerns for Use with Early Childhood Teacher Traitness*(ERIC Document Reproduction Service No. ED 265 927).

Ashton, P. T.(1984). Teacher Efficacy: A Motivational Paradigm for Effective Teacher Education. *Journal of Teacher Education,* 35(5), 28-32.

Avolio, B. J., & Bass, B. M.(1988). *Transformational Leadership, Charisma andBeyond,* In Hunt, J. G., Baliga, B. R., Dachler, H. P., & Schriesheim, C. A.,Vistas: Lexington Books.

Ayers, W.(2012). 가르친다는 것은. 홍한별 역, 서울: 양철북.

Bandura, A.(2006). Guide for Constructing Self-efficacy Scales. In F. Pajares & T. Urdan(Eds.), *Self-efficacy Beliefs of Adolescents.* New York: Freeman.

Bandura, A.(1986). *Social Foundations of Thought and Action: A Social Cognitive Theory*. Englewood Cliffs, New Jersey: Prentice-Hall.

Banks, O.(1976). *The Sociology of Education.* London: B. T. Batsford.

Bass, B. M.(1985). *Leadership and Performance Beyond Expectation.* New York: Free Press.

Beijaard, D., & Verloop, D.(1996). Assessing Teachers' Practical Knowledge. *Studies in Educational Evaluation, 22*(3), 275~286.

Blase, J.(1989). The Micropolitics of the School: the Everybody Political Orientation of Teachers Toward Open School Principals. *Educational Administration Quarterly,* 24(4), 377~407.

Bolin, F. S., & Panaritis, P.(1992). Searching for a Common Purpose: A Perspective on the History of Supervision. In C. D. Glickman(Ed.), *Supervision inTransition.* Association for Supervision and Curriculum Development.

Boyer, G. B.(1999). *Turning Points in Development of Male Servant-Leader*, Unpublished Doctoral Dissertation, The Fielding Institute.

Bredekamp, S.(1995). Early Childhood Education. In J. Sikula, T. J. Buttery, & E.Guyton(Eds.), *Handbook of Research on Teacher Education*(pp. 323~347). New York: Basic Books.

Burden, P. R.(1980). Teacher Development: Implications for Teacher Education. In J. D. Raths & L. G. Katz(eds.), *Advance in Teacher Education*(Vol. 2), Norwood,

# 참고문헌


New Jersey: Ablex.

Burke, P. J., Christensen, J. C., & Fessler, R.(1984). *Teacher Career Stages: Implications for Staff Development*(Fastback No. 214). Bloomington, IN: PhiDelta Kappa Educational Foundation.

Burns, J. M.(1978). *Leadership.* New York: Harper & Row.

Cladinin, J. D., & Cornelly, F. M., & Roulet, G.(1998). Teachers' Professional Knowledge Landscape. *Canadian Journal of Education, 23*(2), 224~226.

Cooper, J.(1991). Telling our Stories: The Reading and Writing of Journals or Daries. In C. Witherell, & N. Noddings(Eds.), *Stories Lives Tell: Narrativeand Dialogue in Education*(96~112). New York: Teachers College Press.

Copland, M. A.(2003). Leadership of Inquiry: Building and Sustaining Capacity forSchool Improvement. *Educational Evaluation and Policy Analysis,* 25(4),375~395.

Culkin, M. L.(1997). Administrative Leadership. *Leadership in Early Care and Education.* Washington D. C.: NAEYC.

Danielson, C.(1996). *Enchancing Professional Practice: A Framework for Teaching.* Alexanria, VA: ASCD, pp. 10~11.

Day, C.(2004). 열정으로 가르치기. 박은혜 · 이진화 · 위수경 공역. 서울: 파란마음.

Dewey, J.(1933). *How We Think: A Restatementof the Relations of Reflective Thinking to the Educative Process.* Lesington. MA: D. C. Health.

Duignan, P. A., & Macpherson, R. J. S.(1992). *Educative Leadership: a PracticalTheory for New Administrators and Managers.* London: Falmer Press.

Eaton, J. W.(1951). The Assessment of Mental Health. *American Journal of Psychiatry,* 108, 81~90.

Edgar, D. E., & Warren, R. L.(1969). "Power and Autonomy in Teacher Socialization". *Sociology of Education.* Vol. 42.

Elbaz, F.(1981). The Teacher's "Practical Knowledge". Report of a Case Study. *Curriculum Inquiry, 11*(1), 43~70.

Folden, R. E., & Feiman, S.(1980). "A Consumers Guided to Teacher Development". *The Journal of Staff Development.* Vol. 1(2).

Friedman, M., & Rosenman, R. H.(1974). Type a Behavior and Your Heart. Fawcett Crest Books.

Fritz, S., Brown, F. W., Lunde, J.P., & Banset. E. A.(1999). *Interpersonal Skills for Leadership.* New Jersey: Prentice-Hall.

Fuller, F. F.(1969). Concerns of Teachers: A Developmental Conceptualization. *American Educational Research Journal,* 6(2), 207~226.

Fuller, F. F., & Brown, O. H.(1975). Becoming a Teacher. In Kevin Ryan(ed.), *Teacher Education*(seventy-fourth year-book of the National Society for the Study of Education, part Ⅱ), 25~52. Chicago: University of Chicago Press.

George, J. M., & Jones, G. R.(1999). *Understanding and Managing Organizational Behavior*(2nd ed.). Addision-Wesley. Reading Massachusetts.

Gibson, S., & Dembo, M.(1984). Teacher Efficacy: A Construct Validation. *Journal of Educational Psychology,* 76, 569-582.

Goleman, D., Boyatzis, R., & McKee, A.(2002). *Primal Leadership: Realizing the Power of Emotional Intelligence.* Boston: Harvard Business School Press.

Greenfield, W. D.(1995). Toward a Theory of School Administration: The Centrality of Leadership. *Educational Administration Quarterly* 32, No. 1.

Greenleaf, R. K.(1970). *Servant as Leader.* republished in 1991 by The Robert K. GreenleafCenter in Indianapolis, Indiana, USA.

Gregore, A. F.(1973). Developing Plans for the Professional Growth. *NASSP Bulletin,* 57(377), 1~8.

Grimmett, P., & MacKinnon, A.(1992). Craft Knowledge and the Education ofTeachers.

*Review of Research in Education, 18,* 385~456.

Gronn, P.(2002). Distributed Leadership as a Unit of Analysis. *The Leadership Quarterly*, 13, 423~451.

Gronn, P.(2000). Distributed Properties: A New Architecture for Leadership. *Educational Management*

Harris, A.(2008). Distributed Leadership: According to the Evidence. *Journal of Educational Administration,* 46(2), 172~188.

Harris, A., Day, C., Hadfield, M., Hopkins, D., Hargreaves, A., & Chapman, C.(2003). *Effective Leadership for School Improvement.* London: Routledge Falmer.

Hatton, N., & Smith, D.(1995). Reflection in Teacher Education: Toward Definitionand Implementation. *Teaching and Teacher Education, 11*(1), 33~49.

Hodgkinson, C.(1991). *Educational Leadership: the Moral Art.* Alban: StateUniversity of New York Press.

Hoy, W. K., & Miskel, C. G.(2003). *Educational Administration: Theory, Researchand Practice*(6th ed.). New York: McGraw-Hill.

Harwood, D., Klopper A., Osanyin A., & Vanderlee M. L.(2013). 'It's More Than Care': Early Childhood Educators' Concepts of Professionalism. *Early Years, 33*(1), 4~17.

Hanson, E. M.(1991). *Educational Administration and Organizational Behavior*(3rd ed.). Boston: Allyn and Bacon.

Hellriegel et al.(1992). *Organizational Behavior.* New York: WestPublishing Company.

House, R. J., & Singh, J. V.(1987). Organizational Behavior: Some New Direction for Psychology. *Annual Review of Psychology* 38, 684.

Hoy W. K., & Miskel C. G.(1996). *Educational Administration: Theory, Research, and Practice*(5th ed.), New York: Random House.

Huberman, M.(1989). The Professional Life Cycle of Teachers. *Teachers College*

*Record,* 91(1), 31~57.

Katz, L. G.(1997). Pedagogical Leadership. *Leadership in Early Care and Education.* Washington, D. C.: NAEYC.

Katz, L. G., & Goffin, S. G.(1990). Issues in the Preparation of Teacher of Young Children. In B. Spodek & N. Saracho(eds.), *Early Childhood Preparation* (pp.192-208). New York: Teachers Colleges.

Katz, L. G.(1987). “The Nature of Professions: Where is Early Childhood Education” in Katz, L. G., & Steiner, K.(ed.), *Current Topics in Early Childhood Education* Vol. 7, Norwood New Jersey: Ablex.

Katz, L. G.(1985). Research Currents: Teachers as Learners. *Language Arts, 62*(7), 778~782.

Katz, L. G.(1972). Developmental Stages of Preschool Teachers. *Elementary SchoolJournal*, 73, 50~54.

Katz, L. G.(1970). Teaching in the Preschools: Roles and Goals. *Children*, 17(2), 42-48.

Knowles, J. G., Cole, A. L., & Presswood, C. S.(1994). *Through Pre-service Teachers's Eyes: Exploring Field Experience Through Narrative and Inquiry.* New York: Macmillan College Publishing Company.

Lacey, C.(1977). *The Socialization of Teacher.* London: Methuen.

Langer, G. M., & Colton, A. B.(1994). Reflective Decision Making: The Cornerstoneof School Reform. *Journal of Staff Develpment, 15,* 16-21.

Lansdown, G.(2005). The Evolving Capacities of the Child. *UNICEF/Save the Children*, 83.

Leavitt, R. L.(1994). *Power and Emotion in Infant-toddler Day Care.* New York: State University of New York.

Levering, R.(2000). A Great Place to Work: What Makes Some Employers So Good.

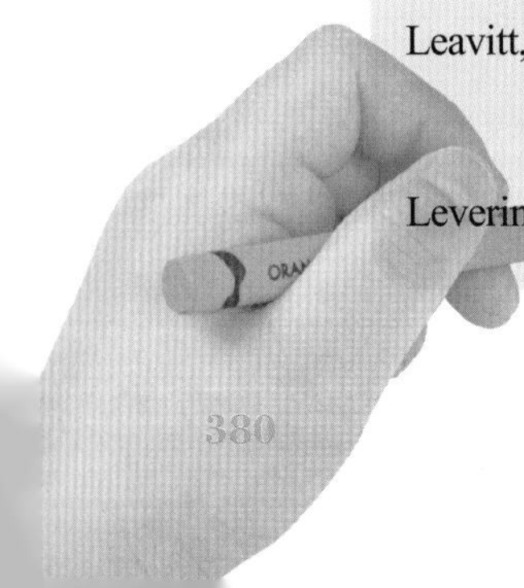

San Francisco: A Great Place to Work Institute.

Litt, M., & Turk, D.(1985). Sources of Stress and Dissatisfaction in Experienced High School Teacher. *Journal of Educational Research,* 178~185.

Lortie, D. C.(1975). *School Teacher.* Chicago: The University of Chicago Press.

Luthans, F.(1981). *Organizational Behavior*(3rd ed.). New York: McGraw-Hill.

MacBeath, J.(2005). Leadership as Distributed: A Matter of Practice. *School Leadership & Management,* 25(4), 349~366.

NAEYC(2011). NAEYC Code of Ethical Conduct and Statement of Commitment.

National Board for Professional Teaching Standards(n.d.). What Teachers Should Know and be Able to Do. Retrieved on September 4. 1999 from the World.

NAEYC(1997). *Developmentally Appropriate Practice*(2nd ed.). Bredekamp & Copple, Ed. Author.

NAEYC(1984). *Accreditation Criteria and Procedures: Position Statement of the National Academy of Early Childhood Programs.* Washington, D. C., & NewYork: NAEYC.

Neff, T. J., Citrin, J. M., & Brown, P. B.(1999). *Lessons from the Top: The Searchfor America's Best Business Leaders.* New York: Doubleday.

Noddings, N.(1992). Social Studies and Feminism. *Theory & Research in Social Education*, *20*(3), 230-241.

OECD(2002). Draft Strategy Paper on Key Competences: A Frane of Reference for a Coherent Assessment Program, Paris: OECD.

OECD(1999). OECD Country Note: Early Childhood Education and Care Policy inSweden. Paris: OECD.

Ott, D. J., Zeichner, K. M., & Price, G.(1990). Research Horizons and the Quest for a Knowledge Basic in Early Childhood Teacher Education. In B. Spodek & O. N. Saracho(Eds.), *Early Childhood Teacher Preparation.* New York: Teacher

College Press.

Peters, T., & Austin, N.(1985). *A Passion for Excellent.* New York: Collins.

Peters, D. L., & Klinzing, D. G.(1990). The Context of Early Childhood Teacher Education Programs: Child Development. O. N. Saracho(Ed.), Early Childhood Teacher Preparation. New York: Teachers College Press(pp. 67-81).

Rafaeli, A., & Worline, M.(2001). Individual Emotion in Work Organizations. *SocialScience Information*, 40(1), 95~123.

Rodd, J.(1994). *Leadership in Early Childhood: The Pathway to Professionalism.* Australia: Allen & Unwin.

Ross, D. D.(1989). Preparing the Reflective Practitioner: Transforming the Apprentice through Dialectic. *Journal of Teacher Education, 40*(2), 31~35.

Saracho, O. N.(1993). Preparing Teacher for Early Childhood Programs in theUnited States. In B. Spodek(Ed.), *Handbook of Research on the Education of Young Children.* New York: Macmilian Publishing Company.

Schickedanz, J. A., York, M. Z., Stewart, I. S., & White, D. Q.(1990). *Strategies for Teaching Young Children*(3rd Ed.). New Jersey: Prentice-hall Inc.

Schon, D. A.(1983). *The Reflective Practitioner: How Professionals Think in Action.* New York: Basic Books.

Seefeldt, C.(1980). *A Curriculum for Preschools*(2nd ed.). Columbus: Charles E.Merrill.

Sergiovanni, T. J.(1992). *Moral Leadership: Getting to the Heart of School Improvement.* San Francisco: Jossey-Bass Publishers.

Shellenbarger, S.(1994). Keeping Workers by Reaching Out to Them. *Wall Street Journal,* June 1.

Sims, B. J.(1997). *Servant Hood: Leadership for the Group Effectiveness.* The Wharton School, University of Pennsylvania.

Smylie, M. A., & Denny, J. W.(1990). Teacher Leadership: Tensions and Ambiguities in Organizational Perspective. *Educational Administration Quarterly,* 26(3), 235~259.

Spears, L. C.(1995). *Insight on Leadership: Service, Stewardship, Spirit and Servant-Leadership.* New York: John Wiley & Sons, Inc.

Spillane, J. P.(2006). *Distributed Leadership*. San Francisco: Jossey-Bass.

Spillane, J. P., Halverson, R., & Diamond, J. B.(2004). Towards a Theory of Leadership Practice: A Distributed Perspective. *Journal of Curriculum Studies*, 36, 3~34.

Shulman, L.(1987). Knowledge and Teaching: Foundations of the New Reform. *Harvard Education Review*, 57(1), 1-22.

Spodek, B., Davis, M. D., & Saracho, O. N.(1991). *Foundations of Early Childhood Education: Teaching three-four-and five-year Old Children*(2nd ed.). Englewood Cliffs, New Jersey: Prentice Hall.

Spodek, B. S.(1985). *Teaching in the Early Years*(3rd ed.). New Jersey: Prentice Hall, Inc.

Stinnett, T. M., & Huggett, A. J.(1963). *Professional as Teachers.* New York: Collier-MacMillan Co.

Suranna, K. J., & Moss, D. M.(2002). Exploring Teacher Leadership in the Contextof Teacher Preparation. Paper Presented at the 83rd Annual American Educational Research Association Meeting. New Orleans, April 2. 2002. ERIC ED 465751.

Surbeck, E., Han, E., & Moyer, J.(1991). Assessing Reflective Responses in Journals. *Educational Leadership, 48*(6), 25~29.

Thomas, K.(1976). "Conflict and Conflict Management", In M. D. Dunnette(ed.), *Handbook of Industrial and Organizational Psychology,* Chicago: Rand McNally.

Tom, A.(1984). *Teaching as a Moral Craft*. New York: Longman.

Tsai, C. T.(1990). *A Survey Study of Chinese Kindergarten Teacher Concern.* Unpublished Doctoral Dissertation. University of Illinois.

Van Manen, J.(1977). Linking Ways of Knowing with Ways of Being Practical. *Curriculum Inquiry,* 6, 205~208.

Vender Ven, K.(1991). The Relationship Between Notions of Care Giving Held by Early Childhood Practitioners and Stages of Career Development. *Early Childhood Towards the 21st Century.* Hong Kong: Yew Chung Education Publishing.

Vender Ven, K.(1988). Pathways to Professional Effectiveness for Early Childhood Educations. *Professionalism and the Early Childhood Practitioner.*(eds. B. Spodek, O. Saracho & D. Peter). New York: Teachers College Press.

Warren, H. C.(1934). *Dictionary of Psychology.* Boston, New York: Houghton Mifflin Company.

Webb, R. B.(1981). *Schooling and Society.* New York: Macmillan Publishing.

Wheaton, C. E.(1999). *Servant Leadership and the Public School Superintendent.* Unpublished Doctoral Dissertation, Gonzaga University.

Wilson, J.(1970). "Assessing the 'Morally Educated' Person." Chazan, B. I., & Soltis, J. F. Eds.(1975). *Moral Education.* New York: Teachers College Press.

World Health Organization(2004). Promoting Mental Health: Concepts, Emerging Evidence, Practice.

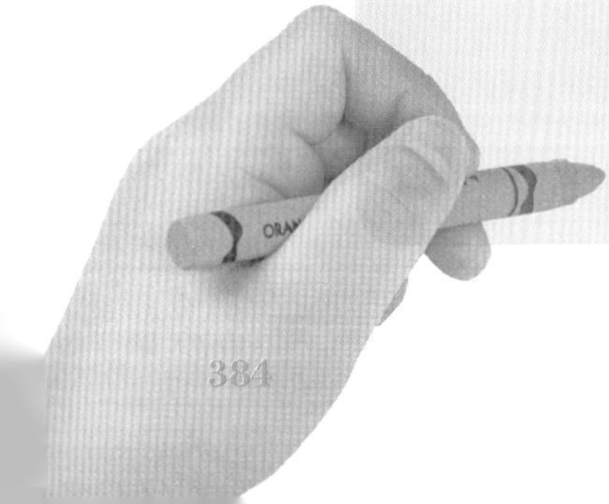

# 찾아보기

## ㄷ



## ㅁ



## ㅂ



## ㅅ

# 찾아보기

# 찾아보기



## etc.

## ▮신재흡 교수

**전)** 한국유아교육 · 보육복지학회 서울지회장
한국유아교육 · 보육행정학회 부회장
한국생태유아교육학회 이사
한국교원교육학회 감사 및 홍보기금위원장
한국유아교육 · 보육행정학회 이사
한국유아교육보육복지학회 연구윤리위원장
구리시청 보육정책위원
서일대학교 유아교육학과, 보육교사교육원 강사

**현)** 한국유아교육보육복지학회 부회장
한국교원교육학회 대외협력위원장
한국미래유아교육학회 회원
한국교육정책연구소 전문위원
한성대학교 교육대학원(유아교육전공) 교수

**<저서 및 논문>**

유아교사론(공저: 양서원, 2006)
영유아교육행정(동문사, 2013)
학생지도와 상담을 위한 생활지도의 이해(동문사, 2014)
보육교사론(동문사, 2016).
학교폭력 예방과 학생의 이해(동문사, 2017)
사례중심의 아동권리와 복지(동문사, 2018)
사례중심의 유아교사론(동문사, 2019)
유아교사가 지각한 임파워먼트와 조직헌신성과의 관계연구(공저, 한국유아교육 · 보육행정연구 14(4), 2010)
교사가 지각한 유아교육기관 원장의 변화 지향적 지도성과 교사의 직무성과 간의 관계연구(공저, 한국유아교육 · 보육행정연구 14(3), 2010)
유아교육기관 원장의 변화 지향적 리더십과 교사집단의 직무 만족과의 관계(소통과 인문학, 제18집, 2014)
유아교육기관 원장의 분산적 리더십과 조직문화와의 관계(소통과 인문학, 제19집, 2014)

# 사례중심의 유아교사론

**초판 1쇄 인쇄** / 2019년 2월 15일
**초판 1쇄 발행** / 2019년 2월 20일

•

**저　자** / 신　재　흡
**발행인** / 이　중　수
**발행처** / **동　문　사**

•

서울특별시 서대문구 홍제원 1길 12
(홍제동 137-8)
Tel: 02)736-3718(대), 736-3710, 3720
Fax: 02)736-3719
등록번호: 제9-17호
가격: 20,000원

•

ISBN: 979-11-6328-071-2(93370)
E-mail: dong736@naver.com
www.dongmunsa.com